# CoCo-Bonds

**Europäische Hochschulschriften Recht**

European University Studies in Law

Publications Universitaires Européennes de Droit

Band/Volume **6073**

Stefan Gohling

# CoCo-Bonds

## Praxis und Dogmatik bedingter Pflichtwandelanleihen

PETER LANG

**Bibliografische Information der Deutschen Nationalbibliothek**
Die Deutsche Nationalbibliothek verzeichnet diese Publikation in der Deutschen Nationalbibliografie; detaillierte bibliografische Daten sind im Internet über http://dnb.d-nb.de abrufbar.

Zugl.: Bonn, Univ., Diss., 2018.

D 5
ISSN 0531-7312
ISBN 978-3-631-77997-2 (Print)
E-ISBN 978-3-631-78626-0 (E-PDF)
E-ISBN 978-3-631-78627-7 (EPUB)
E-ISBN 978-3-631-78628-4 (MOBI)
DOI 10.3726/b15468



Diese Publikation wurde begutachtet.

www.peterlang.com

*Katharina, Charlotte und meinen Eltern*

# Vorwort

Die vorliegende Arbeit wurde im Wintersemester 2017/2018 vom Fachbereich Rechtswissenschaft der Rheinischen Friedrich-Wilhelms-Universität Bonn als Dissertation angenommen. Vorausgegangen war ein über vierjähriger Entstehungsprozess insbesondere an der Martin-Luther-Universität Halle-Wittenberg sowie an der Freien Universität Berlin. In dieser veröffentlichten Fassung konnte der Sach- und Literaturstand bis Oktober 2018 berücksichtigt werden.

Die Arbeit befasst sich mit wesentlichen bankrechtlichen, gesellschaftsrechtlichen und ordnungspolitischen Fragestellungen, die sich im Zusammenhang mit CoCo-Bonds stellen. Breiter Raum muss bei der Untersuchung eines solchen Finanzinstruments neben dogmatischen Überlegungen insbesondere auch der Praxis eingeräumt werden, die an einigen Stellen im Widerspruch zu theoretischen Überlegungen steht. Insbesondere hieraus ergibt sich Potential zu Diskussionen und zu Verbesserungen der in der Praxis bereits bestehenden Instrumente.

Mit der provokanten Frage, ob CoCo-Bonds denn überhaupt genügend dogmatisches Material für eine Dissertation liefern könnten, lud mich ein Partner einer *Magic Circle*-Kanzlei Anfang 2018 zur Diskussion über diese Instrumente ein. Er war selbst federführend beteiligt an der Ausgestaltung einiger in dieser Arbeit genannter Emissionen. Meine Antwort lautete und lautet nach wie vor: CoCos bieten mehr als genug Stoff für ausführliche wissenschaftliche Untersuchungen.

> „*Contingent capital is not an abstract academic idea, nor is the debate over its design remote and theoretical* […]. *Thus, contingent capital is a relevant policy option* […], *but its optimal design remains open to legitimate and necessary debate.*“[1]

Ein Grund mag darin liegen, dass sie sich als überaus komplexes Konstrukt erweisen. Der wohl wichtigste Grund liegt jedoch insbesondere darin, dass sie auch der Stabilisierung der Finanzmärkte dienen sollen und dieses Ziel nur bei richtiger Ausgestaltung erreicht werden kann. Gerade hierbei können aber auch viele neue unerwünschte Gefahren geschaffen werden. Das gilt es zu vermeiden. Diese Arbeit versucht insbesondere vor diesem Hintergrund, neue Anregungen zu liefern.

---

1 *Coffee, John. C.*, Bail-ins versus Bail-outs: Using Contingent Capital to Mitigate Systemic Risk, S. 9, https://papers.ssrn.com/sol3/papers.cfm?abstract_id=1675015 (22.10.2018).

Dass ich diesen kleinen Beitrag zur Diskussion über CoCos leisten konnte, habe ich vielen zu verdanken. „Mein Dank gilt meinem Hund." Mit diesem Titel ist ein Beitrag von *Thomas Hoeren* im duz Magazin 04/2011[2] überschrieben, in dem er sich mit Widmungen und Danksagungen in Doktorarbeiten befasst. Die dort beispielhaft genannten Danksagungen an Sportvereine, den Nähkurs, die Wohn- oder die Trinkgemeinschaft gehören hier nicht hin, da sie den Beitrag derer verwässern, die wirklich unterstützen konnten. Auch habe ich keinen Hund, und wenn ich einen hätte, wäre sein wissenschaftlicher Einfluss sehr begrenzt gewesen.

Denjenigen, die ich hier nenne, bin ich hingegen zu besonders großem Dank verpflichtet. An allererster Stelle ist dabei Professor *Matthias Lehmann* zu nennen. Er hat mich nicht nur für die Thematik dieser Arbeit begeistert. Seine Erfahrung machte es möglich, meine Wünsche von einer bank- und gesellschaftsrechtlichen Untersuchung sehr schnell auf CoCo-Bonds zu konzentrieren. Auch während der gesamten Entstehungszeit stand er mir als Betreuer mit Rat zur Seite und ließ mir die notwendigen Freiheiten, die eine eigenständige Arbeit erfordert. Dank gebührt ihm auch dafür, mich bereits viel früher – nämlich während meines Studiums in Halle – für das Bank- und Kapitalmarktrecht begeistert und damit letzlich auch die Weichen für meine berufliche Entwicklung gestellt zu haben. Faszinierend war dabei für mich immer die Verknüpfung dogmatischer und materiellrechtlicher Hintergründe mit praktischen Aspekten. Hieraus ergeben sich auch Titel und Gegenstand dieser Arbeit.

Dank gilt daneben auch Professor *Jens Koch* für die überaus schnelle Erstellung des Zweitgutachtens. Beiden Professoren danke ich zudem für die Anregungen in den Gutachten, die ich in dieser veröffentlichten Fassung noch weitestgehend umsetzen konnte.

Darüber hinaus gilt *Katharina Engelke* mein ganz besonderer Dank. Sie hat mich motiviert, wenn es erforderlich war, andererseits aber auch viel Geduld insbesondere im Zusammenhang mit dieser Arbeit aufgebracht. Ihr bin ich zudem wegen vieler fachlicher Anregungen und wegen der Durchsicht des Manuskripts zu Dank verpflichtet.

Danken möchte ich auch *Nicolas Deising* für wertvolle inhaltliche Anregungen, organisatorische Unterstützung und die Durchsicht des Manuskripts. Ebenfalls für organisatorische Unterstützung danke ich *Attila Barke*.

2 Abrufbar unter https://www.uni-muenster.de/Jura.itm/hoeren/veroeffentlichungen/hoeren_veroeffentlichungen/Mein_Dank_gilt_meinem_Hund.pdf (Stand: 22.10.2018).

Abschließend bin ich meinen Eltern, *Dr. Uta Gohling* und *Hans-Dieter Gohling* besonders dankbar. Sie haben mir stets die Freiheit gelassen, meinen eigenen Weg zu gehen und mich dabei nach besten Kräften gefördert. Es ist gar keine Frage, dass diese Arbeit ohne ihre Unterstützung nicht zustande gekommen wäre.

Berlin, im Oktober 2018
*Stefan Gohling*

# Inhaltsverzeichnis

# Abkürzungsverzeichnis

| | |
|---|---|
| a.a.O. | am angegebenen Ort |
| ABl. | Amtsblatt |
| Abs. | Absatz |
| a.F. | alte Fassung |
| AG | Aktiengesellschaft; Die Aktiengesellschaft (Zeitschr.) |
| AktG | Aktiengesetz |
| AT1 | *Additional Tier1* |
| BaFin | Bundesanstalt für Finanzdienstleistungsaufsicht |
| BB | Betriebs-Berater |
| BCBS | *Basel Committee on Banking Supervision* |
| BCN | *Buffer Capital Notes* |
| Bd. | Band |
| BdB | Bundesverband deutscher Banken e.V. |
| Beck-OK | Beck'scher Onlinekommentar |
| BGB | Bürgerliches Gesetzbuch |
| BGBl. | Bundesgesetzblatt |
| BGH | Bundesgerichtshof |
| BGHZ | Entscheidungen des Bundesgerichtshofs in Zivilsachen |
| BKR | Zeitschrift für Bank- und Kapitalmarktrecht |
| BMF | Bundesministerium der Finanzen |
| BR-Drucks. | Bundesratsdrucksache |
| BRRD | *Bank Recovery and Resolution Directive* |
| BT-Drucks. | Bundestagsdrucksache |
| bzw. | beziehungsweise |
| Cat-Bond | *Catastrophe*-Bond |
| CDS | *Credit Default Swap* |
| CECS | *Convertible Enhanced Capital Securities* |
| CET1 | *Common Equity Tier1* |
| CFL | *Corporate Finance Law* |
| CoCo | *Contingent Convertible* |
| CoCoCo | *Convertible Contingent Convertible* |
| COERC | *Call Option Enhanced Reverse Convertibles* |
| CoHy-Bond | *Contingent Hybrid* Bond |
| CRD-IV | *Capital Requirements Directive IV* |
| CRR | *Capital Requirements Regulation* |
| DCGK | Deutscher Corporate Governance Kodex |
| ders. | derselbe |
| DGAP | Deutsche Gesellschaft für Ad-hoc-Publizität |
| dies. | dieselbe(n) |
| DIW | Deutsches Institut für Wirtschaftsforschung |
| DStR | Das Deutsche Steuerrecht |
| DVFA | Deutsche Vereinigung für Finanzanalyse und Asset Management GmbH |

DZWIR Deutsche Zeitschrift für Wirtschafts- und Insolvenzrecht

EBA *European Banking Authority*
ebda. ebenda
EBJS Ebenroth/Boujong/Joost/Strohn
ECFR *European Company and Financial Law Review*
ECN *Enhanced Capital Notes*
EinSiG Einlagensicherungsgesetz
ERV Eigenmittelverordnung (Schweiz)
EStG Einkommensteuergesetz
EU Europäische Union
EuR Zeitschrift Europarecht
EWG Europäische Wirtschaftsgemeinschaft

f./ff. folgende(s/r), folgende

FAZ Frankfurter Allgemeine Zeitung
FCA *Financial Conduct Authority*
FED *Federal Reserve*
FINMA Eidgenössische Finanzmarktaufsicht (Schweiz)
FMSA Bundesanstalt für Finanzmarktstabilisierung
FMStFG Finanzmarktstabilisierungsfondsgesetz
Fn. Fußnote
FS Festschrift
FSB *Financial Stability Board*

G20 Gruppe der zwanzig wichtigsten Industrie- und Schwellenländer
GBP *British Pound Sterling*
GenG Genossenschaftsgesetz
GmbH Gesellschaft mit beschränkter Haftung
GmbHG Gesetz über die Gesellschaften mit beschränkter Haftung
GroßKomm Großkommentar
G-SIB *Global Systemically Important Bank*
GWR Gesellschafts- und Wirtschaftsrecht

HGB Handelsgesetzbuch
Hrsg. Herausgeber
HS Halbsatz

IFLR *International Financial Law Review*
insbes. insbesondere
InsO Insolvenzordnung
i.S.d./i.S.v. im Sinne des/von
i.V.m. in Verbindung mit
JZ JuristenZeitung

Kap. Kapitel
KommJur Kommunaljurist
KredReorgG Kreditinstitute-Reorganisationsgesetz
krit. kritisch
KStG Körperschaftsteuer
KWG Kreditwesengesetz

| | |
|---|---|
| li. Sp. | linke Spalte |
| lit. | *littera* |
| ltd. | *Private Limited Company* |
| MCN | *Mandatory Convertible Notes* |
| MDA | *Maximum Distributable Amount* |
| Mio. | Million(en) |
| MREL | *Minimum Requirement for Eligible Liabilities* |
| Mrd. | Milliarde(n) |
| MüKo | Münchener Kommentar |
| Münch HdbGesR | Münchener Handbuch Gesellschaftsrecht |
| m.w.N. | mit weiteren Nachweisen |
| NJW | Neue Juristische Wochenschrift |
| NJW-RR | Neue Juristische Wochenschrift Rechtsprechungs-Report |
| No. | Number |
| Nr. | Nummer |
| o. | oben |
| OECD | *Organisation for Economic Co-operation and Development* |
| OR | Obligationenrecht (Schweiz) |
| p.a. | *per annum* |
| para. | *paragraph* |
| plc. | *Public Limited Company* |
| PONV | *Point of Non-Viability* |
| RCD | *Reverse Convertible Debentures* |
| RDF | Recht der Finanzinstrumente |
| RGZ | Entscheidungen des Reichsgerichts in Zivilsachen |
| Rn. | Randnummer |
| RStruktFG | Restrukturierungsfondsgesetz |
| RTS | *Regulatory Technical Standards* |
| RWA | *Risk-Weighted Assets* |
| S. | Seite; Satz |
| SAG | Sanierungs- und Abwicklungsgesetz |
| SchVG | Schuldverschreibungsgesetz |
| SE | *Societas Europaea* |
| Sec. | *Section* |
| SIFI | *Systemically Important Financial Institution* |
| SoFFin | Sonderfonds für Finanzmarktstabilität |
| sog. | sogenannte(r/s) |
| SolvV | Solvabilitätsverordnung |
| S.p.A. | *società per azioni* |
| SRM-VO | *Single Resolution Mechanism*-Verordnung |
| TLAC | *Total Loss-Absorbing Capacity* |
| u. | unten |

| | |
|---|---|
| u.a. | unter anderem; und andere |
| UK | *United Kingdom* |
| Urt. | Urteil |
| US | *United States* |
| v. | von; vom |
| VAG | Versicherungsaufsichtsgesetz |
| vgl. | vergleiche |
| Vol. | *Volume* |
| VVaG | Versicherungsverein auf Gegenseitigkeit |
| VW | Versicherungswirtschaft |
| WM | Wertpapier-Mitteilungen, Zeitschrift für das Bankrecht, Kapitalmarktrecht und Gesellschaftsrecht |
| WpAIV | Wertpapierhandelsanzeige- und Insiderverzeichnisverordnung |
| WpHG | Wertpapierhandelsgesetz |
| WuM | Wohnungswirtschaft und Mietrecht |
| WuV | Wirtschaft und Verwaltung |
| z.B. | zum Beispiel |
| ZBB | Zeitschrift für Bankrecht und Bankwirtschaft |
| ZGR | Zeitschrift für Unternehmens- und Gesellschaftsrecht |
| ZHR | Zeitschrift für das gesamte Handelsrecht |
| Ziff. | Ziffer |
| ZIP | Zeitschrift für Wirtschafts- und Insolvenzpraxis |

# Einleitung

„Dass Haftung und Risiko zusammengehören, ist keine linke Idee, sondern ein Grundprinzip der Marktwirtschaft.“[3]

„Alles in allem halte ich es für eine gesunde Entwicklung, dass Risiko wieder einen Preis hat.“[4]

CoCo-Bonds sind Schuldverschreibungen, die beim Eintritt eines in den Anleihebedingungen definierten Ereignisses – in der Regel ein Krisenszenario – in Eigenkapital des Emittenten umgewandelt werden. Sie müssen in diesem Fall nicht zurückgezahlt werden und nehmen als Eigenkapital an den Verlusten der Gesellschaft teil (Verlustabsorption). CoCo steht für *Contingent Convertible* und drückt die Umwandlung unter einer Bedingung aus. Das die Umwandlung in Eigenkapital auslösende Ereignis wird als *Trigger Event* bezeichnet. Als Emittenten kommen insbesondere Banken in Betracht. Bei dieser Sonderform der Anleihe handelt es sich nicht lediglich um ein Denkmodell, sondern um eine in den vergangenen Jahren überaus praxisrelevant gewordene Finanzierungsform und ein lukratives, wenngleich risikoträchtiges Investitionsobjekt.

CoCo-Bonds sind in mehrerlei Hinsicht besonders. Aus wirtschaftlicher Sicht fällt ihre unbedingte Haftungsansage auf. Bankaufsichtsrechtlich bemerkenswert sind die zur Gruppe der hybriden Finanzinstrumente zählenden CoCos, weil sie teilweise zur Erfüllung von Eigenkapitalanforderungen herangezogen werden können, noch bevor sie zu Eigenkapital umgewandelt werden. Steuerrechtlich hingegen gelten sie unter Umständen als Fremdkapital. Rechtsdogmatisch ist ihre automatische Umwandlung von Fremd- in Eigenkapital interessant. CoCo-Bonds polarisieren und verunsichern gleichermaßen, werden von den Medien zuweilen als „Wunderanleihe“[5], dann wieder als „Brandbeschleuniger“[6]

---

3 *Peer Steinbrück*, Interview mit *Der Spiegel*, Online-Ausgabe vom 24.10.2011, http://www.spiegel.de/spiegel/print/d-81136819.html (Stand: 21.10.2018).

4 *Herbert Walter*, http://www.zitate.de/autor/Walter%2C+Herbert (Stand: 21.10.2018).

5 *Dohms*, Die Wunderanleihe der Deutschen Bank, in: Tagesschau Online, 05.05.2014, https://www.tagesschau.de/wirtschaft/deutsche-bank142.html (Stand: 20.10.2018).

6 *Schreiber*, Von der Wunderwaffe zum Brandbeschleuniger der Finanzmärkte, in: Süddeutsche Zeitung, Online-Ausgabe vom 11.02.2016, http://www.sueddeutsche.de/wirtschaft/coco-bonds-zweifel-an-der-wunderwaffe-1.2857407 (Stand: 21.10.2018).

bezeichnet. Auch in der juristischen und wirtschaftswissenschaftlichen Literatur werden sie kontrovers diskutiert.

Entwickelt wurden die Bonds, um Verbindlichkeiten zu schaffen, die im Krisenfall von vornherein explizit aus einer möglichen Staatsgarantie ausgenommen und stattdessen mit einer unbedingten Haftungsansage versehen sind. Die Gläubiger von CoCos sollen etwaige Verluste aus den von ihnen eingegangenen Risiken selbst tragen. Dass es dazu eines speziellen Instruments bedarf, mag angesichts der einleitenden Epigraphe verwundern: Haftung und Risiko sollten nach allgemeinem Verständnis zusammenhängen und Risiko sollte einen Preis haben. Niemand soll Risiken eingehen und die Rendite abschöpfen können, während er die Verluste anderen aufbürdet. Diese Selbstverständlichkeit gilt in der Praxis des Bankwesens jedoch nicht ohne Weiteres. Durch implizite Staatsgarantien wurden in der Vergangenheit sowohl Banken mit ihren Aktionären als auch die Gläubiger der Banken von Verlusten freigestellt.

Tatsächlich sollten Forderungen gegen Banken aus ordnungspolitischen Gründen nicht in jedem Falle zur Verlusttragung herangezogen werden. Das darf aber nicht dazu führen, dass alle Gläubiger von Verlusten freigestellt werden und sich jedes Investment in eine Bank letztendlich als für den Gläubiger risikolos erweist. Er bekäme auf seine Anlage Zinsen als Risikokompensation, obwohl er gar kein Risiko trägt. Wie sollen jedoch im Krisenfall solche Verbindlichkeiten der Bank, die nicht am Verlust teilnehmen, von verlustabsorbierenden Verbindlichkeiten unterschieden werden?

Die Antwort lautet, dass die verlustabsorbierenden Verbindlichkeiten entweder im konkreten Fall einer Krise auszuwählen wären – zum Beispiel von einer Abwicklungsbehörde[7] – oder von vornherein mit einer expliziten Haftungsansage für den Fall der Krise verbunden sind. Letzteres ist bei CoCo-Bonds der Fall. Die von Beginn an bestehende Haftungsansage schafft Rechtssicherheit und erleichtert Abläufe in der Krise. Obwohl in der Gesellschaft weitgehend Konsens darüber herrscht, dass eingegangene Risiken bei ihrer Realisierung mit Haftung verbunden sein sollen, zeigt sich in der allgemeinen Wahrnehmung, insbesondere in der Presse, dass Haftung für eingegangene Risiken auch für Verwunderung und Verunsicherung sorgt. Als im Jahr 1995 das Hamburger Bankhaus Fischer in die Krise geriet, monierten die Medien eine Lücke im Anlegerschutz. Anleihegläubiger würden nicht durch ein Äquivalent zum Einlagensicherungsfonds abgesichert und von Verlusten freigestellt.[8] In der Literatur wird sogar

7 Dieses Modell ist für sogenanntes *Bail-in*-Kapital/berücksichtigungsfähige Verbindlichkeiten vorgesehen, siehe dazu u. Kap. 1.VI., S. 61 und Kap. 6.II., S. 245.

8 *Der Spiegel*, „Lücke im System", Ausgabe 48/1995, S. 100 f.

von einer Enteignung zugunsten der Bank gesprochen und davor gewarnt, dass Gläubiger verlustabsorbierender Verbindlichkeiten[9] „plötzlich für die Schulden ihrer Bank" haften.[10] Das ist im Ergebnis richtig. Sie haften insbesondere für Schulden, die die Bank ihnen gegenüber hat. Angefallene Verluste müssen von jemandem getragen werden. Das sind in erster Linie die Träger, die das Unternehmen betreiben, bei einer Bank also häufig eine AG. Innerhalb der AG haften die Aktionäre als Eigenkapitalgeber zuerst. Reichen ihr eingelegtes Kapital und eventuelle Rücklagen des Unternehmens jedoch nicht aus, um die angefallenen Verluste auszugleichen, dann müssen für die übrigen Verluste entweder Gläubiger oder Dritte aufkommen, was letztendlich der Staat und damit der Steuerzahler oder aber eine Einlagensicherung ist. Letzteres soll vermieden werden. Damit verbleiben als Haftungssubjekte nur noch die Gläubiger. In einer solchen Konstellation wird man jedoch kaum von einer Enteignung reden können. Stattdessen realisiert sich das mit der Investition verbundene Risiko und die Investition stellt sich nicht als Gewinn, sondern als Verlustgeschäft heraus, indem die Forderung abgeschrieben wird.

Bei CoCo-Bonds erfolgt die Verlustteilnahme allerdings – sofern das Instrument nicht als *Writedown*-CoCo ausgestaltet ist (hierbei wird die Forderung ganz oder teilweise abgeschrieben) – nicht in Form einer Forderungsabschreibung (*Hair-cut*). Stattdessen wird die Verbindlichkeit des Schuldners im Wege eines Passivtauschs in Eigenkapital am Schuldner – im Falle einer AG in Aktien – umgewandelt (*Debt-Equity-Swap*). Es ist also nicht die Forderung aus der Anleihe selbst, die an den Verlusten teilnimmt, sondern das sie ersetzende Aktienkapital. Eigenkapital wird dem Unternehmen damit zu einem Zeitpunkt zugeführt, in dem es dringend benötigt wird, jedoch aufgrund des *Debt-Overhang*-Problems kaum verfügbar ist.[11] Das Investment der Gläubiger ist auf der anderen Seite nicht notwendigerweise verloren, sondern kann zukünftig auch an Aufwärtsbewegungen partizipieren.

---

9 Gemeint sind berücksichtigungsfähige Verbindlichkeiten i.S.d. BRRD und der SRM-VO.

10 *Philipp,* AG 2015, 77 (80).

11 Vgl. *Rudolph,* ZHR 175 (2011), 284 (312). *Rudolph* beschreibt in seinem Aufsatz auf S. 295 in Fn. 34 dieses Problem als mangelnden Anreiz für die Zufuhr neuen Eigenkapitals, wenn ein Unternehmen insolvenzgefährdet ist. Grund dafür sei, dass „die neuen Mittel zu einem Vermögenstransfer zu den Gläubigern führen, womit unmittelbar eine Entwertung des neuen Eigenkapitals verbunden ist." Das *Debt-Overhang*-Problem wurde zuerst von *Myers* in 5 Journal of Financial Economics, 1977, 147 beschrieben.

An dieser Stelle drängt sich die Frage auf, warum das entsprechende Kapital nicht gleich als bilanzielles Eigenkapital im Wege einer Kapitalerhöhung aufgenommen wird, wenn es ohnehin in der Krise in solches umgewandelt wird. Für Banken bestehen verschiedene tatsächliche und rechtliche Anreize, Fremdkapital gegenüber Eigenkapital zu bevorzugen. Dazu gehören steuerrechtliche Vorteile von Fremdkapital, aber auch der Umstand, dass sich Eigenkapitalgeber nicht so leicht finden lassen wie Fremdkapitalgeber, da sie im Gegensatz zu Letzteren grundsätzlich keinen Rückzahlungsanspruch haben. Banker argumentieren sogar häufig damit, dass die Aufnahme von Eigenkapital erheblich teurer sei als die Aufnahme von Fremdkapital.[12] Bei gleichbleibendem Eigenkapital und erfolgreichem Einsatz von zusätzlichem Fremdkapital steigt der Gewinn des Unternehmens und damit die Rendite auf das Eigenkapital (*Returns on Equity*) – eine für den Erfolg von Bankmanagern bedeutsame Kennziffer.[13]

Wenn es eine Bank aber bevorzugt, Fremdkapital zu begeben, wie kann sie dann dazu animiert werden, als Eigenkapital verlustabsorbierende Instrumente zu emittieren? Der Gesetzgeber hat Regelungen entworfen, nach denen Banken ein bestimmtes Maß an Eigenkapital zwingend vorhalten müssen (Eigenkapitalquote).[14] Dieses Maß bemisst sich einerseits anhand der risikogewichteten Aktiva der Bank (*Risk-Weighted Assets*, RWAs) und andererseits zukünftig anhand der Gesamtverschuldungsquote (*Leverage Ratio*)[15] der Bank. Hat eine Bank weniger Eigenkapital, so verringert sich im Umkehrschluss auch ihr potentielles Investitionsvolumen. Ihre wirtschaftlichen Handlungsmöglichkeiten finden durch die Eigenkapitalanforderungen eine Grenze.[16] Daraus ergibt sich für die Bank ein Dilemma: Die Ertragsmöglichkeiten steigen nur mit dem Eigenkapital, eine Bank bevorzugt jedoch die Aufnahme von Fremdkapital. Für diesen Widerspruch hat der Gesetzgeber einen Kompromiss gefunden: Wenn Fremdkapitalinstrumente Verluste genauso tragen wie Eigenkapitalinstrumente, dann dürfen sie auch als solche zur Erfüllung der Eigenkapitalanforderungen angerechnet werden. Es handelt sich damit um Instrumente, die unter anderem aus

---

12 *Admati/Hellwig*, The Bankers' New Clothes, S. 100; *Fischer/Boegl*, in: *Schimansky/Bunte/Lwowski*, § 129 Rn. 7.

13 *Admati/Hellwig*, The Bankers' New Clothes, S. 116.

14 Siehe dazu ausführlich u. Kap. 1.III., S. 37 ff. und Kap. 3.II., S. 116 ff.

15 Siehe hierzu und zu den rechtlichen Voraussetzungen u. Kap. 3.II.A., S. 116 sowie *Haug*, in: *Schimansky/Bunte/Lwowski*, § 133a Rn. 52–54.

16 *Fischer/Boegl*, in: *Schimansky/Bunte/Lwowski*, § 129 Rn. 1.

steuerrechtlicher Sicht als Fremdkapital zählen, aber aufsichtsrechtlich Eigenkapital sind. Sie sind ein *rechtliches Chamäleon.*[17]

Dieser vielgestaltige Charakter zieht Unsicherheiten über die dogmatische Einordnung von CoCos nach sich. Besonders deutlich zeigt sich das bei der Frage, wie sich die automatische Umwandlung von einer Anleihe in Aktien vollzieht. Das deutsche Gesellschaftsrecht liefert dafür zunächst keine eindeutige Antwort. Die Umwandlung ist dementsprechend in der juristischen Literatur nach wie vor Gegenstand von Diskussionen. Darüber hinaus sorgte eine Gesetzesänderung Ende 2015 (sog. Aktienrechtsnovelle 2016[18]) dafür, dass die schwer zu beantwortende Frage nach der Rechtsnatur erneut zu beurteilen ist. Für vor dieser Novelle emittierte CoCo-Bonds gelten unter Umständen andere Grundsätze, als für nach der Änderung emittierten CoCos.

Dem Wesen dieses außergewöhnlichen Instruments und seiner besonderen Mechanismen auf den Grund zu gehen, lohnt jedoch. Die Antworten helfen dabei, die Zuverlässigkeit und Wirkung von CoCo-Bonds auf die Stabilität der Finanzmärkte zu beurteilen. Stabilität ist das zentrale Ziel dieser neuen Anleiheform.[19] Dafür wurde sie in erster Linie entwickelt. Diese Stabilität soll durch eine erhöhte Widerstandsfähigkeit von Banken erreicht werden. Hinsichtlich dieses Ansatzes gehen die Architekten von CoCo-Bonds weiter, als es bei hybriden Instrumenten bisher der Fall war. Während herkömmliche verlustabsorbierende Anleihen so ausgestaltet waren, dass sie in der Abwicklung eines gescheiterten Instituts einen Beitrag zur Verlustaufnahme leisten können (*gone-concern*)[20], sollen CoCos schon während einer Sanierung einen Beitrag leisten[21] (*going-concern*)[22] und das Scheitern des Instituts dadurch im besten Falle verhindern oder

---

17 Vgl. *Kaal/Henkel*, San Diego Law Review 2012 (Vol. 49), 221 (275 f.).

18 Gesetz zur Änderung des Aktiengesetzes (Aktienrechtsnovelle 2016) vom 22. Dezember 2015, BGBl. I Nr. 55, S. 2565, verkündet am 30.12.2015 und in kraftgetreten am auf die Verkündung folgenden Tag (Art. 10 Abs. 2 des Gesetzes zur Änderung des Aktiengesetzes vom 22. Dezember 2015).

19 Vgl. dazu *Rudolph*, Kreditwesen 2010, 1152 (1155).

20 *Zähres* (*Deutsche Bank Research*), Contingent Convertibles: Bankanleihen im Wandel, S. 3, https://www.dbresearch.de/PROD/DBR_INTERNET_DE-PROD/PROD0000000000272297/Contingent+Convertibles%3A+Bankanleihen+im+Wandel.pdf (Stand: 11.06.2015).

21 Ebda.

22 Zur Einordnung der Begriffe *going-concern* und *gone-concern* in den Zusammenhang siehe Monatsbericht der *Deutschen Bundesbank* März 2013, Bankinterne Methoden zur Ermittlung und Sicherstellung der Risikotragfähigkeit und ihre bankaufsichtliche

zumindest die Folgen eines Scheiterns abmildern. Dadurch soll auch gewährleistet werden, dass die Inhaber von CoCos tatsächlich an Verlusten partizipieren. Schließlich hat sich in der vergangenen Finanzmarktkrise gezeigt, dass viele Gläubiger von *gone-concern*-Instrumenten gar nicht herangezogen wurden, da es infolge eines staatlichen Eingriffs nicht zu einer Abwicklung kam.[23]

Die Verbreiterung der *going-concern*-Basis leistet damit auch einen Beitrag, um dem heute weiterhin trotz Basel III häufig monierten Problem der Unterkapitalisierung von Banken[24] entgegenzutreten. Viele alte Hybridanleihen werden wegen des neuen Erfordernisses, dass sie auch im *going-concern*-Szenario schon an Verlusten teilnehmen können müssen, nicht mehr als aufsichtsrechtliches Eigenkapital anerkannt.[25] Daraus folgt ein gewisser Druck für Banken, diese Instrumente durch neue CoCos zu ersetzen.[26] Die Praxisrelevanz von CoCo-Bonds ist dadurch enorm, der Markt für diese Anleihen inzwischen sehr groß. Dieser Zusammenhang von Dogmatik und Praxis bestimmt den Maßstab dieser Arbeit und bildet den roten Faden für den Gang der Untersuchung. Im Mittelpunkt werden dabei von Banken emittierte CoCo-Bonds stehen, auch wenn CoCos nicht auf den Bankensektor beschränkt sind.

Zunächst wird im ersten Kapitel die Idee der CoCo-Bonds vorgestellt. Dabei wird auch der Bezug zur Finanzmarktkrise 2007/2008 und den anschließenden Neugestaltungen im Bankaufsichtsrecht aufgezeigt. In der Literatur zentral diskutierte Probleme werden dort ebenfalls adressiert. Das darauffolgende Kapitel gibt einen Überblick über die bisherige Emissions- und Investitionspraxis und gewährt einen Ausblick auf mögliche zukünftige Entwicklungen. Anschließend wird die Bedeutung von CoCo-Bonds für die Kapitalstruktur von Banken vor dem Hintergrund des überarbeiteten Aufsichtsrechts erläutert. Damit ist auch eine kritische Auseinandersetzung mit der derzeitigen Anrechenbarkeit von

Bedeutung, S. 34 li. Sp., https://www.bundesbank.de/resource/blob/693210/f77c7186a286da694fde715bce5aebe0/mL/2013-03-risiktragfaehigkeit-data.pdf (Stand: 21.10.2018).

23 *Marks/Brown*, The Rise of Contingent Convertible Bonds, S. 2, https://www.ceremade.dauphine.fr/~brugiere/files/Master%20280/2_Culture%20Financiere/Cocos/COCO.pdf (Stand: 21.10.2018); *Zähres* (o. Fn. 20), S. 3.

24 *Acharya/Schnabl*, in: *Acharya/Richardson* (Hrsg.), Restoring Financial Stability: How to Repair a Failed System, S. 83; *Admati/Hellwig* (o. Fn. 13), S. 96 und S. 169; *Fama*, Interview in der FAZ am 17.10.2013, http://www.faz.net/aktuell/wirtschaft/wirtschaftspolitik/nobel-gedenkpreistraeger-fama-es-gibt-keine-blasen-an-den-maerkten-12620969.html (Stand: 20.10.2018); *Sinn*, Kasino-Kapitalismus, S. 301.

25 *Marks/Brown* (o. Fn. 23), S. 2; Zähres (o. Fn. 20), S. 12.

26 Zähres (o. Fn. 20), S. 12.

CoCos als Eigenkapital verbunden. Das vierte Kapitel widmet sich dem *Trigger Event* als zentralem Merkmal von CoCo-Bonds. Es wird eine dogmatische Begründung der automatischen Umwandlung vorgeschlagen. Daneben werden verschiedene Ausgestaltungen des *Trigger Events* erläutert und kritisch beurteilt. Kapitel fünf behandelt die Emission von CoCo-Bonds in rechtlicher Hinsicht. Dabei werden insbesondere gesellschaftsrechtliche Fragen aufgeworfen. Die Arbeit schließt mit einer Gesamtwürdigung und einem Blick in die Zukunft von CoCo-Bonds ab. Dabei wird einerseits die begrenzte Möglichkeit für Abwandlungen von den bisher existierenden CoCo-Bonds aufgezeigt. Andererseits wird insbesondere die Frage nach der zukünftigen Bedeutung von CoCos erörtert.

An den geeigneten Stellen werden Vergleiche zu schweizerischen CoCo-Bonds und deren Normierungen gezogen.[27] Daraus lassen sich insbesondere Ideen für die dogmatische Begründung der Umwandlung und für eine umfangreichere Anerkennung von CoCos zur Eigenmittelunterlegung gewinnen.

27 So insbes. u. in Kap. 3.VII., 4.I.3. und 5.V.

# Kapitel 1 Die Idee der CoCo-Bonds sowie der Bezug zur Krise 2007/2008 und zum Aufsichtsrecht

## 1.I. Die bedingte Pflichtwandelanleihe als automatisierter *Debt-Equity-Swap*

CoCo-Bonds sind Finanzinstrumente, die als Schuldverschreibung ausgegeben und unter bestimmten Umständen automatisch in Aktien „umgewandelt" werden. Für den Emittenten sind sie Finanzierungsinstrument, für den Investor hingegen ein Vermögenswert. Im Sinne des WpHG sind sie als Inhaberschuldverschreibung Wertpapier (§ 2 Abs. 1 Nr. 3 a WpHG) und mithin auch Finanzinstrument (§ 2 Abs. 2b WpHG).

Schuldverschreibungen zeichnen sich im Allgemeinen dadurch aus, dass der Emittent Geld von Investoren einsammelt und ihnen im Gegenzug dafür einen Rückzahlungsanspruch nach einer im Voraus bestimmten oder unbestimmten Zeit sowie einen Zinsanspruch (Coupon) gewährt. Der Geldleistung steht also grundsätzlich ein Rückzahlungsanspruch gegenüber, sodass der eingenommene Betrag nicht zur zeitlich unbegrenzten Verfügung des Emittenten steht. Der zugrundeliegende Vertrag ähnelt damit stark einem Darlehensvertrag im Sinne des BGB. Laut § 488 Abs. 1 S. 1 BGB wird durch den Darlehensvertrag der Darlehensgeber verpflichtet, dem Darlehensnehmer einen Geldbetrag in der vereinbarten Höhe zur Verfügung zu stellen. Nach § 488 Abs. 1 S. 2 BGB ist der Darlehensnehmer verpflichtet, einen geschuldeten Zins zu zahlen und bei Fälligkeit das zur Verfügung gestellte Darlehen zurückzuzahlen.

Aus Praktikabilitätsgründen ist es jedoch in der Realität bei hohem Kapitalbedarf großer Kapitalgesellschaften unüblich, den Bedarf an Kapital durch viele einzelne Darlehensverträge mit vielen Geldgebern zu stillen. Stattdessen bedienen sich große Gesellschaften der Möglichkeit, Anleihen zu begeben. Diese Anleihen werden vom Gesetz als Schuldverschreibungen bezeichnet (vgl. § 793 Abs. 1 S. 1 BGB; § 1 Abs. 1 SchVG). Ihr Grundtyp ist ebenfalls im BGB geregelt. § 793 Abs. 1 BGB beschreibt die Inhaberschuldverschreibung als Urkunde, in der dem Inhaber der Urkunde vom Aussteller eine Leistung versprochen wird. Die Schuldverschreibung wird in der Praxis gegen Überlassung eines Geldbetrages (Nennbetrag) ausgegeben. Die versprochene Leistung bei einer Anleihe ist regelmäßig die Rückzahlung des eingezahlten Nennbetrages, für den die Anleihe begeben wird sowie unter Umständen die Zahlung eines festen oder variablen

Coupons. Auch wenn er ihr rechtlich nicht zugrunde liegen muss, ähnelt die Anleihe damit wirtschaftlich dem Darlehensvertrag.[28] Sowohl Darlehen als auch das durch die Anleiheemission erhaltene Kapital sind wegen der Rückzahlungsverbindlichkeit Fremdkapital. Anspruchsberechtigt aus der Inhaberschuldverschreibung ist der Inhaber der Urkunde (§ 793 Abs. 1 S. 1 BGB). Die Urkunde ist selbstständiges Leistungsversprechen[29] und besteht somit unabhängig von einem Schuldgrund.[30]

Da CoCo-Bonds zur Gruppe der Anleihen gehören, weisen sie alle genannten Charakteristika auf. Handelsrechtlich sind sie folglich auch auf der Passivseite der Bilanz als Fremdkapital auszuweisen, vgl. § 266 Abs. 3 C Nr. 1 HGB.[31] Sie verfolgen vordergründig einen Finanzierungszweck auf Seiten des Emittenten. Für den Inhaber sind sie in erster Linie Investitionsinstrument. Daneben tritt aber auch ein ordnungspolitischer Zweck. Durch CoCo-Bonds kann es gelingen, Fremdkapitalgeber zuverlässig nicht nur am Erfolg, sondern auch am Misserfolg des Unternehmens zu beteiligen. Gerät der Emittent in finanzielle Schwierigkeiten, dann sollen die Inhaber der CoCo-Bonds unter bestimmten Umständen das unternehmerische Risiko des Emittenten wie Eigenkapitalgeber mit tragen. Das ermöglicht die Verbreiterung der Basis derjenigen Personen, die das Risiko und die Verluste des Unternehmens tragen. Am effektivsten gelingt dieses Vorhaben durch den Eintritt der Inhaber der CoCos in die Stellung eines Eigenkapitalgebers im fraglichen Zeitpunkt.

Rechtstechnisch lässt sich dieser Eintritt realisieren, indem die Anleihe gegen Aktien getauscht wird. Der Investor tritt dadurch in die Aktionärsstellung ein und ist nicht mehr Fremdkapitalgeber mit einem Anspruch auf Auszahlung des eingezahlten Betrages sowie der Zinsen, sondern er wird Eigenkapitalgeber und trägt damit das wirtschaftliche Risiko des Unternehmens. Er erlangt Vermögens- und Verwaltungsrechte und kann seine Aktien am Sekundärmarkt veräußern.

*Debt-Equity-Swaps* sind dem deutschen Recht nicht fremd. Bereits seit dem AktG von 1937[32] war der Tausch von Anleihen gegen Aktien in Form der Wandelschuldverschreibung normiert, vgl. § 221 Abs. 1 Alt. 1 AktG. Aus dem Begriff Wandelschuldverschreibung ergibt sich auch die ungenaue Terminologie, dass Anleihen in Aktien umgewandelt werden. Bei der klassischen

28 Zu den Wertpapierrechtstheorien siehe *Habersack*, in: MüKo-BGB, Vor § 793 Rn. 24 ff.

29 *Gehrlein*, in: Beck-OK BGB, § 793 Rn. 9.

30 *Habersack*, in: MüKo-BGB, § 793 Rn. 7.

31 Siehe dazu ausführlich u. Kap. 3.IV., S. 134.

32 *Habersack*, in: MüKo-AktG, § 221 Rn. 4; das AktG 1937 verortete die Regelung noch in § 174, seit dem AktG 1965 ist sie nun im § 221 zu finden.

Wandelschuldverschreibung erhält der Anleihekäufer das Recht, seinen Anspruch auf Rückzahlung des Nennbetrages, der sich aus der Anleihe ergibt, gegen eine bestimmte Zahl an Aktien einzutauschen.[33] Es handelt sich dabei nicht um einen Tauschvertrag i.S.d. § 480 BGB[34], sondern um eine Umgestaltung des Rechtsverhältnisses.[35] Darin liegt die Umwandlung. Die Rechtsbeziehung *Schuldner-Gläubiger* aus der Anleihe erlischt in der Folge der Rechtsausübung, während eine neue Beziehung *Gesellschaft-Gesellschafter* entsteht.[36] Seit der Aktienrechtsnovelle 2016[37] normiert § 221 Abs. 1 S. 1 Alt. 1 AktG nunmehr nicht mehr nur ein Wandlungsrecht des Gläubigers, sondern lässt auch ein Wandlungsrecht des Emittenten zu (sog. *umgekehrte Wandelanleihe* oder *Anleihe mit Tilgungswahlrecht des Emittenten*[38]).

Gewährt eine Wandelschuldverschreibung dem Gläubiger ein Wandlungsrecht, so hat dieser ein größeres Maß an Gewinnmöglichkeiten.[39] Für die Gesellschaft hat das Wandlungsrecht des Gläubigers den Vorzug, dass er im Gegenzug für das höhere Gewinnpotential eine weniger hohe Rendite erwarten wird, sodass die Kosten für die emittierende Gesellschaft sinken.[40] Die relativen Fixkosten der Finanzierung auf der Seite des Emittenten können dadurch reduziert werden.[41] Wandelschuldverschreibungen mit Wandlungsrecht des Emittenten sind für diesen attraktiv, da er durch die Wandlung den Abfluss von Kapital verhindern kann und höhere Planungssicherheit erhält.[42]

Beim Wahlrecht der Wandelanleihe setzen die CoCo-Bonds an und weichen in bedeutsamem Maße vom gesetzlichen Leitbild der Wandelschuldverschreibung ab: Während der Umtausch Anleihe/Aktie bei der Wandelschuldverschreibung allein vom Willen des Inhabers der Anleihe bzw. vom Emittenten abhängt, kann es bei CoCo-Bonds auch ohne den späteren Willen des Inhabers oder des

---

33 *Hüffer/Koch*, § 221 Rn. 4.

34 Ebda.

35 Siehe dazu ausführlicher *Habersack*, in: MüKo-AktG, § 221 Rn. 30.

36 Die Mitgliedschaft entsteht dabei nicht automatisch, sondern wird durch Ausgabe der Aktien und Vertrag zwischen dem Emittenten und dem neuen Mitglied (Begebungsvertrag) begründet, vgl. *Habersack*, in: MüKo-AktG, § 221, Rn. 227; *Hüffer/Koch*, § 199 Rn. 3.

37 S.o. Fn. 18.

38 *Habersack*, in: MüKo-AktG, § 221 Rn. 52a; *Hüffer/Koch*, § 221 Rn. 5b.

39 *Scholz*, in: MünchHdbGesR, Bd. IV, § 64 Rn. 9; *Seiler*, in: Spindler/Stilz, § 221 Rn. 10.

40 *Hüffer/Koch*, § 221 Rn. 2; *Scholz*, in: MünchHdbGesR, Bd. IV, § 64 Rn. 9; *Seiler*, in: Spindler/Stilz, § 221 Rn. 9.

41 Hölters/*Haberstock/Greitemann*, § 221 Rn. 3.

42 *Seiler*, in: Spindler/Stilz, § 221 Rn. 150.

Emittenten zu einem Tausch kommen. Dabei ist das Wahlrecht, das zum Untergang der Forderung führt und auf Verschaffung der Mitgliedschaft gerichtet ist, vorverlagert.[43] Die Anleihebedingungen sind so ausgestaltet, dass allein objektive Kriterien darüber entscheiden, ob der Inhaber Gläubiger bleibt oder ob er Aktionär wird. Damit entscheiden auch allein objektive Kriterien darüber, ob es sich bei dem Kapital um zurückzuzahlendes Fremdkapital oder haftendes Eigenkapital handelt. Diese zu einem Automatismus führenden objektiven Kriterien sind das innovative Element der CoCo-Bonds. Die bedingte Pflichtwandelanleihe ist daher ein *automatisierter Debt-Equity-Swap*.

## 1.II. Der *Debt-Equity-Swap* als Sanierungsinstrument

Eine herausragende Bedeutung kann den CoCo-Bonds in Krisensituationen von Banken zukommen. Sie können dann zu einer Stabilisierung des Instituts beitragen. Eine solche Krisensituation kann sich in mehreren Formen manifestieren.

Denkbar ist zunächst eine Überschuldung, die gem. § 19 Abs. 1 InsO Eröffnungsgrund für ein Insolvenzverfahren ist. Man mag hier einwenden, dass für Banken als wichtigste Emittenten von CoCos das Insolvenzverfahren praktisch nicht zur Anwendung kommt, da vorher das speziellere Bankensanierungs- und/oder -abwicklungsrecht eingreift (SAG und SRM-VO).[44] Dennoch beansprucht das allgemeine Insolvenzrecht auch im Bankensektor grundsätzlich Geltung und wird durch das spezielle Sanierungs- und Abwicklungsregime lediglich ergänzt.[45] Das gilt insbesondere vor dem Hintergrund, dass Abwicklungsmaßnahmen nur beim Scheitern systemrelevanter Institute in Betracht kommen.[46] Zudem liegen die Abwicklungsvoraussetzungen nur dann vor, wenn die Abwicklungsziele des SAG (vgl. § 67 SAG) nicht im Wege eines regulären Insolvenzverfahrens erreicht werden können (§ 62 Abs. 1 S. 1 Nr. 2 SAG). Die Anwendbarkeit des Insolvenzrechts setzt auch § 46b KWG voraus, wonach bei Zahlungsunfähigkeit, Überschuldung oder drohender Überschuldung eines Instituts das Insolvenzverfahren durchgeführt wird.[47] Selbst das Reorganisationsverfahren nach dem

---

43 Siehe dazu ausführlich u. Kap. 4.I.B.b.iv, S. 159.

44 Siehe dazu ausführlich u. Kap. 1.VI.

45 *Bauer/Hildner*, DZWIR 2015, 251 (252); *Binder*, ZHR 179 (2015), 83 (89).

46 Siehe dazu u. Kap. 6.II., S. 251; so auch *Bauer/Hildner*, DZWIR 2015, 251 (256); *Binder*, ZHR 179 (2015), 83 (89).

47 Siehe dazu auch *Fischer/Boegl*, in: *Schimansky/Bunte/Lwowski*, § 133 Rn. 28 f.

Kreditinstitute-Reorganisationsgesetz (KredReorgG)[48] wird nur durchgeführt, wenn eine Gefährdung der Stabilität des Finanzsystems besteht (§ 1 Abs. 1 S. 2 KredReorgG). Daraus lässt sich ableiten, dass auch dieses Verfahren größeren Instituten vorbehalten bleibt, deren Scheitern sich auf die Finanzmarktstabilität auswirken kann.

Die Überschuldung im Sinne des allgemeinen Insolvenzrechts liegt gem. § 19 Abs. 2 InsO vor, wenn das Vermögen die Verbindlichkeiten nicht mehr deckt und die Fortführung des Unternehmens nach den Umständen nicht überwiegend wahrscheinlich ist. Zu einem solchen Überschuldungszustand kann es zum Beispiel kommen, wenn sich der Wert von Vermögenspositionen vermindert, weil sich ein in ihnen enthaltenes Risiko realisiert hat. Zu denken ist an Aktien, in die eine Bank investiert hat und die aufgrund eines allgemeinen Marktverfalls an Wert verlieren. Der Wertverfall ist gemeinsam mit anderen Verlusten als Jahresfehlbetrag zu passivieren (§ 266 Abs. 3 lit. A Ziff. V. HGB). Reichen die übrigen Vermögenswerte der Bank nicht aus, um ihre Verbindlichkeiten zu decken, liegt bei negativer Fortführungsprognose[49] eine Überschuldung vor.

Eine Überschuldung kann beseitigt werden, indem der Gesellschaft neues Kapital zugeführt wird. Denkbar ist eine Erhöhung des Grundkapitals durch Einlagen (§§ 182 ff. AktG), um die Eigenkapitaldecke zu stärken. Damit steigt auch das Vermögen der Gesellschaft und kann zur Deckung der Verbindlichkeiten dienen. Gesellschaftsmittel werden aber in der Krise oft nicht in ausreichendem Maße zur Verfügung stehen – häufig sind Eigenkapitalgeber in der Krise schlicht nicht bereit, weitere Investitionen zu tätigen, wenn sie „dem schlechten Geld kein gutes Geld hinterherwerfen" wollen (*Debt-Overhang*-Problem[50]). Auch neue Gesellschafter sind unter diesen Umständen rar. Selbst wenn die Bereitschaft zu einer Kapitalerhöhung vorläge, erforderte diese einen – unter Umständen langwierigen – Beschluss der Hauptversammlung (§ 179 Abs. 1 S. 1 AktG). Eine unvermittelte Eigenkapitalzufuhr innerhalb kurzer Fristen kann jedenfalls durch die reguläre Kapitalerhöhung nicht erreicht werden.[51] In diesem Falle bleibt als einzige Maßnahme zur Abwendung der Überschuldung die

48 Kreditinstitute-Reorganisationsgesetz vom 9. Dezember 2010 (BGBl. I S. 1900), das zuletzt durch Artikel 9 des Gesetzes vom 22. Dezember 2015 (BGBl. I S. 2565) geändert worden ist.

49 Vgl. *Leithaus,* in: *Andres/Leithaus,* § 19 Rn. 6.

50 Vgl. dazu *Rudolph,* in: *Groß/Pfingsten* (Hrsg.), Finanzkrisen: Ursachen, Lösungen und Verhinderungsmöglichkeiten, S. 97 (104 f.); vgl. auch o. Einleitung S. 23.

51 Eilers/*Aleth,* Kap. H Rn. 21; *Lutter/Hommelhoff/Timm,* BB 1980, 737 (749).

Verringerung der Verbindlichkeiten. Eine Möglichkeit besteht im Forderungsverzicht der Investoren, wozu viele Geldgeber aber nicht ohne Weiteres bereit sein werden.

In einer solchen Situation sollen *Debt-Equity-Swaps* einen Weg aus dem Dilemma bieten und den Krisenzustand beseitigen.[52] Durch sie fallen Verbindlichkeiten weg,[53] da keine Zinsen mehr zu zahlen sind und die Rückzahlungsverpflichtung entfällt.[54] Das kann dazu führen, dass die nunmehr verbleibenden Verbindlichkeiten wieder vom Vermögen gedeckt werden.[55] Die Minderung des Eigenkapitals durch die angefallenen Verluste kann durch den *Debt-Equity-Swap* ausgeglichen werden.[56] Das kann im Nachgang den Weg zu weiterem Kapital erleichtern, da durch das erhöhte Eigenkapital das Rating und damit das Vertrauen in den Schuldner steigt und Marktteilnehmer bereit sein könnten, zusätzliches Fremdkapital zur Verfügung zu stellen.[57] Gerade zur Abwendung einer Überschuldung könnten sich CoCo-Bonds eignen, denn der Automatismus des *Debt-Equity-Swaps* kann an die Eigenkapitalquote geknüpft werden. Verringert sich das Eigenkapital, weil es durch angefallene Verluste angegriffen wird, kann das den rettenden Automatismus auslösen.

Eine Krise kann sich daneben auch in Form der Zahlungsunfähigkeit (§ 17 InsO) oder der drohenden Zahlungsunfähigkeit (§ 18 InsO) zeigen. Zahlungsunfähig ist ein Schuldner gem. § 17 Abs. 2 S. 1 InsO, wenn er nicht in der Lage ist, die fälligen Zahlungspflichten zu erfüllen. Die Zahlungsunfähigkeit droht, wenn der Schuldner voraussichtlich nicht in der Lage sein wird, die Zahlungspflichten zum Zeitpunkt der Fälligkeit zu erfüllen (§ 18 Abs. 2 InsO). Grund für eine Zahlungsunfähigkeit muss nicht immer die Überschuldung sein. Es ist auch denkbar, dass das Vermögen des Schuldners zwar die Verbindlichkeiten deckt, aber die verfügbaren Mittel dennoch nicht ausreichen, um Zahlungsverpflichtungen

52 *Friedl*, BB 2012, 1102; vgl. auch *Toth-Feher/Schick*, ZIP 2004, 491, 495; vgl. zum *Debt-Equity-Swap Wiedemann*, in: FS Hoffmann-Becking (2013), S. 1387 (1389).

53 *Cahn/Hutter/Kaulamo* u.a., WM 2014, 1309; *Eilers*, GWR 2009, 3; *Lutter/Hommelhoff/Timm*, BB 1980, 737 (740); *Redeker*, BB 2007, 673 (674).

54 *v. Furstenberg*, CESifo Forum 3/2014 (September), S. 65.

55 *Redeker*, BB 2007, 673 (674).

56 *v. Furstenberg*, (o. Fn. 54), S. 65.

57 *Bou Sleiman*, CoCo-Bonds, S. 34; *Günther*, in: *Vollmar/Becker/Hoffend* (Hrsg.), Macht des Vertrauens, S. 104 (107); *Redeker*, BB 2007, 673 (674); *Zähres* (*Deutsche Bank Research*), Contingent Convertibles: Bankanleihen im Wandel, S. 5, https://www.dbresearch.de/PROD/DBR_INTERNET_DE-PROD/PROD0000000000272297/Contingent+Convertibles%3A+Bankanleihen+im+Wandel.pdf (Stand: 11.06.2015).

zu erfüllen. In diesem Fall mangelt es dem Schuldner an Liquidität zum entsprechenden Zeitpunkt.[58] Während die Überschuldung an eine Vermögensbilanz anknüpft, ist für die Zahlungsunfähigkeit eine Liquiditätsbilanz maßgeblich.[59]

Liquidität bezeichnet gemäß § 11 Abs. 1 S. 1 KWG die Gewährleistung der jederzeit ausreichenden Zahlungsbereitschaft. Ein Wirtschaftssubjekt ist also liquide, wenn es Mittel so angelegt hat, dass es seine fälligen Zahlungsverpflichtungen fristgerecht erfüllen kann.[60] Bei Banken besteht die praktische Besonderheit, dass einerseits Verbindlichkeiten kurzfristig entstehen können und schnell bedient werden müssen (sei es zum Beispiel der Auszahlungswunsch eines Bankkunden), andererseits das Vermögen der Bank häufig in langfristigen Positionen gebunden ist.[61] Daraus ergibt sich ein Liquiditätskonflikt, da das Vermögen der Bank in großen Teilen nicht zur kurzfristigen Erfüllung von Verbindlichkeiten zur Verfügung steht (*Refinanzierungs-/Transformationsrisiko* und *Abrufrisiko*).[62] Ein Liquiditätskonflikt kann sich auch daraus ergeben, dass Schuldner ihre Verbindlichkeiten der Bank gegenüber nicht rechtzeitig erfüllen und der Bank ihrerseits daher Mittel zur Erfüllung ihrer Verbindlichkeiten fehlen (*Terminrisiko*).[63]

Eine Liquiditätskrise kann beseitigt werden, indem innerhalb kurzer Zeit neues langfristiges Fremdkapital beschafft wird – zum Beispiel durch die Aufnahme von Darlehen oder die Emission von Schuldverschreibungen. In beiden Fällen erhöht sich das zur Erfüllung fälliger Verbindlichkeiten zur Verfügung stehende Kapital der Bank. In der Krise werden aber auch Fremdkapitalgeber häufig nicht bereit sein, der Bank weitere Mittel zur Verfügung zu stellen.

Auch in einem solchen Fall sollen CoCo-Bonds durch Umwandlung einen Beitrag zur Krisenbewältigung leisten können. Obwohl ein *Debt-Equity-Swap* keine neuen liquiden Mittel zuführt,[64] kann er einen *liquiditätsschonenden* Effekt haben.[65] Dieser ergibt sich aus dem Wegfall der Zinszahlungen für die Anleihen

58 *Leithaus*, in: *Andres/Leithaus*, § 17 Rn. 2.

59 *Mock*, in: *Uhlenbruck*, § 17 Rn. 18.

60 *Fischer/Boegl*, in: *Schimansky/Bunte/Lwowski*, § 129 Rn. 9.

61 *Zeranski*, in: *Boos/Fischer/Schulte-Mattler*, KWG § 11 Rn. 1.

62 *Fischer/Boegl*, in: *Schimansky/Bunte/Lwowski*, § 129 Rn. 36.

63 Ebda.

64 *Bou Sleiman*, CoCo-Bonds, S. 33 f.; *Rudolph*, Kreditwesen 2010, 1152 (1154); *Zähres* (o. Fn. 57), S. 5.

65 *Bundesrat* (Schweiz), Botschaft zur Änderung des Bankengesetzes (Stärkung der Stabilität im Finanzsektor; *too big to fail*), BBl. 2011, 4717 (4774); *Expertenkommission zur Limitierung von volkswirtschaftlichen Risiken durch Grossunternehmen*, Schlussbericht vom 30.9.2010, S. 88, https://www.sif.admin.ch/dam/sif/de/dokumente/

und der Rückzahlungsverpflichtung.[66] Dadurch verringert sich der Mittelabfluss und die vorhandenen Mittel müssen nicht mehr zur Verfügung gehalten werden, um Rückzahlungsverpflichtungen zu erfüllen.[67] Es vergrößert sich das ungebundene Eigenkapital, sodass andere Verbindlichkeiten damit erfüllt werden können[68] und sogar eine Zahlungsunfähigkeit abgewendet werden kann.[69] Ein weiterer positiver Effekt ergibt sich daraus, dass Notveräußerungen von Vermögensgegenständen entbehrlich werden, die sonst unter Umständen das einzige Mittel wären, um Liquidität kurzfristig herzustellen.[70]

Zwar sind *Debt-Equity-Swaps* als Mittel zur Sanierung und zur Liquiditätssicherung keine Neuheit[71], denn sie gleichen das durch Verluste angegriffene Eigenkapital der Gesellschaft aus. Dennoch werden diese Swaps in Form von CoCo-Bonds bei einer reinen Liquiditätskrise einer einzelnen Gesellschaft keine bedeutende Rolle spielen. Grund dafür ist das auslösende Ereignis. Eine Liquiditätskrise ist nicht an Kapitalquoten gebunden und lässt sich als objektiv bestimmbares Ereignis kaum formulieren.

Auch für die Abwendung einer Überschuldung durch einen bloßen Passivtausch können von Banken emittierte CoCos auf den zweiten Blick im deutschen und im schweizerischen Recht[72] keinen Beitrag leisten. Zwar entfallen durch die Umwandlung Verbindlichkeiten. Die Verbindlichkeiten aus CoCos müssen aber nachrangig sein, wenn sie nach der CRR[73] als Eigenkapital anrechenbar sein sollen.[74] Die entfallenden Verbindlichkeiten haben daher gem. § 19 Abs. 2 S. 2 InsO ohnehin keine Auswirkung auf die Überschuldungsbilanz. Demzufolge kann die Umwandlung von CoCo-Bonds nicht zur Abwendung der Überschuldung beitragen. Etwas anderes gilt, wenn der Emittent nicht dem Anwendungsbereich

---

FinWeb/101004-SB-TBTF-DE-FINAL.pdf.download.pdf/101004-SB-TBTF-DE-FINAL.pdf (Stand: 20.10.2018); *Friedl*, BB 2012, 1102; *Möhlenkamp/Harder*, ZIP 2016, 1093 (1094); *von der Crone/Beeler*, ZBB 2012, 12 (16).

66 *v. Furstenberg* (o. Fn. 54), S. 65.

67 Schlussbericht der *Expertenkommission* (o. Fn. 65), S. 88; *Friedl*, BB 2012, 1102; *Redeker*, BB 2007, 673 (674); *von der Crone/Beeler*, ZBB 2012, 12 (16).

68 *Redeker*, BB 2007, 674 (674).

69 *Drygala*, WM 2011, 1637.

70 *Rudolph*, Kreditwesen 2010, 1152 (1155); vgl. auch *v. Furstenberg* (o. Fn. 54), S. 65.

71 *Schleusener*, Der *Debt-Equity-Swap*, S. 15.

72 Dass eine Forderung aus einer nachrangigen Verbindlichkeit nicht in die Überschuldungsbilanz aufgenommen wird, ergibt sich im schweizerischen Recht aus Art. 725 Abs. 2 S. 2 Obligationenrecht.

73 Siehe zur CRR u. Kap. 1.III., S. 41.

74 Vgl. dazu u. Kap. 3.V., S. 138.

der CRR unterliegt, weil er z.B. keine Bankgeschäfte betreibt.[75] Dann müssen die begebenen CoCo-Bonds nicht nachrangig ausgestaltet sein, sodass sie sich auf die Überschuldungsbilanz auswirken.

Im Zentrum bleibt damit die Eigenschaft von CoCos, das Eigenkapital dann aufzustocken, wenn es durch Verluste angegriffen ist und frisches Eigenkapital nicht oder nur zu inakzeptablen Konditionen zu erlangen ist. Aus eigener Kraft kann sich das Institut dann nicht refinanzieren.[76] Unter Umständen finden sich nach einem *Debt-Equity-Swap* neue Geldgeber, die zur Einbringung frischen Kapitals bereit sind und zur Refinanzierung beitragen können[77], weil die bereits angefallenen Verluste auf Altaktionäre und CoCo-Inhaber verteilt worden sind.[78] Insbesondere in der vergangenen Finanzkrise hat sich gezeigt, dass ein hoher Eigenkapitalanteil in Relation zu den Vermögenswerten unerlässlich ist, um realisierten Risiken begegnen zu können,[79] ohne dass das Eigenkapital dabei vollkommen aufgebraucht wird.

Auch die Gesetzgeber haben diese Notwendigkeit erkannt. Dementsprechend zielen viele Regelungsreformen und Regelungsvorschläge darauf ab, die Eigenkapitalquote von Banken zu erhöhen. Auch hier spielen CoCo-Bonds wegen ihrer Eigenschaft, das Eigenkapital zu vergrößern, eine bedeutende praktische Rolle.

## 1.III. Eigenkapitalanforderungen durch Basel III bzw. CRD-IV – der rechtliche Nährboden für CoCos

Um zu verstehen, woraus sich der praktische Wert der CoCo-Bonds ergibt, muss man die Rahmenbedingungen betrachten, die zum Entstehen der bedingten Pflichtwandelanleihe geführt haben. Die Finanzmarktkrise 2007/2008 war – sowohl als Staatsschuldenkrise wie auch als Bankenkrise – überwiegend eine Liquiditätskrise,[80] zugleich aber auch eine

---

75 Laut Art. 1 CRR i.V.m. Art. 4 Abs. 1 Nrn. 1–3 CRR ist die CRR auf Kreditinstitute und Wertpapierfirmen anwendbar.

76 *Mielk/Kalkbrenner*, in: Zukunftsperspektiven, S. 959.

77 *Mielk/Kalkbrenner*, in: Zukunftsperspektiven, S. 959 (962).

78 Vgl. zum zugrundeliegenden *Debt-Overhang*-Problem o. Fn. 11 und zur Beseitigung der Ausschüttungssperre u. Kap. 1.IV., S. 48.

79 *Heun*, JZ 2010, 53 (57); *Lessenich*, Basel III – Die neuen Eigenkapital- und Liquiditätsregeln für Banken, S. 11; *Manns/Schulte-Mattler*, WM 2010, 1577; *OECD*, The Financial Crisis: Reform and Exit Strategies, S. 41, www.oecd.org/dataoecd/55/47/43091457.pdf (Stand: 21.10.2018).

80 *Acharya/Philippon/Richardson/Roubini*, in: *Acharya/Richardson* (o. Fn. 24), S. 5; *Hartmann-Wendels*, in: *Groß/Pfingsten* (o. Fn. 50), S. 72 (73); *Haug*, in: *Schimansky/Bunte/Lwowski*, § 133a Rn. 3; *Heun*, JZ 2010, 53.

Vertrauenskrise.[81] Mit dem Fall des Investment-Bankhauses *Lehman Brothers* und der *Subprime*-Krise schwand das Vertrauen in Banken und sonstige Finanzdienstleister. Dadurch erschwerte sich die Beschaffung von Kapital für die Banken enorm. Überdies betraf das verlorengegangene Vertrauen in die Institute nicht nur Kunden, sondern auch Banken untereinander ließen bei der Geldvergabe Vorsicht walten und stellten den Interbankenhandel größtenteils ein.[82] Dadurch war der Zugang zu Fremdkapital über die Kapitalmärkte weitgehend abgeschnitten. Eine Absicherung der Liquidität durch Fremdkapitalaufnahme war damit nicht mehr im gewöhnlichen und erforderlichen Maße möglich.[83] Die ausstehenden Forderungen mussten dennoch erfüllt werden. Auch die Aufnahme von Eigenkapital gelang so kurzfristig nicht in erforderlichem Maße. Die verfügbaren Mittel konnten bei zahlreichen Banken die Liquiditätsengpässe nicht ausgleichen, sodass sie entweder wegen Zahlungsunfähigkeit in die Insolvenz entlassen wurden oder aber staatliche Hilfen die Liquidität der Banken sicherstellen mussten.

Letzteres wurde insbesondere dann vorgenommen, wenn die betroffenen Banken aufgrund ihrer Größe und Vernetzung auf den Finanzmärkten als systemrelevant (*too big to fail*) eingestuft wurden[84] und ihre Abwicklung mit außerordentlichen Schwierigkeiten verbunden gewesen wäre bzw. die Märkte erschüttert hätte.[85] Infolgedessen haben verschiedene Zentralbanken umfassende Liquiditätsprogramme aufgelegt, um die Finanzmärkte zu stabilisieren.[86] Die Vertrauenskrise hätte vermutlich nicht solche Ausmaße erreicht, wenn die Institute über höhere Eigenkapitalreserven verfügt hätten. Dann wäre die kurzfristige Versorgung mit Kapital zur Absicherung der Liquidität möglich gewesen.

Als große Schwachstellen des Finanzsystems lassen sich also die niedrige Eigenkapitalquote und der damit verbundene große Hebeleffekt (dazu sogleich) benennen[87], mit dessen Hilfe sich Risiken eingehen ließen, die durch das Eigenkapital nicht mehr aufgefangen werden konnten. Die Finanzkrise hat dabei „den

81 Vgl. *Haug*, in: *Schimansky/Bunte/Lwowski*, § 133a Rn. 3.

82 *Heun*, JZ 2010, 53.

83 *Fischer/Boegl*, in: *Schimansky/Bunte/Lwowski*, § 129 Rn. 34.

84 *Issing/Bluhm*, in: *Hopt/Wohlmannstetter*, S. 88.

85 *Zimmer/Fuchs*, ZGR 2010, 597 (600 f.).

86 *Bucher*, An Inquiry into Regulatory Margin Calls for Financial Institutions, S. 1.

87 So auch *Acharya/Schnabl*, in: *Acharya/Richardson* (o. Fn. 27), S. 83; *Admati/Hellwig* (o. Fn. 13), S. 96 und S. 169; *Fama* (o. Fn. 24); *Sinn* (o. Fn. 24), S. 301.

Ruf nach dem Staat in lange nicht gehörter Intensität erschallen lassen"[88], um die Finanzwirtschaft nicht der Selbstregulierung zu überlassen,[89] denn entsprechende Mechanismen waren aufgrund besonderer Anreizstrukturen im Bankensystem weitgehend funktionslos geworden.

Charakteristikum heutiger Banken ist, dass sie als juristische Person - häufig als Aktiengesellschaft oder als eingetragene Genossenschaft - organisiert sind. Durch diese Organisationsformen gelingt eine Beschränkung der Haftung für Verbindlichkeiten der juristischen Person auf ihr Kapital. Eine persönliche Haftung der für die Bank handelnden Personen besteht grundsätzlich nicht, woraus eine hohe Risikobereitschaft resultiert. Erhöhte Risiken gewähren auf der anderen Seite auch erhöhte Gewinnchancen. Nutzt eine Bank bei einer Investition das gesamte ihr zur Verfügung stehende eigene Vermögen, so kann sie dieses Vermögen bei der Realisierung des Anlagerisikos verlieren. Auf der anderen Seite stehen die Chancen, die eine Rendite im Verhältnis zum Eigenkapital versprechen. Greift nun die Bank bei einer Investition nicht nur auf ihr eigenes Vermögen zurück, sondern nutzt auch fremdes Kapital, welches später zurückgezahlt werden muss, so kann sie bei positiver Entwicklung des Investments darauf ebenfalls eine Rendite erzielen. Da die mit dem fremden Kapital erzielte Rendite nicht zurückgezahlt werden muss, kann sie als Rendite zu der mit dem eigenen Vermögen erzielten Rendite hinzugerechnet werden.[90] Je höher der Anteil des Fremdkapitals am Investment, desto höher ist auch die Rendite im Verhältnis zum Eigenkapital (*Returns on Equity*).[91] Diesen Umstand nennt man Hebel- oder *Leverage*-Effekt. Entwickelt sich das Investment negativ, so ist der Verlust der Bank dennoch nur auf das Eigenkapital beschränkt.[92] Dementsprechend ist es für eine als juristische Person organisierte Bank attraktiv, Investitionen mit einem möglichst hohen Anteil an fremden Mitteln zu tätigen. Hinzu kommt, dass die wirtschaftlichen Eigentümer der Banken das Management durch erfolgsabhängige Bonuszahlungen zur Eingehung großer Risiken anhalten.[93]

Um dem Anreiz einer theoretisch unbegrenzten Fremdkapitalquote und damit unbegrenzter Renditemöglichkeiten zu begegnen und damit das Eingehen unverantwortlicher Risiken zu verhindern, wurden Eigenkapitalvorschriften

88 *Heun*, JZ 2010, 53, 58.
89 *Heun*, JZ 2010, 53, 59.
90 *Admati/Hellwig* (o. Fn. 13), S. 14.
91 *Admati/Hellwig* (o. Fn. 13), S. 116.
92 *Baums*, ZHR 175 (2011), 160 (182).
93 *Heun*, JZ 2010, 53, 58.

entworfen. Sie schreiben vor, dass bestimmte risikoreiche Geschäfte mit einem gewissen Eigenkapitalanteil unterlegt sein müssen. Hierin zeigt sich die aufsichtliche Steuerungs- und Risikobegrenzungsfunktion des Eigenkapitals[94]. Daneben kommt dem Eigenkapital eine Haftungs- und Garantiefunktion zu, indem es zur Deckung von Verlusten dient.[95]

Diese Vorgaben wirken sich unter anderem auf die Kreditvergabe der Banken aus, indem das Erfordernis der Eigenmittelunterlegung die Verschuldungsquote der Banken durch Fremdkapitalaufnahme begrenzt und Risiken nur bis zu einem durch die Eigenkapitalanforderungen vorgegebenen Maß eingegangen werden können. Den Gedanken höherer Anforderungen kann man als „*more capital – less leverage*" bezeichnen.[96] Ferner muss das Eigenkapital – im Gegensatz zum Fremdkapital – nicht an die Kapitalgeber zurückgezahlt werden, sodass es der Gesellschaft endgültig zur Verfügung steht. Damit können gesetzliche Eigenkapitalanforderungen zwei Ziele verfolgen: (1.) Sie können den wirtschaftlichen Handlungsspielraum und damit die Ertragsmöglichkeiten von Banken begrenzen[97] und dadurch Risiken verringern, sodass es den Banken möglich ist, zukünftige Krisen mit Eigenmitteln abzufedern[98] und (2.) sie können finanzielle Stabilität für bestimmte Liquiditätsrisiken sichern.[99]

Umfassende Regelungen zu Eigenkapitalanforderungen hat der *Basler Ausschuss für Bankenaufsicht* (*Basel Committee on Banking Supervision*, BCBS) entworfen. Die von ihm erarbeiteten Empfehlungen und Regelungsmodelle werden als *Basler Akkord* oder kurz *Basel* bezeichnet, wobei die Vorschläge stetig überarbeitet werden. Die ersten Modelle präsentierte der Ausschuss 1988 in Basel I[100], gefolgt von Basel II[101] (veröffentlicht 2004) und

---

94 *Baums*, ZHR 175 (2011), 160 (185); *Fischer/Boegl*, in: *Schimansky/Bunte/Lwowski*, § 129 Rn. 1.

95 *Baums*, ZHR 175 (2011), 160 (161); *Fischer/Boegl*, in: *Schimansky/Bunte/Lwowski*, § 129 Rn. 1.

96 *OECD* (o. Fn. 79), S. 41.

97 *Manns/Schulte-Mattler*, WM 2010, 1577.

98 *Bucher* (o. Fn. 86), S. 25.

99 *Bucher* (o. Fn. 86), S. 115; *OECD* (o. Fn. 79), S. 41.

100 *Basel Committee on Banking Supervision*, International Convergence of Capital Measurement and Capital Standards, 1988, http://www.bis.org/publ/bcbs04a.pdf (Stand: 20.10.2018).

101 *Basel Committee on Banking Supervision*, International Convergence of Capital Measurement and Capital Standards – A Revised Framework, 2004, http://www.bis.org/publ/bcbs107.pdf (Stand: 20.10.2018).

Basel III[102] (vorläufige Endfassung erstmals im Dezember 2010 vorgestellt, überarbeitete Fassung vom 01. Juni 2011). Es handelt sich dabei nicht um rechtlich bindende Regelungen, sondern um Vorschläge, die von vielen Gesetzgebern weltweit als Grundlage für Vorschriften herangezogen werden.[103] In der Europäischen Union wurde Basel III mit der am 01. Januar 2014 in Kraft getretenen Eigenkapitalverordnung[104] (*Capital Requirements Regulation* – CRR) zu großen Teilen in Einheitsrecht umgesetzt.[105] Daneben steht die Eigenkapitalrichtlinie[106] der EU (*Capital Requirements Directive IV* – CRD-IV), die gemäß und im Rahmen von Art. 288 Abs. 3 AEUV in nationales Recht umgesetzt werden muss. Die Umsetzung erfolgte in Deutschland durch das sogenannte CRD-IV-Umsetzungsgesetz[107], das Anpassungen insbesondere des Kreditwesengesetzes (KWG)[108] bewirkte. Der *Basler Ausschuss* wurde durch die Staats- und Regierungschefs der G20-Staaten in der Folge der Finanzmarktkrise beauftragt, Vorschläge für eine verbesserte Eigenkapitalunterlegung und für eine zuverlässigere

102 *Basel Committee on Banking Supervision*, Basel III: A global regulatory framework for more resilient banks and banking systems, ursprüngliche Fassung: http://www.bis.org/publ/bcbs189_dec2010.pdf, überarbeitete Version: http://www.bis.org/publ/bcbs189.pdf (Stand: 20.10.2018).

103 *Lessenich* (o. Fn. 79), S. 16 f.; *Zirkler/Hofmann/Schmolz*, Basel III in der Unternehmenspraxis, S. VII.

104 „Kapitaladäquanzverordnung“: Verordnung (EU) Nr. 575/2013 des Europäischen Parlaments und des Rates vom 26. Juni 2013 über Aufsichtsanforderungen an Kreditinstitute und Wertpapierfirmen und zur Änderung der Verordnung (EU) Nr. 646/2012, ABl. v. 27.6.2013 Nr. L 176/1.

105 *Schuster*, Kreditwesen 2013, 683 (686).

106 „Kapitaladäquanzrichtlinie“: Richtlinie 2013/36/EU des Europäischen Parlaments und des Rates vom 26. Juni 2013 über den Zugang zur Tätigkeit von Kreditinstituten und die Beaufsichtigung von Kreditinstituten und Wertpapierfirmen, zur Änderung der Richtlinie 2002/87/EG und zur Aufhebung der Richtlinien 2006/48/EG und 2006/49/EG, ABl. v. 27.6.2013 Nr. L 176/338.

107 Gesetz zur Umsetzung der Richtlinie 2013/36/EU über den Zugang zur Tätigkeit von Kreditinstituten und die Beaufsichtigung von Kreditinstituten und Wertpapierfirmen und zur Anpassung des Aufsichtsrechts an die Verordnung (EU) Nr. 575/2013 über Aufsichtsanforderungen an Kreditinstitute und Wertpapierfirmen (CRD-IV-Umsetzungsgesetz) vom 28.08.2013 (BGBl. I S. 3395).

108 Neben dem KWG wurden insbesondere auch das Pfandbriefgesetz, das Einlagensicherungs- und Anlegerentschädigungsgesetz, das Gesetz über die Landwirtschaftliche Rentenbank sowie das Finanzmarktstabilisierungsfondsgesetz geändert.

Liquiditätsabsicherung zu entwerfen.[109] Die in Basel I und Basel II enthaltenen Eigenkapitalanforderungen für Banken wurden einer inhaltlichen Überprüfung unterzogen und es wurden Änderungsvorschläge formuliert. Dabei hat der *Basler Ausschuss* zwei Regelungselemente betrachtet. Einerseits wurde überprüft, ob die Höhe des geforderten Eigenkapitals ausreicht, um die Folgen von Verlusten abzumildern und als Risikopuffer zu dienen.[110] Andererseits wurde beleuchtet, ob die Qualität des geforderten Eigenkapitals auch wirklich die angestrebten Ziele erreichen kann.[111] Das Stichwort *Qualität* des Eigenkapitals rührt daher, dass nicht nur Eigenkapital i.S.d. § 266 Abs. 3 A HGB zur Eigenmittelunterlegung herangezogen werden kann, sondern dass es die bankrechtlichen Eigenkapitalanforderungen auch erlauben, sogenanntes *hybrides Kapital* unter bestimmten Voraussetzungen und in einem gewissen Maß auf die Eigenkapitalquote anzurechnen. Diese Möglichkeit wird von den Banken umfangreich wahrgenommen.

Die Notwendigkeit, auch hybrides Kapital als Eigenkapital anzuerkennen, wird seit längerem damit begründet, dass das Bereithalten von Eigenkapital für die Banken verhältnismäßig teuer sei.[112] Klassisches Eigenkapital insbesondere in Form des Grundkapitals ist für Verluste haftendes Kapital, dessen Auszahlung an die Aktionäre gemäß § 57 Abs. 1 S. 1 AktG untersagt ist. Es steht zur Erfüllung der Verbindlichkeiten endgültig zur Verfügung, sodass Aktionäre am wirtschaftlichen Risiko des Unternehmens vollumfänglich beteiligt sind. Wird die Aktiengesellschaft, die die Bank betreibt, infolge Insolvenz gemäß § 262 Abs. 1 Nr. 3 AktG aufgelöst, so wird das Vermögen der Gesellschaft erst an die Aktionäre verteilt, nachdem die Verbindlichkeiten berichtigt wurden (§ 271 Abs. 1 AktG). Damit handelt es sich bei Eigenkapital um *nachrangiges* Kapital. Daraus ergibt sich auch eine hohe Renditeerwartung der Eigenkapitalgeber[113], welche in Form der Dividenden erfüllt wird (§ 58 Abs. 4 i.V.m. § 60 Abs. 1 AktG).

Aus diesen Überlegungen ergibt sich für eine Bank nach der allgemeinen Argumentation, dass mehr Eigenkapital höhere Kosten verursacht, aber auch einen größeren Handlungsspielraum bei der Kreditvergabe und anderen

---

109 *Deutsche Bundesbank*, Basel III – Leitfaden zu den neuen Eigenkapital- und Liquiditätsregeln für Banken, 2011, S. 3, https://www.bundesbank.de/de/publikationen/bundesbank/basel-iii---leitfaden-zu-den-neuen-eigenkapital--und-liquiditaetsregeln-fuer-banken-651902 (Stand: 20.10.2018).

110 Siehe als Überblick *Haug*, in: *Schimansky/Bunte/Lwowski*, § 133a Rn. 39–41.

111 Siehe als Überblick *Haug*, in: *Schimansky/Bunte/Lwowski*, § 133a Rn. 20–28.

112 *Admati/Hellwig* (o. Fn. 13), S. 100; *Fischer/Boegl*, in: *Schimansky/Bunte/Lwowski*, § 129 Rn. 7.

113 Eilers/*Eilers*, Kap. A Rn. 2; *Fischer/Boegl*, in: *Schimansky/Bunte/Lwowski*, § 129 Rn. 7.

Investitionen ermöglicht.[114] Im Umkehrschluss senke wenig Eigenkapital die Kosten, verringere aber auch die Ertragsmöglichkeiten. Daraus ergäbe sich für die Bank das Bedürfnis, Instrumente zu kreieren, die die Vorteile von Eigenkapital gewähren, ohne dabei die Nachteile des Eigenkapitals mit sich zu bringen. Tatsächlich zeigen jüngere Studien jedoch, dass diese Annahmen nicht zwingend der Praxis entsprechen.[115] Zunächst hängen die Kosten für Eigen- und Fremdkapital vom Verhältnis dieser Finanzierungsarten in einem Unternehmen ab.[116] Auch wenn im konkreten Fall Eigenkapitalgeber sehr viel höhere Renditeerwartungen haben als Fremdkapitalgeber, muss eine Rendite vom Unternehmen auch erwirtschaftet werden.[117] Gelingt es der Bank nicht, einen Gewinn zu erzielen, fehlt es auch an der Grundlage für eine Gewinnausschüttung (vgl. § 174 Abs. 2 Nr. 2 AktG). In einer solchen Situation kann Eigenkapital sogar günstiger werden als Fremdkapital, denn die Zinsen auf Darlehen bzw. die Coupons auf ausgegebene Anleihen sind in der Regel zwingend zu zahlen, sofern in den Anleihebedingungen nicht etwas anderes vorgesehen ist. Insofern sollte das Argument, dass Eigenkapital teurer als Fremdkapital ist, mit einer gewissen Skepsis betrachtet werden. Es gibt allerdings andere Gründe als die Kosten, die Fremdkapital für Banken attraktiv machen: Zunächst können Fremdkapitalgeber unter Umständen leichter zu finden sein als Aktionäre. Während Aktionäre gem. § 271 Abs. 1 und 2 AktG nur im Falle der Liquidation auf eine vollständige oder zumindest anteilige Rückzahlung ihrer Einlage hoffen können (abgesehen von der Veräußerung ihres Anteils), muss Fremdkapital in der Regel nach einer bestimmten Zeit zurückgezahlt werden. Hinzu kommt, dass Aktionäre zuerst Verluste tragen und dadurch Fremdkapitalgläubiger besser stellen.[118] In der Vergangenheit waren Fremdkapitalgeber sogar weitreichend durch implizite Staatsgarantien abgesichert.[119] Einige waren und sind zusätzlich dadurch abgesichert, dass die Bank ihnen Sicherheiten (*Collateral*) stellt.[120] Diese Möglichkeit besteht

114 *Fischer/Boegl*, in: *Schimansky/Bunte/Lwowski*, § 129 Rn. 7.

115 Dazu insbesondere *Admai/Hellwig* (o.Fn. 13), S. 101 ff.

116 *Admati/Hellwig* (o. Fn. 13), S. 101 und S. 108 f.

117 Vgl. *Admati/Hellwig* (o. Fn. 13), S. 106.

118 So auch *Independent Commission on Banking*, Final Report ("*Vickers Report*"), Recommendations, September 2011, S. 87, http://webarchive.nationalarchives.gov.uk/20131003105424/https:/hmt-sanctions.s3.amazonaws.com/ICB%20final%20report/ICB%2520Final%2520Report[1].pdf (Stand: 20.10.2018).

119 Vgl. *Admati/Hellwig* (o. Fn. 13), S. 129.

120 *Admati/Hellwig* (o. Fn. 13), S. 163 f.; "*Posting Collateral*" erfolgt häufig durch "*full title transfer*" bestimmter Assets, z.B. erstklassiger Wertpapiere, vgl. *Fried*, in: *Zerey*, Finanzderivate, § 19 Rn. 8.

für Eigenkapitalgeber nicht. Das macht Fremdkapital für viele Kapitalgeber interessanter als Eigenkapital. Dies gilt insbesondere dann, wenn es sich nicht um Geldgeber handelt, die mit ihrem Investment Verwaltungsrechte in der Gesellschaft geltend machen wollen, sondern für die die Rendite im Vordergrund steht.

Auch die Eigenkapitalrendite (*Returns on Equity*) spielt eine Rolle bei der Entscheidung, ob Eigen- oder Fremdkapitalinstrumente emittiert werden. Sie wird an den Märkten unter anderem als Indikator für die Qualität des Managements wahrgenommen.[121] Häufig, wenn auch nicht in jedem Fall, sinkt die Eigenkapitalrendite, wenn neue Eigenkapitalinstrumente begeben werden[122], da die Gewinne auf mehr Eigenkapital verteilt werden. Banker argumentieren daher häufig, dass ein höherer Eigenkapitalanteil den bisherigen Aktionären der Bank schadet, da die anteilige Rendite auf ihr bestehendes Engagement sinkt.[123] Damit geht zudem sowohl eine Einfluss- als auch unter Umständen eine Wertverwässerung einher.[124] Einer sinkenden Eigenkapitalrendite wird das Management einer Gesellschaft entgegenwirken wollen, indem es Fremdkapital bevorzugt. Das gilt insbesondere dann, wenn variable Vergütungsbestandteile an diese Kennziffer gebunden sind.[125] Die Emission von Eigenkapital ist damit oft schlicht unangenehmer, als Fremdkapital aufzunehmen. Sie erfordert zudem zwingend einen Beschluss der Hauptversammlung (§ 182 Abs. 1 AktG).

Eigenkapital ist für den Emittenten zudem insoweit unwirtschaftlich, als Fremdkapital steuerrechtlich bevorteilt wird.[126] Auf Eigenkapital gezahlte Dividenden werden gemäß § 8 Abs. 3 S. 1 KStG erst ausgeschüttet, nachdem die Steuern auf den Gewinn entrichtet wurden[127], sodass sich der zu versteuernde Gewinn durch die Dividendenzahlung nicht mindert. Steuerlich ist Fremdkapital demgegenüber effizient[128], da die Zinszahlungen den zu versteuernden Gewinn gemäß § 4 h Abs. 1 S. 1 EStG i.V.m. § 8 Abs. 1 S. 1 KStG mindern.[129]

Hybrides Kapital (auch als Mezzanine-Kapital bezeichnet) ist – je nach Ausgestaltung – signifikant günstiger und attraktiver als Eigenkapital und erfüllt

---

121 *Admati/Hellwig* (o. Fn. 13), S. 116.

122 Ebda.

123 Vgl. *Admati/Hellwig* (o. Fn. 13), S. 115.

124 Siehe zum Unterschied zwischen Wert- und Einflussverwässerung *Bader,* AG 2014, 472 (485).

125 Vgl. dazu *Admati/Hellwig* (o. Fn. 13), S. 122–124.

126 *Admati/Hellwig* (o. Fn. 13), S. 112 und S. 139 f.

127 *Gosch,* in: *Gosch,* § 8 Rn. 146–147; *Rengers,* in: *Blümich,* § 8 KStG Rn. 190.

128 Eilers/*Eilers*, Kap. A Rn. 3.

129 *Heuermann,* in: *Blümich,* § 4h EStG Rn. 27–33.

dennoch – ebenfalls abhängig von der genauen Ausgestaltung – die Eigenkapitalanforderungen an Banken.[130] Der *Basler Ausschuss* hat dem Bedürfnis nach Anrechenbarkeit hybriden Kapitals Rechnung getragen, sodass dieses Kapital begrenzt als Eigenkapital (Kernkapital/*Tier1-Capital*) angerechnet werden kann.[131] In diesem Sinne spricht man von *Qualität* des Kapitals, denn je näher das Mezzanine-Kapital in seinen Eigenschaften dem haftenden Grundkapital kommt und je wahrscheinlicher die Beteiligung an eventuell anfallenden Verlusten ist, umso höher ist die *Qualität* des Mezzanine-Kapitals und umso eher ist der Gesetzgeber bereit, es als Eigenkapital anzuerkennen und den Banken damit Zugeständnisse zu machen.

Die Möglichkeiten der Anrechnung hybriden Kapitals als Eigenkapital waren unter den in nationales und Einheitsrecht umgesetzten Basel II-Vorschlägen umfangreich.[132] Die Finanzmarktkrise hat allerdings gezeigt, dass die Qualität des geforderten Eigenkapitals nicht ausgereicht hat, um die angestrebten Ziele – insbesondere Sicherung der Liquidität und Resistenz in Stressszenarien – zu erreichen. Die hybriden Finanzinstrumente waren schlicht nicht in der Lage, die Verluste zu tragen.[133] Teilweise waren die Anleihebedingungen so ausgestaltet, dass die Instrumente nur eingeschränkt oder nicht dauerhaft zum Verlustausgleich zur Verfügung standen.[134] Dementsprechend erfolgte durch den *Basler Ausschuss* eine Überarbeitung der Vorschläge. Mit Basel III werden nur noch solche hybriden Instrumente als Eigenkapital anerkannt, die für eine gewisse Dauer als Kapital zur Verfügung stehen.[135] Die Kündigung des Fremdkapitals vor Ende der vereinbarten Laufzeit bedarf besonderer Voraussetzungen und es muss im Ermessen des Emittenten stehen, Zins-/Dividendenzahlungen auszusetzen.[136] Damit soll sichergestellt werden, dass nachrangige Gläubiger in Krisen genauso herangezogen werden Eigenkapitalgeber.[137] Durch Basel III werden im Ergebnis also die Anforderungen an die Qualität des Eigenkapitals erhöht.

---

130 Vgl. dazu auch *Rudolph*, in: *Groß/Pfingsten* (o. Fn. 50), S. 97 (100).

131 *Basel Committee on Banking Supervision* (*BCBS*), Instruments eligible for inclusion in Tier 1 capital (sog. *Sydney-Presseerklärung* vom 27.10.1998), http://www.bis.org/press/p981027.htm (Stand: 22.10.2018); *Guericke*, in: *Hopt/Wohlmannstetter*, S. 289; vgl. dazu auch u. Kap. 3.III.

132 *Deutsche Bundesbank* (o. Fn. 109), S. 7.

133 *Guericke*, in: *Hopt/Wohlmannstetter*, S. 289.

134 *Deutsche Bundesbank* (o. Fn. 109), S. 7.

135 *Guericke*, in: *Hopt/Wohlmannstetter*, S. 291.

136 Ebda.

137 *Zähres* (o. Fn. 20), S. 3.

Damit ist aber auch nicht mehr gewährleistet, dass die hybriden Instrumente, die unter Basel II noch zur Eigenkapitalunterlegung herangezogen werden konnten, auch unter Basel III weiterhin als haftendes Kapital anerkannt werden.[138] Daneben wurden auch die Anforderungen an die Quantität des Eigenkapitals erhöht.[139] Die Kriterien werden sukzessive bis 2019 umgesetzt.[140]

All diese Umstände haben insbesondere große Banken dazu bewegt, neue hybride Finanzinstrumente zu entwickeln, die dem Grundkapital in ihren Eigenschaften sehr ähnlich sind, insbesondere die Verlusttragung durch den Inhaber des Instruments gewährleisten. CoCo-Bonds sind das Ergebnis dieser Bemühungen.[141] Sie sind innovative Finanzinstrumente, da sie von den Kapitalnachfragern entwickelt wurden, um eine kostengünstige Finanzierung zu ermöglichen und weil sie von Kapitalgebern nachgefragt werden, um hohe Renditen zu erzielen.[142] Inwiefern und unter welchen Umständen sie als Eigenkapital anerkannt werden, wie sie also ausgestaltet sein müssen, um den Anforderungen gerecht zu werden, wird in Kapitel 3 erläutert.

## 1.IV. Instrument zur Stabilisierung und Sanierung im Krisenfall

CoCo-Bonds sind als Anleihe in erster Linie Finanzierungsinstrument. Neben diese Funktion tritt die Eigenschaft als Stabilisierungs- und Sanierungsinstrument, indem die Haftungsbasis verbreitert wird. In Letzterem erfüllen sie eine ähnliche Funktion wie herkömmliche *Debt-Equity-Swaps*, die als beliebtes Instrument zur Unternehmenssanierung gelten. Grundtyp ist die Umwandlung von Gläubigerforderungen in Anteils- bzw. Mitgliedschaftsrechte am Schuldner gemäß § 225a Abs. 2 S. 1 InsO[143]. Der *Debt-Equity-Swap* i.S.d. § 225a InsO kommt dann in Betracht, wenn im Rahmen der Insolvenz ein Insolvenzplan nach den §§ 217 ff. InsO erstellt wird. Er ist also aus *gone-concern*-Sicht von Bedeutung. Gleiches gilt für den im speziellen Bankenabwicklungsrecht für große Institute

---

138 So auch *Manns/Schulte-Mattler*, WM 2010, 1577 (1579); vgl. zum Potential für den CoCo-Markt u. Kap. 2.II., S. 94.

139 Siehe zu den neuen Anforderungen u. Kap. 3.II., S. 116 ff.

140 *Deutsche Bundesbank* (o. Fn. 109), S. 5.

141 Vgl. zum potentiellen Mindestmarktvolumen allein aufgrund der geänderten Qualitätsanforderungen u. Kap. 2.II., S. 94.

142 Vgl. zu Finanzinnovationen *Achleitner*, Handbuch Investment Banking, S. 64.

143 § 225a InsO eingefügt mit Wirkung zum 01. März 2012 durch Art. 1 des Gesetzes zur weiteren Erleichterung der Sanierung von Unternehmen (BGBl. I S. 2582).

vorgesehenen *Bail-in* durch einen *Debt-Equity-Swap* im Rahmen der §§ 89 und 90 SAG.

Auch wenn CoCo-Bonds in der Insolvenz oder Abwicklung eine große Rolle bei der Unternehmenssanierung spielen können, so besteht ihr primärer Zweck in der Stabilisierung zur Vermeidung der Insolvenz bzw. Abwicklung (*going-concern*), denn „Sanierungen außerhalb des förmlichen Insolvenzverfahrens sind rechtlich […] durchaus erwünscht […].“[144] Der *Debt-Equity-Swap* soll also zur Liquiditätssicherung von insolvenzbedrohten Gesellschaften dienen[145] und damit ihren Fortbestand sichern.[146] Es geht dabei nicht um eine kurzfristige Sanierung durch Abwendung einer Überschuldung oder Zahlungsunfähigkeit einer Bank, denn dazu können CoCos wegen ihrer Nachrangigkeit ohnehin keinen Beitrag leisten.[147] Dennoch bilden sie einen wertvollen Bestandteil einer auf langfristige Ziele gerichteten Sanierung. Insbesondere die Aufnahme frischen Kapitals kann durch den vorausgehenden *Debt-Equity-Swap* und die damit verbreiterte Haftungsbasis erleichtert werden[148], weil die bereits angefallenen Verluste auf Altaktionäre und CoCo-Inhaber verteilt worden sind.[149]

Rechtstechnisch erfolgt der *Debt-Equity-Swap* in der Regel, indem die Forderungen aus der Anleihe im Wege der Kapitalerhöhung als Sacheinlage eingebracht werden.[150] Dogmatisch stellt die Umwandlung von Verbindlichkeiten in Grundkapital bei CoCo-Bonds jedoch eine Besonderheit dar, da sie dem Regime von § 194 Abs. 1 S. 2 AktG unterfällt und daher nicht als Sacheinlage, sondern als Bareinlage zählt.[151]

Der Sanierungseffekt der Wandlung ließe sich durch eine vorausgehende Kapitalherabsetzung noch erhöhen. Das zeigt sich am Beispiel des insolvenzrechtlichen *Debt-Equity-Swaps*. Dessen Wirkung wird in der Praxis dadurch erhöht, dass der Kapitalerhöhung eine vereinfachte Kapitalherabsetzung gemäß §§ 229 ff. AktG vorausgeht, bei der das Grundkapital nominell herabgesetzt wird. Das Eigenkapital wird dadurch um die Verluste gemindert. Der Nominal-/Stückwert jeder Aktie verringert sich entsprechend, sodass die bisher

---

144 *Lutter/Hommelhoff/Timm*, BB 1980, 737.

145 Vgl. *Eilers*, GWR 2009, 3.

146 *Rudolph*, in: *Groß/Pfingsten* (o. Fn. 50), S. 97 (98).

147 Siehe dazu o. Kap. 1.II., S. 36.

148 *Mielk/Kalkbrenner*, in: Zukunftsperspektiven, S. 959 (962).

149 Vgl. zum zugrundeliegenden *Debt-Overhang*-Problem o. Fn. 11 und zur Beseitigung der Ausschüttungssperre u. Kap. 1.IV., S. 48.

150 *Eilers*, GWR 2009, 3; *Friedl*, BB 2012, 1102 (1104); *Redeker*, BB 2007, 673.

151 Siehe dazu ausführlich u. Kap. 4.I.B.b.iv.(ii.), S. 165 ff.

angefallenen Verluste auf die Altaktionäre verteilt werden[152] und die hinzutretenden Aktionäre von den bisherigen Verlusten nicht betroffen sind. Die Kapitalherabsetzung beseitigt somit eine Unterbilanz und wird zur Buchsanierung genutzt.[153] Daneben tritt ein Effekt für die Zukunft der Gesellschaft: Da Fehlbeträge auf der Passivseite der Bilanz aufgelöst werden, mindern diese nicht mehr als Verlustvorträge den zukünftigen Jahresüberschuss, was dazu führen kann, dass gemäß § 58 Abs. 4 AktG ein ausschüttungsfähiger Bilanzgewinn entsteht.[154] Somit wird die Ausschüttungssperre für künftig anfallende Gewinne überwunden[155] und die Attraktivität der Mitgliedschaft für neue Aktionäre erhöht.

Eine solche gleichsam doppelte Sanierung durch Kapitalherabsetzung und anschließende Kapitalerhöhung stellt sich bei CoCo-Bonds als schwierig dar. Die auf einen Zeitpunkt nach der Umwandlung datierte Kapitalherabsetzung zeitigt nicht dieselbe Wirkung, wie eine vorgelagerte Kapitalherabsetzung. Für eine Verteilung der bereits angefallenen Verluste nur auf die Altaktionäre ist es nach der Umwandlung zu spät. Wird nach der Umwandlung das Grundkapital herabgesetzt, treffen die Folgen auch die neuen Aktionäre. Denkbar wäre lediglich, die Kapitalherabsetzung im vereinfachten Verfahren i.S.d. § 229 AktG durchzuführen und gem. § 234 Abs. 1 AktG rückwirkend auszugestalten. In zeitlicher Hinsicht ist die Rückwirkung beschränkt auf den Jahresabschluss des Geschäftsjahres, das der Beschlussfassung vorausgegangen ist.[156] Schwierigkeiten dürfte es indes bereiten, die Hauptversammlung zu einer entsprechenden Kapitalherabsetzung zu bewegen. Die Altaktionäre, die häufig auch nach der Umwandlung eines CoCos noch die überwiegende Mehrheit der Aktionäre ausmachen dürften, müssten bereit sein, die angefallenen Verluste auf sich zu nehmen, für die ohne eine Kapitalherabsetzung auch die ehemaligen Inhaber der CoCos und damit neuen Aktionäre hafteten. Dazu werden sie in der Regel nicht bereit sein. In der Praxis kommt der Umwandlung vielmehr häufig die Wirkung zu, dass angefallene Verluste in weiten Teilen auf die CoCo-Investoren abgewälzt werden.[157] Das wird erreicht, indem der Nennwert der Bonds nicht vollständig in

---

152 *K. Schmidt*, ZGR 1982, 519 (520).

153 *Hüffer/Koch*, § 229 Rn. 2; *K. Schmidt*, ZGR 1982, 519 (520); *Sethe*, in: GroßkommAktG, § 229 Rn. 6.

154 *Oechsler*, in: MüKo-AktG, § 229 Rn. 5; *K. Schmidt*, ZGR 1982, 519 (520 f.).

155 Eilers/*Aleth*, Kap. H Rn. 22; *K. Schmidt*, ZGR 1982, 519 (520 f.).

156 *Hüffer/Koch*, § 234 Rn. 3.

157 *Berg/Kaserer*, Does contingent capital induce excessive risk-taking and prevent an efficient recapitalization of banks?, S. 1, https://papers.ssrn.com/sol3/papers.cfm?abstract_id=1709341 (Stand: 20.10.2018); vgl. auch u. Kap. 4.III.C., S. 210 ff.

Grundkapital gewandelt wird und der überschüssige Nennwert der Anleihe als Agio gezahlt wird.[158] Auch dadurch können die oben beschriebenen Buchsanierungseffekte erreicht werden, da sich das Eigenkapital stärker vergrößert als das Grundkapital. Das gereicht zwar den ehemaligen CoCo-Inhabern nicht mehr zum Vorteil. Die Buchsanierung kann dennoch dafür sorgen, dass die Beteiligung neuer Eigenkapitalgeber für diese überhaupt erst wieder attraktiv wird.

Trotz aller vermeintlich positiver Auswirkungen eines *Debt-Equity-Swaps* auf die Finanzlage eines Unternehmens wird der Tausch von Forderungen gegen Anteile nicht durchweg als förderungswürdig betrachtet. Vereinzelt wird die Umwandlung von Forderungen in haftendes Kapital als nicht „förderungswürdiges Sanierungskonzept" bezeichnet.[159] Bei der Argumentation wird vordergründig Bezug genommen auf die Risiken für die Investoren[160] – übertragen auf die CoCo-Bonds also auf die Inhaber des Instruments. Für sie sei diese Maßnahme der Sanierung fragwürdig und gefährlich. Dabei wird jedoch außer Acht gelassen, dass beim *Debt-Equity-Swap* der Tausch zumindest zu irgendeinem Zeitpunkt vom Gläubiger gebilligt werden muss. Beim *Debt-Equity-Swap* nach § 225a Abs. 2 S. 1 InsO geschieht das bei der Aufstellung des Insolvenzplans. Ein Tausch gegen den Willen des Gläubigers ist gemäß § 225a Abs. 2 S. 2 InsO ausgeschlossen. Selbst beim CoCo-Bond ist dem Inhaber, der das Instrument originär erwirbt, bewusst, dass er im Krisenfall in die Position eines Gesellschafters eintreten wird. Beim derivativen Erwerb des Instruments gilt nichts anderes. Insofern ist eine vollkommen unvorhergesehene und erzwungene Transaktion ausgeschlossen.

Der Swap kann für den Investor sogar Vorteile bieten, da dieser seinerseits mit den Aktien ein handelbares Instrument erhält. Zwar ließe sich auch die gegen die Bank bestehende Forderung veräußern – denn genau die Umlauffähigkeit ist eine bedeutende Eigenschaft verbriefter Forderungen[161] wie zum Beispiel Anleihen –, doch werden die dazu erforderlichen Anstrengungen bei einem in die Krise geratenen Unternehmen höher sein, als die Anstrengungen, die zur Veräußerung der erhaltenen Aktien am Sekundärmarkt notwendig sind.[162]

Des Weiteren lässt sich mit dem Argument, dass der *Debt-Equity-Swap* für Investoren gefährlich ist, seine Eignung als Sanierungsinstrument für die

158 Siehe dazu u. Kap. 4.III.C.b, S. 213.

159 *K. Schmidt*, ZGR 1982, 519 (522).

160 Weiter ausführend *K. Schmidt*, in: *Schmidt/Uhlenbruck*, Rn. 2.222.

161 *Lehmann*, Finanzinstrumente, S. 53.

162 So auch *v. Furstenberg* (o. Fn. 54), S. 65.

Gesellschaft nicht in Zweifel ziehen. Die Beteiligung der Investoren am wirtschaftlichen Risiko der Gesellschaft gilt gemeinhin als wünschenswert, sofern die Verwirklichung der Risiken nicht aufgrund einer starken Vernetzung zu Unruhen an den Finanzmärkten führt.[163] Zwar geht es bei der Sanierung auch darum, Kapitalanleger zu gewinnen, die sich zur Teilnahme an neuem Risiko bereitfinden.[164] Dabei muss jedoch auch sichergestellt sein, dass die bisherigen Kapitalanleger am alten Risiko teilnehmen. Hinzu kommt, dass Sanierung kein einseitiges Programm ist, von dem nur die betroffene Gesellschaft profitieren kann. Gerade im Private-Equity-Bereich, der gekennzeichnet ist durch ein auf bestimmte Dauer angelegtes Engagement in der Gesellschaft, sind häufig Investitionen in krisenbehaftete aber sanierungsfähige Unternehmen zu beobachten. Ziel ist die „nutzbringende Effektuierung im Kern leistungsfähiger Ressourcen."[165] Sanierungsbereiten Investoren bietet der Swap die Möglichkeit, Einfluss auf die Gesellschaft zu erhalten und ein Restrukturierungsprogramm erfolgreich durchzuführen. Auf diesem Wege wird Sanierungssachverstand in die Gesellschaft eingebracht.[166]

Insofern handelt es sich bei *Debt-Equity-Swaps* durchaus um ein förderungswürdiges Sanierungskonzept, auch wenn die Umwandlung von Forderungen in Eigenkapital zeitweise wegen gewisser Risiken und praktischer Schwierigkeiten selten geworden sein mag.[167] Inzwischen gewinnt diese Transaktion zur Sanierung wieder zunehmend an Bedeutung.[168]

Bei den sogenannten systemrelevanten Banken trat insbesondere in der Finanzkrise 2007/2008 hinzu, dass ein *Debt-Equity-Swap* für die Gläubiger entbehrlich war, da die Politik staatliche Hilfen vorgezogen hat, um Krisensituationen effektiv abzufedern. Dies führte dazu, dass nicht nur das Unternehmen gerettet wurde, sondern die Gesellschafter und Gläubiger zu großen Teilen von der Haftung freigestellt wurden.[169] Auf die Gründe, warum ein derart verhaltener Einsatz von *Debt-Equity-Swaps* als Sanierungsinstrument in der Krise nicht förderungswürdig ist, wird an späterer Stelle eingegangen.[170]

---

163 Vgl. u. Kap. 1.V., S. 57.

164 *K. Schmidt*, ZGR 1982, 519 (520).

165 *Ekkenga*, ZGR 2009, 581 (582).

166 *Redeker*, BB 2007, 673.

167 Vgl. dazu *Lutter/Hommelhoff/Timm*, BB 1980, 737, 740.

168 *Ekkenga*, ZGR 2009, 581, 587; *Redeker*, BB 2007, 673.

169 *Höllerich*, Sanierung und Abwicklung von Banken unter dem Aspekt der Systemrelevanz, S. I.

170 Siehe u. Kap. 1.V., S. 54.

Prominente Beispiele für eine gelungene Sanierung durch *Debt-Equity-Swaps* belegen, dass das Instrument zur Sanierung – unabhängig von der Wirtschaftsbranche, in der das Unternehmen tätig ist – grundsätzlich geeignet und förderungswürdig ist. So konnte diese Form der Transaktion Unternehmen wie *Deutsche Steinzeug, Vivanco, Märklin, Ihr Platz, Senator Entertainment* oder *Augusta Technologies* vor dem Zusammenbruch bewahren.[171]

Trotz der angesprochenen positiven theoretischen Aspekte des klassischen Umtauschs von Forderungen gegen Anteile stellt sich ein erhebliches praktisches Problem: ein Umtausch erfordert eine Entscheidung des Gläubigers, die in einer Krisensituation Zeit in Anspruch nehmen kann, die häufig nicht zur Verfügung steht. Die Beachtung der entsprechenden aktienrechtlichen Fristen wird in der Praxis schnell dazu führen, dass eine Sanierung zumindest deutlich erschwert wird.

An diesem Problempunkt setzt das Konstrukt der CoCo-Bonds an. Indem es sich um einen automatisierten *Debt-Equity-Swap* handelt, können sie als Sanierungsinstrument auf Vorrat angelegt werden.[172] Inwiefern der Bond als solch ein Sanierungsinstrument geeignet ist, hängt von seiner konkreten Ausgestaltung, insbesondere von der Ausgestaltung des *Trigger Events* ab. Daher können CoCos neben anderen Maßnahmen ein geeignetes Instrument zur Sanierung von Banken[173] und zur Vermeidung von Insolvenzen sein, von denen sonst zumindest kleinere Institute bedroht sind.[174]

## 1.V. *Bail-out* der Bank durch *Bail-in* von Investoren – der ordnungspolitische Rahmen

Die Finanzkrise 2007/2008 hat es erforderlich gemacht, dass der Staat und damit der Steuerzahler die in die Krise geratenen Banken ab dem Zeitpunkt finanziell unterstützte, als anderweitiger Beistand nicht mehr zur Verfügung stand (*Lender of last Resort*[175]). Gemeinhin wird davon gesprochen, dass der Staat den Banken „aus der Klemme geholfen"[176] hat (engl. *Bail-out*), indem er finanziell

171 *Redeker*, BB 2007, 673 (dort in Fn. 8).

172 So bereits der Gesetzentwurf der Bundesregierung, Entwurf eines Gesetzes zur Änderung des Aktiengesetzes (Aktienrechtsnovelle 2012), BR-Drucks. 852/11, S. 18.

173 *Rudolph*, Kreditwesen 2010, 1152 (1154).

174 Siehe dazu o. Kap. 1.II. und u. Kap. 6.II.

175 Vgl. *Ohler*, WuV 2010, 47 (49); *Sethe*, ZBB 2011, 106 (128).

176 Vgl. zum Beispiel *Fehling*, EuR 2010, 598.

eingesprungen ist (engl. *Bail-in*, sinngemäß für ‚einspringen' oder ‚für Verbindlichkeiten anderer einstehen').

Diese Unterstützung erfolgte insbesondere in Gestalt von Anteilskäufen, Garantiezusagen und Risikoübernahmen[177] (vgl. §§ 5a S. 1, 6 Abs. 1 S. 1, 6a Abs. 1, 7 Abs. 1 und 8 Abs. 1 S. 1 FMStFG[178]). Die Notwendigkeit für die ergriffenen Maßnahmen ergab sich daraus, dass die Banken seit jeher wesentliche Finanzintermediäre sind[179] und sowohl Unternehmen mit Krediten versorgen, was dem Antrieb der Wirtschaft dient als auch Einlagen eines jeden Sparers entgegennehmen. Sie gewährleisten die Funktion des Zahlungsverkehrs und damit des Leistungsaustauschs in der Realwirtschaft.[180] Die Funktionsfähigkeit des Finanzmarkts ist demzufolge von enormer Bedeutung für eine Volkswirtschaft.[181] Ab einer bestimmten Größe und einem bestimmten Vernetzungsgrad ist die volkswirtschaftliche Rolle einer Bank so groß, dass ihre Insolvenz drastische Folgen auf das Bankensystem und die Realwirtschaft haben würde.[182] Sie ist zu groß und zu wichtig, um sie in die Insolvenz entlassen zu können (*too big to fail*). Dementsprechend ist eine Bankenrettung nicht nur eine Rettung des jeweiligen Instituts, sondern insbesondere eine Absicherung der Funktionsfähigkeit des gesamten Finanzmarkts.[183]

Da Banken ausgegebene Kredite nicht nur aus eigenen Mitteln finanzieren, sondern auch aus den Einlagen der Sparer[184], hält eine Bank praktisch nie den vollen Anteil der ihr von den Sparern und von anderen Geldgebern zur Verfügung gestellten Mittel zur jederzeitigen Rückzahlung bereit.[185] Eine Rettung wird also zu dem Zeitpunkt erforderlich sein, in dem die Geldgeber der Bank mehr fordern, als die Bank gleichzeitig aus ihren freien Mitteln erfüllen kann. Das Krisenszenario hängt also von zwei Variablen ab: einerseits vom Herausgabeverlangen der Geldgeber und andererseits von der Möglichkeit, kurzfristig liquide Mittel – auch aus Fremdkapital – zu erhalten. Liquiditätsengpässe treten

177 *Heun*, JZ 2010, 53 (60).

178 Finanzmarktstabilisierungsfondsgesetz vom 17. Oktober 2008 (BGBl. I S. 1982), zuletzt geändert durch Artikel 5 des Gesetzes vom 10. Dezember 2014 (BGBl. I S. 2091).

179 Vgl. *Acharya/Philippon/Richardson/Roubini*, in: *Acharya/Richardson* (o. Fn. 24), S. 1.

180 *Ohler*, WuV 2010, 47.

181 *Ohler*, WuV 2010, 47 (48); *Rudolph*, in: *Groß/Pfingsten* (o. Fn. 50), S. 97.

182 *Zimmer/Fuchs*, ZGR 2010, 597 (600 f.).

183 *Fehling*, EuR 2010, 598 (603).

184 *Fischer/Boegl*, in: *Schimansky/Bunte/Lwowski*, § 129 Rn. 1; *Issing/Bluhm*, in: *Hopt/Wohlmannstetter*, S. 304; siehe zum *Leverage*-Effekt o. Kap. 1.III., S. 39.

185 *Fischer/Boegl*, in: *Schimansky/Bunte/Lwowski*, § 129 Rn. 10 und 36–38.

also auch dann auf, wenn einer Bank keine Mittel mehr zur Verfügung gestellt werden. Häufig beziehen Banken Liquidität von anderen Banken (sogenannter Interbankenhandel). Verlieren Banken das Vertrauen, dass sie die den anderen Banken zur Verfügung gestellten Mittel bei Fälligkeit zurückerhalten, so kommt der Interbankenhandel zum Erliegen und eine Liquiditätskrise im Bankenmarkt entsteht.[186]

Zur Bekämpfung einer solchen Krise können Banken mit entsprechenden staatlichen Mitteln versorgt werden, um die „Liquiditätsengpässe zu beheben" (§ 6 Abs. 1 S. 1 FMStFG). Der nahezu zum Erliegen gekommene Interbankenmarkt wurde unterstützt und verloren gegangenes Vertrauen der Banken in andere Institute wurde durch staatliche Maßnahmen kompensiert.[187] Die Wirkung befürchteter Dominoeffekte auf das Finanzsystem konnte abgefedert werden. Die Folgen des Zusammenbruchs der Finanzmärkte wurden also durch staatliches Eingreifen gemindert, die Erholung der Märkte dadurch wiederum ermöglicht.

Die Rolle von Fremdkapitalgebern bei der Rettung der Banken war vernachlässigbar gering.[188] Die staatlichen Rettungsmaßnahmen haben dazu geführt, dass nicht nur das Überleben der Bank als Unternehmen gesichert wurde, sondern auch Eigen- und Fremdkapitalgeber keine Verluste tragen mussten.[189] Einbußen der Gesellschaft wurden also nicht auf die Gesellschafter und die Investoren verteilt, sondern es erfolgte ein *Transfer of Risks*[190] auf den Steuerzahler. Gemeint ist damit, dass Risiken einer Person – in dem Falle des Kapitalgebers – von Dritten übernommen werden. In der Finanzkrise 2007/2008 erfolgte die Bankenrettung durch den Staat, der wiederum durch die Steuerzahler finanziert wird. Ein *Transfer of Risks* ist in der Finanzwirtschaft nichts Außergewöhnliches. Doch unter normalen Umständen wird sich der Risikonehmer vom Risikogeber die Übertragung des Risikos vergüten lassen – gleich einer Versicherung, die gegen eine Prämie Risiken übernimmt –, denn in dieser Prämie liegt der Anreiz für die Übernahme.[191] Der Risikogeber kann sich durch die Transaktion gegen das

186 *Haug*, in: *Schimansky/Bunte/Lwowski*, § 133a Rn. 3; *Heun*, JZ 2010, 53; vgl. dazu bereits o. Kap. 1.III., S. 38.

187 *Heun*, JZ 2010, 53 (59 f.).

188 *Benzler*, Börsen-Zeitung v. 17.11.2010, S. 2.

189 *Höllerich*, Sanierung und Abwicklung von Banken unter dem Aspekt der Systemrelevanz, S. I.

190 *Hübner/Leunert*, ZIP 2015, 2259; vgl. zum *Transfer of Risks* im Allgemeinen *Benjamin*, Financial Law, Kap. 1 Rn 1.02.

191 *Benjamin*, Financial Law, Kap. 1 Rn. 1.28.

Risiko absichern. Je höher das Risiko ist, desto höher wird auch die Forderung des Risikonehmers gegen den Risikogeber sein. Die in der Finanzmarktkrise realisierten Risiken wurden jedoch vom Staat übernommen, ohne dass die Investoren dafür eine Prämie zahlen mussten. Die Unterstützung der Banken durch den Staat wirkte sich unterstützend auf die Eigen- und Fremdkapitalgeber aus. Es erfolgte damit ein *Bail-out* der Banken und der Finanzierer der Banken durch einen *Bail-in* des Steuerzahlers.[192]

Dieses Vorgehen kann man mit dem Aphorismus „Gewinne privatisieren, Verluste sozialisieren"[193] zusammenfassen. Es handelt sich dabei um eine ordnungspolitisch und moralisch höchst unerwünschte Übertragung von Risiken. Unerwünscht ist diese Konstellation deshalb, weil die Korrelation von Risiko und Renditeaussichten[194] mit der Folge aufgehoben wird, dass ein Anreiz zu besonders riskantem Verhalten des Managements und der Investoren geboten wird (*moral hazard*)[195] und die Zivilgesellschaft bei Realisierung der Risiken direkt an den Verlusten partizipiert, nicht jedoch im gleichen Maße von den Gewinnen profitiert.[196] Hinzu kommt, dass unter diesen Umständen der Anreiz der Investoren zur intensiven Überwachung des Unternehmens verringert ist, wenn sich das Unternehmen aufgrund der staatlichen Unterstützung als „unsinkbar" herausstellt.[197] Besonders drastisch formuliert *Säcker* seine Gedanken, indem er den Ruf der Banken nach staatlicher Hilfe zu Lasten der Steuerzahler als *Delegitimierung* der „wirtschaftsethischen Grundlagen und Funktionsprinzipien der sozialen Marktwirtschaft"[198] bezeichnet. Nachdem in der letzten Finanzmarktkrise der Staat für die realisierten Risiken aufgekommen ist und der Steuerzahler die Risiken nicht weiterreichen konnte, er demnach das letzte Glied in einer langen Haftungskette war, soll eine Haftung der Steuerzahler für die Risiken der

---

192 *Hübner/Leunert*, ZIP 2015, 2259.

193 So nennt es auch *Sinn*, Kasino-Kapitalismus, S. 290; zugeschrieben wird dieser Ausspruch *Karl Marx*, http://www.aphorismen.de/zitat/145463 (Stand: 20.04.2015).

194 *Hull*, Risikomanagement, S. 2.

195 *Ohler*, WuV 2010, 47 (57).

196 *Zimmer/Fuchs*, ZGR 2010, 597 (602).

197 *High-level Expert Group on reforming the structure of the EU banking sector*, Final Report ("*Liikanen-Report*"), Punkt 5.5.3., https://ec.europa.eu/info/system/files/liikanen-report-02102012_en.pdf (Stand: 20.10.2018); vgl. auch *Kofner*, WuM 2008, 203, 205.

198 *Säcker*, NJW 2008, 3313.

Kapitalgeber in zukünftigen Krisen vermieden werden.[199] Das erfordere insbesondere die soziale Gerechtigkeit.[200]

Alternativ zur Risikoübertragung auf den Staat müssen diejenigen Personen, die von den Gewinnen direkt profitieren, auch die Konsequenzen aus den Risiken tragen. Sie sollen das letzte Glied in der Haftungskette sein. Das entspricht auch dem herkömmlichen Idealbild des Unternehmers, der Risiken auf sich nimmt und für die Eingehung der Risiken entweder in Form von Rendite belohnt wird oder bei Realisierung der Risiken Verluste erleidet.[201] Ein *Transfer of Risks* auf den Steuerzahler findet dann nicht statt. Diese Konstellation, die man als „*Bail-out* der Banken durch *Bail-in* der Investoren“ bezeichnen kann (mit der logischen Schlussfolgerung, dass ein *Bail-out* der Passivseite der Bank gar nicht vorgenommen wird, weil es die Passivseite selbst ist, die die Verluste trägt), wird ordnungspolitisch als vorzugswürdig angesehen.[202] Auch in der Zukunft werden sich Finanzkrisen nicht gänzlich ausschließen lassen.[203] In einem solchen Fall soll zukünftig der *Bail-in* der Investoren die Regel, der *Bail-out* durch den Staat die absolute Ausnahme sein.[204] Nur so kann gewährleistet werden, dass die Kosten für den Steuerzahler minimiert und das opportunistische Verhalten von Management und Investoren begrenzt werden.[205]

Ein *Bail-in* von Investoren kann derart ausgestaltet sein, dass alle Geldgeber der Bank im Krisenfall mit ihrer Investition haften. Kann das entsprechende Institut die Forderung des Gläubigers nicht bedienen, so ist seine Investition entweder gänzlich verloren oder zumindest – realistischer Weise begleitet von signifikanten Abschreibungen – auf eine Geltendmachung im Insolvenzverfahren beschränkt. Diese Lösung entspräche den Grundsätzen eines freien Markts. Auch im deutschen Zivilrecht ist der Geldgeber beispielsweise in Form des

---

199 *Bundesministerium der Justiz*, Effektive Krisenintervention bei in Schieflage geratenen Kreditinstituten, Stellungnahme vom 26.08.2009, Punkt 2.b), https://www.rws-verlag.de/aktuell/newsticker-gerichte/bmj-effektive-krisenintervention-bei-in-schieflage-geratenen-kreditinstituten-25171/ (Stand: 20.10.2018).

200 *Säcker*, NJW 2008, 3313.

201 Vgl. *Issing/Bluhm*, in: *Hopt/Wohlmannstetter*, S. 88; *Philipp*, AG 2015, 77 (78).

202 *Europäische Kommission*, Mitteilung über die Behandlung wertgeminderter Aktiva im Bankensektor der Gemeinschaft, ABl. EU 2009/C 72/01, Punkt 5.1 Rn. 21, die insbesondere eine Heranziehung der Aktionäre als vorzugswürdig erachtet; vgl. auch die *High-level Expert Group* (o. Fn. 197), Punkt 5.5.3.

203 *Cooley/Philippon*, in: *Acharya/Richardson* (o. Fn. 24), S. 323.

204 *High-level Expert Group* (o. Fn. 197), Punkt 4.2.7.

205 *Cooley/Philippon*, in: *Acharya/Richardson* (o. Fn. 24), S. 323.

Darlehensgebers auf die Verwertung im Insolvenzfall oder die Verwertung von vorher vereinbarten Kreditsicherheiten beschränkt. Eine Rettung durch Dritte findet nicht statt. Auch dem Gesellschaftsrecht ist dieser Gedanke immanent. Für Verbindlichkeiten von Kapitalgesellschaften haften den Gläubigern die Einlagen der Gesellschafter (§ 1 Abs. 1 S. 2 AktG, § 13 Abs. 2 GmbHG). Übersteigen die Schulden der Gesellschaft die Einlagen und das angesammelte Vermögen, so ist auch hier mit hoher Wahrscheinlichkeit ein Teil der Forderungen der Gläubiger verloren. Gleiches gilt für die Gesellschafter: Wird die Gesellschaft abgewickelt und verbleibt nach Begleichung der Schulden kein Vermögen, so sind die Einlagen verloren.

All diese Grundsätze und Mechanismen entsprechen dem Empfinden der meisten Menschen über die gerechte Verteilung von Renditechancen und Risiken. Unsere Rechtsordnung sieht die private Haftung im Gegensatz zur öffentlichen Haftung als Normalfall an.[206]

Im Wirtschaftszweig der Banken gelten aber Besonderheiten, die die Durchsetzung der allgemeinen Grundsätze praktisch verbieten. Gegen eine Haftung aller Geldgeber im Krisenfall spricht zum einen, dass ein Teil des Fremdkapitals einer Bank aus Einlagen von Sparern besteht.[207] Würde jeder Kunde einer Bank mit seinem Kontoguthaben haften und damit auf die anteilige Befriedigung im Insolvenzverfahren verwiesen werden, würde er mit hoher Wahrscheinlichkeit einen Großteil seiner Einlagen verlieren[208], obwohl er sich am Risiko der Bank in der Regel nicht beteiligen möchte.[209] Die Folgen für den Einzelnen und auch für die gesamte Volkswirtschaft wären in einem solchen Szenario katastrophal.[210] In der Realität wären folgenschwere *Bank runs* zu befürchten.[211] Zum anderen würde das gegenseitige Verleihen von Geld unter den Banken dazu führen, dass die Zahlungsunfähigkeit einer Bank die Zahlungsunfähigkeit anderer Banken als logische Konsequenz nach sich zieht, da Letztere ihre Forderungen nicht eintreiben können und auch ihnen die Liquidität verloren geht.[212] Es kommt zu

---

206 Vgl. *Krahnen*, BB Die erste Seite 2013, Nr. 42.

207 *Fischer/Boegl*, in: *Schimansky/Bunte/Lwowski*, § 129 Rn. 1.

208 *Binder*, Bankeninsolvenzen im Spannungsfeld zwischen Bankaufsichts- und Insolvenzrecht, S. 103.

209 *Böcking/Gros/Torabian*, in: MüKo-HGB, Vorbemerkungen zu §§ 340f, 340g Rn. 6–8.

210 *Binder*, Bankeninsolvenzen im Spannungsfeld zwischen Bankaufsichts- und Insolvenzrecht, S. 103.

211 Vgl. dazu *Böcking/Gros/Torabian*, in: MüKo-HGB, Vorbemerkungen zu §§ 340f, 340g Rn. 6–8.

212 *Ruzik*, BKR 2009, 133 (135); *Zimmer/Fuchs*, ZGR 2010, 597 (601).

einer Ansteckung anderer Banken (Dominoeffekt oder auch *contagion*-Effekt) und das gesamte Finanzsystem gerät unter Druck.[213] Daraus ergeben sich weitreichende negative Folgen für die Realwirtschaft.[214]

Es ist daher ungeeignet, sowohl Sparer als auch am Interbankenhandel beteiligte systemrelevante Banken für die Realisierung der Risiken einstehen zu lassen. Die Rettung der Banken geschieht nicht vordergründig zum Wohl der systemrelevanten Bank, sondern zum Wohl der Anleger, der Einleger sowie der Funktionsfähigkeit der Märkte.

Ein *Bail-in* muss daher geordnet sein und er muss insbesondere von belastbaren Geldgebern durchgeführt werden. Ihre Beteiligung an den Verlusten eines Instituts darf nicht auch gleichzeitig zu einem Zusammenbruch der Wirtschaft führen.[215] Die Inhaber eines *Bail-in*-Instruments dürfen im Verlustfall nicht in Refinanzierungsschwierigkeiten geraten.[216] Erreicht werden kann dieses Ziel, indem die Geldgeber, sofern es sich um Finanzinstitute handelt, das Halten des Instruments mit hochwertigem Eigenkapital unterlegen müssen bzw. die entsprechenden Beträge vom eigenen Kapital abzuziehen sind.[217]

Auch das von den G20-Staaten im Jahr 2009 eingerichtete *Financial Stability Board* (FSB) erkannte die Gefahr von negativen Effekten auf andere Marktteilnehmer, wenn ein Finanzinstitut saniert oder abgewickelt wird. In seinen *Key Attributes of Effective Resolution Regimes for Financial Institutions*[218] hat das FSB 2011 Vorschläge erarbeitet, wie sich Finanzinstitute und Aufsichts- und Abwicklungsbehörden auf die Krisensituation eines Instituts vorbereiten können und welche Erwägungen zu beachten sind, wenn Sanierungs- oder Abwicklungsmaßnahmen eingeleitet werden. Auch der *Bail-in* soll im Krisenfall von den entsprechenden Behörden angeordnet werden können (*Key Attribute* 3.2[ix] und *Key Attribute* 3.5[219]). Dabei sollen die zuständigen Behörden die Auswirkungen von Maßnahmen auf die Stabilität der Finanzmärkte berücksichtigen und möglichst nicht zu Mitteln greifen, die Instabilität im Finanzmarktsystem hervorrufen könnten (*Key Attribute* 3.9[220]). Dieses übergeordnete Ziel wird in

213 *Admati/Hellwig* (o. Fn. 13), S. 61; *Ruzik*, BKR 2009, 133 (135).

214 *Ruzik*, BKR 2009, 133 (135 f.); *Zimmer/Fuchs*, ZGR 2010, 597 (600).

215 Vgl. *Krahnen*, BB Die erste Seite 2013, Nr. 42.

216 *Krahnen*, BB Die erste Seite 2013, Nr. 42.

217 Vgl. zu den diesbezüglichen Vorschriften der CRR insbesondere u. Kap. 2.III., S. 100.

218 *FSB*, Key Attributes of Effective Resolution Regimes for Financial Institutions (2011), http://www.fsb.org/wp-content/uploads/r_111104cc.pdf (Stand: 20.10.2018).

219 *FSB*, Key Attributes of Effective Resolution Regimes for Financial Institutions (2014), S. 8 f., http://www.fsb.org/wp-content/uploads/r_141015.pdf (Stand: 20.10.2018).

220 *FSB* (o. Fn. 220), S. 10.

der Arbeit des FSB an mehreren Stellen genannt.[221] Dazu sollen die Kapitalquellen einer Gesellschaft ausreichend diversifiziert sein und ihrerseits nicht bei einer Krise der Gesellschaft in Refinanzierungsschwierigkeiten geraten (vgl. *Appendix 1-Annex 3 No. 5.4* sowie in *Appendix 1-Annex 4 No. 3.1(iv)*).[222] Konkret soll nach diesen Vorschlägen bei der Anordnung von Abwicklungsmaßnahmen berücksichtigt werden, ob die Kapitalquoten von Vertragsparteien des Instituts durch die Rettungsmaßnahmen unter die gesetzlichen Mindestquoten sinken.[223] Sanierungspläne von Instituten sollen die Versorgung mit Kapital dergestalt absichern, dass eine ausreichende Streuung der Kapitalquellen gewährleistet ist.[224] Aus der Gesamtschau dieser Anforderungen lässt sich ableiten, dass Ansteckungseffekte vermieden werden sollen, indem *Bail-in*-Mittel durch belastbare Geldgeber zugeführt werden und eine Streuung des Risikos die Weitergabe von Klumpenrisiken vermeidet. Vom FSB wird konkret angeregt, für bestimmte Verbindlichkeiten von vornherein vorzusehen, dass sie für eine Restrukturierung durch einen *Debt-Equity-Swap* freiwillig herangezogen werden (*Appendix 1-Annex 4 No. 3.1(iii)*). Bei diesen vorgeschlagenen Instrumenten kann es sich um CoCo-Bonds handeln.

Der *Bail-in* im Krisenfall kann als Anleihebedingung definiert werden und das Einstehen für die Verluste der Bank haftet der Forderung gegen die Bank explizit an. Dadurch wird Transparenz geschaffen. Wird eine Anleihe so ausgestaltet, dann gelten auch die Einwände gegen die private Haftung von Bankgläubigern nicht mehr. Die private Haftung mittels *Bail-in*-Anleihe wird zum Kompromiss aus (1.) Haftungsfreistellung der Sparer und der im *Interbankenhandel* vernetzten Banken und (2.) öffentlichem Interesse an privater Haftung der Bankgläubiger mit der Folge, dass der Steuerzahler unbehelligt bleibt.

Aus dogmatischer Sicht ergibt sich aus dem Umstand, dass das Einstehen für Verluste in die Anleihebedingungen aufgenommen wird, zwar kein Unterschied zu allen anderen Geldgebern, denn alle Passivpositionen sind theoretisch weiterhin der privaten Haftung unterworfen.[225] Dennoch geht die *Bail-in*-Anleihe in praktischer Hinsicht darüber hinaus, lediglich eine glaubwürdigere

---

221 *FSB* (o. Fn. 219), S. 32 (*Appendix 1-Annex 2 No. 3.2*), S. 34 (*Appendix 1-Annex 2 No. 4.1.[iv], 4.1.[v] und 5.1.[ii]*), S. 37 (*Appendix 1-Annex 3 No. 1 und No. 2.[iii]*), S. 41 (*Appendix 1-Annex 3 No. 5*), S. 42 (*Appendix 1-Annex 3 No. 5.1, 5.3 und 5.4*).

222 So auch *FSB,* TLAC Term Sheet, S. 7–9, http://www.fsb.org/wp-content/uploads/TLAC-Principles-and-Term-Sheet-for-publication-final.pdf (Stand: 20.10.2018).

223 *FSB* (o. Fn. 219), S. 42 (*Appendix 1-Annex 3 No. 5.4*).

224 *FSB* (o. Fn. 219), S. 48 (*Appendix 1-Annex 4 No. 3.1(iv)*).

225 *Krahnen*, BB Die erste Seite 2013, Nr. 42.

Haftungsansage abzugeben, als herkömmliche Instrumente.[226] Während in einer das Finanzsystem gefährdenden Krise eine faktische Staatsgarantie für weite Teile der Passivseite besteht,[227] sind *Bail-in*-Instrumente explizit davon ausgenommen. Sie sind weder durch eine Einlagensicherung noch durch eine faktische Staatsgarantie gegen Wertminderung oder Verlust gesichert.[228] Sie mindern damit im Ergebnis das Haftungsrisiko des Steuerzahlers. Die Notwendigkeit eines *Bail-outs* durch den Staat als *ultima ratio* lässt sich zwar nicht vollkommen ausschließen, denn wenn sich eine Systemkrise nicht mehr anders abwenden lässt, können auch zukünftig staatliche *Bail-outs* notwendig sein.[229] Die Wahrscheinlichkeit und der gegebenenfalls erforderliche Umfang lassen sich aber verringern.

Erfolgt der *Bail-in* in der Form, dass die den Instrumenten zugrundeliegenden Forderungen von der Bank nicht mehr zurückgezahlt werden müssen, so kann die Passivseite der Bilanz um entscheidende Teile erleichtert werden. Unter Umständen kann diese Erleichterung ausreichen, um ein Einspringen des Staates zugunsten der geldgebenden Sparer und Banken zu vermeiden. Während die Haftungswahrscheinlichkeit in der Krise bei Spareinlagen und bei Geldern von am Interbankenhandel beteiligten systemrelevanten Banken aufgrund bestimmter staatlicher Schutzmechanismen fast auf null reduziert war, ist die Haftungswahrscheinlichkeit von *Bail-in*-Instrumenten hoch. Das kommt der Allgemeinheit zugute. Denkbar ist sogar eine erhöhte Bereitschaft derjenigen, die in *Bail-in*-Instrumente investieren, das Management der Bank kritischer zu überprüfen[230] und es von opportunistischem Verhalten abzuhalten. Die Tendenz zum *moral hazard* auf Investorenseite dürfte sich bei höherer Verlustwahrscheinlichkeit jedenfalls verringern. Auf eine Rettung durch den Staat können sich die Parteien nicht mehr verlassen.

Eine *Bail-in*-Anleihe beinhaltet also das Risiko, dass der Inhaber die realisierten Risiken tragen muss, seine Position der Passivseite der Bank also nicht gerettet wird. Dieses erhöhte Verlustrisiko muss für den Investor erkennbar sein, damit er es in seine Renditeerwartungen einpreisen kann und keine Haftungsfreistellung durch den Staat erwartet.

---

226 So aber *Krahnen*, BB Die erste Seite 2013, Nr. 42.

227 *Höllerich*, Sanierung und Abwicklung von Banken unter dem Aspekt der Systemrelevanz, S. I.

228 Vgl. *Rudolph*, in: *Groß/Pfingsten* (o. Fn. 50), S. 97 (103).

229 *Altman/Philippon*, in: *Acharya/Richardson* (o. Fn. 24), S. 361.

230 Vgl. *High-level Expert Group* (o. Fn. 197), Punkt 5.5.3.

Der Umwandlungsmechanismus von CoCo-Bonds gewährleistet, dass bei entsprechender Ausgestaltung des *Trigger Events* ein *Bail-in* durch die Investoren stattfindet, wenn ein *Bail-out* erforderlich wird oder wenn erkennbar wird, dass seine Notwendigkeit unmittelbar bevorsteht. CoCo-Bonds können also nicht nur als *Debt-Equity-Swap* auf Vorrat bezeichnet werden, sondern regelrecht als *Bail-in* auf Vorrat. Der *Bail-in* durch einen *Debt-Equity-Swap* unterscheidet sich insofern von einem staatlichen Eingreifen, als bei staatlicher Hilfe weiteres Geld zur Verfügung gestellt wird, während beim *Debt-Equity-Swap* das bereits zur Verfügung gestellte Kapital lediglich nicht mehr zurückgezahlt werden muss und damit die Schuldenlast verringert. Allerdings erreicht die Wirkung von CoCos dort denknotwendigerweise ihre Grenzen, wo trotz verbreiteter Haftungsbasis und gestiegenen Eigenkapitals keine neuen Geldgeber gefunden werden können.

Dennoch ist der *Bail-in* der Investoren in Form von CoCo-Bonds ein Schritt in die richtige Richtung: Während nicht vollkommen ausgeschlossen werden kann, dass ein staatliches Eingreifen zur Absicherung der Liquidität oder zur Abwendung der Krise auch zukünftig erforderlich wird, wird durch die vorherige automatische Umwandlung sichergestellt, dass die Investoren nicht auf Kosten der Steuerzahler abgesichert sind. Damit werden die Belastungen für den Steuerzahler verringert[231] und die Folgen des *too-big-to-fail*-Problems adressiert. Die Verluste der Investoren werden zunächst privatisiert. Eine Rettung der Passivseite erfolgt zumindest nicht mehr in dem Maße, wie in der jüngsten Finanzmarktkrise. Aus ordnungspolitischer Sicht müssen CoCo-Bonds daher gefördert werden. Sie sind ein wichtiges Signal zugunsten des Vertrauens in die Finanzwirtschaft. Entgegen anderslautender Schlagzeilen soll und kann es jedoch nicht Aufgabe der „Wunderanleihe"[232] sein, Finanzkrisen zu verhindern, denn die Defizite auf der Seite des Marktes und der Staaten waren zu groß, als dass sie sich durch ein innovatives Finanzinstrument ausgleichen ließen. Insbesondere die Eigenkapitalanforderungen müssen weiterhin im Fokus der Reformen stehen.[233] Einen Beitrag zur Sicherung und Stabilisierung und zur gerechten Verteilung von Risiken kann die bedingte Pflichtwandelanleihe aber leisten.

---

231 *Rudolph,* Kreditwesen 2010, 1152, 1154.

232 *Dohms* (o. Fn. 5).

233 So auch *Acharya/Schnabl*, in: *Acharya/Richardson* (Hrsg.), Restoring Financial Stability: How to Repair a Failed System, S. 83; *Admati/Hellwig* (o. Fn. 13), S. 96 und S. 169; *Fama*, Interview in der FAZ am 17.10.2013, http://www.faz.net/aktuell/wirtschaft/wirtschaftspolitik/nobel-gedenkpreistraeger-fama-es-gibt-keine-blasen-an-den-maerkten-12620969.html (Stand: 20.10.2018); *Sinn,* Kasino-Kapitalismus, S. 301.

Zu bedenken ist bei der Ausgestaltung eine Eigenschaft: Da Inhaber von CoCo-Bonds durch den Tausch zu Aktionären werden, müssen konsequenterweise die angefallenen Verluste auch auf die Aktionäre verteilt werden. Eine Rettung der Eigenkapitalgeber durch den Staat darf zukünftig nicht mehr erfolgen, andernfalls sind alle Reformbestrebungen vergebens.

Um eine effektive Wirkung der Bonds entfalten zu können, sollten die Inhaber der Anleihe nicht erst dann zu Aktionären werden, wenn der Emittent ausfällt, sondern sie sollten bereits vor der manifestierten Krise an der Gesellschaft beteiligt werden (*going-concern*-Prinzip). Insofern kann man aus den Fehlern der letzten Krise lernen:

> *„The fundamental flaw in this view of market discipline is that the issuing institution must fail in order to impose losses on uninsured claimants and to transfer ownership of the bank's assets to former debt holders.“*[234]

## 1.VI. CoCo-Bonds im System eines neuen Sanierungs- und Abwicklungsregimes – BRRD, SAG und SRM-Verordnung

Neben den höheren Eigenkapitalanforderungen, die die Institute sicherer machen sollen, haben die Gesetzgeber umfassende Regelwerke erarbeitet, die der Frage nachgehen, wie in einer Institutskrise zu verfahren sein wird. Im Kern geht es um eine als *Bank Recovery and Resolution Directive*[235] (BRRD) bezeichnete Richtlinie der EU sowie um eine als *Single Resolution Mechanism*-Verordnung[236] (SRM-VO) bezeichnete Verordnung der EU. Die BRRD ist mit dem

---

234 *Flannery*, No Pain, No Gain? Effecting Market Discipline via "Reverse Convertible Debentures", S. 1 f., http://bear.warrington.ufl.edu/flannery/No%20Pain,%20No%20Gain.pdf (Stand: 20.10.2018).

235 Richtlinie 2014/59/EU des Europäischen Parlaments und des Rates vom 15. Mai 2014 zur Festlegung eines Rahmens für die Sanierung und Abwicklung von Kreditinstituten und Wertpapierfirmen und zur Änderung der Richtlinie 82/891/EWG des Rates, der Richtlinien 2001/24/EG, 2002/47/EG, 2004/25/EG, 2005/56/EG, 2007/36/EG, 2011/35/EU, 2012/30/EU und 2013/36/EU sowie der Verordnungen (EU) Nr. 1093/2010 und (EU)Nr. 648/2012 des Europäischen Parlaments und des Rates, ABl. (EU) Nr. L 173/190 vom 12. Juni 2014.

236 Verordnung (EU) Nr. 806/2014 des Europäischen Parlaments und des Rates vom 15. Juli 2014 zur Festlegung einheitlicher Vorschriften und eines einheitlichen Verfahrens für die Abwicklung von Kreditinstituten und bestimmten Wertpapierfirmen im Rahmen eines einheitlichen Abwicklungsmechanismus und eines einheitlichen Abwicklungsfonds sowie zur Änderung der Verordnung (EU) Nr. 1093/2010, ABl. (EU) Nr. L 225 vom 30. Juli 2014.

Sanierungs- und Abwicklungsgesetz[237] (SAG) zum 1. Januar 2015[238] in deutsches Recht umgesetzt worden.

Das SAG ermächtigt die zuständige Abwicklungsbehörde (die Bundesanstalt für Finanzdienstleistungsaufsicht, BaFin[239]) sowie die Aufsichtsbehörde (die EZB für bedeutende Institute und die BaFin für die übrigen Institute[240]) zu diversen Sanierungs- und Abwicklungsmaßnahmen. Kapitel 3 des SAG (§§ 36–39) ermächtigt die EZB/BaFin zu Sanierungsmaßnahmen im Rahmen des *frühzeitigen Eingreifens*, wenn sich die Finanzlage des Instituts verschlechtert (§ 36 Abs. 1 S. 1 SAG). Die Behörde kann dann unter anderem von der Geschäftsleitung des Institutes verlangen, Handlungsoptionen aus dem Sanierungsplan umzusetzen, einen Plan über Verhandlungen mit Gläubigern über eine Umschuldung zu erstellen oder die Geschäftsstrategie sowie die rechtlichen und operativen Strukturen zu ändern (§ 36 Abs. 1 S. 3 Nr. 1 SAG).

Kommt es, unabhängig von vorherigen Sanierungsmaßnahmen, zu einer schwerwiegenden Krise des Instituts, so kann die BaFin Abwicklungsmaßnahmen ergreifen. Dazu ist sie gem. § 62 Abs. 1 SAG ermächtigt, wenn der Bestand des Instituts gefährdet ist, die entsprechende Abwicklungsmaßnahme (dazu sogleich) erforderlich und verhältnismäßig ist, um das Abwicklungsziel zu erreichen und wenn die Bestandsgefährdung nicht innerhalb des zur Verfügung stehenden zeitlichen Rahmens durch andere Maßnahmen beseitigt werden kann. Die Abwicklung nach SAG und SRM-VO ist dabei großen Instituten vorbehalten, deren Bestandsgefährdung die Finanzmarktstabilität gefährdet. Im Übrigen findet allgemeines Insolvenzrecht Anwendung.[241] Ziel der Abwicklungsmaßnahmen nach SAG ist es einerseits, erhebliche negative Auswirkungen auf die Finanzstabilität zu verhindern (§ 67 Abs. 1 Nr. 2 SAG). Andererseits sollen öffentliche Mittel geschützt werden, indem durch die Abwicklung gar keine oder nur geringere außerordentliche finanzielle Unterstützungen aus öffentlichen Mitteln in Anspruch genommen werden müssen (§ 67 Abs. 1 Nr. 3 SAG). Um bei den gegebenen Voraussetzungen diese Ziele zu erreichen, stehen der Abwicklungsbehörde verschiedene Abwicklungsmaßnahmen/-instrumente zur Verfügung. Zunächst ist die BaFin zur Übertragungsanordnung befugt

---

237 Sanierungs- und Abwicklungsgesetz vom 10. Dezember 2014 (BGBl. I S. 2091), das zuletzt durch Artikel 3 des FMSA-Neuordnungsgesetzes vom 23. Dezember 2016 (BGBl. I S. 3171) geändert worden ist.

238 Art. 10 Abs. 2 des Gesetzes vom 10.12.2014 (BGBl. I S. 2091).

239 § 3 Abs. 1 SAG.

240 § 3 Abs. 2 SAG i.V.m. § 1 Abs. 5 KWG.

241 Siehe dazu ausführlicher o. Kap. 1.II.

(Übertragung auf ein Brückeninstitut oder Unternehmensveräußerung, § 107 Abs. 1 Nr. 1 SAG). Wesentliche Neuerung im deutschen Bankrecht ist jedoch die Anordnung des *Bail-ins* gem. §§ 89–106 SAG. Es handelt sich dabei um das zentrale der Abwicklungsbehörde zur Verfügung stehende Instrument, um den Schutz öffentlicher Gelder (§ 67 Abs. 1 Nr. 3 SAG) zu gewährleisten.[242] *Bail-in* im Sinne des SAG meint zwei verschiedene Maßnahmen. Es handelt sich einerseits um die Beteiligung der Inhaber relevanter Kapitalinstrumente (§ 89 SAG) und andererseits um die Gläubigerbeteiligung (§ 90 SAG). Beide Fälle sehen eine Beteiligung von Gläubigern an den angefallenen Verlusten durch Umwandlung ihrer Forderungen in Anteile oder durch Herabschreibung des Nennwertes ihrer Forderungen (vollständig oder auch nur teilweise) vor. Dadurch soll eine bestimmte harte Kernkapitalquote wieder erreicht werden (vgl. § 96 Abs. 3 S. 1 Nr. 1 SAG). Es handelt sich damit um ein Instrument, dass sowohl hinsichtlich seiner Zielsetzung als auch seiner Rechtsfolgen den CoCo-Bonds sehr ähnlich ist. Subjekt des aufsichtsrechtlichen Eingriffs können dabei zwei Gläubigergruppen sein. Die Inhaber *relevanter Kapitalinstrumente* sind in jedem Falle zu beteiligen, wenn die Abwicklungsvoraussetzungen gegeben sind (§ 89 SAG). Relevante Kapitalinstrumente sind gem. § 2 Abs. 2 SAG solche Kapitalinstrumente, die vom ausgebenden Unternehmen zur Erfüllung der Eigenmittelanforderungen als zusätzliches Kernkapital oder Ergänzungskapital emittiert wurden. Dementsprechend sind auch CoCo-Bonds relevante Kapitalinstrumente im Sinne des SAG und können - auch ohne Erreichen des *Trigger Events* - auf Anordnung der BaFin umzuwandeln oder herabzuschreiben sein. Das ist in Anbetracht der unbedingten Haftungsansage, mit der CoCo-Bonds verbunden sind, auch konsequent. Es wäre wenig überzeugend, wenn eine Behörde die Beteiligung von Investoren an Verlusten veranlasste und dabei die Inhaber von CoCos freistellen würde, nur weil das *Trigger Event* nicht erreicht wurde.

Im Gegensatz zu den Inhabern *relevanter Kapitalinstrumente* sind die Gläubiger *berücksichtigungsfähiger Verbindlichkeiten* nicht zwingend zu beteiligen, wenn die Abwicklungsvoraussetzungen vorliegen. Stattdessen kommt der Abwicklungsbehörde bei deren Beteiligung ein Ermessen zu (§ 90 SAG).[243] Berücksichtigungsfähig sind dabei unter anderem Verbindlichkeiten, die sich aus Einlagen ergeben und über den Einlagensicherungsbetrag hinausgehen (§ 91 Abs. 1 i.V.m. Abs. 2 Nr. 1 SAG) oder unbesicherte Verbindlichkeiten (§ 91 Abs. 1 i.V.m. Abs. 2 Nr. 2 SAG). Sie sind nicht mit einer expliziten unbedingten

242 *Hübner/Leunert,* ZIP 2015, 2259 (2261).
243 *Hübner/Leunert,* ZIP 2015, 2259 (2262).

Haftungsansage verbunden. Stattdessen werden sie erst dann (subsidiär) herangezogen, wenn sie zur Abwicklung unentbehrlich werden, weil die Verluste nicht durch Inanspruchnahme der Inhaber von Instrumenten des zusätzlichen Kernkapitals und des Ergänzungskapitals ausgeglichen werden konnten.[244] Die Haftungsreihenfolge richtet sich insofern nach der *Haftungskaskade* des § 97 Abs. 1 SAG.

## 1.VII. CoCo-Bonds als Krisenverstärker?

Nicht alle Stimmen in der Literatur bewerten CoCo-Bonds positiv. Für einige überwiegen bei der Bewertung der Chancen und Risiken dieses verhältnismäßig neuen Instruments die Risiken. Dabei wird mitunter auf eine mögliche krisenverstärkende Wirkung von CoCo-Bonds hingewiesen. Sollte eine solche Wirkung tatsächlich möglich sein, würden CoCos das Gegenteil dessen bewirken, wozu sie erdacht wurden.

### A. Ansteckung anderer Marktteilnehmer – *contagion*

Im Mittelpunkt der Bedenken steht eine potentielle Ansteckungsgefahr der Marktteilnehmer, die CoCos halten (*contagion*).[245] Daraus könnte sich ein Dominoeffekt ergeben, der eine Institutskrise zu einer Systemkrise anwachsen lässt. Dass solche Befürchtungen nicht gänzlich unbegründet sind, zeigt zum Beispiel die Emission von CoCos der *Allianz SE*, die vom japanischen Versicherer *Nippon Life* erworben wurden.[246] Die Angst vor Ansteckungseffekten könnte die Regierungen dazu veranlassen, vor der Umwandlung von CoCos rettend einzuspringen und damit doch wieder auf Kosten der Steuerzahler eine Verlustteilnahme der Gläubiger zu verhindern.[247] Bereits in der vergangenen Krise haben hybride Instrumente in ihrer verlusttragenden Eigenschaft versagt:

> *„other debt-like forms of bank capital such as 'subordinated debt and hybrid capital largely failed in its original objective of bearing losses'"*[248]

---

244 *Hübner/Leunert*, ZIP 2015, 2259 (2262).

245 *Admati/Hellwig*, The Parade of the Bankers' New Clothes Continues: 31 Flawed Claims Debunked, S. 23, https://www.gsb.stanford.edu/gsb-cmis/gsb-cmis-download-auth/345331 (Stand: 22.10.2018); *De Spiegeleer/Schoutens/Van Hulle*, Handbook of Hybrid Securities, S. 107 f.; siehe dazu bereits o. Kap. 1.V., S. 57.

246 Siehe dazu u. Kap. 2.II., S. 88.

247 *Admati/Hellwig* (o. Fn. 245), S. 23.

248 *HM Treasury (UK)*, Risk, reward and responsibility: the financial sector and society, S. 25, http://webarchive.nationalarchives.gov.uk/20130129110402/http://www.

Allerdings ist den CoCo-Bonds die Verlustübernahme von vornherein immanent, was bei früheren Hybridinstrumenten nicht immer der Fall war (so galten auch Instrumente als Eigenkapital, bei denen lediglich eine Berechtigung des Emittenten bestand, Couponzahlungen auszusetzen, ansonsten aber keine Verlustbeteiligung im *Going-concern*-Stadium vorgesehen war[249]). Hinzu kommt, dass die neuen Regelwerke vorsehen, dass CoCo-Bonds von belastbaren Geldgebern gehalten werden und gegebenenfalls das Investment in CoCos mit qualitativ hochwertigem Eigenkapital zu unterlegen ist.[250] Das sorgt dafür, dass die Weitergabe von Risiken durch CoCos bei den Risikoübernehmern nicht zu einer Krise führt und eine Ansteckung damit nicht zu einer Systemkrise anwachsen kann. Die Gefahr solcher Ansteckungseffekte kann darüber hinaus durch noch höhere Eigenkapitalanforderungen gemindert werden. Vor allem in der Schweiz sind entsprechende Tendenzen absehbar und für andere Rechtsordnungen durchaus wünschenswert.[251]

## B. Panik vor Umwandlung und Abwärtsspirale

Die Umwandlung oder auch die bereits drohende Umwandlung sind Zeichen für eine Krise und könnten Aktionäre und Anleihegläubiger zu Panikverkäufen ihrer Aktien und Anleihen am Emittenten bewegen.[252] Dramatische Kursverluste könnten die Folge sein („Abwärtsspirale").[253] Das zeigte sich bereits im Zusammenhang mit CoCo-Bonds, als die *Deutsche Bank* 2016 einen Verlust in Höhe von 6,8 Mrd. für das Geschäftsjahr 2015 bekanntgab.[254] Selbst die Befürchtung vor ausgesetzten Couponzahlungen sorgte im Markt für Unruhe.[255] „Von

---

hm-treasury.gov.uk/d/fin_finsectorandsociety.pdf (Stand: 20.10.2018); *Pennacchi/Vermaelen/Wolff*, Contingent Capital: The Case of COERCs, S. 1, http://www.ieseg.fr/wp-content/uploads/CoercRev31Mar2013.pdf (Stand: 21.10.2018).

249 *Pazarbasioglu/Zhou/Le Leslé* u.a., Contingent Capital: Economic Rationale and Design Features, S. 8, https://www.imf.org/external/pubs/ft/sdn/2011/sdn1101.pdf (Stand: 21.10.2018); *Schelm*, in: Kümpel/Wittig, Rn. 2.164.

250 Vgl. o. Kap. 1.V., S. 57 sowie u. Kap. 2.III., S. 100.

251 Vgl. u. Kap. 3.VII., S. 141 ff.

252 *Nodoushani*, WM 2016, 589 (594).

253 *Flannery*, Stabilizing Large Financial Institutions with Contingent Capital Certificates, S. 18 f., http://ssrn.com/abstract=1485689 (Stand: 20.10.2018).

254 *Deutsche Bank*, Presse-Information vom 28. Januar 2016, https://www.db.com/ir/de/download/Presse_Information_4Q2015.pdf (Stand: 20.10.2018).

255 *Die Welt Online*, Deutsche Bank betont ihre Zahlungsfähigkeit, 10.02.2016, http://www.welt.de/wirtschaft/article152021502/Deutsche-Bank-betont-ihre-Zahlungsfaehigkeit.html (Stand: 20.10.2018); *Frühauf*, Anleihegläubiger der Deutschen Bank

der Wunderwaffe zum Brandbeschleuniger der Finanzmärkte“ titelte die *Süddeutsche Zeitung.*[256] Sogar die Bild-Zeitung wandte sich unter der Schlagzeile „Lösen ‚CoCos‘ die nächste Bankenkrise aus?“[257] dem Thema zu. Die *Deutsche Bank* sah sich infolgedessen veranlasst, ihre Zahlungsfähigkeit im Wege einer Ad-hoc-Meldung zu unterstreichen.[258] Auch die EBA hatte keine Veranlassung, die Zahlungsaussetzung von Coupons anzuordnen.[259] Es wird sogar gefordert, eine gesetzliche Grundlage dafür zu schaffen, dass Coupons auf CoCo-Bonds vor Aktiendividenden und Bonuszahlungen zu zahlen sind.[260] Damit soll Unsicherheiten auf den Märkten begegnet werden.

Die Furcht vor ausgesetzten Dividenden- und Couponzahlungen ist jedoch für Eigenkapitalinstrumente und eigenkapitalähnliche Fremdkapitalinstrumente typisch. Auch wenn es sich bei CoCos zunächst um Fremdkapital handelt, ist die Ähnlichkeit zu Aktien groß. Das muss auch den Investoren bewusst sein. Ausgesetzte Coupons oder Dividenden sind ein wichtiger Bestandteil des den Investitionen innewohnenden Risikos. Auch die Umwandlung selbst ist ein den CoCo-Bonds immanentes Element. Panik und Kursverluste resultieren hierbei nicht aus dem Risiko der Umwandlung, sondern in erster Linie aus der Krise des Emittenten. Auch ohne CoCos käme es bei einer solchen Krise zu Verwerfungen an den Märkten, wenn der Emittent groß genug ist. Im Gegenteil können CoCos sogar dazu beitragen, größere Unruhen zu vermeiden, da sie vorrangige Anleihen gleichsam absichern.[261] Dieses Konzept funktioniert freilich nur, wenn

---

werden nervös, in: FAZ Online, 30.01.2016, http://www.faz.net/aktuell/finanzen/anleihen-zinsen/coco-bonds-der-deutschen-bank-unter-druck-14041630.html (Stand: 20.10.2018).

256 *Schreiber* (*Süddeutsche Zeitung*) (o. Fn. 6).

257 *Bild-Zeitung*, Online-Ausgabe vom 10.02.2016, Lösen „CoCos“ die nächste Bankenkrise aus? – Was Sie über die gefährliche Anlage mit dem niedlichen Namen wissen müssen, http://www.bild.de/geld/wirtschaft/deutsche-bank/deutsche-bank-coco-44505544.bild.html (Stand: 22.10.2018).

258 *Deutsche Bank*, Deutsche Bank veröffentlicht aktualisierte Information zur AT1 Zahlungskapazität, Ad-hoc-Meldung vom 08.02.2016, https://www.db.com/newsroom_news/2016/ir/ad-hoc-deutsche-bank-veroeffentlicht-aktualisierte-information-zur-at1-zinszahlungskapazitaet-de-11391.htm (Stand: 20.10.2018).

259 Vgl. zum maximal ausschüttbaren Betrag (*Maximum Distributable Amount,* MDA) *EBA*, Opinion 24/2015, Ziff. 14 ff., https://www.eba.europa.eu/documents/10180/983359/EBA-Op-2015-24+Opinion+on+MDA.pdf (Stand: 22.10.2018).

260 *Institutional Money*, CoCo-Bonds: SSM-Chefin Daniele Nouy fordert klaren Rechtsrahmen, http://www.institutional-money.com/news/regulierung/headline/coco-bonds-ssm-chefin-daniele-nouy-fordert-klaren-rechtsrahmen-50687/ (Stand: 20.10.2018).

261 Vgl. u. Kap. 2.I., S. 81.

Aufsichtsbehörden die Umwandlung von CoCos nicht durch einen vorherigen *Bail-out* verhindern und wenn die Grundsätze zur Verhinderung von Ansteckungseffekten eingehalten werden.

Wichtig ist zudem, dass im Falle der Umwandlung Klarheit über die Rechtslage herrscht. Die Ungewissheit über die Rückzahlung der Anleihe könnte andernfalls erhebliche Marktverwerfungen nach sich ziehen. Diese können sich insbesondere daraus ergeben, dass die Ungewissheit über die Rückzahlung auf die Gläubiger der CoCos durchschlägt. Handelt es sich um institutionelle Investoren, die CoCo-Bonds in großem Umfang halten, so kann die Unklarheit über das Schicksal der Bonds negative Auswirkungen auf die Kreditwürdigkeit der Gläubiger und auf ihren Marktwert haben. Unsicherheiten an den Märkten böten damit zusätzliches Krisenpotential und könnten, sofern eine ganze Branche in CoCos investiert hat, einen sogenannten *Common (External) Shock*[262] auslösen. Es handelt sich dabei um eine Krise, die nicht durch Vernetzung innerhalb einer Branche auf andere Institute übergreift, sondern bei der sich ein externes Risiko auf mehrere Teilnehmer einer anderen Branche unabhängig voneinander auswirkt. CoCos wurden in der Vergangenheit unter anderem von Versicherungsunternehmen erworben. Beispielhaft könnte man sich daher vorstellen, dass verschiedene Versicherungen CoCos einer in die Krise geratenen Bank halten. Das hätte für die betroffenen Versicherungsunternehmen unter Umständen erhebliche Folgen. Die angesprochene Gefahr ergibt sich nicht aus Ansteckungsrisiken innerhalb des Versicherungsmarktes, da nicht deshalb mehrere Versicherungen betroffen sind, weil sie voneinander abhängig sind. Vielmehr wirkt sich die Krise auf mehrere Versicherer aus, weil von ihnen jeder Einzelne in ein externes krisenbehaftetes Instrument investiert hat. In der Vergangenheit war zum Beispiel der US-amerikanische Versicherer *AIG* von einer solchen Situation betroffen[263], da er über *Credit Default Swap*-Verträge Risiken aus später ausfallenden Hypothekenkrediten absicherte. Die dann ausgefallenen Kredite trieben *AIG* in eine Krise. Dabei ist nicht zwingend erforderlich, dass ein Unternehmen sich erheblichen Verlusten bereits ausgesetzt sieht. Schon bloße Unsicherheiten über das Schicksal solcher Instrumente können die Gefahr von Marktverwerfungen steigern. Das muss bei CoCo-Bonds vermieden werden, indem durch

262 Vgl. hierzu *Bucher* (o. Fn. 86), S. 2 f.; *Common Shocks* werden auch als makroökonomische Schocks bezeichnet, vgl. *Issing/Bluhm*, in: *Hopt/Wohlmannstetter*, S. 84.

263 *French/Baily/Campbell* u.a., The Squam Lake Report, Fixing the Financial System, S. 54, http://www.stat.unc.edu/faculty/cji/890-11/SquamLake.pdf, (Stand: 12.07.2015).

transparente und verzögerungsfreie Mechanismen für Rechtsklarheit gesorgt wird.[264]

## C. Falsche Anreizsetzung durch CoCo-Bonds

Im Mittelpunkt der Befürchtungen steht weiterhin die Möglichkeit, dass CoCo-Bonds falsche Anreize setzen könnten. Je nach Umtauschverhältnis kann eine Umwandlung die bereits angefallenen Verluste eher auf die Altaktionäre abwälzen oder aber eher den CoCo-Gläubigern aufbürden.[265] Im Extremfall des *Writedown*-Bonds werden die angefallenen Verluste ausschließlich von den Bondinhabern getragen. Die Altaktionäre werden wirtschaftlich durch diesen *Bail-in* von der Haftung für die angefallenen Verluste freigestellt. Daraus ergibt sich eine *moral hazard*-Gefahr, da die Risiken von den Altaktionären unter Umständen nicht mehr eingehend geprüft oder sogar bewusst eingegangen werden.[266] Dieses Problem besteht nicht nur bei *Writedown*-Bonds, sondern bei allen CoCos, die den Inhabern bei Umwandlung nur wenige Aktien gewähren (*high conversion price*).[267] In der Literatur wird aufgezeigt, dass mit dieser Lastenverteilung nicht nur die Risikobereitschaft der Aktionäre steigt.[268] Hinzu kommen unter Umständen zwei zusätzliche Gefahren, die sich ganz konkret in einer Krisensituation ergeben. Zur Sanierung eines in die Krise geratenen Unternehmens kann die Zuführung frischen Kapitals in Form einer Kapitalerhöhung durch neue Einlagen der Altgesellschafter erforderlich werden. Eine solche Kapitalerhöhung kommt insbesondere den Gläubigern zugute, da das neue Kapital zur Erfüllung der Verbindlichkeiten zur Verfügung steht. Wenn nun aber CoCos so ausgestaltet sind, dass die CoCo-Inhaber die angefallenen Verluste in weiten Teilen tragen, so besteht damit ein Anreiz für die Altaktionäre, eine Kapitalerhöhung gerade nicht vorzunehmen.[269] Diese käme letztlich nur den Bondinhabern zugute[270], soweit sie die Altaktionäre nicht von den Verlusten freistellen müssten.

---

264 Siehe zu einem entsprechenden Vorschlag Kap. 4.I.B.b.iv., S. 159 ff.

265 Vgl. u. Kap. 4.III., S. 206 ff.

266 *Hilscher/Raviv,* Bank stability and market discipline: The effect of contingent capital on risk taking and default probability, S. 2 f., http://papers.ssrn.com/sol3/papers.cfm?abstract_id=575862 (Stand: 20.10.2018).

267 *Berg/Kaserer,* Does contingent capital induce excessive risk-taking and prevent an efficient recapitalization of banks?, S. 1, https://papers.ssrn.com/sol3/papers.cfm?abstract_id=1709341 (Stand: 20.10.2018); vgl. auch u. Kap. 4.III.C., S. 210 ff.

268 *Berg/Kaserer* (o. Fn. 267), S. 1.

269 Vgl. *Rudolph,* in: *Groß/Pfingsten* (o. Fn. 48), S. 97 (104).

270 *Berg/Kaserer* (o. Fn. 267), S. 2.

Die eventuell rettende Zuführung frischen Kapitals bliebe aus und könnte die Krise verschärfen. Darüber hinaus könnten die Altaktionäre sogar einen Anreiz haben, die Verschlechterung der Lage und damit die Umwandlung zu forcieren. Fallen Verluste an, die nicht ausreichen, um den *Trigger* auszulösen, dann werden die Verluste von den Altaktionären getragen. Sind die Verluste aber so groß, dass die Umwandlung ausgelöst wird, so tragen die Bondgläubiger alle Verluste und die Aktionäre werden freigestellt. Dadurch können sich die Altaktionäre veranlasst sehen, zusätzliche Verluste zu „erzielen", woraus sich eine krisenverstärkende Wirkung ergibt.[271] Ob sich diese Effekte tatsächlich auch in der Praxis einstellen, lässt sich bei einem solch komplexen Instrument und den verschiedenen widerstreitenden Interessen mangels Erfahrung nicht beurteilen. Allein die theoretische Möglichkeit der krisenverstärkenden Wirkung reicht jedoch aus, um entsprechende Anreizstrukturen aktiv vermeiden zu müssen. Tatsächlich zeigt sich, dass die überwiegende Anzahl der bisherigen CoCo-Emissionen gefährliche Anreize setzt, indem der Großteil der Verluste auf die Bondinhaber abgewälzt wird.[272] Bei *Writedown*-Bonds ist das ihrer Natur nach sogar in jedem Falle so.[273]

Derartige Anreize dürfen nicht gesetzt werden – schon gar nicht bei einem Instrument, das der Stabilisierung des Emittenten und damit der Finanzmärkte dienen soll. Um eine ausgeglichene Lastenverteilung zu erreichen, sollten die Bonds in einen Anteil am Grundkapital gewandelt werden, der nicht zu sehr unter dem Nennwert eines CoCo-Bonds liegt. In der Literatur wird vorgeschlagen, den CoCo-Nennwert mit einem Faktor von rund 0,8 in Grundkapital zu wandeln.[274] Vereinzelt wird sogar vertreten, die Wandlung stark zu Ungunsten der Altaktionäre auszugestalten, indem deren Anteile in einem hohen Maß verwässert werden (sog. *Convert-to-Surrender Bonds* – CoSu-Bonds).[275] Damit soll eine große Risikoaversion dieser alten Aktionäre erreicht werden.[276] Mit dem Ziel einer möglichst ausgeglichenen Verteilung der Verluste und der Beteiligung der Gläubiger am Verlust ist das jedoch nicht vereinbar. Abgesehen davon, dass damit unter Umständen gefährliche Anreize für die Gläubiger gesetzt werden können, muss im deutschen Recht auch die Schranke der unter-pari-Emission

271 *Berg/Kaserer* (o. Fn. 267), S. 2.
272 *Berg/Kaserer* (o. Fn. 267), S. 1.
273 Vgl. ausführlich u. Kap. 4.III.B.a., S. 207 f.
274 *v. Furstenberg*, Contingent Convertibles [CoCos], A Potent Instrument for Financial Reform, S. 130; vgl. dazu auch das Beispiel u. Kap. 4.III.C.d., S. 220 f.
275 *Berg/Kaserer* (o. Fn. 267), S. 4 f.
276 *Berg/Kaserer* (o. Fn. 267), S. 5.

beachtet werden, § 9 Abs. 1 AktG. Dementsprechend ist ein ausgeglichener Wandlungspreis vorzuziehen. Diese Herangehensweise scheint geeignet, um einerseits den Kapitalanteil der Altaktionäre zu verwässern und ihnen damit keinen Anreiz zur Umwandlung zu geben und andererseits auch die CoCo-Gläubiger an den bereits angefallenen Verlusten zu beteiligen. Außerdem besteht für die Altaktionäre somit ein Anreiz, die Gesellschaft vor Erreichen des *Triggers* durch eine Kapitalerhöhung zu rekapitalisieren. Wirtschaftswissenschaftliche Arbeiten haben gezeigt, dass Anreize bei entsprechender Auswahl der Wandlungsquote von zwischen 0,5 und 0,9 eliminiert werden können.[277] Die Feinjustierung soll dann vom *Threshold*[278] des jeweiligen Bonds abhängig sein.[279] Es ist also keineswegs unmöglich, eine gerechte Lastenverteilung zwischen Altaktionären und CoCo-Gläubigern zu erreichen und damit falsche Anreizstrukturen zu vermeiden. Orientieren sich zukünftige CoCo-Anleihebedingungen an diesen Erkenntnissen, so ist mit einer krisenverstärkenden Wirkung nicht zu rechnen.

## 1.VIII. Keine Alternative zu Kernkapital?

Hybridem Kapital wird in der Literatur weiterhin entgegengehalten, dass seine Haftungswahrscheinlichkeit hinter der von Kernkapital zurückbleibt und daher statt hybriden Kapitals mehr Grundkapital vorgehalten werden sollte.[280] In Bezug auf hybride Instrumente wird vorgebracht, dass sie als Eigenkapital anrechenbar sind, weil ihre Inhaber wie Gesellschafter an den Verlusten teilnähmen, obwohl sich dies in der letzten Krise gerade als Trugschluss herausgestellt hatte.[281] Dieser Einwand lässt sich gegen CoCos jedoch nicht vorbringen, denn CoCo-Inhaber nehmen an den Verlusten nicht nur *wie* Aktionäre teil, sondern sie nehmen an den Verlusten nach der Umwandlung auch *als* Aktionäre teil.[282] Das gilt sowohl für *gone-concern*-Szenarien als auch für bestimmte *going-concern*-Szenarien.

Von den Befürwortern von CoCo-Bonds wird zudem ins Feld geführt, dass die Anleihe gerade besondere Anreizstrukturen setzen kann, die von Kernkapital nicht ausgehen. Gemeint ist damit insbesondere die Wirkung auf das

---

277 *Hilscher/Raviv* (o. Fn. 266), S. 22 ff.; so auch *v. Furstenberg*, Contingent Convertibles [CoCos], A Potent Instrument for Financial Reform, S. 130.

278 Vgl. zum Begriff u. Kap. 4.II.C., S. 200.

279 *Hilscher/Raviv* (o. Fn. 266), S. 22 f.

280 Dafür machen sich insbesondere *Admati* und *Hellwig* stark, siehe *Admati/Hellwig* (o. Fn. 13), S. 187 f.; *dies.* (o. Fn. 245), S. 23.

281 *Admati/Hellwig* (o. Fn. 13), S. 187.

282 Dem stimmen auch *Admati* und *Hellwig* zu, siehe *Admati/Hellwig* (o. Fn. 245), S. 23.

Management durch den Fremdkapitalcharakter der Instrumente. Haben die Gläubiger im Rahmen der Umwandlung mit Verlusten zu rechnen, so könnten sie sich gezwungen sehen, die vom Emittenten eingegangenen Risiken genau zu überprüfen,[283] denn auf eine implizite Staatsgarantie können sie nicht hoffen. Dazu ist freilich ein ausreichender Einfluss auf die Führung des Unternehmens erforderlich.[284] Des Weiteren haben Fremdkapitalgläubiger über die Zinsen hinaus keine erweiterten Gewinnaussichten. Sie werden deshalb erhöhte Risiken nicht uneingeschränkt tolerieren.[285] Daher kann sogar vor der Emission eine verhaltenssteuernde Wirkung von CoCos ausgehen, da mögliche Investoren die Instrumente nicht abnehmen werden, wenn die Risiken die Ertragsmöglichkeiten unverhältnismäßig übersteigen. Ein weiterer verhaltenssteuernder Aspekt ergibt sich für das Management aus der Gefahr der Umwandlung: Führt die Umwandlung zu einer neuen großen Beteiligung eines ehemaligen Bondgläubigers am Emittenten oder zur Übernahme[286], weil viele Bonds in der Hand des Investors vereint waren, so ist eine Absetzung des alten Managements durch den neuen Großaktionär wahrscheinlich.[287] Diese Handlung wäre Folge der Enttäuschung darüber, dass die alte Unternehmensführung die Krise und damit die Umwandlung der Bonds nicht verhindern konnte.[288] Die Tendenz zum *moral hazard* dürfte sich durch die Verwässerungsgefahr auch auf der Aktionärsseite verringern. Auf eine Rettung durch den Staat können sich weder Anleihegläubiger noch Aktionäre verlassen.

Eine echte Alternative zu Kernkapital bieten CoCos noch aus einem anderen Grund. Aufsichtsbehörden schrecken häufig davor zurück, die Eigenkapitalanforderungen noch weiter zu erhöhen. Das lässt sich einerseits auf eine starke Bankenlobby zurückführen[289], hängt aber andererseits auch mit befürchteten Wettbewerbsnachteilen zusammen.[290] Hier bieten CoCos die Chance, gleiche

283 *Basel Committee on Banking Supervision,* Global systemically important banks: assessment methodology and the additional loss absorbency requirement, Rules Text, S. 18 (Ziff. 85 lit. c), http://www.bis.org/publ/bcbs207.pdf (Stand: 20.10.2018); *Bou Sleiman,* CoCo-Bonds, S. 55; vgl. auch *High-level Expert Group* (o. Fn. 195), Punkt 5.5.3.; *Mackinger,* Contingent Convertible Bonds, S. 85; *v. Furstenberg* (o. Fn. 274), S. 97; *ders.*, Journal of Financial Transformation 2013, 95 (101).

284 *v. Furstenberg* (o. Fn. 274), S. 97.

285 *v. Furstenberg,* Journal of Financial Transformation 2013, 95 (101).

286 Vgl. dazu *Möhlenkamp/Harder,* ZIP 2016, 1093.

287 *Florstedt,* ZHR 180 (2016), 152 (161); *v. Furstenberg* (o. Fn. 274), S. 82.

288 *v. Furstenberg* (o. Fn. 274), S. 82.

289 *Admati/Hellwig* (o. Fn. 13), S. 96.

290 *Admati/Hellwig* (o. Fn. 13), S. 10.

Sicherheit mit einem weniger starken Eingriff zu ermöglichen. Wettbewerbsnachteile fallen nicht so stark aus, als wenn Banken mehr hartes Kernkapital vorhalten müssten. Insbesondere die Schweiz ist dafür ein repräsentatives Beispiel.[291] Dort wird zukünftig mehr Eigenkapital gefordert werden, wozu insbesondere CoCo-Bonds genutzt werden dürfen. Dabei wird auch die *Leverage Ratio* im Mittelpunkt stehen.[292] CoCo-Bonds ermöglichen damit eine realistische Anhebung der Eigenkapitalanforderungen, die andernfalls zwar in der Literatur gefordert, in der Praxis aber wahrscheinlich nicht umgesetzt wird.

Für die Finanzmarktstabilität haben CoCos noch einen weiteren Vorteil: Durch ihre Emission wird das verlustabsorbierende Kapital vergrößert, ohne dass sich darauf einschränkungslos neue Risiken aufbauen lassen. Die Emission von Aktien erhöht die harte Kernkapitalquote und damit den Handlungsspielraum des Emittenten. Wird lediglich hybrides Kapital erhöht, so kann dieses zukünftig Verluste aufnehmen, gestattet aber nicht die Anlage in Vermögen, für die hartes Kernkapital unterlegt werden muss. Bei gleichem Volumen an RWAs steigt die Quote des verlustabsorbierenden Kapitals und damit die Krisenfestigkeit des Emittenten. Die Handlungsmöglichkeiten des Emittenten steigen nicht unermesslich an, dennoch wird ihm steuerrechtlich ein Zugeständnis gemacht. Deshalb sollten Banken dabei unterstützt werden, CoCos zu begeben.

## 1.IX. CoCo-Bonds als geeigneter Kompromiss für verschiedene Interessengruppen

Als erstes vorläufiges Ergebnis lässt sich festhalten, dass CoCo-Bonds einen bisher nicht erreichten Kompromiss für verschiedene Interessengruppen darstellen. Als innovatives Finanzierungs- und Sanierungsinstrument ermöglichen sie neue Wege bei der Sanierung von in die Krise geratenen Banken, wobei sich ihre Attraktivität nicht auf die Krise beschränkt. Vielmehr dürften CoCos auch außerhalb der Krise als unter bestimmten Voraussetzungen anrechenbares Eigenkapital reizvoll sein. Für Investoren sind sie Anlageobjekt mit einer überdurchschnittlich hohen Rendite und unter Umständen einer Aussicht auf Einfluss in der sanierungsbedürftigen und -fähigen Gesellschaft. Für die Allgemeinheit bieten CoCo-Bonds als *Bail-in*-Instrument aus ordnungspolitischer Sicht neue Perspektiven.

---

291 Vgl. dazu *Berndt/Vollmar/Becker*, Der Schweizer Treuhänder 2012, 125 (131); *von der Crone/Beeler*, ZBB 2012, 12 (18).

292 Vgl. dazu u. Kap. 3.VII., S. 141 ff.

Sie sind aus diesem Grund ein interessantes Emissionsobjekt für Banken, ein attraktives Anlageobjekt für Investoren und ein begrüßenswertes und förderungswürdiges ordnungspolitisches Werkzeug für die Allgemeinheit.

# Kapitel 2 CoCo-Bonds in der Praxis – Verbreitung bei Emittenten und Investoren

## 2.I. Mögliche Emittenten von CoCo-Bonds

CoCo-Bonds sind keineswegs rein theoretische Gebilde, deren praktische Relevanz vernachlässigbar wäre. Obwohl es sich um ein verhältnismäßig neuartiges Instrument handelt, stoßen sie in der Praxis auf großes Interesse. Allerdings ergibt sich aus ihrer in mehrerlei Hinsicht speziellen Ausgestaltung, dass sie weder für jegliche Kapitalgesellschaften als Finanzierungsinstrument noch für alle Investoren als Anlageobjekt in Betracht kommen.

In Kapitel 1 ist ersichtlich geworden, dass CoCo-Bonds ihrer Idee nach aus ordnungspolitischer Sicht ein begrüßenswertes neues Finanzinstrument sind. Sie ermöglichen, die Geldgeber des Emittenten im Krisenfall an Verlusten zu beteiligen und somit den Steuerzahler unter Umständen zu verschonen oder zumindest in geringerem Ausmaß in Anspruch nehmen zu müssen, als es in der Finanzmarktkrise 2007/2008 der Fall war. Die private Haftung, die als Normalfall angesehen wird[293], kann dadurch auch bei Wirtschaftssubjekten, bei denen sich eine uneingeschränkte private Haftung verbietet, in vorbestimmtem Maße gewährleistet werden. Daraus lässt sich schlussfolgern, dass CoCo-Bonds als Emissionsobjekt in erster Linie für solche Emittenten interessant sind, für die eine uneingeschränkte Haftung der Geldgeber aus bestimmten Gründen nicht in Betracht kommt. Das trifft auf Finanzinstitute zu, die aufgrund ihrer Systemrelevanz nicht in die Insolvenz entlassen werden können und für die aus genau diesem Grund bisher eine faktische Staatsgarantie bestand. Diese faktische Garantie des Staats könnte durch CoCo-Bonds zumindest teilweise ersetzt werden. Betroffen sind insbesondere Banken, deren unzureichende Kapitalisierung einerseits wegen ihrer Vernetzung im Interbankenhandel eine Systemkrise bewirken würde (Stichwort *Ansteckungsgefahr*[294]). Andererseits würde die Krise

---

293 *Issing/Bluhm*, in: *Hopt/Wohlmannstetter*, S. 88.

294 Vgl. *Krahnen*, BB Die erste Seite 2013, Nr. 42; vgl. auch *Spindler*, DStR 2008, 2268 (2269), vgl. zur *contagion*-Gefahr bereits o. Kap. 1.VII.A.

eines solchen Instituts die Sparer gefährden, die ihr Geld auf Konten bei dem betroffenen Institut verbucht haben (Stichwort *Einlegerschutz*).[295]

Die Banken, die wegen einer starken Vernetzung und einem umfangreichen Einlagengeschäft bei einer Krise das Wirtschaftssystem besonders gefährden, werden als SIFI (engl. *Systemically Important Financial Institution*[296]) bezeichnet. Sie sind nicht nur *too big to fail*, sondern insbesondere *too interconnected to fail*.[297]

Für sie gilt die faktische Staatsgarantie/Bestandsgarantie.[298] Sie sind daher der wichtigste potentielle Emittent von CoCos. Bei ihnen ergibt die ordnungspolitische Forderung nach Beteiligung der Gläubiger am Verlust und nach privater Haftung den meisten Sinn, denn insbesondere bei ihnen ist die staatliche Haftung zurzeit die Regel. In Deutschland führte die faktische Staatsgarantie ganz konkret dazu, dass mehrere Institute im Rahmen der Finanzmarktkrise staatliche Hilfe aus dem *Sonderfonds für Finanzmarktstabilität* (SoFFin) nach dem FMStFG[299] in Anspruch nahmen. Dazu gehörten unter anderem die *Hypo Real Estate* (*HRE*), die *Commerzbank*, die *Portigon* (ehemals *WestLB*), die *HSH Nordbank*, die *IKB* sowie die *BayernLB*.[300] Dabei sind CoCos nicht die ersten Hybridanleihen in der Geschichte der Finanzinstrumente. Auch vor der Finanzmarktkrise konnten bestimmte Fremdkapitalformen bereits als Eigenkapitalbestandteile Berücksichtigung finden. In der Krise wurden sie jedoch nicht verlustabsorbierend eingesetzt. Aus diesem Grunde sind sie zukünftig nicht mehr als Eigenkapital anrechenbar und müssen durch andere Titel, wie CoCo-Bonds, ersetzt werden.[301]

Zu den SIFIs gehören neben besonders großen Banken auch große Versicherungsunternehmen.[302] Auch sie haben bestimmte Eigenkapitalvorschriften zu beachten.[303] *Financial Institution* im Sinne der SIFIs können alle

---

295 Vgl. *Binder*, Bankeninsolvenzen im Spannungsfeld zwischen Bankaufsichts- und Insolvenzrecht, S. 103.

296 Zu Deutsch ‚systemrelevantes Finanzinstitut'.

297 *Hübner/Leunert*, ZIP 2015, 2259 m.w.N.

298 *Philipp*, AG 2015, 77 (78).

299 Siehe zum FMStFG o. Kap. 1.V.

300 Ein Überblick über alle Institute, die staatliche Maßnahmen in Anspruch nahmen, ist zu finden bei der *Deutschen Finanzagentur*, Historischer Überblick über die Maßnahmen des SoFFin, https://www.deutsche-finanzagentur.de/fileadmin/user_upload/finanzmarktstabilisierung/FMS-Massnahmen_de.pdf (Stand: 22.10.2018).

301 Vgl. o. Einleitung S. 26.

302 Vgl. *OECD* (o. Fn. 79), S. 16.

303 Siehe dazu u. Kap. 3.VI., S. 139 ff.

Finanzintermediäre sein, die aufgrund (1.) Vernetzung oder (2.) Bestandsvertrauen für ein Wirtschaftssystem von erheblicher Bedeutung sind. Zu den Finanzintermediären zählen neben Banken und Versicherungen unter anderem weiterhin Investmentgesellschaften.[304] Auch für sie kommt die Emission von CoCo-Bonds in Betracht. Die Ursprungsfassung des FMStFG[305] sah in § 2 Abs. 1 S. 1 vor, dass der Fonds zur Stabilisierung folgender Unternehmen dienen sollte:

> *Institute im Sinne des § 1 Abs. 1 b KWG* [Banken], *Versicherungsunternehmen und Pensionsfonds im Sinne des § 1 Abs. 1 Nr. 1 und 2 des VAG, Kapitalanlagegesellschaften im Sinne des Investmentgesetzes* [inzwischen Kapitalanlagegesetzbuch] *sowie Betreiber von Wertpapier- und Terminbörsen und deren jeweilige Mutterunternehmen, soweit diese Finanzholding-Gesellschaften, gemischte Finanzholding-Gesellschaften oder beaufsichtigte Finanzkonglomeratsunternehmen sind und die vorgenannten Unternehmen ihren Sitz im Inland haben (Unternehmen des Finanzsektors).*

Dabei kommt es nach § 4 Abs. 1 S. 1 FMStFG bei der Genehmigung von staatlichen Hilfeleistungen unter anderem darauf an, wie bedeutend das betreffende Unternehmen für die Finanzmarktstabilität ist. Diese Norm unterstreicht, dass staatliche Hilfe nur zugunsten systemrelevanter Institute geleistet wird[306] und lässt den Zusammenhang zwischen Systemrelevanz und der Befürchtung vor Ansteckungseffekten erkennen. Die Systemrelevanz bestimmt sich nach der Bilanzsumme, der Einlagenintensität, der Funktion des Unternehmens für den gesamtwirtschaftlichen Zahlungsverkehr und der allgemeinen Bedeutung für das Vertrauen in die Stabilität des Finanzmarkts.[307]

Zusammenfassen lassen sich SIFIs also als Banken, Versicherungen sowie weitere Finanzintermediäre, deren Zusammenbruch die Finanzmarktstabilität gefährden kann. Sie sind in erster Linie potentielle Emittenten von CoCo-Bonds.

Tatsächlich waren es Versicherungsgesellschaften, die bereits vor den aufgekommenen CoCo-Bonds ganz ähnliche Instrumente emittierten und sich damit finanzierten.[308] Es handelte sich um eine Art von Cat-Bonds[309]. Dabei wurden

304 Vgl. *Rudolph*, Unternehmensfinanzierung und Kapitalmarkt, S. 559 f.

305 Aufzählung des Gesetzes bis zum 31.12.2012, dann neu gefasst mit Wirkung vom 01.01.2013 durch G v. 20. 12. 2012 (BGBl. I S. 2777).

306 *Jaletzke/Denzer*, in: *Jaletzke/Veranneman*, § 4 Rn. 22.

307 *Jaletzke/Denzer*, in: *Jaletzke/Veranneman*, § 4 Rn. 22.

308 *Alloway*, Contingent capital comes to pass, with a little help from the EC, Financial Times Alphaville, 03.11.2009, http://ftalphaville.ft.com/2009/11/03/81061/contingent-capital-comes-to-pass-with-a-little-help-from-the-ec/? (Stand: 20.10.2018); *De Spiegeleer/Schoutens/Van Hulle*, The Handbook of Hybrid Securities, S. 78.

309 *Catastrophe Bonds*, zu Deutsch ‚Katastrophenanleihen', vgl. dazu *Benjamin*, Financial Law, Kap. 18 Rn. 18.44 f.

von den Versicherungsgesellschaften Anleihen begeben, die von den Gläubigern abgeschrieben werden mussten, wenn eine (z.B. Natur-) Katastrophe eintrat, die den Emittenten zur Zahlung hoher Versicherungssummen verpflichtete.[310] Das *Trigger Event* bestimmt sich dabei also nach externen Parametern und nicht nach wirtschaftlichen Kennzahlen des Emittenten, wie es bei CoCos der Fall ist. Nichtsdestotrotz zeigt die Ähnlichkeit zwischen den beiden Instrumenten, dass CoCo-Bonds nicht nur für große Banken, sondern auch für Versicherungsgesellschaften ein interessantes Finanzierungsinstrument sein können.

Als Emittenten im Vordergrund stehen aber Banken, denn gerade sie genießen aufgrund ihrer einzigartigen Funktion im Einlagengeschäft ein besonderes Bestandsvertrauen. Dementsprechend lässt sich ihre Abwicklung im Krisenfall kaum bewerkstelligen und der Staat ist am ehesten bereit, eine faktische Garantie zu gewähren. Die Glaubwürdigkeit der privaten Haftungsansage ist folglich bei ihnen in besonders großem Umfang in Frage gestellt mit Auswirkungen auch auf die gesamte Passivseite des Rechtsträgers. Für CoCo-Bonds gilt eine solche Staatsgarantie nicht. Für sie steht der Steuerzahler nicht einmal politisch in der Pflicht.

CoCo-Bonds sind daher ein aus makroökonomischer Sicht besonders für Banken interessantes Finanzierungsinstrument. Durch die Emission gewähren sie der Bank die Möglichkeit, sich als vertrauenswürdiges Institut zu präsentieren und demzufolge verlorengegangenes Vertrauen wiederherzustellen. Die Emission kann zur stillschweigenden Erklärung werden, dass man die Umsetzung der neuen Eigenkapitalanforderungen vorantreibt. Auf den ersten Blick mag das als Selbstverständlichkeit erscheinen, doch sind die Befürchtungen der Aufseher groß, dass die Banken die neuen Vorgaben durch Ausweichen in ein Schattenbankensystem umgehen könnten.[311] Die Emission von CoCos wäre vor diesem Hintergrund ein Signal, dass man die neuen Vorgaben gerade nicht umgehen wird.

CoCos können zudem als Instrument dienen, das den Maßnahmen eines Sanierungsplans i.S.d. § 2 Abs. 2 KredReorgG[312] vorgelagert ist und in der Krise eine Sanierung nach dem KredReorgG unter Umständen entbehrlich macht.[313]

---

310 *Täumer*, Katastrophenanleihen, S. 49.

311 Vgl. *Bourgon*, BB 2011, 233 (234).

312 Kreditinstitute-Reorganisationsgesetz vom 9. Dezember 2010 (BGBl. I S. 1900), das zuletzt durch Artikel 9 des Gesetzes vom 22. Dezember 2015 (BGBl. I S. 2565) geändert worden ist.

313 So auch *Böhringer/Mihm/Schaffelhuber/Seiler*, RdF 2011, 48; *Bou Sleiman*, CoCo-Bonds, S. 35.

Dieses Gesetz regelt Sanierungs- und Abwicklungsverfahren, die auf freiwilliger Basis auf Antrag des Instituts durch die BaFin bzw. das zuständige Oberlandesgericht (§ 2 Abs. 1 und Abs. 3 KredReorgG) angeordnet werden. Es besteht als Ergänzung neben dem neuen SAG fort.[314]

Auch vor dem Hintergrund des SAG spielt die Emission von CoCo-Bonds eine praktische Rolle. § 90 SAG i.V.m. § 91 SAG erlaubt es der Abwicklungsbehörde, Verbindlichkeiten der Bank – das umfasst auch alle Spareinlagen über 100.000 €[315] – gegen Anteile des Instituts zu tauschen. CoCos können dabei zur Absicherung der hinterlegten Einlagen beitragen, da vor deren Heranziehung i.S.d. SAG noch zusätzliche *Bail-in*-fähige Instrumente in Form der CoCo-Bonds zur Haftung herangezogen werden. Kundeneinlagen können auf diesem Weg unter Umständen sogar über den gesetzlich geschützten Betrag hinaus (§ 8 EinSiG) verschont bleiben. Denkbar ist es auch, CoCos zum Bestandteil eines Sanierungsplanes nach § 13 Abs. 2 Nr. 3 SAG zu machen.

Des Weiteren können CoCos als Vergütungsbestandteil des Managements genutzt werden.[316] Bereits verbreitet sind Gehaltsbestandteile, die nicht sofort ausgezahlt werden, sondern dem Begünstigten einen Anspruch auf spätere Auszahlung unter bestimmten Voraussetzungen gewähren.[317] Naheliegend ist es, den Anspruch mit der auflösenden Bedingung zu gewähren, dass eine Krise des Emittenten eintritt. Eine solche Konstellation weist starke Parallelen zum *Trigger Event* eines CoCo-Bonds auf. Tritt die Krise und damit die auflösende Bedingung i.S.d. § 158 Abs. 2 BGB ein, so wird der Gehaltsbestandteil nicht ausgezahlt und die Summe wirtschaftlich als *Bail-in*-Instrument genutzt. Das Managementmitglied ist damit direkt am Misserfolg des Unternehmens beteiligt. Die Gefahr der Beteiligung am Misserfolg kann positive Anreize setzen.[318] Diese Vergütungsbestandteile könnten in Zukunft als CoCo-Bonds ausgezahlt werden.[319] CoCos bilden wegen ihrer unbedingten Haftungsansage aufkommende Risiken gut ab – so wie es auch Aktien tun – und können damit Managemententscheidungen beeinflussen. Dadurch kann der Emittent auch signalisieren, dass er Punkt 4.2.3 des Deutschen Corporate Governance Kodex (DCGK)[320] erfüllt und

314 *Bauer/Hildner,* DZWIR 2015, 251 (252).

315 Vgl. § 91 Abs. 2 Nr. 1 SAG i.V.m. § 8 EinSiG.

316 *Florstedt,* ZHR 180 (2016), 152 (162); *Rudolph* (o. Fn. 50), S. 97 (103); vgl. ausführlicher zu dieser Gestaltung aus Sicht des Managements u. Kap. 2.III., S. 106.

317 *Rudolph* (o. Fn. 50), S. 97 (103).

318 So auch *Zähres* (o. Fn. 57), S. 10.

319 So auch *Ferran,* ECFR 2012, 1 (25); *Rudolph* (o. Fn. 50), S. 97 (103).

320 DCGK in seiner aktuellsten Fassung vom Mai 2015.

negative Entwicklungen des Unternehmens bei der Vergütung des Managements berücksichtigt.

CoCo-Bonds beschränken sich keineswegs auf SIFIs. Auch bei kleineren Banken haben die Kunden und die übrigen Gläubiger der Bank ein Interesse an einem stabilen Kapitalpolster der Bank, zudem müssen auch kleinere Banken die Eigenkapitalvorschriften einhalten. Eine pauschale Beschränkung des Interessentenkreises auf SIFIs ist damit nicht gerechtfertigt. Vielmehr gewähren CoCo-Bonds auch kleineren Instituten die Möglichkeit, als Eigenkapital anrechenbare Instrumente zu begeben, ohne dabei den aufwändigen und steuerlich kostenintensiven Weg einer regulären Kapitalerhöhung beschreiten zu müssen. Die dadurch vergrößerte Krisenresistenz im Vergleich zur dünneren Kapitaldecke kann die Kreditwürdigkeit auch einer kleinen Bank erhöhen und damit zusätzliches Fremdkapital billiger machen. Hinzu kommt, dass Kreditinstitute, die nicht zum Kreis der SIFIs zählen, im Krisenfall ohnehin nicht mit einem *Bail-out* durch den Staat rechnen können und sich somit anderweitig um Krisenresistenz bemühen müssen. Wenn ein solches Institut CoCo-Bonds begibt, kann diese Emission unter Umständen das Überleben der Bank im Krisenfall ermöglichen.

Weiterhin sind CoCos – wie andere hybride Finanzinstrumente auch – sowohl für *Investment-grade*-Unternehmen[321] als auch für Unternehmen mit geringeren Ratings interessant.[322] Jedoch gilt es für den Emittenten zu beachten, dass ein gutes Rating eine hohe Kreditwürdigkeit bescheinigt und damit die Renditeerwartungen der Investoren sinken werden. Je niedriger ein Emittentenrating also ausfällt, desto teurer wird im Umkehrschluss die Emission von CoCo-Bonds für ihn sein. Sinnvoll ist demzufolge eine Emission in wirtschaftlich stabilen Zeiten des Unternehmens. Dieser Gedanke wird auch dadurch getragen, dass CoCo-Bonds als *Debt-Equity-Swap* auf Vorrat fungieren sollen und damit eine Vorsorge für Krisenzeiten darstellen können. Sie ermöglichen dadurch bei Eintritt des *Trigger Events* den Zufluss von Eigenkapital, obwohl in Krisenzeiten der Weg zum Kapitalmarkt erschwert ist und andere Mittel unerschwinglich werden können.[323] Man kann das ideale Emissionsverhalten also an dem Leitsatz

---

321 Investment-Rating umfasst dabei üblicherweise die Rating-Codes *AAA* bis *BBB* bzw. *Baa*, alle anderen Ratingbewertungen sind geringere Ratings, vgl. *Pfingsten*, BKR 2001, 139 (141).

322 *De Spiegeleer/Schoutens/Van Hulle*, The Handbook of Hybrid Securities, S. 113.

323 Vgl. *De Spiegeleer/Schoutens/Van Hulle*, The Handbook of Hybrid Securities, S. 77; ebenso *Steevens*, Börsen-Zeitung vom 02.12.2009, S. 8.

*„Emittiere in der Zeit, so hast du in der Not!“* orientieren. So empfiehlt es neben dem FSB[324] und dem *Basler Ausschuss*[325] auch der *Squam Lake Report*:

> *„The government should promote a long-term debt instrument that converts to equity under specific conditions. Banks would issue these bonds before a crisis […].“*[326]

CoCo-Bonds sind zudem – wie wiederum eine Reihe anderer hybrider Finanzinstrumente auch – besonders interessant für Kapitalgesellschaften, die auf der Passivseite umfassende Nachrangverbindlichkeiten verbucht haben. Dabei handelt es sich um Verbindlichkeiten aus Darlehen oder Anleihen, für die zwischen Gläubiger und Schuldner im Insolvenzfall der Nachrang i.S.d. § 39 InsO vereinbart wurde. Solche Konstellationen sind auch außerhalb des Bankensektors üblich. Eine Nachrangvereinbarung gefährdet die Position der Gläubiger im Krisenfall, da diese erst nach Erfüllung aller nichtnachrangigen Verbindlichkeiten befriedigt werden. Springen aber im Krisenfall CoCo-Inhaber als Eigenkapitalgeber ein und entfallen damit die Verbindlichkeiten aus dem CoCo-Bond, dann sind die Nachranggläubiger durch den *Bail-in* der CoCo-Inhaber und das hinzugewonnene Eigenkapital bessergestellt und eine Befriedigung ihrer Forderungen wird wahrscheinlicher. Die Emission von CoCo-Bonds kann also dazu dienen, Nachranggläubiger in eine sicherere Position zu versetzen[327] und das Vertrauen und die Zuversicht dieser Geldgeber zu erhöhen. Diese Vorgehensweise kann es erleichtern, weitere nachrangige Fremdkapitalmittel zu erlangen. Insbesondere kann sie die Finanzierung der Gesellschaft durch nachrangige Verbindlichkeiten kostengünstiger machen.[328] Für alle genannten Emittenten gilt, dass CoCo-Bonds dann besonders von Interesse sind, wenn die Emittenten als Aktiengesellschaft (das umfasst auch die Europäische Gesellschaft *Societas Europaea*, SE) oder als Gesellschaft mit beschränkter Haftung ausgestaltet sind. Nur dann kann ein *Debt-Equity-Swap* zu einer Beteiligung des Investors sowohl mit Renditeaussichten als auch mit Mitbestimmungsrechten führen. Zu bedenken ist, dass Geschäftsanteile von Gesellschaften mit beschränkter Haftung wegen § 15 Abs. 3 GmbHG nicht im gleichen Maße verkehrsfähig sind wie Aktien. Somit gelten etwas andere Voraussetzungen für den automatischen

---

324 Siehe dazu ausführlich u. Kap. 6.I., S. 244.

325 *Basel Committee on Banking Supervision* (o. Fn. 283), S. 17 f., dort Ziff. 84(b).

326 *French/Baily/Campbell u.a.* (o. Fn. 263), S. 55.

327 Vgl. *De Spiegeleer/Schoutens/Van Hulle,* The Handbook of Hybrid Securities, S. 113.

328 So auch *Nordal/Stefano,* Contingent Convertibles (Cocos) Issued by European Banks, S. 8, http://static.norges-bank.no/pages/102086/Staff_Memo_19_2014.pdf?v=12/12/2014102045AM (Stand: 21.10.2018).

*Debt-Equity-Swap* und erworbene Geschäftsanteile können von Investoren nicht so einfach am Sekundärmarkt veräußert werden wie Aktien. Das kann unter Umständen dazu führen, dass GmbH-Geschäftsanteile für Investoren weniger attraktiv sind als Aktien und entsprechende GmbH-CoCo-Bonds nur mit geringem Erfolg begeben werden können. Es ist daher wahrscheinlich, dass CoCos für Gesellschaften mit beschränkter Haftung als Emittenten keine praktische Rolle spielen werden.

Nicht von Bedeutung sind CoCo-Bonds außerdem für öffentlich-rechtliche Institute, unter anderem also für Sparkassen und Landesbanken, aber auch für öffentliche Versicherer. Häufig sind sie als Anstalten des öffentlichen Rechts ausgestaltet. Diese zeichnen sich gerade nicht durch eine mitgliedschaftliche Struktur aus. Demnach ist ein *Debt-Equity-Swap*, bei dem der Investor Mitglied des Rechtsträgers der Bank bzw. der Versicherung wird, nicht möglich.[329] Man stelle sich vor, die *Sparkasse KölnBonn* emittiert als Anstalt des öffentlichen Rechts CoCo-Bonds, die bei Erreichen des *Trigger Events* gegen Eigenkapitalinstrumente zu tauschen seien. Die Beteiligung eines Investors an dem Rechtsträger der Bank erscheint widersinnig, denn er müsste mit Anteilen an der Anstalt des öffentlichen Rechts beteiligt werden. Diese Anteile gibt es allerdings gar nicht. CoCo-Bonds können hier also nur begeben werden, wenn sie als *Writedown*-Bonds ausgestaltet sind und dementsprechend keine Beteiligung des Investors am Emittenten erfolgt. Selbst wenn ein öffentlich-rechtliches Institut als privatrechtliche Kapitalgesellschaft ausgestaltet ist, wie es zum Beispiel bei der *Landesbank Berlin AG* der Fall ist, ist eine signifikante Beteiligung eines privaten Investors an dem Rechtsträger und damit eine Abhängigkeit von diesem Investor mit dem Gedanken der Wahrnehmung öffentlicher Interessen durch die öffentlich-rechtliche Bank/Versicherung in der Regel nicht vereinbar. Daher ist mit einer Coco-Emission solcher Banken nicht zu rechnen.

Ungeeignet zur Emission sind CoCo-Bonds auch für Genossenschaftsbanken. Diese sind als eingetragene Genossenschaften im Sinne des GenG[330] organisiert. Zwar ist ein *Debt-Equity-Swap* rechtstechnisch möglich[331] und der Investor kann durch Beitrittserklärung und entsprechende Zulassung (§ 15 Abs. 1 S. 1 GenG) einen Geschäftsanteil (vgl. § 7 Nr. 1 GenG) übernehmen. Allerdings

---

329 So auch *Frank*, DVFA Kompendium 2014, Vol. I, Nr. 1, S. 2.

330 Genossenschaftsgesetz in der Fassung der Bekanntmachung vom 16. Oktober 2006 (BGBl. I S. 2230), das durch Artikel 17 des Gesetzes vom 24. April 2015 (BGBl. I S. 642) geändert worden ist (Stand: 19.05.2015).

331 So auch *Mielk/Kalkbrenner*, in: Zukunftsperspektiven, S. 959 (967).

bestimmt sich das Stimmrecht bei Entscheidungen nicht nach dem eingebrachten Kapital, sondern grundsätzlich nach Köpfen (§ 43 Abs. 3 S. 1 GenG). Ausnahmsweise können einem Mitglied für bestimmte Entscheidungen bis zu drei Stimmrechte eingeräumt werden (§ 43 Abs. 3 S. 2 GenG, § 43 Abs. 3 S. 3 Nr. 1 S. 2 GenG), jedoch ist meistens auch damit kein Einfluss in einem sanierungswürdigen Unternehmen gegeben. Die Sanierungskomponente der CoCo-Bonds wäre damit ausgehöhlt und das Instrument für Investoren unattraktiv. Hinzu kommt, dass die Aufnahme rein investierender Mitglieder nur unter Beschränkungen möglich ist (vgl. § 16 Abs. 2 S. 1 Nr. 11, § 8 Abs. 2 S. 1–4 GenG). Eine attraktive Ausgestaltung von *Debt-Equity-Swaps* ist für Genossenschaften nicht möglich, sodass sie als Emittenten von CoCo-Bonds kaum in Frage kommen.

Für Versicherungen gilt, dass sich die als Aktiengesellschaft ausgestalteten Institute - 2011 immerhin knapp 51,3% der Versicherungsunternehmen unter Bundesaufsicht[332] – ohne Weiteres eignen, CoCo-Bonds als Finanzierungsinstrument zu nutzen. Bereits vor der Finanzkrise 2007/2008 nutzten Versicherungen hybrides Kapital in großem Umfang zur Unternehmensfinanzierung.[333] Die *Allianz SE* hat sogar bereits CoCo-Bonds emittiert.[334] Anders verhält es sich jedoch bei Versicherungsvereinen auf Gegenseitigkeit (VVaG), die 2011 gut 44,3% der unter Bundesaufsicht stehenden Versicherungsunternehmen stellten.[335] Mitglied eines VVaG kann gemäß § 176 S. 2 VAG[336] nur werden, wer ein Versicherungsverhältnis mit dem Verein begründet. Eine Einflussnahme auf die Geschäfte des VVaG durch Verwaltungsrechte der Mitglieder ist typischerweise nicht in dem Maße möglich, wie es für einen sanierenden Investor bzw. Gesellschafter von Interesse ist. Darunter leidet die Attraktivität von CoCo-Bonds für Investoren erheblich, sodass sie sich nicht als Finanzierungsinstrument für Versicherungsvereine auf Gegenseitigkeit eignen.

Im Ergebnis kann also zusammengefasst werden, dass CoCo-Bonds insbesondere für private Finanzinstitute interessant sind, die als Kapitalgesellschaft – im Idealfall als Aktiengesellschaft – ausgestaltet sind. Die Größe des Emittenten spielt eine untergeordnete Rolle. Sowohl große als auch kleine

332 Vgl. *Gesamtverband der Deutschen Versicherungswirtschaft e. V.*, Statistisches Taschenbuch der Versicherungswirtschaft 2013, S. 3, http://www.gdv.de/wp-content/uploads/2016/01/GDV-Statistisches-Taschenbuch-2013.pdf (Stand: 26.09.2016).

333 Vgl. *Leiding*, VW 2004, 1633–1635.

334 Siehe u. Kap. 2.II., S. 88.

335 *Gesamtverband der Deutschen Versicherungswirtschaft e.V.* (o. Fn. 332), S. 3.

336 Versicherungsaufsichtsgesetz vom 1. April 2015 (BGBl. I S. 434), zuletzt geändert durch Artikel 3 Nummer 1 des Gesetzes vom 21. Dezember 2015 (BGBl. I S. 2553).

Kapitalgesellschaften können verschiedene Interessen an der Begebung von CoCo-Bonds haben. Dabei ist dieses Finanzinstrument nicht auf eine bestimmte Rechtsordnung beschränkt. Es kann von allen Kapitalgesellschaften emittiert werden, bei denen der Kapitalanteil mit entsprechenden Mitbestimmungs- und Mitverwaltungsrechten verbunden ist. Bedeutsam sind dabei beispielhaft die englische *Private Limited Company* (ltd.) oder die *Public Limited Company* (plc.). Nicht von Bedeutung sind CoCo-Bonds für öffentlich-rechtliche Institute, für Genossenschaftsbanken und für Versicherungsvereine auf Gegenseitigkeit.

Etwas anderes gilt dann, wenn die Instrumente als *Writedown*-Bonds ausgestaltet sind. Bei Erreichen des *Triggers* treten die Geldgeber nicht in eine mitgliedschaftliche Stellung ein, sodass diese Ausgestaltungsform der CoCos auch denjenigen Marktakteuren zur Verfügung steht, die sich nicht für die Emission klassischer CoCos mit Umtauschelement eignen.

## 2.II. Emissionspraxis von CoCo-Bonds

Dass CoCo-Bonds ein verhältnismäßig neues Instrument in der Familie der hybriden Finanzinstrumente sind, zeigt sich an der Geschichte bisheriger Emissionen. Die erste Platzierung am Markt erfolgte im Jahr 2009 durch die *Lloyds Banking Group plc.* Der Emission war der Ausbruch der letzten Finanzmarktkrise vorausgegangen und mit ihr auch eine breite Debatte sowohl über mögliche neue Regulierungsvorhaben als auch damit verbunden über neue Formen von Hybridkapital.[337] In einigen Quellen wird auch vor diesem Zeitpunkt schon von einer großen Praxisrelevanz von CoCos gesprochen. Insbesondere in den USA wird ein Markt für CoCo-Bonds beschrieben, die bereits im Zeitraum von 2000 bis zum Jahr 2004 vermeintlich über 200 Mal emittiert wurden.[338] Tatsächlich wurden dabei allerdings Finanzinstrumente als *Contingent Convertible Securities* bezeichnet, die mit dem dieser Arbeit zugrundeliegenden und heute verbreiteten Verständnis von CoCo-Bonds nichts zu tun haben. Vielmehr handelte es sich bei den vor 2009 genutzten Instrumenten um Wandelanleihen, bei denen vom Umwandlungsrecht erst dann Gebrauch gemacht werden konnte, wenn der Aktienkurs einen bestimmten Schwellenwert überschritt.[339]

---

337 *Osman/Maisch*, Handelsblatt v. 20.11.2009, S. 38.

338 *Schmidt/Azarmi,* The global impact of CoCo bonds on bank value and default risk: insights and evidence from their pioneering use in Europe, S. 1, http://papers.ssrn.com/sol3/papers.cfm?abstract_id=2524019 (Stand: 21.10.2018).

339 *Marquardt/Wiedman,* Review of Accounting Studies 2007, 487 (490).

Allerdings waren CoCo-Bonds nach hiesigem Verständnis vor 2009 durchaus in der Literatur vertreten. *Mark J. Flannery* legte 2002 weit vor den ersten Emissionen zuerst die theoretischen Grundlagen mit ganz konkreten Vorschlägen für CoCo-Bonds. Er beschrieb seine Idee von Finanzinstrumenten, welche automatisch gegen Aktien getauscht werden, wenn die Eigenkapitalquote des Emittenten unter einen vorbestimmten Wert fällt.[340] Die Instrumente nannte er *Reverse Convertible Debentures* (RCDs). Mit dieser Idee reagierte er auf einen ebenfalls im Jahr 2002 erschienenen Aufsatz von *Almazan, Suarez* und *Titman*. Die Autoren wunderten sich darüber, dass in der Praxis keine *dynamischen Kapitalstrukturen* zu beobachten seien. Damit meinten sie Kapitalinstrumente, die hohe Fremdkapitalquoten in guten Zeiten und damit steuerliche Vorteile und einen großen Hebeleffekt mit Eigenkapitalemissionen in schlechten Zeiten kombinierten:

> „*In reality, we do not observe firms implementing dynamic capital structure strategies that involve high debt ratios along with equity issuances when they are doing poorly.*“[341]

Damit würde es den Emittenten ermöglicht werden, die Vorteile von Fremdkapital zu nutzen, während sie finanzielle Notlagen durch die Emission von Eigenkapital in dem Zeitpunkt abwenden könnten, in dem die Gewinne oder Verschuldungsquoten Kennziffern erreichen, die finanzielle Krisen signalisieren könnten:

> „[...] *firms should be able to enjoy the benefits of debt, and avoid the possibility of financial distress, by committing to new equity infusions whenever their earnings or debt ratings fall to a level that would otherwise create an imminent threat of financial distress.*“[342]

Unter dem Hinweis, dass jedes Unternehmen RCDs begeben könne, konzentriert sich *Flannery* in seinen Ausführungen auf die Emission durch Banken. Insofern folgte die britische *Lloyds Banking Group plc.* diesem Bild des typischen CoCo-Emittenten. Lloyds führte Ende 2009 im Rahmen einer Kapitalmaßnahme in Höhe von rund 22,5 Mrd. Pfund (ca. 25 Mrd. €[343]) eine Rekordkapitalerhöhung in Höhe von rund 13,5 Mrd. Pfund (ca. 15 Mrd. €) durch. Daneben hat die Bank bereits bestehende nachrangige Anleihen im Volumen von rund 9 Mrd. Pfund (ca. 10 Mrd. €) gegen „eine neue Form von Pflichtwandelanleihen

340 *Flannery* (o. Fn. 234), S. 1.

341 *Almazan/Suarez/Titman*, Capital Structure and Transparency, S. 1, ftp://ftp.cemfi.es/pdf/papers/js/AJS107.pdf (Stand: 20.10.2018).

342 Ebda.

343 Wechselkurs 1GBP entspr. ca. 1,11 € am 14.12.2009.

umgetauscht"[344], womit die ersten CoCo-Bonds begeben wurden. Für *Lloyds* war die Emission attraktiv, da auf diesem Wege die Inanspruchnahme des „teuren staatlichen Versicherungsschutzes für Problemaktiva" (*U.K. Government Asset Protection Scheme*[345]) beendet werden konnte.[346] Das *Asset Protection Scheme* bot den britischen Banken während der Finanzkrise Sicherheiten an. Als Gegenleistung mussten diese eine hohe Gebühr an das Finanzministerium zahlen und sich gewissen Auflagen unterwerfen. Dazu gehörte im konkreten Fall der *Lloyds*, dass sie für einen bestimmten Zeitraum keine Couponzahlungen auf spezifizierte bestehende Anleihen leisten durfte.[347] Das wiederum beeinträchtigte die Attraktivität der betroffenen Anleihen für Investoren erheblich. Die Kapitalerhöhung in Verbindung mit dem Umtausch der betroffenen Anleihen ermöglichte es der *Lloyds*, die Gebühren für das *Asset Protection Scheme* einzusparen sowie neue Anleihen zu begeben, die nicht mehr dem Couponzahlungsverbot unterlagen.[348] Die neue Anleihe gewährte also wieder einen Coupon – diesmal in Höhe von beachtlichen 16,126% p.a. – und war so ausgestaltet, dass sie gegen Aktien umgetauscht werden würde, sollte die sogenannte Kernkapitalquote unter 5% sinken.[349]

Nahezu zeitgleich erhielten CoCos Unterstützung von Seiten der US-Politik. US-Finanzminister *Ben Bernanke* sprach sich während einer Konferenz im Oktober 2009 dafür aus, dass systemrelevante Banken unter Umständen dazu verpflichtet sein sollten, Instrumente zu emittieren, die fremdkapitalähnlich seien und sich in Eigenkapital umwandelten, wenn Zeiten makroökonomischer Krisen bestünden oder wenn Verluste die Eigenkapitalbasis des Institutes angriffen.[350] Hinzu kam im Jahr 2010 der vielfach beachtete *Squam Lake Report*, in dem die Verfasser Vorschläge machten, um Finanzkrisen zu verhindern oder zumindest ihre Folgen zu mildern. Auch dieser Report sprach sich für die Emission von Instrumenten aus, die von Banken außerhalb einer Krise als Anleihe begeben werden und in der Krise beim Auslösen eines *Trigger Events* automatisch

---

344 *Maisch*, Handelsblatt v. 14.12.2009, S. 42.

345 Vgl. *Steevens*, Börsen-Zeitung vom 15.12.2009, S. 5.

346 *Steevens*, Börsen-Zeitung vom 02.12.2009, S. 8.

347 Vgl. *Schmidt/Azarmi* (o. Fn. 338), S. 4 f.

348 *Schmidt/Azarmi* (o. Fn. 338), S. 4 f.

349 *Steevens*, Börsen-Zeitung vom 25.11.2009, S. 5.

350 *Bernanke*, Financial Regulation and Supervision After the Crisis: The Role of the Federal Reserve, Rede während der *Federal Reserve Bank of Boston 54th Economic Conference* (Chatham, Mass.) am 23. Oktober 2009, http://www.federalreserve.gov/newsevents/speech/bernanke20091023a.htm (Stand: 20.10.2018).

gegen Eigenkapital getauscht werden.[351] Die Verfasser nannten das Instrument *Regulatory Hybrid Security.* In eine ähnliche Richtung argumentierte auch der *Vickers Report.*[352]

Die erste Emission von CoCos durch *Lloyds* wurde allerdings von der Presse teils mit Argwohn verfolgt. Gemahnt wurde, dass die neuen Instrumente unkalkulierbare Risiken verkörpern könnten.[353] Der ersten Emission folgte unter anderem wegen dieser Unsicherheit ein verhaltener Start der CoCo-Bonds. Hinzu kam, dass die Behandlung durch die Aufsichtsbehörden und durch die Steuerbehörden nicht überall von Anfang an geklärt war.[354]

Für das Jahr 2009 sollte es daher mit der Platzierung der *Lloyds*-CoCos sein Bewenden haben und auch im Jahr 2010 wagten lediglich vier Emittenten die Platzierung von CoCo-Bonds, wobei ab 2010 die Angaben zu CoCo-Emissionen widersprüchlich und in den Quellen unvollständig sind. Das liegt zum einen daran, dass Daten über die Emission nicht zentral erfasst werden und demzufolge ein Überblick über den CoCo-Markt kaum gelingt. Außerdem werden nicht alle CoCo-Bonds an den Kapitalmärkten gehandelt. Üblich sind auch Privatplatzierungen.[355] Zum anderen zeichnet aber auch die inkonsistente Terminologie verantwortlich für Schwierigkeiten bei der Erfassung des Marktes. So werden CoCo-Bonds teilweise mit *Mandatory Convertible Securities* oder auch mit AT1-Instrumenten gleichgesetzt. Auch die vielfältige Benennung trägt kaum zur Erhellung bei. So werden CoCo-Bonds als *Convertible Enhanced Capital Securities, Contingent Reverse Convertibles, Enhanced Capital Notes, Reverse Convertible Debentures, Buffer Capital Notes* oder *Senior Contingent Notes* bezeichnet. Eine genaue detaillierte Darstellung ist daher sehr schwierig.

2010 wurden CoCos jedenfalls von der niederländischen Bank *Rabobank*, der britischen *Yorkshire Building Society* (vergleichbar mit einer Bausparkasse, die als privatrechtliche Kapitalgesellschaft ausgestaltet ist[356]), der italienischen

---

351 *French/Baily/Campbell u.a.* (o. Fn. 263), S. 55.

352 *Independent Commission on Banking,* Final Report ("*Vickers Report*"), Recommendations, September 2011, S. 100 ff., http://webarchive.nationalarchives.gov.uk/20131003105424/https:/hmt-sanctions.s3.amazonaws.com/ICB%20final%20report/ICB%2520Final%2520Report[1].pdf (Stand: 20.10.2018).

353 *Steevens,* Börsen-Zeitung vom 02.12.2009, S. 8.

354 Vgl. *v. Furstenberg,* Concocting Marketable Cocos, S. 1, http://papers.ssrn.com/sol3/Delivery.cfm/SSRN_ID1895984_code849351.pdf?abstractid=1895984&mirid=3 (Stand: 20.10.2018).

355 Vgl. dazu u. Kap. 2.IV., S. 111.

356 Vgl. Schedule 2, Sec. 5 para. 1 f. Building Societies Act 1986.

*UniCredit S.p.A.* sowie der italienischen *Intesa Sanpaolo S.p.A.* platziert.[357] Der CoCo-Bond von *Rabobank* erreichte ein Volumen von 1,25 Mrd. €, die bedingte Pflichtwandelanleihe von *Intesa Sanpaolo* belief sich auf eine Mrd. €. Die Emissionsvolumina der *UniCredit* und der *Yorkshire Building Society* fielen mit 500 Mio. € bzw. 112 Mio. € geringer aus. In der Summe wurden damit im Jahr 2010 CoCo-Bonds im Gesamtvolumen von rund 2,862 Mrd. € emittiert. Wesentlicher Grund dafür war, dass die neuen aufsichtsrechtlichen Vorgaben über die Eigenmittelunterlegung nicht geklärt waren und damit auch die Anrechenbarkeit von CoCo-Bonds als Eigenkapital unklar war.[358] Erst im Dezember 2010 wurden die neuen Eigenkapitalanforderungen Basel III in einer ersten Fassung veröffentlicht[359] und die neuen aufsichtsrechtlichen Anforderungen erkennbar. Auch in den beiden darauffolgenden Jahren nahmen CoCo-Bonds noch immer die Rolle neuartiger experimenteller Finanzprodukte ein. Im Jahr 2011 erfolgten in Europa vier Emissionen durch Banken (erneut *Rabobank,* daneben die *Credit Suisse,* die *Bank of Cyprus* sowie die *Allied Irish Banks plc.*) im Gesamtwert von rund 7,2 Mrd. €.[360] Daneben platzierte die *Allianz SE* CoCo-Bonds im Volumen von 500 Mio. €, die vom japanischen Versicherer *Nippon Life* erworben wurden.[361] Außerhalb Europas emittierte die *Australia and New Zealand Banking Group* (ANZ) ein Volumen von 1,34 Mrd. AU$ (rund eine Mrd. €[362]). Im Jahr 2012 erfolgte ein verhaltener Anstieg des Emissionsverhaltens. In diesem Jahr nutzten acht Finanzinstitute die CoCo-Bonds zur Finanzierung. Es handelte sich erneut um die *Credit Suisse Group,* daneben aber auch um die *Zürcher Kantonalbank,* die *Julius Bär Gruppe AG,* die *UBS,* die *Den Jyske Sparekasse,* die *Gazprombank OAO,* die *Barclays plc.* sowie die *Glarner Kantonalbank.* Das Emissionsvolumen betrug im Jahr 2012 insgesamt rund 7,64 Mrd. €, wobei lediglich die *UBS* sowie die *Barclays plc.* CoCo-Bonds im Wert von über einer Mrd. € emittierten (ca. 3,1 sowie ca. 2,4 Mrd. €).

Einen sprunghaften Anstieg der CoCo-Emissionen erlebten die Finanzmärkte im Jahr 2013, in dem auch die CRR verkündet wurde. Allein in Europa

357 *Nordal/Stefano* (o. Fn. 328), S. 16.

358 *De Spiegeleer/Schoutens/Van Hulle,* The Handbook of Hybrid Securities, S. 77.

359 Vgl. o. Kap. 1.III., S. 41.

360 Alle Daten aus *Nordal/Stefano* (o. Fn. 328), S. 16, außer Daten zur *Bank of Cyprus*: *Teneberg,* Pricing Contingent Convertibles using an Equity Derivatives Jump Diffusion Approach, S. 6, http://www.math.kth.se/matstat/seminarier/reports/M-exjobb12/120125.pdf (Stand: 21.10.2018).

361 *Schmitt/Cünnen,* Handelsblatt v. 06.07.2011, S. 32.

362 Mittlerer Umrechnungskurs 1 €:1,34 AU$ im September 2011.

platzierten 19 Gesellschaften CoCo-Bonds, darunter erneut die *Credit Suisse*, die *UBS AG* sowie die *Barclays plc*. Hinzu kamen *Société Générale, Crédit Agricole SA* sowie die *Banco Santander SA*. Das Emissionsvolumen belief sich 2013 auf insgesamt rund 19,3 Mrd. €.

2014 wurde dieses Volumen nochmals deutlich gesteigert: Mindestens 21 Banken platzierten an den Finanzmärkten allein bis Juni 2014 CoCo-Bonds im Volumen von rund 28,5 Mrd. €. Erstmals trat dabei mit der *Deutschen Bank* auch ein deutsches Institut in Erscheinung.[363] Diese Emission in verschiedenen Tranchen belief sich insgesamt auf rund 3,5 Mrd. €. Interessant ist die Emission von CoCo-Bonds durch die *Banque Cantonale de Genève*. Im Juli 2014 begab sie CoCos im Volumen von ca. 90 Mio. € (ca. 110 Mio. CHF). Bei der *Banque Cantonale de Genève* handelt es sich um eine schweizerische Aktiengesellschaft nach öffentlichem Recht. Sie sollte wegen der Wahrung öffentlicher Interessen keine klassischen CoCo-Bonds begeben.[364] Bei Eintritt des *Trigger Events* droht andernfalls die Gefahr, dass private Investoren in großem Umfang in die Gesellschafterstellung eintreten und dementsprechend auch Verwaltungsrechte geltend machen. Schaut man sich jedoch die Anleihebedingungen[365] des betreffenden CoCo-Bonds an, so zeigt sich, dass es sich in Wirklichkeit um einen *Contingent Writedown*-Bond handelt. Dort heißt es:

> „*Upon occurrence of a write-down trigger event, the principal is written down to the extent necessary to remedy the trigger breach. Full principal write-down upon occurrence of a viability event.*“

DasTrigger Event liegt ausweislich der Anleihebedingungen bei 5,125% des harten Kernkapitals. Das *Viability Event* tritt ein,

> „*if BCGE* [Banque Cantonale de Genève] *receives an irrevocable commitment of extra-ordinary public sector support to prevent insolvency (etc.), or a write-down is required to prevent insolvency (etc.) as determined by FINMA.*“

Somit kommt es nicht zu einer Erweiterung des Gesellschafterkreises bei Eintritt des *Trigger Events* bzw. *Viability Events* und die Anteile und

363 Die Bonds waren allerdings als *Writedown-Bonds* ausgestaltet, vgl. z.B. *Deutsche Bank*, €1,750,000,000 Undated Non-cumulative Fixed to Reset Rate Additional Tier 1 Notes of 2014, Prospectus, https://www.db.com/ir/en/download/DB_ISIN_DE000DB7XHP3_and_ISIN_XS1071551474.pdf (Stand: 22.10.2018).

364 Vgl. dazu o. Kap. 2.I.

365 Vgl. *Banque Cantonale de Genève*, CHF110 million subordinated perpetual bonds, Pricing Terms and Conditions, S. 1, https://www.bcge.ch/pdf/Final-terms-as-of-18-June-2014-BCGE-AT1.pdf (Stand: 22.10.2018).

Einflussnahmemöglichkeiten des Kantons Genf werden nicht verwässert. Selbiges gilt im Übrigen auch für *Rabobank*[366] sowie die *Den Jyske Sparekasse*, die sich als Genossenschaftsbanken ebenfalls nicht für *Debt-Equity-Swaps* eignen.

Anhand dieser Beispiele zeigt sich das weite Verständnis von CoCo-Bonds in der Literatur. Unter den Begriff werden nicht nur Instrumente subsumiert, die als Anleihe begeben werden und beim Eintritt eines *Trigger Events* gegen Aktien getauscht werden, sondern auch *Writedown*-Bonds werden als CoCo-Bonds in den Übersichten geführt.[367] Eine Unterscheidung findet praktisch nicht statt. Das hängt vermutlich mit der gleichgerichteten wirtschaftlichen Funktion zusammen: sowohl CoCos als auch *Writedown*-Bonds sollen den Emittenten krisenresistent machen und den *Bail-out* durch den Steuerzahler vermeiden. Bei beiden Ausgestaltungen entscheidet ein *Trigger Event* über das Schicksal der Forderung. Die unterschiedlichen rechtlichen Hintergründe finden daher kaum Beachtung. Definiert man jedoch als CoCo-Bond eine Anleihe, die bei Eintritt eines *Trigger Events* gegen Eigenkapital getauscht wird, so sind diese *Writedown*-Bonds nicht zu den CoCo-Bonds zu zählen. Das ist vor dem Hintergrund der Terminologie konsequent: *Contingent Convertible* (‚bedingt umwandelbar' oder ‚bedingt umzuwandeln') lässt auf einen *Debt-Equity-Swap* schließen. Treffende Bezeichnung für die abzuschreibenden Instrumente wäre *Contingent Writedown*-Bonds (bedingt abzuschreibende Anleihe).[368]

In der Praxis zeigt sich zwischen klassischen CoCos und *Writedown*-Bonds ein beinahe ausgeglichenes Bild. Während für die ersten emittierten CoCo-Bonds der *Debt-Equity-Swap* bei Eintreten des *Trigger Events* charakteristisch war[369], erfreuten sich im weiteren Verlauf Bonds mit einem *Writedown*-Element bei Erreichen des Triggers größerer Beliebtheit.[370] Nichtsdestotrotz werden auch weiterhin CoCos mit klassischem Umtauschmechanismus platziert.[371] *Avdjiev/Bolton/Jiang/Kartasheva* und *Bogdanova* beziffern den Anteil von

366 *Mielk/Kalkbrenner,* in: Zukunftsperspektiven, S. 959 (966).

367 Vgl. zu dieser Problematik *Mielk/Kalkbrenner,* in: Zukunftsperspektiven, S. 959 (966); *Nordal/Stefano* (o. Fn. 328), S. 5; *Oakes/Milonakis,* IFLR 2013, 70.

368 In der Literatur werden noch andere Bezeichnungen vorgeschlagen, zum Beispiel *Contingent Capital Bond* (CoCa-Bond), vgl. *Mielk/Kalkbrenner,* in: Zukunftsperspektiven, S. 959 (966).

369 *Avdjiev/Bolton/Jiang/Kartasheva/Bogdanova,* CoCo Bonds Issuance and Bank Funding Costs: An Empirical Analysis, S. 8, https://www.aeaweb.org/aea/2016conference/program/retrieve.php?pdfid=925 (Stand: 20.10.2018); *Nordal/Stefano* (o. Fn. 328), S. 7.

370 *Avdjiev/Bolton/Jiang* u.a. (o. Fn. 369), S. 6; *Nordal/Stefano* (o. Fn. 328), S. 7

371 *Nordal/Stefano* (o. Fn. 328), S. 7.

*Writedown*-Bonds mit 54%[372], während klassische CoCos mit Umtauschmechanismus zu 46% vertreten sind. Insgesamt neigt der Trend zu *Writedown*-Bonds.[373] Dafür lassen sich rationale Gründe auf Seiten der potentiellen Investoren anführen, die in Kapitel 2.IV. erläutert werden.

Die Emissionspraxis von CoCo-Bonds bleibt insgesamt auch gegenwärtig steigend, eine Abnahme ist nicht absehbar, auch wenn in den ersten Monaten des Jahres 2016 aufgrund von Unsicherheiten an den Märkten zunächst keine neuen CoCos emittiert wurden.[374] Zudem ist in einigen Ländern die steuerliche Behandlung noch immer nicht geklärt, sodass sich positive Entscheidungen der Gesetzgeber in steuerlicher Hinsicht auch positiv auf die Emissionspraxis von CoCos auswirken können. Seit 2009 bis zum Ende des Jahres 2014 wurden in Europa CoCos im Volumen von insgesamt ca. 80 Mrd. € emittiert[375], wobei auch an dieser Stelle darauf hingewiesen werden muss, dass Angaben über den CoCo-Markt zurzeit keinen Anspruch auf Vollständigkeit haben können. *Avdjiev/Bolton/Jiang/Kartasheva* und *Bogdanova* nennen als weltweites Emissionsvolumen zwischen 2009 und September 2015 einen Wert von 450 Mrd. US$ (ca. 410 Mrd. €)[376] und berufen sich dabei auf Datenerhebungen von *Bloomberg, Dealogic* und auf „zusätzliche Quellen".[377] Zwischen Mitte 2013 und Ende 2014 repräsentierten CoCos zwischen einem Viertel[378] und einem Drittel[379] des durch Kapitalmaßnahmen von Banken in der Eurozone eingesammelten Geldes. Die Emissionen konzentrierten sich bis 2014 zu weiten Teilen auf Europa.[380]

In den USA spielen CoCos zurzeit keine hervorgehobene Rolle, obwohl das Epizentrum der Finanzmarktkrise 2007/2008 in den USA lag. Die US-Regierung hatte dies zunächst zum Anlass genommen, durch Gesetze die Ursachen und Wirkungen von Finanzmarktkrisen zu adressieren. Im Mittelpunkt steht dabei

---

372 *Avdjiev/Bolton/Jiang* u.a. (o. Fn. 369), S. 3 und S. 47.

373 *Avdjiev/Bolton/Jiang* u.a. (o. Fn. 369), S. 8.

374 Vgl. *BBC News,* European banks fail to sell Coco bonds, http://www.bbc.com/news/business-35625733 (Stand: 20.10.2018).

375 *Glover,* Contingent Convertibles, High-Yield Hand Grenades, http://www.bloombergview.com/quicktake/contingent-convertible-bonds (Stand: 20.10.2018), wobei dort die kumulierten Emissionen mit 60 Mrd. US$ angegeben werden, was am 31.12.2014 rund 80 Mrd. € entsprach.

376 *Avdjiev/Bolton/Jiang* u.a. (o. Fn. 369), S. 2.

377 *Avdjiev/Bolton/Jiang* u.a. (o. Fn. 369), S. 4.

378 *Glover* (o. Fn. 375).

379 *Avdjiev/Bolton/Jiang* u.a. (o. Fn. 369), S. 2.

380 *Avdjiev/Bolton/Jiang* u.a. (o. Fn. 369), S. 8.

der *Dodd-Frank Wall Street Reform and Consumer Protection Act* (kurz: *Dodd-Frank Act*) vom 21. Juli 2010.[381] Er enthält überwiegend Ermächtigungen von Regulierungs- und Aufsichtsbehörden zur Umsetzung verschiedener Vorschriften und Maßnahmen.[382] Weder die genauen Eigenkapitalanforderungen an Banken noch die Möglichkeit, Eigenmittel in Form von CoCos vorzuhalten, sind im *Dodd-Frank Act* enthalten. Sec. 165 (b) (1) (A) des *Acts* verpflichtet lediglich das *Board of Governors* der *Federal Reserve Bank* (*Fed*) zur Ausarbeitung von Eigenkapitalanforderungen. Sec. 165 (b) (1) (B) des *Dodd-Frank Acts* ermächtigt das *Board of Governors*, Anforderungen an *Contingent Capital* vorzuschreiben. Es kann sogar gem. sec. 165 (c) des Acts einen Mindestbetrag an *Contingent Capital* für Bank-Konzerngesellschaften vorschreiben, das in einer finanziellen Krise in Aktien umgewandelt wird. Der *Dodd-Frank Act* führt CoCo-Bonds damit nicht per se verpflichtend ein, macht sie aber zu einer Option, über deren Ausübung die *Fed* als Aufsichtsorgan entscheidet.

Der *Financial Stability Oversight Council*, dessen Bericht über *Contingent Capital*[383] der US-Kongress 2012 erhielt, empfahl, vor der Einführung von CoCos in die Aufsichtsregelungen weitere Untersuchungen vorzunehmen.[384] Die Benutzung von CoCo-Bonds sollte demnach vorerst auf den privaten Sektor beschränkt bleiben.[385] Im Einklang mit dieser Sichtweise haben es die US-Bankaufsichtsbehörden bisher trotz Kritik abgelehnt, CoCo-Bonds überhaupt als Eigenmittelbestandteil (in Form von AT1-Kapital) anzuerkennen.[386] Aufsichtsrechtlich werden sie also weiterhin als Verbindlichkeiten gewertet. Eine

---

381 Public Law Number 111–203, S. 1375–2223, https://www.gpo.gov/fdsys/pkg/PLAW-111publ203/pdf/PLAW-111publ203.pdf (Stand: 22.10.2018).

382 *Kern* (*Deutsche Bank Research*), US-Finanzmarktreform, Die Ökonomie des Dodd-Frank Acts, S. 4, https://www.dbresearch.de/PROD/DBR_INTERNET_DE-PROD/PROD0000000000266959.PDF (Stand: 12.01.2016).

383 *Financial Stability Oversight Council*, Report to Congress on Study of a Contingent Capital Requirement for certain Nonbank Financial Companies and Bank Holding Companies, https://www.treasury.gov/initiatives/fsoc/studies-reports/Documents/Co%20co%20study%5B2%5D.pdf (Stand: 20.10.2018).

384 *Financial Stability Oversight Council* (o. Fn. 383), S. 19.

385 *Financial Stability Oversight Council* (o. Fn. 383), S. 19.

386 Vgl. *Department of the Treasury*, Regulatory Capital Rules, Federal Register Vol. 78 No. 198 (2013), 62017 (62048), https://www.gpo.gov/fdsys/pkg/FR-2013-10-11/pdf/2013-21653.pdf (Stand: 22.10.2018); *Avdjiev/Bolton/Jiang* u.a. (o. Fn. 369), S. 8; *Glover* (o. Fn. 375); vgl. auch ausführlich *v. Furstenberg* (o. Fn. 274), S. 29–31 und S. 197–199.

Änderung der Rechtslage ist vorerst nicht absehbar.[387] In der Literatur wird jedoch darauf hingewiesen, dass eine genaue aufsichtsrechtliche Regelung und Anerkennung von CoCos als Eigenmittelbestandteil wünschenswert sei, da andernfalls Marktnachteile entstehen könnten (Stichwort: *Regulatory Arbitrage*) und mit der Anerkennung internationale Angleichung erreicht werden könnte, was auch der Sicherheit der Finanzmärkte zugutekäme.[388]

Hinzu kommt, dass die steuerliche Behandlung von CoCo-Bonds in den USA die Marktfähigkeit des Instruments behindert. Die zu zahlenden Zinsen lassen sich dort nicht vom zu versteuernden Gewinn abziehen.[389] Es fehlen also gleich zwei essentielle praktische Voraussetzungen für die Akzeptanz von CoCos auf Emittentenseite. Die steuerliche und die aufsichtsrechtliche Behandlung in den USA machen CoCo-Bonds zu teuren Finanzinstrumenten, die sich nicht positiv auf die Handlungsmöglichkeiten der Institute auswirken. Um CoCos US-amerikanischer Banken marktfähig zu machen, müssten sie neben der aufsichtsrechtlichen Anrechenbarkeit als Eigenmittel auch steuerlich als Fremdkapital angerechnet werden.[390] Bevor der US-Gesetzgeber die rechtlichen Grundlagen nicht geschaffen hat, werden CoCo-Bonds für US-Emittenten keine Rolle spielen.

Allerdings hat sich im Jahr 2014 der CoCo-Markt um chinesische Emittenten erweitert. Diese platzierten ein Volumen von insgesamt 59 Mrd. US$[391], also rund 48,8 Mrd. €.[392] Bis September 2015 stieg das Gesamtvolumen chinesischer Emittenten sogar auf 96,4 Mrd. US$ (ca. 88 Mrd. €).[393]

Die potentielle Größe, die der CoCo-Markt weltweit in den nächsten Jahren (Zeitraum fünf bis zehn Jahre ab 2010) erreichen könnte, wird auf bis zu eine Billion US$[394] (rund 750 Mrd. €) geschätzt. Abgeleitet werden derartige Marktschätzungen aus den neuen Eigenkapitalanforderungen nach Basel III. Banken

---

387 Die Umsetzung von Basel III kann unter http://www.bis.org/publ/bcbs/b3prog_dom_impl.htm beobachtet werden (Stand: 22.10.2018).

388 *Coffee*, Columbia Law Review Vol. 111 (2011), 795 (847).

389 *Schmidt/Azarmi* (o. Fn. 338), S. 2; vgl. auch das Revenue Ruling 2002-31, veröffentlicht vom *Internal Revenue Service*, http://www.unclefed.com/Tax-Bulls/2002/rr02-31.pdf (Stand: 22.10.2018).

390 So auch *v. Furstenberg* (o. Fn. 274), S. 159–163.

391 *Thompson*, Chinese Banks issue most coco bonds, http://www.ft.com/intl/cms/s/0/5a99b804-b135-11e4-9331-00144feab7de.html#axzz3cqV0kjF0 (Stand: 21.10.2018).

392 Umrechnungskurs 1 €:1,21 US$ am 31.12.2014.

393 *Avdjiev/Bolton/Jiang* u.a. (o. Fn. 369), S. 14.

394 *Günther*, in: *Vollmar/Becker/Hoffend* (Hrsg.), Macht des Vertrauens, S. 112.

haben auch schon vor den neuen Vorschriften hybride Finanzinstrumente begeben, die nach Basel I bzw. Basel II als Eigenkapital angerechnet werden konnten. Basel III stellt höhere Anforderungen an die Eigenkapitalunterlegung. Das gilt auch für die Qualität der Eigenmittel. Daraus ergibt sich, dass die Banken viele Instrumente in ihren Bilanzen verbucht haben, die noch unter Basel II oder zumindest unter Basel I anrechenbar waren, während die neuen Anforderungen eine Anrechnung nicht mehr zulassen.[395] Demzufolge müssen die alten Instrumente gegen Instrumente eingetauscht werden, die nach den neuen Maßgaben zur Eigenkapitalunterlegung herangezogen werden können.[396] Daraus soll sich ein Mindestbedarf an CoCos von 450 Mrd. € ergeben.[397] Die Schätzungen des kumulierten Emissionsvolumens bis zur vollständigen Umsetzung von Basel III im Jahr 2019 reichen von 450 Mrd. € bis 750 Mrd. €. In diesem Rahmen bewegen sich auch die Prognosen des Research-Teams der *Deutschen Bank*, welches 2011 von einem Marktanstieg auf 138 bis 550 Mrd. € ausging.[398] Der *Telegraph* berichtete 2011 von Schätzungen durch Analysten von *Barclays Capital*, die ein Potential von bis zu 700 Mrd. € bis zum Jahr 2018 sahen.[399] Derlei Betrachtungen beziehen sich – abgesehen von der erstgenannten Quelle, die ein Potential von einer Billion US$ sieht – bis jetzt immer nur auf den europäischen Markt. Der beeindruckende Einstieg chinesischer Emittenten in den CoCo-Markt und die Modifikationen im schweizerischen Bankaufsichtsrecht[400] können die Marktgröße zusätzlich antreiben. Für die deutschen Institute könnte über die nächsten Jahre ein Volumen von 15 Mrd. € in Betracht kommen.[401]

Ganz entscheidend wird der zukünftige CoCo-Markt davon beeinflusst werden, ob tatsächlich Umwandlungen stattfinden und den Investoren das immanente Risiko damit vor Augen geführt wird.

---

395 *Marks/Brown* (o. Fn. 23), S. 2; *Schmid,* Investing in Contingent Convertibles, S. 14, https://www.ceremade.dauphine.fr/~brugiere/files/Master%20280/2_Culture%20Financiere/Cocos/CS%20on%20Cocos.pdf (Stand: 21.10.2018); *Zähres* (o. Fn. 20), S. 12.

396 *Marks/Brown* (o. Fn. 23), S. 1.

397 Ebda.

398 *Zähres* (o. Fn. 57), S. 13.

399 *Wilson,* Bank CoCo bond market could be worth £590bn, http://www.telegraph.co.uk/finance/newsbysector/banksandfinance/8309391/Bank-CoCo-bond-market-could-be-worth-590bn.html (Stand: 21.10.2018).

400 Siehe dazu u. Kap. 3.VII., S. 141 ff.

401 *Handelsblatt* v. 15.4.2014, Moody's erwartet Welle von CoCo-Anleihen, S. 30.

Bisher hat eine Umwandlung von CoCo-Bonds nur einmal stattgefunden. Es handelte sich dabei um einen CoCo-Bond der *Bank of Cyprus*, der am 18. Mai 2011 unter der Bezeichnung *Convertible Enhanced Capital Securities* (CECS) im Gesamtvolumen von ca. 890 Mio. €[402] emittiert wurde. Laut Anleihebedingungen sollte er in Aktien umgewandelt werden, wenn die CET1-Quote[403] 5% unterschreitet.[404] Als die Bank Ende 2011 als Folge eines *Hair-cuts* 50% des Wertes ihrer griechischen Staatsanleihen abschreiben musste (der Verlust lag damit bei ca. 1 Mrd. €), fiel ihre CET1-Quote auf 5,8% der RWAs.[405] Das Institut erwartete weitere Abschreibungen und teilte daher im November 2011 mit, dass es mit dem Erreichen des *Trigger Events* rechnete.[406] Noch vor Unterschreiten der entscheidenden CET1-Quote bot es den CECS-Gläubigern einen Umtausch der Bonds gegen *Mandatory Convertible Notes* (MCNs) an, die acht Tage nach Ablauf der Umtauschfrist gegen Aktien des Institutes getauscht werden sollten.[407] Die *Bank of Cyprus* setzte den CECS-Gläubigern einen Anreiz zur Umwandlung in MCNs, indem die Umwandlung CECS zu MCNs zwar eins zu eins erfolgte, die Gläubiger aber im Nachgang pro MCN mehr Aktien erhielten, als sie bei Umwandlung der CECS für diese alte Anleihe erhalten hätten (1⅓ Aktien pro MCN statt eine Aktie pro CECS).[408]

Die Umwandlung erfolgte also nicht, weil das *Trigger Event* eingetreten war, sondern weil die Anleihegläubiger notgedrungen von einem Umwandlungsrecht Gebrauch machten. Aus wirtschaftlicher Sicht steht dieser Prozess einem *Debt-Equity-Swap* gleich, denn die Forderung aus der Anleihe wurde im Ergebnis in Aktien gewandelt. Eine solche Umgehung des *Trigger Events* ist seit Inkrafttreten der CRR nicht mehr ohne Weiteres möglich, da Instrumente, die als AT1-Instrumente anrechenbar sind[409], gem. Art. 52 Abs. 1 lit. i i.V.m. Art. 77 lit. b CRR nunmehr nur noch mit Erlaubnis der zuständigen Behörde zurückgezahlt oder zurückgekauft werden dürfen.

402 *v. Furstenberg* (o. Fn. 274), S. 130.
403 Siehe dazu ausführlich u. Kap. 3.II.B., S. 117.
404 *Bank of Cyprus*, Prospectus, Convertible Enhanced Capital Securities, 5. April 2011, S. 22, http://www.bankofcyprus.com/Documents/Investor%20Relations/Prospectuses/English/CECSProspectusFinalENG.pdf (Stand: 22.10.2018).
405 *v. Furstenberg* (o. Fn. 274), S. 132.
406 *v. Furstenberg*, Global Credit Review Bd. 2.2012, 53 (61).
407 *v. Furstenberg* (o. Fn. 406), S. 61; *ders.* (o. Fn. 274), S. 132.
408 *v. Furstenberg* (o. Fn. 406), S. 61; *ders.* (o. Fn. 274), S. 132 f.
409 Vgl. dazu u. Kap. 3.III.B.a. S. 128 f.

Auf den CoCo-Markt hat sich diese Umwandlung nicht spürbar ausgewirkt. Insbesondere hat der Markt im Nachgang keinen höheren Risikoaufschlag auf die ohnehin schon teuren Instrumente verlangt. Das spricht dafür, dass den meisten Marktteilnehmern das hohe Risiko seit jeher bekannt und gegenwärtig ist. Selbst in der Literatur hat die Umwandlung erstaunlich wenig Beachtung gefunden. Die Presse hat jedoch über die juristischen Folgen der Umwandlung berichtet. Im Zentrum standen dabei Privatanleger, die einen großen Teil der Instrumente gehalten hatten und die bei Erwerb nach eigenen Angaben nicht über die Risiken des Instruments informiert worden waren.[410] Sie klagen auf Schadensersatz. Die Umstände der Emission sowie der Umwandlung der CECS und das juristische Nachspiel zeigen, dass CoCo-Bonds hochkomplexe und ebenso riskante Finanzinstrumente sind, die von durchschnittlichen Privatanlegern nicht erworben werden sollten.

In einem weiteren Fall waren AT1-Instrumente eines krisenbehafteten Instituts in eine Umwandlung in Eigenkapital involviert. Es handelte sich um Instrumente der *Banco Popular Español S.A.*, die am 7. Juni 2017 vollständig herabgeschrieben wurden. Die Herabschreibung erfolgte dabei nicht, weil ein *Trigger Event* eingetreten war, sondern weil das *Single Resolution Board* (SRB)[411] die Herabschreibung im Rahmen der SRM-VO anordnete.[412] Auch in diesem Fall blieb das *Trigger Event* also letztlich ungetestet.

## 2.III. Mögliche Investoren von CoCo-Bonds

CoCo-Bonds sind Anleihen und stehen als solche dem Handel an den Kapitalmärkten offen. Man kann sie originär im Zuge der Emission erwerben. In Betracht kommt zudem auch ein derivativer Erwerb von einem Vorinhaber am Sekundärmarkt. Die besondere Struktur von CoCos und die Zielsetzung als Instrument, welches den Emittenten in schlechten Zeiten absichert, schränkt das

410 Vgl. *Anastasiades* (*Cyprus Mail*), Little hope for bondholders, http://cyprus-mail.com/2015/02/01/little-hope-for-bondholders/ (Stand: 20.10.2018); *Markoulakos Law Firm,* Case of the Holders of Convertible Enhanced Capital Securities (CECS or CoCoCos) of the Bank of Cyprus, http://www.markoulakoslaw.gr/en/case/ypothesi-katoxwn-maek-ekdoseos-tis-trapezas-kiproy (Stand: 21.10.2018).

411 *Single Resolution Board* (SRB), vgl. Art. 1 Unterabs. 2 SRM-VO.

412 *Single Resolution Board*, Decision of the Single Resolution Board in its executive session of 7 June 2017 concerning the adoption of a resolution scheme in respect of Banco Popular Español, S.A., (the "Institution") with a Legal Entity Identifier: 80H66LPTVDLM0P28XF25, Addressed to FROB (SRB/EES/2017/08) S. 20, https://srb.europa.eu/sites/srbsite/files/resolution_decision.pdf (Stand: 21.10.2018).

Feld der potentiellen Investoren dabei jedoch ein. CoCo-Bonds sollen in der Krise einen *Bail-in* der Investoren sicherstellen. Dementsprechend kommen als Investoren solche Personen oder Institutionen in Betracht, die einen *Bail-in* gewährleisten können, ohne dabei selbst eine systemische Krise zu verschärfen, denn der *Bail-in* kann mit Verlusten einhergehen, die nicht ohne Weiteres von jedermann getragen werden können. Es handelt sich dabei um die Frage, auf wen im Wege eines *Transfers of Risks* das Risiko des Verlusts überhaupt transferiert werden darf.

Wer jedenfalls nicht für die Verbindlichkeiten der Institute aufkommen soll, sind die Sparer, die beim betreffenden Institut Einlagen hinterlegt haben oder – in Bezug auf Versicherungen – der Versichertengemeinschaft des Instituts angehören. Ihr Vertrauen darauf, dass ihre Forderungen nicht ausfallen, ist für das Banken-/Versicherungswesen und die Realwirtschaft essentiell und führt im Ergebnis dazu, dass der *Einlegerschutz* zentrales Element des Bankrechts ist. Insofern wäre eine Kombination aus CoCo-Bond und Spareinlage bei einer Bank undenkbar. Es darf kein *Bail-in*-Girokonto geben, bei dem der Anleger befürchten muss, für Probleme des Instituts mit seinen Ersparnissen zu haften. *Bank runs* könnten die Folge sein. Zwar schafft das neue SAG eine derartige Möglichkeit, doch wird auch hier gem. § 91 Abs. 2 Nr. 1 SAG i.V.m. § 8 Abs. 1 EinSiG[413] nicht an der Einlagensicherung mit der Deckungssumme i.H.v. 100.000 € gerüttelt. Andernfalls wäre das gesamte System der Einlagensicherung aufgegeben. Sparer sind nur dann als CoCo-Investoren geeignet, wenn sie die genauen Bedingungen kennen und die Risiken in wirtschaftlicher Hinsicht tragen können, sich die Risiken insbesondere nicht auf einen Großteil ihres Vermögens beziehen. Auf Schadensersatzansprüche nach der Umwandlung, die eine Verlustbeteiligung ausgleichen, können sich ehemalige Inhaber von CoCos nicht berufen.[414] Außerdem sind CoCo-Bonds hochkomplexe Instrumente. Sowohl gesellschaftsrechtliche als auch steuer- und aufsichtsrechtliche Besonderheiten spielen eine Rolle, sodass die Risiko-/Renditeabwägung insbesondere für Laien schwer fällt.

Dass nur solche Privatanleger in CoCos investieren, die diese Voraussetzungen erfüllen und die Risiken verhältnismäßig gut abschätzen können, lässt sich mit verschiedenen Mitteln erreichen. Möglich ist einerseits, den Vertrieb an

413 Einlagensicherungsgesetz vom 28. Mai 2015 (BGBl. I S. 786).

414 Vgl. zur Nichtanwendbarkeit des sog. Klöckner-Urteils des BGH (BGH, Urt. v. 05.10.1992 – II ZR 172/91, BGHZ 119, 305) auf CoCo-Bonds *Bracht,* WM 2012, 585 (589).

Kleinanleger zu verbieten. Zu dieser Maßnahme hat Großbritannien gegriffen. Die *Financial Conduct Authority* (FCA) hat im August 2014 durch eine Bekanntmachung[415] die Veräußerung von CoCos an Kleinanleger untersagt. Die Vorschrift wurde 2015 von einer unbegrenzt gültigen Nachfolgeregelung abgelöst. Gemäß Ziff. 22.3.1 Abs. 2 lit. a des Annex B des *Product Intervention (Contingent Convertible Instruments and Mutual Society Shares) Instrument 2015* ist es Instituten untersagt, CoCo-Bonds an *Retail Investors* zu verkaufen.[416]

Denkbar ist es auch, den Erwerb durch Kleinanleger durch tatsächliche statt durch rechtliche Maßnahmen einzugrenzen. Zu denken ist dabei insbesondere an die Stückelung der Anleihe. Emittiert man eine Anleihe zu hohen nominellen Werten, z.B. zu einem Mindestwert von 100.000 € pro CoCo-Bond, so führt das automatisch zu einer Selektion der Investoren. Kaum ein Sparer, der die Summe gerade so aufbringen kann, wird sein Vermögen in einen CoCo-Bond investieren. Auf der anderen Seite können solche Anleger, für die der entsprechende Betrag „nur den Rundungsfehler des Kontostandes ausmacht", Verluste in der Regel ohne Weiteres tragen, ohne dabei ihre Existenz aufs Spiel zu setzen. Tatsächlich zeigt sich, dass bisherige CoCo-Bonds weitgehend in sehr große Nennbeträge gestückelt sind. Bereits der CoCo-Bond der *Lloyds Banking Group plc.* hatte einen Nominalwert in Höhe von zwischen 100.000 und 199.000 US$[417]. Auch der CoCo-Bond der *Credit Suisse* (*Tier 2 Buffer Capital Note*) wurde zu 100.000 US$ begeben.[418]Ausnahmen von solchen Beträgen sind zwar selten, jedoch nicht gänzlich ausgeschlossen.[419] Insofern sollte eine rechtliche

---

415 *Financial Conduct Authority,* Restrictions in relation to the retail distribution of contingent convertible instruments, https://www.fca.org.uk/news/restrictions-in-relation-to-the-retail-distribution-of-contingent-convertible-instruments (Stand: 22.10.2018).

416 *Financial Conduct Authority,* PS15/14: Restrictions on the retail distribution of regulatory capital instruments, https://www.fca.org.uk/your-fca/documents/policy-statements/ps15-14 (Stand: 22.10.2018).

417 *Lloyds Banking Group plc.,* Prospectus on £ 5,000,000,000 Enhanced Capital Note Programme, S. 21, http://www.lloydsbankinggroup.com/globalassets/documents/investors/2011/ecn_prog_prospectus_01dec2009.pdf (Stand: 22.10.2018).

418 *Credit Suisse,* Prospectus on U.S.$ 2,000,000,000 7.875 per cent Tier 2 Buffer Capital Notes due 2041, S. 7, https://www.credit-suisse.com/media/assets/corporate/docs/about-us/investor-relations/information-for-debt-investors/buffer-capital-notes-information-memorandum.pdf (Stand: 22.10.2018).

419 So wurde der CoCo der *Bank of Cyprus* zu einem Nominalwert von 1€ pro Bond emittiert, vgl. *Bank of Cyprus* (Fn. 404), S. 20; die Stückelung der 2012 emittierten Tier 2 Buffer Capital Notes der *Credit Suisse* betrug 5.000 CHF, vgl. *Credit Suisse,* Prospectus on CHF 750,000,000 7.125 per cent. Tier 2 Buffer Capital Notes due 2022,

Einschränkung nach englischem Vorbild erwogen oder eine Mindeststückelung vorgeschrieben werden.[420]

Besonders praxisrelevant dürfte eine zusätzliche Einschränkung vor dem Hintergrund der in Kap. 1.VII.A. (S. 42 f.) erläuterten Ansteckungsgefahr auf den Finanzmärkten sein. Bankgeschäfte betreibende Kapitalgesellschaften finanzieren sich nicht nur aus ihrem gezeichneten Kapital und Kapital-/Gewinnrücklagen, sondern zusätzlich insbesondere aus Kundeneinlagen und nicht zuletzt aus Fremdmitteln anderer Banken, die sie über den Interbankenhandel beziehen. Die sich daraus ergebende *contagion*-Gefahr muss die denknotwendige und konsequente Schranke der Investition in CoCo-Bonds bilden. Es darf nicht passieren, dass eine Bank CoCo-Bonds einer anderen Bank erwirbt und dann bei Eintritt des *Trigger Events* die Forderung abschreiben muss oder zumindest keine finanziellen Mittel erhält, um ihre Verpflichtungen zu erfüllen. Die konsequente Haftungszusage, die CoCo-Bonds verkörpern, steht im ausgesprochenen Widerspruch zur unbedingten Vermeidung von Ansteckungseffekten. Demzufolge sollten die durch CoCos verkörperten Risiken grundsätzlich nicht zurück in den Bankensektor transferiert werden.[421] Niemandem wäre geholfen, wenn der Staat in Zukunft auch die CoCo-Investoren retten muss, indem er das Erreichen des *Triggers* durch Rettungsmaßnahmen verhindert, weil der Verlust der Investoren die Stabilität der Finanzmärkte gefährden könnte. Die unbedingte Haftungsansage der CoCos liefe ins Leere. Das gilt nicht nur für systemrelevante Banken. Auch kleinere Institute sollten in ihren Bilanzen keine CoCos halten, denn eine Krise, die sich zunächst auf ein verhältnismäßig kleines Institut beschränkt, kann wegen der Vernetzung auf dem Interbankenmarkt bis zu den SIFIs durchschlagen.

Es wäre fern jeglicher Realität, wollte man Banken sämtliche Geschäfte verbieten, die Risiken in sich tragen und deren Risiken sich für die Bank auch ganz konkret realisieren können. Es handelt sich nichtsdestotrotz um eine Signalwirkung, wenn Banken nicht in solche Instrumente investieren, die dafür geschaffen wurden, Verluste anderer Marktakteure zu tragen und den Investor an fremden Risiken zu beteiligen. Dieses Signal sollte von Banken ausgesendet werden.

---

S. 93, https://www.credit-suisse.com/media/assets/corporate/docs/about-us/investor-relations/regulatory-disclosures/t2-ch018115681.pdf (Stand: 22.10.2018).

420 Für die zweite Alternative *Nodoushani*, WM 2016, 589 (597).

421 Vgl. dazu in Ansätzen auch *Avdjiev/Bolton/Jiang* u.a. (o. Fn. 369), S. 6; vgl. *Krahnen*, BB Die erste Seite 2013, Nr. 42; *Schäfer*, DIW Wochenbericht Nr. 11/2016, S. 240.

Allein die wünschenswerte Signalwirkung wird jedoch nicht dazu führen, dass Banken auf die beachtlichen Gewinnchancen verzichten. Deshalb wird in der Literatur vereinzelt befürwortet, Banken den Erwerb von CoCo-Bonds generell zu verbieten.[422] Das schweizerische Bankrecht sieht ein solches Verbot vor (Art. 127a Abs. 4 ERV[423]). Es handelt sich dabei jedoch um einen schweren Eingriff in die Handlungsfreiheit der Institute. Außerdem ist zu befürchten, dass Banken über Erwerbsvehikel indirekt CoCo-Bonds erwerben oder CoCo-Derivate abschließen (synthetischer Erwerb, vgl. Art. 4 Abs. 1 Nr. 126 CRR). Für dieses Problem sieht auch das schweizerische Recht bisher keine Lösung vor. Insofern sollte versucht werden, die gleiche Wirkung mit einem geringeren Eingriff zu erzielen. Im Kern geht es darum, dass Banken CoCo-Bonds nicht mit fremden Mitteln erwerben können sollen, da sie beim Eintritt des *Triggers* die Mittel nicht zurückzahlen können. Es reicht daher aus, wenn sie den Erwerb von CoCos in ausreichendem Maße mit hartem Kernkapital unterlegen müssen, denn dann kommen sie beim Eintritt des *Triggers* nicht in Rückzahlungsschwierigkeiten.

Eine solche Regelung ist – wenn auch auf den ersten Blick nicht erkennbar – im europäischen Recht bereits enthalten. Vereinfacht ausgedrückt müssen Institute gem. Art. 56 lit. c CRR i.V.m. Art. 60 Abs. 1 CRR Instrumente des zusätzlichen Kernkapitals anderer Institute[424] – das sind insbesondere CoCo-Bonds – von ihrem eigenen zusätzlichen Kernkapital abziehen, wenn sie solche Instrumente halten. Die Vorschrift stellt eine modifizierte Nachfolgeregelung des § 10 Abs. 6 KWG a.F.[425] dar. Im Ergebnis bedeutet das, dass Banken, die in CoCos anderer Banken investieren, den Betrag vollständig mit zusätzlichem Kernkapital unterlegen müssen. Zielsetzung dieser Norm ist es, eine Doppelbelegung von aufsichtsrechtlichem Eigenkapital zu verhindern.[426]

Die Abzugssystematik der CRR ist dabei zunächst auf Instrumente des harten Kernkapitals – also insbesondere Aktien – zugeschnitten. Vom eigenen harten Kernkapital abzuziehen sind demnach in der Regel Investitionen in Instrumente des harten Kernkapitals eines anderen Instituts, die mehr als 10% des harten Kernkapitals ausmachen (Art. 36 Abs. 1 lit. h CRR i.V.m. 46 CRR bzw. Art. 36 Abs. 1 lit. i CRR i.V.m. Art. 48 Abs. 1 CRR).[427] Die nicht abzuziehenden 10% sind

422 So insbesondere *Bou Sleiman*, CoCo-Bonds, S. 79.

423 Verordnung über die Eigenmittel und Risikoverteilung für Banken und Effektenhändler („Eigenmittelverordnung“).

424 Siehe zum zusätzlichen Kernkapital u. Kap. 3.III.B.a., S. 128 f.

425 Gültig bis 31.12.2013.

426 *Konesny/Glaser*, in: *Boos/Fischer/Schulte-Mattler*, Vorb Art. 36 ff. CRR Rn. 2.

427 *Konesny/Glaser*, in: *Boos/Fischer/Schulte-Mattler*, Vorb Art. 36 ff. CRR Rn. 20, 23, 24 f.

nach den allgemeinen Vorschriften (Art. 92 CRR) mit Eigenkapital zu unterlegen (vgl. Art. 48 und Art. 46 Abs. 4 CRR).[428] Die Artt. 56 ff. CRR sehen die grundsätzlich gleichen aber entsprechend modifizierten Abzugsvorgaben auch für Instrumente des zusätzlichen Kernkapitals vor. Demnach sind Investitionen in Instrumente des zusätzlichen Kernkapitals und auch in Instrumente des Ergänzungskapitals eines anderen Instituts vom jeweiligen eigenen zusätzlichen Kernkapital bzw. Ergänzungskapital abzuziehen. Die ersten 10% bleiben jedoch im Gegensatz zu Instrumenten des harten Kernkapitals nicht unberücksichtigt. Stattdessen wird sofort in voller Höhe der Investition abgezogen (Art. 56 lit. d CRR).[429]

Übersteigen die Abzüge das eigene zusätzliche Kernkapital/Ergänzungskapital, so muss der überschießende Betrag von der nächsthöheren Kapitalklasse abgezogen werden (vgl. Art. 36 Abs. 1 lit. j CRR). Die entsprechenden Abzüge sorgen dafür, dass das zusätzliche Kernkapital, das ohnehin gem. Art. 52 Abs. 1 lit. g CRR dauerhaft zur Verfügung steht, die Investition in CoCos anderer Institute vollständig absichern. Kommt es zu einer Umwandlung der gehaltenen CoCo-Bonds, so können bei entsprechenden Verlusten des Gläubigers die eigenen AT1-Instrumente die angefallenen Verluste absorbieren. Es liegt dann in der Hand jedes einzelnen Institutes zu entscheiden, ob die Abzüge es wert sind, in CoCos zu investieren. Das System der Abzüge wurde auch vom *FSB* bei der Erarbeitung seines TLAC-Plans aufgegriffen (siehe dazu ausführlich Kap. 6). Demnach müssen gehaltene externe TLAC-Instrumente vom eigenen TLAC abgezogen werden, um die Folgen des Ansteckungsrisikos zu verringern:

> „*In order to reduce the risk of contagion, G-SIBs must deduct from their own TLAC or regulatory capital exposures to eligible external TLAC instruments and liabilities issued by other G-SIBs in a manner generally parallel to the existing provisions in Basel III that require a bank to deduct from its own regulatory capital certain investments in the regulatory capital of other banks.*“[430]

Mit dem Abzugssystem wurde eine komplexe und komplizierte Regelung geschaffen. Sie lässt den Banken jedoch genügend Spielraum und verbietet nicht unnötig Transaktionen, deren Gefahren sich auch anders begegnen lässt. In der Praxis schlägt sich diese Regelung dadurch nieder, dass die Positionen von Banken in CoCos anderer Banken vorwiegend nur kurzfristig zu Vermittlungszwecken

428 Ebda.

429 *Konesny/Glaser*, in: *Boos/Fischer/Schulte-Mattler*, Vorb Art. 36 ff. CRR Rn. 25.

430 *FSB* (o. Fn. 222), S. 17.

(insbesondere bei der Platzierung am Markt während der Emission) gehalten werden.[431]

Auch Fonds können eine systemrelevante Größe und Vernetzung erreichen. Über sie ist sogar ein Rücktransfer von Risiken in den Bankensektor denkbar, wenn Banken in die entsprechenden Fonds investieren.[432] Sie sind jedoch in der Praxis stark diversifiziert und wegen langer Vertragslaufzeiten und variabler Auszahlungen kaum liquiditätsgefährdet.[433] Das Problem des Rücktransfers lässt sich bei synthetischen Investments von Banken in CoCos durch Abzüge vom Eigenkapital beheben. Fallen Verluste aus CoCos an, die den Fonds als Intermediär ins Wanken bringen, so müsste die Bank, die in dessen Produkte investiert, dieses Investment mit entsprechend hochwertigem Eigenkapital absichern. Das Abzugssystem der CRR sieht solche Abzüge synthetischer Positionen bereits vor (Art. 4 Abs. 1 Nr. 126 CRR i.V.m. Art. 36 Abs. 1 litt. h und i CRR).

Außerdem stellt sich die Frage, ob CoCo-Bonds für öffentlich-rechtliche Investoren geeignet sind. Diese Frage lässt sich erneut eindeutig beantworten, wenn man sich das ordnungspolitische Ziel vor Augen führt, dem CoCos dienen. Sie sollen die Unterstützung von Banken ermöglichen, ohne dabei den Staat, der sich überwiegend durch Steuergelder finanziert, zu verpflichten. Das Bekenntnis zur unbedingten Haftung verbietet eine Investition durch öffentlich-rechtliche juristische Personen, denn es wären im Ergebnis wieder Steuergelder, die aufs Spiel gesetzt und im Ergebnis als Haftungsmasse herangezogen würden. Das gilt es unbedingt zu vermeiden. Daraus ergibt sich die Frage, welche rechtlichen Konsequenzen es haben könnte, wenn diese Marktakteure den genannten Grundsätzen zuwider handeln.

Nichtig i.S.d. § 134 BGB wegen eines Verstoßes gegen ein allgemeines oder spezielles kommunales Spekulationsverbot wären derartige Geschäfte nicht.[434] Ein spezielles Spekulationsverbot existiert für CoCo-Bonds nicht. Auch ein allgemeines Verbot ist schwer zu begründen. Angesichts der außerordentlich hohen Renditechancen besteht in der Regel kein grobes Missverhältnis zwischen den Risiken und der Rendite. Das Ziel, Banken in Zukunft nicht mehr

---

431 *Avdjiev/Bolton/Jiang* u.a. (o. Fn. 369), S. 9.

432 *Admati/Hellwig* (o. Fn. 245), S. 23.

433 *Krahnen,* BB Die erste Seite 2013, Nr. 42.

434 Vgl. zum kommunalen Spekulationsverbot *Gehrmann/Lammers,* KommJur 2011, 41 ff.; das Verbot kann sich als spezielles Spekulationsverbot u.a. aus ministeriellen Erlassen ergeben, vgl. *Lehmann,* BKR 2008, 488 (489). Denkbar sind auch allgemeine Spekulationsverbote, die aus den Landesverfassungen oder Gemeindeordnungen abzuleiten sind, vgl. *Lehmann,* BKR 2008, 488 (489).

mit Steuergeldern – durch die die Kommunalkasse in weiten Teilen gefüllt wird – zu retten, steht in keinerlei Zusammenhang mit dem Spekulationsverbot. Dementsprechend liegt bereits kein Verstoß gegen das Spekulationsverbot vor. Unabhängig davon hat der BGH in einer Entscheidung vom 28. April 2015 ausdrücklich klargestellt, dass das Spekulationsverbot kein Verbotsgesetz i.S.d. § 134 BGB ist.[435]

Dass der Erwerb sittenwidrig und damit gem. § 138 BGB nichtig ist, ist ebenfalls fernliegend. Der Erwerb eines Finanzinstruments, das eine unbedingte Haftungsansage des Investors verkörpert, verstößt nicht gegen das Anstandsgefühl aller billig und gerecht Denkenden. Die unbedingte Haftungsansage ist vielmehr genau das, was dem Anstandsgefühl entspricht. Insofern vermögen jedenfalls die zivilrechtlichen Verbots- und Sittenwidrigkeitsgrundsätze der §§ 134 und 138 BGB nicht, die Nichtigkeit des Erwerbs von CoCos durch die öffentliche Hand zu begründen.

Auch eine Unwirksamkeit nach der sogenannten *Ultra-vires*-Lehre (‚über die Gewalten hinaus') kommt nicht in Betracht. Sie besagt, dass eine Gesellschaft nur im Rahmen ihres satzungsmäßig vorgegebenen Unternehmensgegenstands bzw. Gesellschaftszwecks rechtsfähig ist und darüber hinausgehende Rechtsgeschäfte unwirksam sind.[436] Es sprechen bereits gute Gründe dafür, die *Ultra-vires*-Lehre im Allgemeinen aufzugeben.[437] Dafür streitet in erster Linie der rechtsstaatliche Grundsatz der Rechtssicherheit.[438] Hinzu kommt, dass sich eine öffentlich-rechtliche Körperschaft immer darauf berufen könnte, dass sie außerhalb ihres Wirkungskreises und damit nicht wirksam gehandelt habe, wenn sich Risiken aus Investitionen realisieren. Der Staat und die Gemeinden sollen sich nicht „aus der Verantwortung für geschlossene Verträge […] stehlen"[439]

---

435 BGH, Urt. v. 28.4.2015 – XI ZR 378/13, WM 2015, 1273 (1280). Das gilt jedenfalls dann, wenn sich das Spekulationsverbot nicht ausdrücklich aus dem jeweiligen Gemeinderecht, sondern z.B. aus Runderlassen oder allgemeinen Erwägungen ergibt. Ist die gemeindliche Spekulation hingegen landesrechtlich ausdrücklich mit einem Verbot belegt (wie z.B. im Freistaat Sachsen), so kommt eine Unwirksamkeit gem. § 134 BGB in Betracht, vgl. *Lehmann,* ZBB 2015, 282 (284).

436 *Franz,* BB 2009, 1250 (1257). Für Gesellschaften des Privatrechts wird sie allgemein abgelehnt, vgl. *Lehmann,* BKR 2008, 488 (489) m.w.N.; der BGH hat sie zur Begrenzung der Rechtsfähigkeit einer öffentlich-rechtlichen Körperschaft herangezogen, BGH, Urt. v. 28.2.1956 – I ZR 84/54, BGHZ 20, 119 (122–124).

437 So auch mit überzeugender Begründung *Lehmann,* BKR 2008, 488 (489); *ders.*, ZBB 2015, 282 (283); ebenso *Schmitt/Geier,* WM 2014, 1902 (1905).

438 So auch *Schmitt/Geier,* WM 2014, 1902 (1904).

439 *Lehmann,* BKR 2008, 488 (489).

können. Auch der BGH selbst lässt Zweifel daran erkennen, in Zukunft noch an der *Ultra-vires*-Lehre für juristische Personen des öffentlichen Rechts festhalten zu wollen.[440] Wollte man dennoch diese Lehre anwenden, so sprechen die weitreichenden Befugnisse der Selbstverwaltung dafür, kein Handeln außerhalb des Wirkungskreises anzunehmen. Dass der Staat Banken künftig gar nicht mehr oder zumindest nicht mehr im derzeitigen Maß unterstützen soll, ergibt sich aus ordnungspolitischen Erwägungen, nicht jedoch aus einer Begrenzung des staatlichen oder kommunalen Wirkungskreises.

Demzufolge ist der Erwerb von CoCo-Bonds durch juristische Personen des öffentlichen Rechts grundsätzlich wirksam. Es steht dem Gesetzgeber jedoch frei, eine gesetzliche Beschränkung einzuführen, die den Erwerb von CoCos durch juristische Personen des öffentlichen Rechts erfasst. Angesichts des ordnungspolitischen Zwecks von CoCos, demzufolge der Staat gerade nicht mehr die Verluste tragen soll, sollte eine solche Beschränkung erwogen werden. Sie bietet ein wirksames Instrument gegen den Erwerb und sorgt für Rechtssicherheit sowohl auf Seiten der Gemeinden als auch auf Seiten der Emittenten bzw. Verkäufer. Ein Beispiel könnte man sich an der Regelung der britischen FCA nehmen, die die Veräußerung von CoCos an Kleinanleger untersagt hat.[441]

Damit ist zunächst gesagt, welche Personen oder Institutionen nicht als Investoren für CoCo-Bonds geeignet sind. CoCo-Bonds können allerdings am Markt nur dann erfolgreich sein, wenn eine ausreichend breite Investorenbasis an ihnen interessiert ist und sie erwerben darf.[442] Dementsprechend stellt sich weniger aus rechtlicher als mehr aus wirtschaftlicher und tatsächlicher Sicht die Frage, welche Personen oder Institutionen geeignet sind, als Käufer von CoCos aufzutreten. Abstrakt sind solche Investoren geeignet, die nicht in Refinanzierungsschwierigkeiten geraten, wenn sich das in CoCos verkörperte Risiko realisiert.[443] Bei klassischen CoCo-Bonds muss der Investor also einen Tausch in Aktien sowie einen möglichen Wertverlust der Aktie hinnehmen können, ohne dabei andere Verbindlichkeiten nicht mehr erfüllen zu können. Für *Writedown*-Bonds gilt dieselbe Überlegung für die Abschreibung bei Eintritt des *Trigger Events*. Das Risiko des CoCo-Bonds darf sich also nicht auf die Befriedigung der Gläubiger des Investors auswirken.

---

440 BGH, Urt. v. 28.4.2015 – XI ZR 378/13, WM 2015, 1273 (1279).

441 *Financial Conduct Authority,* PS15/14: Restrictions on the retail distribution of regulatory capital instruments, https://www.fca.org.uk/your-fca/documents/policy-statements/ps15-14 (Stand: 22.10.2018).

442 Vgl. *Avdjiev/Bolton/Jiang* u.a. (o. Fn. 369), S. 6.

443 *Krahnen,* BB Die erste Seite 2013, Nr. 42.

Zu nennen sind zunächst wohlhabende und insbesondere gut informierte oder gut beratene Privatanleger, die von den oben genannten Ausschlussgründen nicht erfasst sind. Sie allein werden aber nur einen untergeordneten Beitrag leisten können, um die nötige Marktliquidität und das für einen Erfolg von CoCos erforderliche Marktvolumen aufzubringen. Die Voraussetzung, dass die Risiken nicht in die Finanzmärkte zurücktransferiert werden, ist auch bei stark diversifizierten Kapitalanlagegesellschaften erfüllt.[444] Das gilt umso mehr, wenn sie mit ihren Gläubigern lange Vertragslaufzeiten eingehen, nur restriktive Kündigungsrechte einräumen und sich variable Auszahlungen vorbehalten.[445] All diese Eigenschaften minimieren das Risiko von plötzlichen Liquiditätsproblemen und damit von Ausfallrisiken seitens der CoCo-Investoren gegenüber ihren Gläubigern. Deutlich praxisrelevanter als vermögende Privatpersonen dürften daher also institutionelle Investoren sein, die die genannten Eigenschaften aufweisen. Dazu zählen insbesondere Investmentfonds, vorwiegend in der Form von Hedgefonds, Pensionsfonds, aber auch Lebensversicherungsgesellschaften.[446]

Dabei darf nicht übersehen werden, dass sich Risiken für Kleinanleger ergeben können, wenn die eben genannten Investoren CoCos in größerem Umfang erwerben. Denkbar ist, dass Kleinanleger und Sparer in die Produkte von Hedgefonds, Pensionsfonds oder Lebensversicherern investieren, ohne sich dabei bewusst zu sein, dass die Produkte teilweise auf CoCos basieren können. Eine Gesellschaft oder ein Fonds, an der/an dem Kleinanleger unmittelbar oder mittelbar über andere Marktteilnehmer beteiligt sind, kann ohne Weiteres in CoCos investieren. Handelt es sich um einen entsprechend großen Investor, der die Vermögen vieler Sparer verwaltet, so kann sich die *too-big-to-fail*-Problematik auch außerhalb des Bankensektors ergeben. Das ist dann der Fall, wenn ein Ausfall des Investors erhebliche realwirtschaftliche Folgen hätte, da besonders viele Kundenvermögen betroffen sind. Eine solche Situation war bei der Krise 2007/2008 des US-amerikanischen Versicherungsunternehmens *AIG* zu beobachten. Die existenzbedrohende Wirkung für Sparer könnte den Staat zum *Bail-out* zwingen. Ein mögliches Veräußerungsverbot von CoCo-Bonds an Kleinanleger[447] würde umgangen werden. Nur eine ausreichende Diversifikation und durchdachte Sicherungssysteme können dafür sorgen, dass die Verluste

444 Ebda.

445 Vgl. *Krahnen*, BB Die erste Seite 2013, Nr. 42.

446 Ebda.

447 Vgl. dazu o. Kap. 2.III., S. 98.

nicht zum Ausfall gegenüber den Kunden führen. Es bietet sich zum Beispiel an, das Halten von CoCos nur solchen Fonds zu erlauben, die lediglich von professionellen und semiprofessionellen Anlegern i.S.v. § 1 Abs. 19 Nrn. 32 und 33 des Kapitalanlagegesetzbuchs (KAGB) erworben werden dürfen (Spezial-AIF, vgl. § 1 Abs. 6 KAGB).

Nicht förderlich wäre jedoch der Ansatz, auch institutionellen Investoren den Erwerb von CoCos zu verbieten. Sie könnten unter Umständen Umgehungslösungen entwickeln. Außerdem wäre ein Verbot ein weitreichender Einschnitt in die Erwerbsmöglichkeiten solcher Investoren. Das Verbot ließe sich in Abgrenzung zu anderen ebenfalls riskanten Investments kaum rechtfertigen. Zudem wäre die Marktfähigkeit von CoCo-Bonds enorm beeinträchtigt. Allein wohlhabende Privatanleger könnten dann noch die Instrumente erwerben. Dass jedoch nur wohlhabende Anleger Verluste aus Risiken tragen sollen und niemand sonst, kann nicht bezweckt sein. Ein entsprechendes Verbot wäre damit keine Alternative, um die Märkte zu schützen. Auch ein Verbot, CoCos zu emittieren, ist angesichts der angestrebten ordnungspolitischen Ziele keine Lösung. Auch andere Anleiheformen können hohe Risiken in sich tragen. CoCos zu verbieten und andere Instrumente als zulässig anzusehen, wäre schlichtweg willkürlich. Die Gefahr, Risiken in andere Teile des Finanzmarkts zu transferieren, ist kein CoCo-spezifisches Problem, es besteht vielmehr auch bei anderen Anlageformen. Deshalb ist die Lösung bei den jeweiligen Investoren zu suchen. Das KAGB bietet dafür die geeigneten Instrumente.

Als Inhaber von CoCos kommen auch Managementmitglieder eines Emittenten in Frage, deren Vergütung in Teilen aus CoCo-Bonds besteht.[448] Damit kann eine enge Verbindung von Gehaltsbestandteilen und Unternehmensinteresse geschaffen werden.[449] Auch ordnungspolitische Ziele können auf diesem Weg verfolgt werden. Im Mittelpunkt steht dabei, die exzessive Eingehung von Risiken zu unterbinden.[450] Die entsprechenden Bonds ließen sich mit einem besonders hohen *Trigger* versehen, um entsprechend starke Anreize zu setzen und weniger Spielraum für hohe Risiken einzuräumen.[451] Als problematisch könnte sich bei CoCo-Bonds als Vergütungsbestandteil jedoch erweisen, dass sie kurzfristig zur Verfügung stehen müssen und die Emission zum passenden Zeitpunkt organisatorisch aufwändig und teuer ist.[452] Aus diesem Grund ist absehbar, dass sich

448 Siehe dazu bereits aus Sicht des Emittenten o. Kap. 2.I., S. 79.

449 *Seiler/Fischer*, ECFR 2015, 425 (431).

450 *Seiler/Fischer*, ECFR 2015, 425.

451 Dafür *Kaal*, 69 Washington & Lee Law Review (2012), 1821 (1855).

452 *Seiler/Fischer*, ECFR 2015, 425 (428).

eher synthetische Abbildungen von CoCo-Bonds auf vertraglicher Grundlage als Vergütungsbestandteile etablieren werden.[453]

In der Literatur wird zudem eine Investition durch staatliche Stellen diskutiert. Im Mittelpunkt steht dabei die Überlegung, CoCos zum Bestandteil der Bankenabgabe i.S.d. § 12 Abs. 1 RStruktFG[454] zu machen, indem die Abgabe in CoCo-Bonds der Banken angelegt wird.[455] Das soll den Vorteil haben, dass die von den Banken erhobenen Abgaben dem Bankensystem als Ganzem erhalten bleiben.[456] Weiterhin werden begrenzte Anreizwirkungen des Restrukturierungsfonds als Argument ins Feld geführt, sobald dieser seine Größe erreicht hat. Der Fonds soll gem. § 12a RStruktFG bis Ende 2024 seine Zielgröße (70 Mrd. €[457]) erreicht haben. Danach ist keine weitere Bankenabgabe vorgesehen. Anreizwirkungen, die durch die derzeitige Abgabe gesetzt werden, entfallen mit Erreichen der Zielausstattung. Würden die Mittel in CoCos reinvestiert werden, so würde die Bank wegen der fortzuzahlenden Coupons weiterhin einen Beitrag zum Fonds leisten. Damit ginge von der indirekten Abgabe weiterhin eine Anreizwirkung aus.[458]

Bei einem solchen Vorgehen stellen sich jedoch zwei essentielle Probleme. Das Erste ist technischer Natur und betrifft eine etwaige neue Systemkrise. Sollten Institute in die Krise geraten und Maßnahmen des Restrukturierungsfonds erforderlich werden, so könnte bei einer festen Anlage in CoCo-Bonds die Liquidität des Fonds stark gefährdet sein. Das verstieße gegen § 12 Abs. 4 S. 1 RStruktFG. Allein mit Forderungen aus einer Anleihe gegen eine Bank wird man die Gläubiger einer anderen Bank nicht entschädigen können. Als zweites Problem zeigt sich, dass die Mittel zu einem *Bail-in* des Gläubigers führen können, wenn das *Trigger Event* erreicht ist. Ist der Gläubiger eine staatliche

---

453 *Seiler/Fischer*, ECFR 2015, 425 (459 ff.).

454 Restrukturierungsfondsgesetz vom 9. Dezember 2010 (BGBl. I S. 1900, 1921), das zuletzt durch Artikel 4 des Gesetzes vom 2. November 2015 (BGBl. I S. 1864) geändert worden ist.

455 *Rudolph*, ZHR 175 (2011), 284 (315); *ders.*, Experte bricht Lanze für CoCo-Bonds, *Börsen-Zeitung* v. 25.9.2010, S. 4.

456 *Rudolph*, ZHR 175 (2011), 284 (315).

457 *Deutsche Bundesbank*, Glossareintrag zu Restrukturierungsfonds, https://www.bundesbank.de/Redaktion/DE/Glossareintraege/R/restrukturierungsfonds.html (Stand: 11.03.2016).

458 *Issing-Commission*, Criteria for a workable approach towards bank levies and bank restructuring – Memo for the June 2010 meeting of the G20 in Toronto, Fn. 4, http://publikationen.ub.uni-frankfurt.de/opus4/frontdoor/index/index/docId/7911 (Stand: 20.10.2018).

Institution, z.B. eine Gemeinde[459] oder der Restrukturierungsfonds, der gem. § 1 Abs. 2 RStruktFG ein Sondervermögen des Bundes ist, so wird im Ergebnis eine staatliche Institution an den Verlusten beteiligt. Das wiegt zwar bei diesem Fonds auf den ersten Blick nicht so schwer, da er ohnehin nicht aus Steuergeldern, sondern aus einer Bankenabgabe gespeist wird. Mit der Umwandlung erhöht sich jedoch insbesondere bei einer Systemkrise die Gefahr, dass die Mittel des Restrukturierungsfonds für die erstrebten Ziele nicht ausreichen und subsidiär der Steuerzahler haftet. Demzufolge erweist sich ein Re-Investment in CoCo-Bonds als überaus bedenklich:

> „[…] *some serious errors have crept in* [CoCos] *design: for instance,* […] *by letting distressed banks sell cocos to agencies of their own government.*"[460]

## 2.IV. Das tatsächliche Investorenumfeld

Die angestellten theoretischen Überlegungen zu potentiellen Inhabern von CoCo-Bonds stehen im Widerspruch zur Realität, was auf den ersten Blick verwundern mag. Die Erhebungen zu CoCo-Investoren sind rar, dennoch lässt sich ein vages Bild der Wirklichkeit zeichnen. Die ersten emittierten CoCo-Bonds wurden vorwiegend an Kleinanleger ausgegeben. Der Anteil hat nach Schätzungen bei ungefähr der Hälfte der emittierten CoCos gelegen.[461] Dieser ungewöhnliche Umstand könnte sich aus zwei Fakten ergeben: Einerseits begannen die ersten Emissionen bereits in einem Niedrigzinsumfeld, in dem viele Anleger, unter anderem auch Kleinanleger, auf der Suche nach hohen Renditen waren. CoCo-Bonds konnten mit den gewünschten Renditen aufwarten.[462] Der hohe Anteil an Privatinvestoren könnte andererseits auch den besonderen Umständen der ersten und bisher größten Emission geschuldet sein. Als die *Lloyds Banking Group* 2009 den ersten CoCo-Bond emittierte, begab sie das Papier als Umtauschpapier gegen alte Anleihen. Keine andere britische börsennotierte Gesellschaft vereint so viele Kleinanleger als Mitglieder einer Kapitalgesellschaft wie die *Lloyds Banking Group.*[463] Zunächst lässt diese Angabe nur Rückschlüsse auf die kleinanlegerlastige Aktionärsstruktur der Bank zu. Es ist jedoch naheliegend, dass auch die alten Anleihen, gegen die die CoCo-Bonds umgetauscht wurden, zu signifikanten Teilen von Kleinanlegern gehalten wurden.

---

459 Siehe dazu o. Kap. 2.III., S. 102 ff.

460 *v. Furstenberg* (o. Fn. 54), S. 70.

461 Vgl. *Avdjiev/Bolton/Jiang* u.a. (o. Fn. 369), S. 6.

462 Vgl. ebda.

463 *Steevens,* Börsen-Zeitung vom 25.11.2009, S. 5.

Demzufolge könnten viele Kleinanleger durch den Umtausch zur Inhaberschaft des ersten CoCo-Bonds gekommen sein. Diese These findet Unterstützung in Zahlen, die in einem Urteil des *England and Wales High Court of Justice* genannt werden. Das Gericht hatte sich im Fall *BNY Mellon Corporate Trustee Services Ltd v LBG Capital No. 1 Plc & Anor [2015] EWHC 1560 (Ch)* vom 3. Juni 2015 mit der Frage zu befassen, ob die in Frage stehenden CoCos vor Laufzeitende vom Emittenten zurückerworben werden durften. Es ging dabei tatsächlich um die von der *Lloyds Banking Group* (hier aufgetreten als *LBG Capital*) im Jahr 2009 begebenen *Enhanced Capital Notes* (ECNs). Das Gericht führte eingangs aus, dass bei dem Umtausch der alten Anleihen in die neuartigen ECNs ungefähr 123.000 Kleinanlegern das Umtauschangebot unterbreitet wurde, von denen ca. 86%, also 106.000 Kleinanleger annahmen. Der Nominalwert eines CoCos betrug ausweislich der Anleihebedingungen[464] zwischen 100.000 und 199.000 US$. Auch hier kamen daher schon aus rein faktischen Gründen nur vermögende Anleger als Erwerber in Betracht. Einer rechtlichen Untersagung, die es damals noch nicht gab, bedurfte es nicht.

Die verfügbaren Zahlen zu den ersten CoCos lassen vermuten, dass lediglich ca. ein Drittel der Instrumente von Vermögensverwaltungsgesellschaften erworben wurden und jeweils weniger als zehn Prozent von Hedgefonds, Lebensversicherern und Banken.[465] Im weiteren Verlauf hat sich das Verhältnis geändert und der Anteil von privaten Investoren ist gesunken. Das ist insbesondere darauf zurückzuführen, dass der Nominalwert von späteren CoCos weiterhin hoch war, in der Presse die außerordentlichen Risiken von CoCos hervorgehoben wurden und dass in Großbritannien, wo ein Schwerpunkt der Investitionen liegt[466], die Veräußerung von CoCos an Privatanleger untersagt wurde.[467]

Zahlen, welche sich auf den Zeitraum zwischen April 2013 und März 2014 beziehen, lassen als Tendenz erkennen, dass zunehmend Vermögensverwaltungsgesellschaften in CoCos investieren (ca. 60%).[468] Dafür gibt es einen nachvollziehbaren Grund. Während die ersten CoCo-Bonds ausschließlich *Debt-Equity-Swaps* auf Vorrat waren, wurden in der Folge immer mehr CoCos

464 *Lloyds Banking Group plc.* (o. Fn. 417), S. 21.

465 *Avdjiev/Bolton/Jiang* u.a. (o. Fn. 369), S. 9.

466 Vgl. *Avdjiev/Bolton/Jiang* u.a. (o. Fn. 369), S. 6 f.

467 *Financial Conduct Authority*, PS15/14: Restrictions on the retail distribution of regulatory capital instruments, https://www.fca.org.uk/your-fca/documents/policy-statements/ps15-14 (Stand: 22.10.2018).

468 Vgl. *Avdjiev/Bolton/Jiang* u.a. (o. Fn. 369), S. 6.

in der Ausgestaltung als *Writedown*-Bonds begeben.[469] Diese besondere Ausgestaltungsform ist den meisten Vermögensverwaltern und Rentenanlegern zugänglich, wohingegen Instrumente, die gegen Aktien getauscht werden können, von vielen Vermögensverwaltern und Rentenanlegern wegen deren Anlagevorschriften nicht erworben werden dürfen.[470]

Daneben haben in jüngerer Vergangenheit vermehrt Banken in CoCo-Bonds investiert.[471] Auch Hedgefonds sind nach den ersten Emissionen aktiver geworden und machen jetzt einen signifikanten Anteil der Investoren aus.[472] Sogar spezielle CoCo-Bond-Fonds wurden bereits aufgelegt.[473]

In Zukunft ist ein noch größerer Schwerpunkt bei den institutionellen Investoren zu erwarten. Grund dafür ist, dass die großen Ratingagenturen sich zunehmend den CoCo-Bonds widmen und die Bewertung durch eine Ratingagentur für viele institutionelle Investoren Voraussetzung ist, in das entsprechende Instrument zu investieren.[474] In der Vergangenheit haben die Ratingagenturen ausgesprochene Zurückhaltung bei der Bewertung von CoCos gezeigt.[475] Dafür lassen sich mehrere Gründe anführen. Zum einen haben es die verschiedenen aufsichtsrechtlichen Behandlungen von CoCos in den unterschiedlichen Rechtsordnungen erschwert, eine einheitliche Bewertung der Instrumente zu etablieren.[476] Zum anderen sind einige CoCos mit *Trigger Events* verbunden, die den *Debt-Equity-Swap* oder den *Writedown* in das Ermessen einer Aufsichtsbehörde stellen. Das verursacht Unsicherheiten und erschwert die Bewertung von Risiken. In der jüngeren Vergangenheit wurden dennoch Konzepte zur Bewertung von CoCos entwickelt und die Ratingagenturen beginnen, sich der Bewertung von CoCos zuzuwenden.[477] Damit erschließt sich ein größeres potentielles Investorenumfeld.

---

469 *Nordal/Stefano* (o. Fn. 328), S. 7.

470 *Fernández*, Contingent convertible instruments and the brave new world of regulatory capital. Web – Practical Law (ThomsonReuters), https://uk.practicallaw.thomsonreuters.com/7-501-5719?transitionType=Default&contextData=(sc.Default) (Stand: 20.10.2018); *Frank* (o. Fn. 329), S. 2.

471 *Avdjiev/Bolton/Jiang* u.a. (o. Fn. 369), S. 6.

472 *Günther*, in: *Vollmar/Becker/Hoffend* (Hrsg.), Macht des Vertrauens, S. 112 f.

473 Ebda.

474 *Avdjiev/Kartasheva/Bogdanova*, BIS Quarterly Review, Sep. 2013, 43 (50).

475 Ebda.

476 Ebda.

477 Ebda.

Praktisch von geringer Bedeutung, dafür jedoch von großem symbolischen Wert ist die Auszahlung von CoCos als Bestandteil der Managementvergütung. Insbesondere die *Barclays plc.* hat von dieser Gestaltungsmöglichkeit schon früh Gebrauch gemacht.[478]

Neben diesen Managementvergütungsbestandteilen, die ihrer Natur nach nicht über die Kapitalmärkte emittiert werden, sondern vom Emittenten direkt an den Inhaber übertragen werden, gab es in der Vergangenheit auch andere bedeutende OTC-Transaktionen über CoCo-Bonds (*non-public issues*/Privatplatzierungen). So hat die deutsche Versicherung *Allianz SE* 500 Mio. € Fremdkapital vom japanischen Versicherer *Nippon Life* gegen die Emission von CoCos erhalten.[479] Die irische Bank *Allied Irish Banks plc.* (*AIB*) emittierte CoCos im Wert von 1,6 Mrd. € – Geldgeber war die irische Regierung.[480] Die größte nichtöffentliche Emission erfolgte durch die *Credit Suisse*, die gegen CoCo-Bonds rund 4,6 Mrd. € (6,2 Mrd. US$[481]) von der *Qatar Holding LLC* sowie von der *The Olayan Group* erhielt.[482]

Sanierungsinvestoren spielen – soweit ersichtlich – bisher keine Rolle. Ihnen stehen wohl andere Instrumente zur Verfügung, die eine größere Planungssicherheit im Hinblick auf den Eintritt in die Aktionärsstellung bieten.

---

478 *Moshinsky*, Barclays Pays Top Staff 7% Interest on Deferred Cash Bonuses, http://www.bloomberg.com/news/articles/2011-05-17/barclays-pays-top-investment-bankers-7-interest-on-deferred-cash-bonuses (Stand: 21.10.2018).

479 *Schmitt/Cünnen*, Handelsblatt v. 06.07.2011, S. 32.

480 *Reuters*, REG – Allied Irish Banks – AIB – Listing of Contingent Capital Notes, http://www.reuters.com/article/2011/10/27/idUS243442+27-Oct-2011+RNS20111027 (Stand: 10.08.2015).

481 Umrechnungskurs 1 €:1,35 US$ am 14.02.2011.

482 *Wabl*, Credit Suisse agrees to sell $ 6.2 Billion of CoCos, http://www.bloomberg.com/news/articles/2011-02-14/credit-suisse-places-sf6-billion-in-tier-1-buffer-capital-notes (Stand: 21.10.2018).

# Kapitel 3 CoCos in der Kapitalstruktur von Körperschaften

## 3.I. Einfluss staatlicher Institutionen

CoCo-Bonds müssen in ihrer Ausgestaltung und Funktion vor dem Hintergrund der Finanzkrise 2007/2008 untersucht werden. Die Verwerfungen auf den internationalen Finanzmärkten haben die Gesetzgeber der betroffenen Länder und insbesondere auch der Europäischen Union dazu veranlasst, weitreichende Änderungen im Bank- und Kapitalmarktrecht zu beschließen. Der Kreativität sind bei der Ausgestaltung von CoCo-Bonds nur wenige rechtstechnische Grenzen gesetzt.[483] Dennoch ist es nicht sinnvoll, alle möglichen Ausgestaltungen auch tatsächlich umzusetzen. Die Modifikationen im Bank- und Kapitalmarktrecht zwingen die Marktteilnehmer weniger aus rechtstechnischen als mehr aus rechtspraktischen Gründen dazu, CoCo-Bonds mit bestimmten Merkmalen zu emittieren, da sie den Emittenten nur dann gewisse Vorteile gewähren, wenn sie bestimmte Voraussetzungen erfüllen. Der Rahmen der *sinnvollen* Ausgestaltungsformen wird dabei durch die Gesetzgeber und Aufsichtsbehörden vorgegeben, ohne dass der Gesetzgeber den Rahmen der rechtlich *möglichen* Ausgestaltungsformen definiert. Das bedeutet, dass CoCo-Designs, die aus dem Rahmen der staatlich unterstützten Formen fallen, keineswegs verboten sein müssen. Dennoch bewegen der Gesetzgeber und die Aufsichtsbehörden als staatliche Institutionen die Emittenten und deren Vertragspartner dazu, auf unterstützte Ausgestaltungsformen zurückzugreifen, sodass die rechtlichen Vorgaben entscheidenden Einfluss auf die Architektur von CoCo-Bonds haben.[484]

Mit dem Phänomen, wie sich Vorgaben staatlicher Einrichtungen auf die grundsätzlich von der Privatautonomie geprägte Vertragspraxis auswirken, befasst sich die sogenannte *Neue Institutionenökonomik*. Sie analysiert die Wirkung allgemeiner, formaler oder informeller Regelungen unter anderem staatlicher Institutionen auf die Wirtschaft.[485] Dies beinhaltet unter anderem die Frage, wie „die möglichen Verhaltensweisen der Einzelnen durch die Anwendung von Sanktionen [eingeschränkt werden].“[486] Im Bankrecht spielen staatliche

---

483 *Florstedt*, ZHR 180 (2016), 152 (169).

484 Vgl. *Bou Sleiman*, CoCo-Bonds, S. 94.

485 *Richter/Furubotn*, Neue Institutionenökonomik, S. 7.

486 Ebda.

Sanktionen eine herausragende Rolle, da Aufsicht und Regulierung einen Rahmen vorgeben, der Anreize für das Management einer Bank setzt. Banken haben ein Interesse daran, die rechtlichen Möglichkeiten in vollem Umfang auszunutzen, da der erwähnte Rahmen die Ertragsmöglichkeiten beeinflussen kann:

> „*Bankers generally act in response to the incentives they are given* […].“[487]

Im Kern geht es darum, dass CoCos die Verlustverteilung auch auf die Gläubiger des Emittenten sicherstellen sollen, sodass staatliche *Bail-outs* zulasten der Steuerzahler und zugunsten der Gläubiger in zukünftigen Krisen entbehrlich werden. Außerdem sollen CoCos helfen, die Gefahr des *moral hazard* einzudämmen. Den Teilnehmern an den Finanzmärkten sollen Anreize geboten werden, die eingegangenen Risiken genau zu überprüfen, da sie nicht mehr auf Unbeteiligte abgewälzt werden können. Diese Ziele können nur dann erreicht werden, wenn das Instrument in ausreichendem Maß ausgegeben wird und bestimmte Eigenschaften aufweist, die die Verlustteilnahme sicherstellen und den verschiedenen Akteuren bestimmte Anreize (*Incentives*) setzen. Um dieses Ziel zu erreichen, könnten Gesetzgeber die Emission von CoCos in einem bestimmten Mindestvolumen zwingend vorschreiben. Problematisch ist dabei jedoch, dass damit nicht sichergestellt wäre, dass die Instrumente am Markt auch tatsächlich angenommen werden und sich genügend Investoren finden. Auch eine Preisfindung nach Marktgrundsätzen (Angebot und Nachfrage) wäre damit gefährdet. Grund dafür ist, dass die Emittenten in Veräußerungsnot geraten könnten und die Bonds unter dem sonst erzielbaren Preis verkaufen müssten. Außerdem wäre ein solcher Zwang in den meisten Rechtsordnungen ein weitreichender Eingriff in grundrechtlich geschützte Güter, insbesondere in die allgemeine Handlungsfreiheit (vgl. für Deutschland Art. 2 Abs. 1 i.V.m. Art. 19 Abs. 3 GG). Ein solcher Eingriff kann zwar gerechtfertigt werden, dennoch ist es für den Gesetzgeber einfacher und wegen der benötigten Marktakzeptanz auch wirksamer, die Emission nicht zwingend vorzuschreiben, sondern vielmehr wirtschaftliche Anreize zur Emission zu setzen. Im Mittelpunkt dieser Anreizpolitik steht die Anerkennung von CoCos als Eigenkapitalbestandteil. Eigenkapital ist das einem Rechtsträger

> „[…] *von den Eigentümern zugeführte* [bei der AG in Form von Grundkapital, bei der GmbH in Form von Stammkapital] *oder von dem Unternehmen erwirtschaftete und ihm belassene Kapital abzüglich der Verluste und Entnahmen.*“[488]

487 *Admati/Hellwig* (o. Fn. 13), S. 162.

488 *Fischer/Boegl*, in: *Schimansky/Bunte/Lwowski*, § 129 Rn. 1.

Es erfüllt insbesondere eine Haftungs- und Garantiefunktion.[489] Während es für viele Gesellschaften zudem Finanzierungsfunktion hat, finanzieren Banken und Versicherungsunternehmen ihre Geschäftstätigkeit zu weiten Teilen aus Fremdkapital, insbesondere aus Einlagen und Anleihen.[490] Zwar kann Fremdkapital den Finanzierungsbedarf ohne Weiteres abdecken, es kann jedoch grundsätzlich keine Haftungs- und Garantiefunktion erfüllen. Das gilt jedenfalls dann, wenn es nicht endgültig zur Befriedigung anderer Gläubiger genutzt werden kann, sondern seinerseits zurückzuzahlen ist. Die Rückzahlbarkeit ist ein wesentliches Merkmal von Fremdkapital. Demzufolge ist es essentiell, die Geschäftstätigkeit von Banken und Versicherungen so zu begrenzen, dass wenigstens ein Anteil der Tätigkeit durch die Haftungs- und Garantiefunktion des Eigenkapitals abgesichert ist. Das Aufsichtsrecht erreicht diese Begrenzung, indem Banken und Versicherungen ihre Tätigkeiten (gemessen an den Aktiva bzw. an den risikobehafteten Aktiva, denn für risikolose Aktiva wird eine Haftungs- und Garantiefunktion nur eingeschränkt verlangt) zu bestimmten Anteilen mit Eigenkapital unterlegen müssen. Durch das begrenzte Volumen des Eigenkapitals wird auch das Volumen der Geschäftstätigkeit begrenzt (aufsichtliche Steuerungsfunktion des Eigenkapitals[491]).

Eigenkapital ist jedoch keine unveränderliche Größe. Die oben genannte Definition zeigt, dass es einerseits durch zusätzliche Mittel der Gesellschafter erhöht werden kann (Kapitalerhöhung) und andererseits durch einbehaltene Gewinne vergrößert werden kann. Wirtschaftlich hat das den Vorteil, dass der Handlungsspielraum des Emittenten wächst. Nachteil von mehr Eigenkapital ist, dass es üblicherweise als teurer angesehen wird.[492] Daraus ergibt sich das bereits in der Einleitung auf S. 4 verdeutlichte Dilemma für den Emittenten: Einerseits muss ein Kreditinstitut bemüht sein, den Eigenkapitalanteil möglichst gering zu halten, um die Kosten zu senken. Andererseits sollte es viel Eigenkapital vorrätig halten, um sich hinreichende Spielräume insbesondere zur Ausschöpfung von Marktchancen zu verschaffen.[493]

An diesem Dilemma setzt der durch den Gesetzgeber geschaffene Anreiz zur Emission von CoCos an. Sie verbinden als hybride Finanzinstrumente die

489 *Fischer/Boegl*, in: *Schimansky/Bunte/Lwowski*, § 129 Rn. 1.

490 *Fischer/Boegl*, in: *Schimansky/Bunte/Lwowski*, § 129 Rn. 1; vgl. dazu bereits ausführlich o. Kap. 1.III., S. 42 f.

491 *Fischer/Boegl*, in: *Schimansky/Bunte/Lwowski*, § 129 Rn. 1.

492 *Fischer/Boegl*, in: *Schimansky/Bunte/Lwowski*, § 129 Rn. 7; krit. dazu *Admai/Hellwig* (o.Fn. 13), S. 101 ff.; vgl. auch o. Kap. 1.III., S. 42.

493 Vgl. *Fischer/Boegl*, in: *Schimansky/Bunte/Lwowski*, § 129 Rn. 7.

Merkmale von Fremdkapital mit Merkmalen von Eigenkapital. CoCo-Bonds sind ein rechtliches Chamäleon.[494] Unter welchen Voraussetzungen das der Fall ist und wann CoCos für die Emittenten eine Alternative zur Emission von klassischen Eigenkapitalinstrumenten darstellen, bestimmen die Gesetzgeber und gegebenenfalls die Aufsichtsbehörden.

## 3.II. Basel III, CRD-IV und CRR als rechtlicher Rahmen für CoCo-Bonds

### A. Einführung

Die regulatorischen Rahmenwerke für Kredit- und Finanzinstitute werden seit Ende der 80er Jahre des 20. Jahrhunderts entscheidend durch den *Basler Ausschuss für Bankenaufsicht* beeinflusst. Nach dem Ausbruch der Finanzmarktkrise 2007/2008 entwickelte der Ausschuss seine bis dahin ausgearbeiteten Eigenkapitalvorschriften Basel I und Basel II fort, um unter Basel III neue Standards zu formulieren.[495] Er war damit impulsgebend für Reformen der nationalen Bank- und Kapitalmarktrechtsvorschriften.

Die Verflechtungen auf den Finanzmärkten und die sich daraus ergebenden Ansteckungseffekte haben gezeigt, dass nationale Maßnahmen allein nicht ausreichen, um die globalen Finanzmärkte zu regulieren und zu beaufsichtigen.[496] Die Europäische Union ist daraufhin tätig geworden und hat die auf Banken anwendbaren Vorschriften harmonisiert und die bisher bestehenden Eigenkapitalrichtlinien durch die CRD-IV sowie insbesondere die CRR ersetzt. Beide Regelwerke basieren auf den Basel III-Standards.[497] Die CRR gilt seit dem 01. Januar 2014 (vgl. Art. 520 Abs. 2 CRR), die CRD-IV war bis zum 31. Dezember 2013 in nationales Recht umzusetzen (vgl. Art. 162 Abs. 1 CRD-IV).

Vor der Anwendbarkeit der CRR enthielt das deutsche Kreditwesengesetz (KWG) in § 10 Vorgaben zur Eigenkapitalunterlegung, die durch die Solvabilitätsverordnung (SolvV) konkretisiert wurden. Nunmehr bestimmt die CRR zentral, wie bestimmte Risiken mit Eigenkapital unterlegt sein müssen. Die SolvV äußert sich fortan nur noch zu einzelnen Detailfragen. Auch vermeintlich

---

494 Vgl. *Kaal/Henkel* (o. Fn. 17), S. 275 f.; siehe dazu bereits o. Einleitung S. 25.

495 *Haug*, in: *Schimansky/Bunte/Lwowski*, § 133a Rn. 1; vgl. dazu ausführlicher o. Kap. 1. III., S. 41.

496 *Haug*, in: *Schimansky/Bunte/Lwowski*, § 133a Rn. 6.

497 Siehe dazu Erwägungsgrund 79 zur CRD-IV sowie Erwägungsgründe 1 und 41 zur CRR.

risikolose Geschäfte sollen zukünftig durch eine sogenannte Höchstverschuldungsquote (*Leverage Ratio*) begrenzt werden (vgl. Art. 511 Abs. 2 CRR).[498] Dabei wird nicht grob zwischen Eigen- und Fremdkapital unterschieden, sondern die CRR sieht – wie es grundsätzlich auch schon der alte § 10 KWG kannte – verschiedene Kapitalbestandteile vor, die dem Eigenkapital (aufsichtsrechtlich *Eigenmittel* genannt, vgl. Teil 2 der CRR i.V.m. Art. 4 Abs. 1 Nr. 118 CRR sowie Art. 72 CRR) zugerechnet werden.

## B. Eigenmittel – *Total Capital*

Gemäß Art. 92 Abs. 1 müssen Institute eine harte Kernkapitalquote von 4,5%, eine Kernkapitalquote von 6% sowie eine Gesamtkapitalquote von 8% (Eigenmittelunterlegung, siehe Art. 92 Abs. 2 lit. c CRR) erfüllen (vgl. Abb. 1 und 2). Bei den Prozentsätzen handelt es sich laut Art. 92 Abs. 2 litt. a-c CRR um Mindestanteile gemessen an den RWAs, die nach den Vorgaben von Art. 92 Abs. 3 CRR zu ermitteln sind. Die risikogewichteten Aktivposten der Bilanz sind also insgesamt mit 8% Eigenmitteln (engl. *Total Capital*[499]) zu unterlegen (vgl. Abb. 1 und 2). Davon müssen 6% der RWAs aus Kernkapital (engl. *Tier1-Capital*[500]) bestehen, mindestens 4,5% der RWAs müssen aus hartem Kernkapital (engl. *Common Equity Tier1-Capital*, CET1[501]) bestehen. Das Kernkapital setzt sich gem. Art. 25 CRR seinerseits aus hartem Kernkapital und aus zusätzlichem Kernkapital (engl. *Additional Tier1-Capital*, AT1[502]) zusammen. Die Eigenmittel setzen sich gem. Art. 72 CRR aus dem Kernkapital *Tier1* und dem Ergänzungskapital (engl. *Tier2-Capital*[503], definiert in Art. 71 CRR[504]) zusammen (vgl. Abb. 2).

498 Vgl. hierzu ausführlich *Haug*, in: *Schimansky/Bunte/Lwowski*, § 133a Rn. 52–54.
499 *Basel Committee on Banking Supervision* (o. Fn. 102, dort überarbeitete Fassung), S. 12.
500 Ebda.
501 Ebda.
502 Ebda.
503 Ebda.
504 Das Ergänzungskapital eines Instituts besteht aus den Posten des Ergänzungskapitals (Art. 62) nach den Abzügen gemäß Art. 66 und nach Anwendung des Artikels 79.

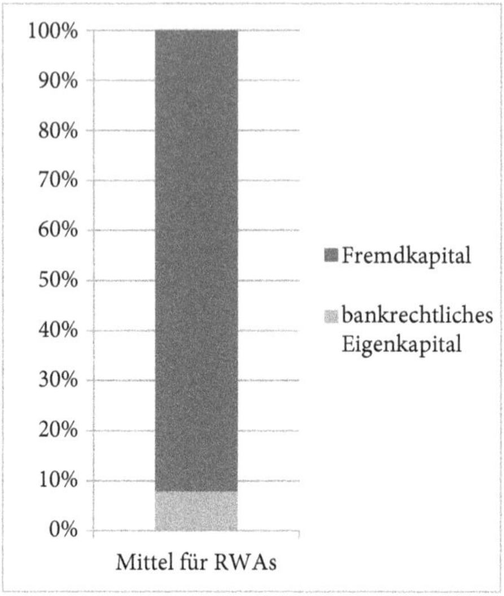


**Abb. 1:** Mindesteigenmittelunterlegung nach Art. 92 Abs. 1 CRR (*Total Capital*) (eigene Darstellung)

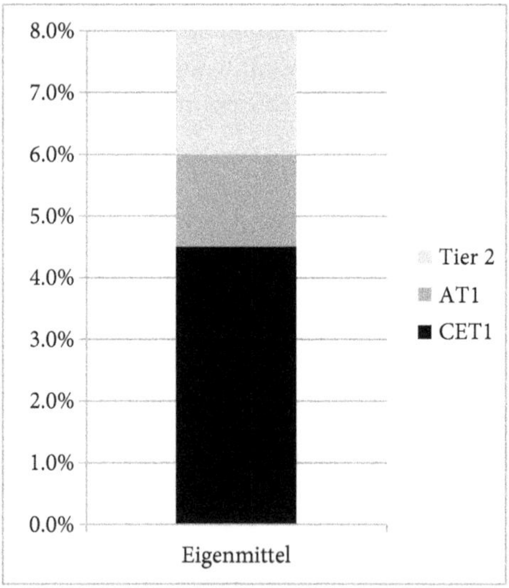


**Abb. 2:** Eigenmittelbestandteile gem. Art. 92 Abs. 1 CRR (*CET1+AT1+Tier2=Total Capital*) (eigene Darstellung)

Basel III bezeichnet das gesamte Kernkapital dabei als *going-concern*-Kapital, das die Fortführung des Geschäftsbetriebs sicherstellt.[505] Gemeint ist damit, dass es auch dann die Eigenkapitaleigenschaften aufweist, wenn der Emittent nicht insolvent ist. Es ist demnach auch während des gewöhnlichen Geschäftsbetriebs nicht zurückzuzahlen und nimmt an den Verlusten teil.[506] Das Ergänzungskapital wird hingegen als *gone-concern*-Kapital bezeichnet.[507] Es weist nur in der Insolvenz/Abwicklung Eigenkapitaleigenschaften auf[508], da der Schuldner es nur dann nicht zurückzuzahlen hat und es nur dann an Verlusten teilnimmt. Während die Mindestquote für das CET1 und das *Total Capital* genau vorgegeben sind, bildet das AT1 die Differenz zwischen *Tier1-Capital* und CET1. Es kann aus Instrumenten bestehen, die die Anforderungen des AT1 erfüllen (vgl. Art. 52 CRR). Der Emittent muss aber nicht zwingend AT1-Instrumente begeben. Er muss zur Erfüllung der 6%-Quote an *Tier1* nicht CET1 und AT1 vorhalten, stattdessen kann er die Anforderung auch vollkommen mit dem höherwertigen CET1 erfüllen[509], wenn es die Mindestquote des *Tier1-Capitals* erreicht. Gleiches gilt für das *Tier2*. Seine Höhe ergibt sich aus der Differenz zwischen *Tier1* und *Total Capital*. Es darf aus Instrumenten bestehen, die die Anforderungen an *Tier2-Capital* erfüllen (vgl. Art. 63 CRR). Es kann aber ebenso gut aus Kapital bestehen, das die höheren Anforderungen für *Tier1* in Form von AT1 oder sogar in Form von CET1 erfüllt.[510]

## C. Kapitalpuffer

Zusätzlich zum harten Kernkapital i.H.v. 4,5% haben die Institute gem. § 10c Abs. 1 S. 1 KWG einen Kapitalerhaltungspuffer (engl. *Capital Conservation Buffer*) vorzuhalten, der gemäß Satz 2 zwingend 2,5% der RWAs beträgt.

Hintergrund dieses Kapitalerhaltungspuffers ist ein regulatorisches Paradoxon, das sich aus den Basel II-Vorgaben ergab. Eigenkapital hat bankrechtlich eine Doppelfunktion: Es ist Verlustpuffer und zugleich Risikobegrenzer.[511] Wird es jedoch in voller Höhe als Risikobegrenzer genutzt, kann es nicht zugleich als

505 *Basel Committee on Banking Supervision* (o. Fn. 102, dort überarbeitete Fassung), S. 12; *Deutsche Bundesbank* (o. Fn. 109), S. 7.
506 Vgl. dazu *Schäfer*, ZHR 175 (2011), 319 (335).
507 *Basel Committee on Banking Supervision* (o. Fn. 102, dort überarbeitete Fassung), S. 12.
508 *Deutsche Bundesbank* (o. Fn. 109), S. 7.
509 Das ergibt sich aus Art. 3 CRR.
510 Das folgt ebenfalls aus Art. 3 CRR.
511 *Rudolph*, ZHR 175 (2011), 284 (293).

Verlustpuffer dienen. Es kann nicht Verluste abfedern, indem die angefallenen Verluste das Eigenkapital mindern und gleichzeitig die noch ausstehenden Risiken abdecken. Eine Verringerung des Eigenkapitals hätte damit unter Basel II automatisch dazu geführt, dass die Eigenkapitalvorschriften verletzt würden. Das Institut hätte mit Sanktionen bis hin zum Erlaubnisentzug rechnen müssen.[512] Besonders anschaulich wird dieses Dilemma von *Goodhart* verdeutlicht:

> *„The most salient metaphor and fable in prudential regulation is of the weary traveller who arrives at the railway station late at night, and, to his delight, sees a taxi there who could take him to his distant destination. He hails the taxi, but the taxi driver replies that he cannot take him, since local bylaws require that there must always be one taxi standing ready at the station. Required liquidity is not true, usable liquidity. Nor might I add, is required minimum capital fully usable capital from the point of view of a bank.“*[513]

Seine Funktion als Verlustpuffer konnte das Eigenkapital daher unter Basel II nicht erfüllen.[514] Stattdessen hatten es betroffene Institute vorgezogen, im Notfall Vermögenswerte zu veräußern, um den Eigenkapitalanforderungen wieder zu entsprechen.[515] Daraus kann sich ein gefährlicher Preisverfall der entsprechenden Aktiva ergeben.[516] Anders nach Basel III: Hier haben die Kapitalpuffer antizyklische Funktion.[517] Sie sollen der prozyklischen Verstärkerwirkung, die zur letzten Finanzkrise beigetragen hat, entgegenwirken.[518] Diese prozyklische Verstärkerwirkung hat sich einerseits aus übermäßigem Kreditwachstum und andererseits aus dem angesprochenen Preisverfall der Aktiva durch Notverkäufe ergeben. Der letztgenannte Punkt wurde mit dem Kapitalerhaltungspuffer adressiert (Artt. 129 ff. CRD-IV bzw. § 10c KWG). Er muss in jedem Falle vorgehalten werden, ist für alle Institute gleich hoch und dient der Beseitigung des oben genannten Paradoxons. Notverkäufe sollen nicht mehr notwendig sein. Er kann also abgeschmolzen werden und Verluste auffangen, ohne dass das Institut den Entzug der Bankerlaubnis zu befürchten hat.[519]

---

512 *Deutsche Bundesbank* (o. Fn. 109), S. 9.

513 *Goodhart,* Financial Stability Review (*Banque de France*) 2008 – Special Issue No. 11, 39 (41).

514 *Deutsche Bundesbank* (o. Fn. 109), S. 9.

515 *Issing/Bluhm*, in: *Hopt/Wohlmannstetter*, S. 81; *Rudolph*, ZHR 175 (2011), 284 (293).

516 *Rudolph*, ZHR 175 (2011), 284 (293).

517 Gem. Erwägungsgrund Nr. 79 CRD-IV soll sowohl der Kapitalerhaltungspuffer als auch der antizyklische Puffer antizyklisch wirken.

518 Erwägungsgrund Nr. 79 CRD-IV.

519 *Rudolph*, ZHR 175 (2011), 284 (318).

Hinzu kommt im Bedarfsfall ein durch die Aufsichtsbehörde zu bestimmender antizyklischer Kapitalpuffer (engl. *Countercyclical Buffer*) gem. § 10d Abs. 1 S. 1 i.V.m. Abs. 3 S. 1 und 2 KWG, der bis zu 2,5% der RWAs, soweit erforderlich aber auch mehr betragen kann (§ 10d Abs. 3 S. 4 KWG). Er wurde entwickelt, um die aus übermäßiger Kreditvergabe resultierende prozyklische Wirkung abzudämpfen (Art. 130 CRD-IV bzw. § 10d KWG).[520] Er soll in Zeiten wirtschaftlichen Wachstums die Eigenkapitalbasis vergrößern, um in schwierigen Zeiten Verluste absorbieren zu können.[521] Er ist also bei guter Konjunktur aufzubauen, um in Krisensituationen abgebaut werden zu können. Der antizyklische Kapitalpuffer wurde von der BaFin im Dezember 2015 mit Wirkung zum 01. Januar 2016 zum ersten Mal festgelegt und beträgt derzeit 0%.[522] Das liegt daran, dass die Folgen der letzten Finanzmarktkrise noch nicht überwunden sind und demnach noch keine Zeit ausreichenden wirtschaftlichen Wachstums erreicht ist. Diese Entwicklung zeigt sich auch an den gegenwärtig besonders niedrigen Leitzinsen der Zentralbanken. Sowohl niedrige Zinsen als auch niedrige Kapitalpufferanforderungen sollen die Kreditvergabe erleichtern. Die Aufsicht stellte bisher keine übermäßige Kreditvergabe fest.[523]

Auch der Abbau des antizyklischen Puffers führt noch nicht dazu, dass die Mindesteigenmittelvorgaben verletzt werden. Es droht somit kein Erlaubnisentzug. Sowohl für den Kapitalerhaltungspuffer als auch für den antizyklischen Puffer gilt jedoch, dass das Institut in der Ausschüttung von Beträgen beschränkt ist, so lange die geforderten Puffer nicht vorgehalten werden (§ 10i Abs. 3 KWG i.V.m. § 10 Abs. I S. 1 Nr. 5 lit. e KWG i.V.m. § 37 SolvV). Durch diese Ausschüttungssperre wird das Eigenkapital nicht noch mehr belastet und kann gegebenenfalls wieder aufgefüllt werden.

Die BaFin kann zudem anordnen, dass ein Kapitalpuffer für systemische Risiken vorzuhalten ist (§ 10e KWG). Seine Höhe beträgt, sofern er überhaupt angeordnet wird, 1% bis in der Regel 3% der RWAs, höhere Anforderungen sind möglich (§ 10e Abs. 1 S. 3 KWG, § 10 Abs. 4 und 5 KWG). Global systemrelevante Institute müssen zudem, je nach Größeneinstufung, gem. § 10f Abs. 1 S. 1 KWG einen Kapitalpuffer für global systemrelevante Institute (*Global*

520 Erwägungsgrund Nr. 80 zur CRD-IV.

521 Erwägungsgrund Nr. 80 zur CRD-IV.

522 *BaFin,* BaFin legt erstmals antizyklischen Kapitalpuffer für Deutschland fest, http://www.bafin.de/SharedDocs/Veroeffentlichungen/DE/Meldung/2015/meldung_151215_antizyklischer_kapitalpuffer.html;jsessionid=E9EB733A670787E9769DBD6F59658C1F.1_cid372?nn=5101018 (Stand: 20.10.2018).

523 Ebda.

*Systemically Important Banks*, G-SIBs) vorhalten, der zwischen mindestens 1% und maximal 3,5% der RWAs beträgt. Alle Kapitalpuffer sind in Form von Instrumenten vorzuhalten, die den Anforderungen an hartes Kernkapital genügen. Durch diese Anforderung im KWG werden die Vorgaben der Art. 129–133 CRD-IV umgesetzt. Daraus ergibt sich, dass eine Bank neben den 4,5% hartem Kernkapital nach der CRR zusätzlich jedenfalls den Kapitalerhaltungspuffer von 2,5% der RWAs aufbauen muss. Eine als global systemrelevant i.S.d. § 10f Abs. 2 S. 1 KWG eingestufte Bank muss ihre RWAs zusätzlich mit dem mindestens 1% betragenden Puffer für global systemrelevante Banken unterlegen. Für eine solche Bank gilt mithin mindestens eine harte Kernkapitalquote aus CRR und KWG von 8% der RWAs.

## 3.III. CoCo-Bonds als Eigenmittelbestandteil

Für die verschiedenen Eigenmittelbestandteile gelten unterschiedliche Voraussetzungen, die sich aus der CRR ergeben. Nur wenn CoCo-Bonds die jeweiligen Voraussetzungen erfüllen, können sie zur Eigenmittelunterlegung herangezogen werden. Besonders bedeutsam ist dabei ihre Fähigkeit zur Verlustteilnahme. Trotz der auf den ersten Blick unübersichtlichen Struktur der Eigenmittelbestandteile lässt sich das aufsichtsrechtliche Eigenkapital auf lediglich drei Qualitätsgruppen reduzieren: hartes Kernkapital, zusätzliches Kernkapital und Ergänzungskapital. Für diese Gruppen könnten CoCo-Bonds eine Rolle spielen.

### A. CoCos als Instrumente des harten Kernkapitals – *Common Equity Tier1-Capital*

#### *a. Allgemeine Einordnung*

Die höchste Qualität unter den Eigenmitteln hat das harte Kernkapital. Es wird benötigt, um die harte Kernkapitalquote von 4,5% der RWAs gem. Art. 92 Abs. 1 lit. a CRR zu erfüllen. Darüber hinaus kann zurzeit nur hartes Kernkapital für die Kapitalpuffer nach dem KWG genutzt werden.

Zum harten Kernkapital eines Instituts gehören gem. Art. 26 Abs. 1 lit. a CRR die Instrumente des harten Kernkapitals (Art. 28 und 29 CRR), das mit ihnen verbundene Agio (lit. b), einbehaltene Gewinne, das kumulierte sonstige Ergebnis sowie sonstige Rücklagen des Instituts (litt. c-e). Auch der Fonds für allgemeine Bankrisiken gehört gem. Art. 26 Abs. 1 lit. f CRR zum harten Kernkapital. Eine Zuordnung von CoCos zu den Kategorien von Art. 26 Abs. 1 litt. b-f CRR scheidet jedenfalls aus. Ob sie jedoch unter *Instrumente* des harten Kernkapitals i.S.d. Art. 26 Abs. 1 lit. a CRR fallen können, bestimmt sich nach

Art. 28 CRR. Demnach muss das Instrument vom Institut selbst begeben werden (Art. 28 Abs. 1 lit. a CRR), was bei CoCos zumindest möglich ist. Es muss darüber hinaus eingezahlt sein und darf weder direkt noch indirekt vom Institut finanziert sein (lit. b). Diese Voraussetzungen müssen vom Institut bei der Emission berücksichtigt werden. In der Regel werden sie eingehalten. Des Weiteren müssten CoCo-Bonds als Kapital gem. Art. 22 der Richtlinie 86/635/EWG gelten (lit. c). Art. 22 der Richtlinie 86/635/EWG[524] trägt die Überschrift *Gezeichnetes Kapital* und bezieht sich auf Instrumente, die nach den einzelstaatlichen Voraussetzungen als von den Gesellschaftern oder anderen Eigentümern gezeichnete Eigenkapitalbeträge gelten.

Gezeichnetes Kapital ist im deutschen Recht gem. § 272 Abs. 1 S. 1 HGB i.V.m. § 1 Abs. 1 und 2 AktG das Grundkapital der Aktiengesellschaft bzw. das Stammkapital der GmbH (§ 272 Abs. 1 S. 1 HGB i.V.m. §§ 5, 14 GmbHG).[525] CoCo-Bonds sind vor Eintritt des *Trigger Events* Anleihen. Sie verkörpern weder eine Beteiligung am Grundkapital noch sind ihre Inhaber bedingte Aktionäre.[526] CoCos sind also, so lange sie bestehen und nicht in Aktien umgewandelt werden, kein gezeichnetes Kapital. Demzufolge erfüllen sie nicht die Voraussetzungen, die Art. 28 Abs. 1 lit. c CRR an Instrumente des harten Kernkapitals stellt. Bedingte Pflichtwandelanleihen können mithin in Deutschland nicht zur Erfüllung der harten Kernkapitalquote von 4,5% herangezogen werden. Auch die Kapitalpuffer nach KWG können in Deutschland nicht in Form von CoCos vorgehalten werden, da für sie nur CET1 in Betracht kommt. Ob eine solche restriktive Vorhaltung der Puffer mit CET1 gerechtfertigt ist, ist zumindest diskutabel (siehe dazu sogleich).

### *b. CoCo-Bonds als Kapitalpuffer*

#### *i. Der antizyklische Kapitalpuffer*

Das Ergebnis, dass CoCos nicht als Kapitalpuffer genutzt werden können, deckt sich zunächst in weiten Teilen mit den Basel III-Vorschlägen.[527] Auch dort wird

---

524 Richtlinie des Rates vom 8. Dezember 1986 über den Jahresabschluss und den konsolidierten Abschluss von Banken und anderen Finanzinstituten (86/635/EWG), veröffentlicht im Amtsblatt der Europäischen Gemeinschaften Nr. L 372/1 vom 31.12.1986.

525 Vgl. *Böcking/Gros*, in: EBJS, § 272 Rn. 4; *Merkt*, in: *Baumbach/Hopt*, § 272 Rn. 1. Vgl. auch *Basel Committee on Banking Supervision* (o. Fn. 102, dort überarbeitete Version), S. 2 und S. 13.

526 Vgl. dazu u. Kap. 4.I.B.b.iv.1.(iii.), S. 169.

527 Siehe dazu *Basel Committee on Banking Supervision* (o. Fn. 102, dort überarbeitete Version), S. 54–57.

für die Kapitalpuffer hartes Kernkapital vorgeschlagen und dieses muss aus gezeichnetem Kapital bestehen. Eine Ausnahme bildet in Basel III der bereits oben in Kap. 3.II.C. erläuterte antizyklische Kapitalpuffer (in der deutschen Übersetzung als *antizyklisches Kapitalpolster* bezeichnet). Dieses Polster soll nach dem Vorschlag des Basler Ausschusses vom Juni 2011 entweder in Form von hartem Kernkapital oder aber in Form von sonstigem Kapital vorgehalten werden, das eine volle Verlustabsorption gewährleistet.[528] Der Ausschuss weist jedoch darauf hin, dass er „noch die Frage [prüft], ob und in welcher Form sonstiges Kapital, das eine volle Verlustabsorption gewährleistet, über das harte Kernkapital hinaus zugelassen werden soll. Bis zur Veröffentlichung weiterer Richtlinien ist das antizyklische Kapitalpolster ausschließlich aus hartem Kernkapital zu bilden."[529] Im November 2011 wurde vom Basler Ausschuss ein weiteres Papier veröffentlicht, in dem die mögliche Berücksichtigung von *Contingent Capital* als Eigenmittelbestandteil adressiert wurde.[530] In einer umfassenden Abwägung der Vor- und Nachteile kam der Ausschuss zu dem Ergebnis, dass „bedingtes Kapital" eine volle Verlustabsorption nicht gewährleiste.[531] Zwar räumte er in seinem Bericht ein, dass bedingte Kapitalinstrumente teilweise große Gemeinsamkeiten mit hartem Kernkapital aufwiesen, wie (i.) die Fähigkeit zur Verlustabsorption; (ii.) Emission in „guten Zeiten", um in der Krise als Puffer zu dienen und (iii.) Erhöhung der Liquidität durch Ausgabe.[532] Darüber hinaus bietet *Contingent Capital* gegenüber hartem Kernkapital sogar einige Vorteile. Zu nennen sind hier (iv.) die Disziplinierung des Managements durch seinen Fremdkapitalcharakter; (v.) die Disziplinierung der Aktionäre durch die Angst vor Anteilsverwässerung; (vi.) die Anregung der Inhaber zur gesteigerten Überwachung des Managements; (vii) Information der Aufsicht, wie der Markt die Kreditwürdigkeit des Emittenten einschätzt und schließlich (viii.) die Kosteneffizienz für den Emittenten.[533] Nichtsdestotrotz wiegen für den Ausschuss die Nachteile und Unwägbarkeiten schwerer. Damit gemeint sind (i.) die Unklarheit, ob der *Trigger*-Mechanismus funktioniert; (ii.) einige Eigenschaften ähneln zu sehr klassischem Fremdkapital und verhindern damit eine Verlustabsorption,

528 *Basel Committee on Banking Supervision* (o. Fn. 102, dort überarbeitete Version), S. 58 f.

529 *Basel Committee on Banking Supervision* (o. Fn. 102, dort überarbeitete Version), S. 59 Fn. 51.

530 Siehe dazu *Basel Committee on Banking Supervision* (o. Fn. 283), S. 17–20.

531 *Basel Committee on Banking Supervision* (o. Fn. 283), S. 20.

532 *Basel Committee on Banking Supervision* (o. Fn. 283), S. 17 f.

533 *Basel Committee on Banking Supervision* (o. Fn. 283), S. 18 f.

insbesondere die endliche Laufzeit; (iii.) die Komplexität der Instrumente könnte die benötigten Regelwerke immer komplexer machen; (iv.) falsche Anreize für das Management, das eine Umwandlung unter Umständen durch „geschönte" Kennzahlen verhindern will; (v.) nähert sich die Eigenkapitalquote dem *Trigger Event*, könnte sich das Management gezwungen sehen, RWAs abzustoßen und die Kreditvergabe einzuschränken, was negative Folgen für die Volkswirtschaft hätte.[534] An dieser Einschätzung hielt der Ausschuss auch in einer überarbeiteten Version im Juli 2013 fest.[535]

Es ging dabei nicht um die Frage, ob CoCos als Bestandteil des harten Kernkapitals gewertet werden können, denn diese Frage wurde bereits im Voraus zweifelsfrei beantwortet.[536] Vielmehr steht im Mittelpunkt der Abwägung, ob CoCo-Bonds so wirksam kurzfristige Verluste absorbieren können, dass die neuen Kapitalpuffer (insbesondere der antizyklische Kapitalpuffer) mit ihnen unterlegt werden können. Dass sich nach der Positionierung des Basler Ausschusses auch der EU-Gesetzgeber und der deutsche Gesetzgeber gegen eine Anrechenbarkeit entschieden, ist jedenfalls konsequent. Schlüssig ist das auch vor dem Hintergrund, dass für die meisten der Kapitalpuffer von vornherein feststand, dass sie nur in Form von CET1 vorgehalten werden können. Eine Lockerung dieser Sichtweise im Hinblick auf den antizyklischen Puffer hätte zwar den Banken größere Spielräume zu günstigeren Konditionen zugestanden. Damit wäre aber ein Widerspruch innerhalb der Kapitalpuffer aufgetreten, sofern alle in Form von CET1 vorzuhalten wären und nur der antizyklische Puffer auch andere Instrumente zuließe.

Allerdings gibt es einen weiteren Grund, warum Banken den antizyklischen Puffer in Form von CET1 und nicht in Form von CoCo-Bonds vorhalten müssen: Der antizyklische Puffer soll von der Aufsicht dann angeordnet werden, wenn „exzessives Kreditwachstum mit einem Anstieg systemweiter Risiken verbunden ist".[537] Er soll damit einerseits die Risiken im Zweifelsfalle abfedern können, aber schon durch die Anordnung selbst das Kreditwachstum bremsen. Freilich kann eine Bank durch Kapitalerhöhung oder durch einbehaltene

534 *Basel Committee on Banking Supervision* (o. Fn. 281), S. 19 f.

535 *Basel Committee on Banking Supervision,* Global systemically important banks: updated assessment methodology and the higher loss absorbency requirement, Rules Text, S. 17, http://www.bis.org/publ/bcbs255.pdf (Stand: 20.10.2018).

536 Siehe dazu o. Kap. 3.III.A.a.

537 *Basel Committee on Banking Supervision,* Basel III: Ein globaler Regulierungsrahmen für widerstandsfähigere Banken und Bankensysteme, S. 65, http://www.bis.org/publ/bcbs189_de.pdf (Stand: 20.10.2018).

Gewinne ihr CET1 vergrößern und sich damit zusätzlichen Spielraum für die weitere Kreditvergabe verschaffen. Durch CoCo-Bonds würde das aber noch einfacher und kostengünstiger gelingen. Die bremsende Wirkung des antizyklischen Puffers auf die Kreditvergabe wäre demzufolge gefährdet, wenn dieser Puffer in Form von CoCos aufgebaut werden dürfte.

Insofern gilt insbesondere für den antizyklischen Puffer, dass er nicht in Form von „sonstigem Kapital, das eine volle Verlustabsorption gewährleistet"[538] vorgehalten werden können soll. Der beschränkenden Wirkung des Eigenkapitals kommt bei exzessiver Kreditvergabe und dem Anstieg systemweiter Risiken eine herausgehobene Rolle zu, die durch bedingte Kapitalinstrumente nicht ohne Weiteres sichergestellt werden kann.

### *ii. Der Kapitalerhaltungspuffer*

Auch der Kapitalerhaltungspuffer (§ 10c KWG) ist nicht geeignet, in Form von bedingtem Kapital vorgehalten zu werden. Zwar könnte er gut mit einem bilanzwertorientierten *Trigger* kombiniert werden, sodass hartes Kernkapital zur Verfügung stünde, wenn eine kritische Grenze unterschritten wird. Er soll jedoch in Anspruch genommen werden, wenn sich Verluste realisieren, um nicht unter die Eigenkapitalquote zu sinken, die den Entzug der Bankbetriebserlaubnis rechtfertigt. Er soll also seinem Wesen nach „zum Auffangen von Verlusten aus dem laufenden Geschäftsbetrieb teilweise oder vollständig abgeschmolzen werden" können[539], um ihn in guten Zeiten wieder aufzubauen. Eine Krise muss dabei noch gar nicht bestehen. Würde man für den Kapitalerhaltungspuffer CoCos zulassen, müsste der *Trigger* schon dann zwingend ausgelöst werden, wenn der Puffer zur Verfügung stehen muss, denn CoCo-Bonds können vor der Umwandlung in Eigenkapital keine Verluste auffangen. Es müsste sich also um einen sehr hohen *Trigger* handeln. Rechtstechnisch ist es keineswegs ausgeschlossen, den Kapitalerhaltungspuffer in Form von CoCos vorzuhalten und mit einem hohen *Trigger* auszustatten. Allerdings kann nicht ausgeschlossen werden, dass bei einer derart frühen Umwandlung allein durch das Auslösen des *Triggers* das Signal an den Markt gesendet wird, dass der Emittent in der Krise ist (sog. *Event Risk*[540]). Außerdem muss beim Kapitalerhaltungspuffer ausgeschlossen sein, dass das Management des Emittenten die Umwandlung durch „geschönte" Zahlen verhindert und der Puffer damit seine Wirkung nicht entfalten kann.

---

538 Vgl. *Basel Committee on Banking Supervision,* a.a.O., S. 66.

539 *Deutsche Bundesbank* (o. Fn. 109), S. 11.

540 Vgl. u. Kap. 4.II.C.a., S. 202.

### *iii. Der Kapitalpuffer für systemische Risiken*

Ähnliches gilt für den Kapitalpuffer für systemische Risiken, den die BaFin gem. § 10e KWG anordnen kann, um „langfristige, nicht zyklische systemische oder makroprudenzielle Risiken zu vermindern oder abzuwehren" (§ 10e Abs. 2 S. 1 KWG).[541] Technisch ließe es sich lösen, einen CoCo-Bond vorzuhalten, der bei der Realisierung systemischer oder makroprudenzieller Risiken in hartes Kernkapital gewandelt wird. Der *Trigger* müsste allerdings an die entsprechenden Risiken gekoppelt sein. Ein solcher systemischer *Trigger* weist jedoch erhebliche Schwierigkeiten auf.[542] Demzufolge sollte zum Vorhalten des Puffers für systemische Risiken auch weiterhin nur hartes Kernkapital akzeptiert werden.

### *iv. Der Kapitalpuffer für global systemrelevante Institute*

Auch der Kapitalpuffer für global systemrelevante Institute, der gem. § 10f Abs. 1 S. 1 KWG von der BaFin angeordnet wird, ist in Form von hartem Kernkapital vorzuhalten. Vor dem Hintergrund der vom Basler Ausschuss vorgebrachten Bedenken und Unsicherheiten ist das konsequent. Die Gesetzgeber und Aufsichtsbehörden waren seit Basel I mit dem Problem konfrontiert, dass die Ansätze und Anforderungen nicht streng genug waren, um die verfolgten Ziele zu erreichen und Krisen und ihre Folgen zu vermeiden. Trotz der Umsetzung der Basel II-Standards gelang es nicht, die Finanzmarktkrise ab 2007 zu verhindern. Die Befürchtung vor erneut wirkungslosen Vorgaben könnte den Basler Ausschuss und die Gesetzgeber dazu bewogen haben, den Instituten nur in einem engen Rahmen entgegenzukommen und daher nicht mit den Kapitalpolstern zu experimentieren. Insbesondere die Unsicherheit im Umgang mit CoCos spricht dafür, sie nicht als Kapitalpuffer anzuerkennen.

Die für die anderen Polster zusätzlich geltenden Argumente können beim Puffer i.S.d. § 10f KWG jedoch nicht überzeugen. Einerseits soll der Kapitalpuffer für global systemrelevante Institute nicht dafür eingesetzt werden, im alltäglichen Geschäftsverkehr auftretende Verluste abzufangen, denn dafür steht der Kapitalerhaltungspuffer gem. § 10c KWG zur Verfügung. Es soll beim auf global systemrelevante Institute anwendbaren Polster auch nicht darum gehen,

541 Die *Bundesbank* definiert *makroprudenziell* folgendermaßen: „Als ‚makroprudenziell' wird die Überwachung der Stabilität des Finanzsystems im Gesamten bezeichnet. Dagegen ist die Aufsicht einzelner Bankinstitute ‚mikroprudenziell' (Bankenaufsicht).", https://www.bundesbank.de/Navigation/DE/Aufgaben/Finanz_und_Waehrungssystem/Stabilitaet/Begriffe/begriffe_und_definitionen.html (Stand: 29.08.2016).

542 Vgl. dazu u. Kap. 4.II.B.a.

exzessives Kreditwachstum einzuschränken und die dadurch aufgebauten Risikopositionen mit Eigenmitteln zu unterlegen, denn dafür kann die BaFin den antizyklischen Kapitalpuffer gem. § 10d KWG in der erforderlichen Höhe anordnen. Es geht beim Polster nach § 10f KWG vielmehr darum, wegen ihrer Größe und Vernetzung besonders bedeutende Institute mit mehr Eigenmitteln auszustatten, damit in einer Krise des betroffenen Instituts die gefährlichen Ansteckungseffekte auf andere Marktteilnehmer vermieden werden können. Das Polster wird also benötigt, wenn das Institut in die Krise gerät. Der Puffer unterscheidet sich damit auch vom Kapitalpuffer für systemische Risiken i.S.d. § 10e KWG, der seinem Wortlaut nach eine Systemkrise im Fokus hat, die sich auf das Institut auswirken könnte.

Insofern sollten für den Kapitalpuffer für global systemrelevante Institute durchaus CoCos genutzt werden können, die mit einem bilanzwertorientierten *Trigger* niedriger Höhe ausgestattet sind. Er sollte erst ausgelöst werden, wenn die übrigen Puffer vollständig abgeschmolzen sind, um kein *Event Risk* darzustellen.[543] Wenn die Unsicherheiten bei der Benutzung von CoCos ausgeräumt sind und die Märkte Erfahrung mit dem Instrument gesammelt haben, sollte der Gesetzgeber daher erwägen, auch CoCo-Bonds zum Vorhalten des Kapitalpuffers für global systemrelevante Institute anzuerkennen. Er könnte sich dabei am Beispiel der Schweiz orientieren, die einen solchen Puffer in Form von CoCo-Bonds erlaubt.[544]

## B. CoCos als Instrumente des zusätzlichen Kernkapitals – *Additional Tier1-Capital*

### *a. Wesen und Eigenschaften des zusätzlichen Kernkapitals*

Nach dem harten Kernkapital hat das zusätzliche Kernkapital die höchste Qualität der Eigenmittel. Es kann genutzt werden, um die Differenz zwischen harter Kernkapitalquote in Höhe von 4,5% und Kernkapitalquote in Höhe von 6% der RWAs aufzufüllen. Auch zusätzliches Kernkapital soll als *going-concern*-Element dienen[545], ohne dabei zwingend Eigenkapital im handelsrechtlichen Sinne sein zu müssen. Demzufolge muss es so ausgestaltet sein, dass es Verluste nicht nur im Fall der Insolvenz/Abwicklung trägt, sondern bereits im laufenden

543 Vgl. zu dieser Problematik bei hohen *Triggern* u. Kap. 4.II.C.a.

544 Vgl. u. Kap. 3.VII.B.b. und Kap. 3.VII.B.c.

545 *Basel Committee on Banking Supervision* (o. Fn. 100, dort überarbeitete Fassung), S. 12; *Deutsche Bundesbank* (o. Fn. 107), S. 7.

Geschäftsbetrieb zum Verlustausgleich herangezogen werden kann. Gemäß Art. 51 CRR besteht das zusätzliche Kernkapital aus den Instrumenten des zusätzlichen Kernkapitals, sofern sie nicht bereits zum harten Kernkapital zählen sowie dem mit ihnen verbundenen Agio. Die Voraussetzungen an Instrumente des zusätzlichen Kernkapitals ergeben sich aus Art. 52 CRR. Absatz 1 stellt einen langen Katalog an Kriterien auf (litt. a-p), die kumulativ erfüllt sein müssen, damit ein Instrument dem zusätzlichen Kernkapital zugeordnet werden kann. Wesentliche Voraussetzungen sind dabei die Nachrangigkeit der Instrumente im Insolvenzfall (Art. 52 Abs. 1 litt. d-f CRR), die unbefristete Laufzeit (litt. g-k), das Recht zur Ausschüttung unter erhöhten Anforderungen (lit. l) sowie die Herabschreibung oder Umwandlung in Instrumente des harten Kernkapitals, wenn ein bestimmtes Auslöseereignis eintritt (Art. 52 Abs. 1 lit. n CRR).

### *b. CoCos als zusätzliches Kernkapital*

CoCo-Bonds bilden damit sowohl in der Form der klassischen CoCos als auch in der Form der *Writedown*-Bonds den Hauptanwendungsbereich der Vorschriften über Instrumente des zusätzlichen Kernkapitals. Zunächst werden die Emittenten durch Art. 52 CRR gezwungen, die Anleihe als nachrangig auszugestalten. Die Nachrangigkeit muss dabei in den Anleihebedingungen enthalten sein und den Anforderungen des § 39 Abs. 2 InsO entsprechen.

Die Laufzeit darf nicht befristet sein, es muss sich also um *Perpetual Bonds* (‚ewige Anleihen‘) handeln. Das ist notwendig, andernfalls stünden die Instrumente nur für einen begrenzten Zeitraum zur Verfügung und könnten eine Verlustteilnahme anschließend nicht mehr gewährleisten. Dass sich der Emittent nach Ablauf einer begrenzten Laufzeit erneut mit entsprechenden Instrumenten zu angemessenen Konditionen finanzieren kann, ist unklar und stellt damit eine erhebliche Gefahr für die Eigenmittelquote dar. Das Element der unbegrenzten Laufzeit ist untypisch für Fremdkapitalinstrumente, aber wesentlich für Eigenkapitaltitel, die immer unbegrenzt zur Verfügung stehen und nicht zurückzuzahlen sind. Für CoCos gilt jedoch, dass der Emittent unter bestimmten Voraussetzungen, insbesondere nur mit Genehmigung der Aufsichtsbehörde, die Instrumente kündigen oder zurückerwerben kann (Art. 52 Abs. 1 lit. i CRR i.V.m. Art. 77 lit. b CRR). Unter gewöhnlichen Umständen ist die Kündigung/der Rückerwerb jedoch frühestens fünf Jahre nach der Emission möglich (Art. 52 Abs. 1 lit. i CRR). Eine Ausnahme davon ist nur dann zulässig, wenn sich die aufsichtsrechtliche oder steuerrechtliche Anerkennung der CoCos ändert (Art. 52 Abs. 1 lit. i i.V.m. Art. 78 Abs. 4 CRR). Zu dieser Frage hat sich Ende 2015 bereits das *Court of Appeal of England and Wales (Civil Division)* geäußert und der *Lloyds*

*Banking Group* ein Recht zum Rückkauf ihrer ECNs zugestanden.[546] Das Rückkaufsrecht wurde mit veränderten aufsichtsrechtlichen Umständen begründet, die sich durch die Umsetzung der CRR ergaben und die die ECNs nicht als AT1-Instrumente anerkannten. Insofern ist es für die Investoren jedenfalls nicht ausgeschlossen, dass sie ihren eingezahlten Betrag nach Ende der Rechtsbeziehung durch Kündigung zurückerhalten.

Bedeutendste Anforderung an Instrumente des zusätzlichen Kernkapitals ist die Umwandlung, wenn ein bestimmtes Ereignis eintritt. Damit erkennt der Gesetzgeber Instrumente als Eigenmittelbestandteil an, die als Fremdkapital begeben und nur unter bestimmten Voraussetzungen in Eigenkapital in Form von hartem Kernkapital gewandelt werden. Art. 52 Abs. 1 lit. n CRR schreibt dazu vor:

> *„Kapitalinstrumente zählen nur dann zu den Instrumenten des zusätzlichen Kernkapitals, wenn alle folgenden Bedingungen erfüllt sind: […] n) laut den für die Instrumente geltenden Bestimmungen muss bei Eintreten eines Auslöseereignisses der Kapitalbetrag der Instrumente dauerhaft oder vorübergehend herabgeschrieben oder die Instrumente in Instrumente des harten Kernkapitals umgewandelt werden […].“*

Weitere Voraussetzungen an CoCos sieht Art. 52 Abs. 1 lit. n CRR nicht vor. Art. 52 Abs. 2 CRR verweist für Regelungen zum Verfahren und Zeitplan für die Feststellung des Auslöseereignisses sowie Art, Verfahren und den Zeitplan der Wiederzuschreibung von Kapitalinstrumenten[547] auf von der EBA ausgearbeitete Entwürfe technischer Regulierungsstandards (engl. *Regulatory Technical Standards* – RTS), die von der Europäischen Kommission erlassen werden. Die entsprechenden Vorschriften sind in der Delegierten Verordnung (EU) Nr. 241/2014[548] enthalten (siehe dazu sogleich).

Welche inhaltlichen Voraussetzungen die Herabschreibung oder Umwandlung erfüllen muss, ergibt sich aus Art. 54 CRR. Zunächst muss die Umwandlung/Herabschreibung spätestens dann stattfinden, wenn die harte Kernkapitalquote

---

546 *Court of Appeal of England and Wales (Civil Division)*, [2015] EWCA Civ 1257 (*BNY Mellon Corporate Trustee Services Ltd v LBG Capital No.1 and No. 2 Plc*). Die Entscheidung wurde vom *Supreme Court of the United Kingdom* bestätigt, [2016] UKSC 29. Siehe zu dem Fall bereits o. Kap. 2.IV.

547 Siehe u. Kap. 4.III.B.b. zum *Temporary Writedown*.

548 Delegierte Verordnung (EU) Nr. 241/2014 der Kommission vom 7.1.2014 zur Ergänzung der Verordnung (EU) Nr. 575/2013 des Europäischen Parlaments und des Rates im Hinblick auf technische Regulierungsstandards für die Eigenmittelanforderungen an Institute, veröffentlicht im Amtsblatt der Europäischen Union ABl. Nr. L 74/8 vom 14.3.2014.

des Institutes 5,125% der RWAs unterschreitet. CoCos müssen also, um als Eigenmittelbestandteil anerkannt werden zu können, einen bilanzwertorientierten *Trigger* haben. Es kann sich dabei mit 5,125% auch um einen verhältnismäßig geringen *Threshold*[549] handeln. Es ist zulässig, zusätzlich weitere *Trigger* mit verschiedenen *Thresholds* einzusetzen, die auch von anderen Werten als Bilanzkennziffern bestimmt werden dürfen (zum Beispiel marktwertorientierte oder systemische *Trigger*[550]). Aus dem Sinn und Zweck der Norm ergibt sich aber, dass sie nicht als zusätzliche (kumulative) Voraussetzungen zum *Trigger* nach Art. 54 Abs. 1 lit. a CRR bestehen dürfen, sondern lediglich als Alternativen. Art. 54 CRR stellt noch weitere formale Kriterien auf, die sich jedoch nicht auf das Wesen der Anleihe auswirken. Dazu gehört insbesondere, dass sich aus den Anleihebedingungen die Umwandlungs-/Herabschreibungsquote ergeben muss (Abs. 1 lit. c und d). Wird das *Trigger Event* erreicht, so müssen sich aus der Umwandlung/Herabschreibung Posten des harten Kernkapitals ergeben. In der Regel wird die Umwandlung zur Emission von frischem Grundkapital führen. Im Fall der Herabschreibung werden Gewinne bzw. ein sonstiges Ergebnis i.S.v. Art. 26 Abs. 1 CRR generiert. Die ehemalige Verbindlichkeit auf der Passivseite wird in diesem Fall nach der Herabschreibung der Gewinnrücklage zugeordnet, sodass sich das Eigenkapital dadurch erhöht (vgl. § 265 Abs. 3 HGB).[551] Bei beiden Ausgestaltungsformen ergeben sich demnach Posten des harten Kernkapitals. Außerdem muss der Bond – sollte sich aus den Anleihebedingungen nicht ohnehin ergeben, dass er vollständig gewandelt oder herabgeschrieben wird – mindestens in einem Maße umgewandelt/herabgeschrieben werden, dass sich wieder eine harte Kernkapitalquote von 5,125% ergibt. Kann sie durch Umwandlung/Herabschreibung nicht erreicht werden, so ist das Instrument vollständig umzuwandeln/herabzuschreiben (vgl. Art. 54 Abs. 4 CRR).

Art. 52 Abs. 2 lit. b CRR erlaubt es dem Emittenten, *Temporary Writedown*-Bonds auszugeben. Sie werden beim Eintritt des *Trigger Events* ganz oder teilweise herabgeschrieben und können unter bestimmten Voraussetzungen wieder heraufgeschrieben werden.[552] Artikel 21 der Delegierten Verordnung (EU) Nr. 241/2014 schreibt vor, wie die Heraufschreibung erfolgen muss, damit das Instrument als zusätzliches Kernkapital anerkannt werden kann. Wichtigste

---

549 Vgl. zum Begriff u. Kap. 4.II.C, S. 200.

550 Vgl. dazu ausführlich u. Kap. 4.II.B.a. und Kap. 4.II.B.b.iii.

551 *Mielk/Kalkbrenner,* in: Zukunftsperspektiven, S. 959 (966); *Zähres* (o. Fn. 57), S. 4.

552 Vgl. u. Kap. 4.III.B.b.

Voraussetzung ist, dass eine Heraufschreibung nur aus Gewinnen erfolgen darf (Art. 21 Ziff. 2 lit. b der Delegierten Verordnung (EU) Nr. 241/2014).

Art. 54 Abs. 5 CRR gibt zudem Auskunft darüber, wie der Emittent beim Erreichen des *Triggers* zu verfahren hat. Es sind sowohl die zuständige Behörde als auch die Inhaber der Instrumente vom Erreichen des *Triggers* in Kenntnis zu setzen. Gemäß Art. 54 Abs. 5 lit. c CRR nimmt der Emittent unverzüglich, spätestens jedoch innerhalb eines Monats, die Herabschreibung/Umwandlung der Instrumente vor. Die Aufsichtsbehörde kann gem. Art. 22 der Delegierten Verordnung (EU) Nr. 241/2014 vorschreiben, dass der maximale Zeitraum von einem Monat verkürzt wird. Diese Vorgaben passen inhaltlich zum in dieser Arbeit vorgeschlagenen Umwandlungsmechanismus, wonach die Bekanntgabe des Eintritts des *Trigger Events* eine Bedingung i.S.d. § 158 BGB ist.[553] Die geforderte Bekanntgabe an die Inhaber ist die Bedingung, die zur Umwidmung des Anleihebetrages führt. Art. 54 Abs. 5 lit. c CRR verlangt anschließend vom Emittenten, den Anspruch des Investors auf Ausgabe der neuen Aktien unverzüglich, spätestens jedoch innerhalb eines Monats zu erfüllen, um die Kapitalerhöhung und damit den *Debt-Equity-Swap* abzuschließen. Der Anleihebetrag steht dem Emittenten jedoch nicht erst mit Ausgabe der Aktien als hartes Kernkapital zur Verfügung, sondern bereits mit der Umwidmung kraft Bedingungseintritts, d.h. im Zeitpunkt der Bekanntgabe des Unterschreitens.[554] Gleichzeitig lässt die Vorschrift sich so verstehen, dass sie Banken in EU-Mitgliedstaaten, in denen sich eine aufschiebend bedingte und damit unverzügliche Umwidmung nicht rechtlich begründen lässt, einen Monat Zeit zur Umwandlung lässt.

Weiterhin muss der Emittent dafür Sorge tragen, dass sein „genehmigtes Stammkapital" jederzeit ausreicht, um die Umwandlung sicherzustellen (Art. 54 Abs. 6 CRR[555]). Werden die Voraussetzungen nicht erfüllt, so gilt gem. Art. 55 CRR weder das Instrument noch das auf dieses entrichtete Agio als Instrument/ Posten des zusätzlichen Kernkapitals.

## C. CoCos als Instrumente des Ergänzungskapitals – *Tier2-Capital*

Erfüllen CoCos nicht die Voraussetzungen an Instrumente des zusätzlichen Kernkapitals, so können sie nicht (länger) dem zusätzlichen Kernkapital zugerechnet werden (vgl. Art. 55 CRR). Bei entsprechender Ausgestaltung können sie jedoch als Instrumente des Ergänzungskapitals qualifiziert werden. Sie

553 Siehe dazu ausführlich u. Kap. 4.I.B.b.iv. und Kap. 4.I.B.b.iv.1.(iv.), S. 173.
554 Vgl. u. Kap. 4.I.B.b.iv.1.(i.).
555 Vgl. dazu u. Kap. 5.III.

können dann genutzt werden, um die Differenz zwischen Gesamtkapitalquote und Kernkapitalquote aufzufüllen (vgl. Art. 92 Abs. 1 CRR). Voraussetzung ist, dass sie die Bedingungen des Art. 63 CRR kumulativ erfüllen. Bedeutung wird den Eigenschaften von Ergänzungskapital insbesondere für solche CoCos zukommen, die nicht mit einer unbegrenzten Laufzeit ausgestattet sind. Art. 63 lit. g CRR erlaubt es den Instrumenten des Ergänzungskapitals, eine begrenzte Laufzeit zu haben, nach deren Ablauf der Anleihebetrag zurückzuzahlen ist. Die Mindestlaufzeit beträgt dabei fünf Jahre. Um als Ergänzungskapital angerechnet werden zu können, müssen auch *Tier2*-CoCos dennoch zwingend nachrangig ausgestaltet sein (Art. 63 lit. d CRR), um im Insolvenz-/Abwicklungsfall Verluste zu tragen. Ein CoCo-Bond, für den nicht die Nachrangigkeit im Insolvenzfall vorgesehen ist, kann nicht als Eigenmittelbestandteil angerechnet werden.

## 3.IV. Steuerrechtliche Beurteilung von CoCo-Bonds

Neben der aufsichtsrechtlichen Anerkennung von CoCo-Bonds als Eigenmittel ist die steuerrechtliche Beurteilung als Fremdkapital von entscheidender praktischer Bedeutung. Nur auf Fremdkapital zu zahlende Zinsen können gemäß § 4h Abs. 1 S. 1 EStG i.V.m. § 8 Abs. 1 S. 1 KStG den zu versteuernden Gewinn mindern. Zählen CoCos steuerrechtlich nicht als Fremdkapital sondern als Eigenkapital und wirken sich die „Ausschüttungen“ damit nicht positiv auf den zu versteuernden Gewinn aus, so entfällt für Emittenten der wichtigste finanzielle Anreiz, CoCos zu emittieren.

Da CoCo-Bonds als hybride Finanzinstrumente sowohl typische Eigenschaften von Eigen- als auch von Fremdkapital aufweisen, stellt sich die Frage, ob der fremdkapitalähnliche Charakter dieses rechtlichen Chamäleons so prägend ist, dass er für die steuerrechtliche Beurteilung der Anleihe maßgeblich ist. Grundsätzlich gilt im Steuerrecht gem. § 5 Abs. 1 S. 1 EStG, dass für die Steuerbilanz die Handelsbilanz eines Gewerbetreibenden maßgeblich ist (sogenannter *Maßgeblichkeitsgrundsatz*[556]). In dieser sind gem. § 266 Abs. 3 HGB neben dem Eigenkapital auch Rückstellungen sowie Verbindlichkeiten auszuweisen. Letztere sind Fremdkapital.

Zum gezeichneten Kapital als Kern des Eigenkapitals gehören CoCo-Bonds jedenfalls nicht. Als Eigenkapital sind daneben Kapitalrücklagen auszuweisen, zu denen gem. § 272 Abs. 2 Nr. 2 HGB auch der Betrag gehört, der bei der Ausgabe von Schuldverschreibungen für Wandlungsrechte und Optionsrechte zum

556 *Krumm*, in: *Blümich*, § 5 EStG Rn. 180 ff.

Erwerb von Anteilen erzielt wird. Damit meint der Gesetzgeber nicht den Nennbetrag, der für die Ausgabe der Anleihe eingenommen wird, denn herkömmliche Anleihen ohne Wandlungsrecht sind vom Wortlaut eindeutig nicht erfasst. Gemeint ist vielmehr der Betrag, der als „Aufschlag" für das Erwerbsrecht gegenüber einer herkömmlichen Schuldverschreibung eingenommen wird.[557] CoCo-Bonds enthalten jedoch in der Regel kein Erwerbsrecht auf Aktien, das einen Optionsaufschlag rechtfertigen würde. Vielmehr werden die Investoren für die bedingte Wandlungspflicht sogar mit einer höheren Rendite für das gesteigerte Risiko entschädigt. Ein Aufschlag für eine Wandlungsoption wird also nicht gezahlt, sodass § 272 Abs. 2 Nr. 2 HGB nicht auf CoCos anwendbar ist.

Der Nennbetrag ist gem. § 266 Abs. 3 C Nr. 1 HGB als Verbindlichkeit auszuweisen. Das gilt nach dem Gesetzeswortlaut auch für konvertible Anleihen. Dementsprechend sind auf den ersten Blick auch CoCos als Verbindlichkeit zu passivieren, was beim Gleichlauf von Handels- und Steuerbilanz bedeutet, dass die auf sie zu zahlenden Coupons den zu versteuernden Gewinn mindern. CoCo-Bonds weisen jedoch – soweit sie den Anforderungen an AT1-Instrumente entsprechen – eine bedeutende Eigenschaft auf, die für Fremdkapital untypisch ist. Kapitalinstrumente sind dann aus bilanzrechtlicher Sicht Verbindlichkeiten, wenn sie eine Vermögensbelastung des Emittenten darstellen, wenn also das Unternehmen auch tatsächlich aus der Verbindlichkeit in Anspruch genommen werden kann.[558] Art. 52 Abs. 1 lit. g CRR schreibt für AT1-Instrumente allerdings vor, dass sie zeitlich unbefristet sein müssen. Ein Kündigungsrecht kann nur durch den Emittenten und nur in seinem Ermessen ausgeübt werden (Art. 52 Abs. 1 lit. h CRR). Ohne Weiteres kann also der Emittent von CoCo-Bonds gar nicht in Anspruch genommen werden. Seine Rückzahlungsverpflichtung ist allein ihm anheimgestellt. Insofern sprechen gute Gründe dafür, eine tatsächliche Vermögensbelastung des Emittenten erst anzunehmen, wenn er von seinem Kündigungsrecht Gebrauch macht oder die Kündigung wenigstens hinreichend wahrscheinlich ist.

CoCo-Bonds sind allerdings nicht die ersten Anleihen, bei denen die Rückzahlung im Ermessen des Schuldners steht. *Perpetual Bonds* sind schon länger bedeutende Instrumente der hybriden Unternehmensfinanzierung. Bei ihnen ist eine Laufzeit nicht vereinbart und die Kündigung kann allein vom Emittenten ausgehen. Nichtsdestotrotz sind sie nach allgemeiner Meinung als

557 So auch *Böcking/Gros*, in: EBJS, § 272 Rn. 18; *Merkt*, in: *Baumbach/Hopt*, § 272 Rn. 7; *Reiner*, in: MüKo-HGB, § 272 Rn. 76.

558 *Reiner/Haußer*, in: MüKo-HGB, § 266 Rn. 109.

Verbindlichkeiten zu passivieren.[559] Hauptargument dafür ist, dass ihnen trotz der unbegrenzten Laufzeit als Anleihe keine Haftungsfunktion zukommt[560] und sie auch nicht an den Gewinnen beteiligt sind[561], was jedoch für Eigenkapital wesentliche Eigenschaften sind. Demzufolge sind sie auch in steuerrechtlicher Hinsicht Fremdkapital und die auf sie zu zahlenden Zinsen sind abziehbare Betriebsausgaben.[562] Gleiches gilt sogar für Pflichtwandelanleihen, bei denen von Vornherein mit Sicherheit feststeht, dass sie spätestens zum Ende der Laufzeit in Eigenkapital gewandelt werden.[563] Demzufolge sprechen gute Gründe dafür, auch CoCos steuerrechtlich als Fremdkapital zu behandeln.[564]

Um Unsicherheiten in der Ausgestaltungs- und Emissionspraxis zu beseitigen, hat der *Bundesverband deutscher Banken* (BdB) Musteranleihebedingungen entwerfen lassen, die den Anforderungen an AT1-Instrumente entsprechen und diese Bedingungen dem *Bundesministerium der Finanzen* (BMF) zur Beurteilung vorgelegt.[565] Am 10. April 2014 nahm das BMF zur Frage der Passivierung und zur steuerlichen Beurteilung Stellung.[566] Es stellte klar, dass Instrumente, die den Anforderungen der Art. 52 ff. CRR genügen, in Höhe ihres Nennbetrags als Verbindlichkeiten zu passivieren seien, soweit sich nicht nach den Verhältnissen am Bilanzstichtag konkrete Anhaltspunkte ergäben, dass eine Rückzahlung unwahrscheinlich sei. Die auf CoCos geleisteten Zinszahlungen sind nach Einschätzung des BMF Betriebsausgaben, sodass sie den zu versteuernden Gewinn mindern. Das BMF ist in dieser Hinsicht weder Gesetzgebungs- noch Rechtsprechungsorgan. Seine rechtlichen Stellungnahmen entfalten dennoch bedeutende praktische Wirkung, da sich die Rechtspraxis an den Einschätzungen orientieren

---

559 *Häuselmann,* in: *Kessler/Kröner/Köhler,* § 10 Rn. 255; *Mihm,* in: MüKo-AktG, § 221 Rn. 380.

560 *Breuninger/Prinz,* DStR 2006, 1345 (1346).

561 *Häuselmann,* in: *Kessler/Kröner/Köhler,* § 10 Rn. 256.

562 *Häuselmann,* in: *Kessler/Kröner/Köhler,* § 10 Rn. 257.

563 *Mihm,* in: MüKo-AktG, § 221 Rn. 385 f.

564 So auch *Häuselmann,* in: *Kessler/Kröner/Köhler,* § 10 Rn. 292–295.

565 Die Anleihebedingungen wurden von *Hengeler Mueller, Partnerschaft von Rechtsanwälten mbB* einerseits für ein *Writedown*-Modell (AT1-Instrumente Typ A) und andererseits für ein *Debt-Equity-Swap*-Modell (AT1-Instrumente Typ B) entworfen. Die Musterbedingungen können unter https://bankenverband.de/service/musterbedingungen-fuer-instrumente-kernkapital/abgerufenwerden (Stand: 22.10.2018).

566 Ebenfalls abrufbar unter https://bankenverband.de/service/musterbedingungen-fuer-instrumente-kernkapital/ (Stand: 22.10.2018).

wird. Auch die Kommentarliteratur geht inzwischen von der Abziehbarkeit der Zinszahlungen auf CoCos als Betriebsausgaben aus.[567]

Damit ist für nach deutschem Recht emittierte CoCo-Bonds die steuerliche Behandlung geklärt – bei entsprechender Ausgestaltung gelten sie steuerrechtlich als Fremdkapital. Etwas anderes gilt vor dem Hintergrund der BMF-Stellungnahme aber dann, wenn sich nach den Verhältnissen am Bilanzstichtag konkrete Anhaltspunkte ergeben, dass eine Rückzahlung unwahrscheinlich ist. Das ist je nach Ausgestaltung des *Trigger Events* bei einer sich anbahnenden Krise des Emittenten der Fall. Ob die Rückzahlung wahrscheinlich oder unwahrscheinlich ist, bleibt also einer Einzelfallprüfung vorbehalten.

Auch in der Schweiz sind CoCo-Bonds schuld- und steuerrechtlich Fremdkapital. Die entstehenden Zinsaufwendungen sind dementsprechend steuerlich absetzbar.[568] Diese rechtliche Beurteilung trägt in Verbindung mit der Anerkennung von CoCos als Eigenmittelbestandteil[569] erheblich dazu bei, dass die sehr hohen an schweizerische Banken gestellten Eigenkapitalanforderungen zumutbar sind.[570]

Auf Investorenseite sind CoCos spiegelbildlich zur Emittentenseite mit den Anschaffungskosten zu aktivieren und die Wandlungsmöglichkeit ist als Verbindlichkeit zu passivieren (analog zur wirtschaftlichen Put-Option des Emittenten).[571] Der Coupon ist grundsätzlich steuerpflichtig.[572]

## 3.V. CoCo-Bonds in der Überschuldungsbilanz

Der hybride Charakter von CoCo-Bonds wirft auch in insolvenzrechtlicher Sicht Fragen auf. Im Zentrum steht dabei die Überschuldungsbilanz i.S.d. § 19 InsO, denn die Überschuldung einer juristischen Person ist Eröffnungsgrund für ein Insolvenzverfahren. Gemäß § 19 Abs. 1 S. 1 1. HS InsO liegt eine Überschuldung vor, wenn das Vermögen des Schuldners die bestehenden Verbindlichkeiten nicht mehr deckt (und gem. HS 2 eine negative Fortführungsprognose besteht). Aus steuerrechtlicher Sicht sind CoCos Verbindlichkeiten,

567 So zuerst *Mihm*, in: MüKo-AktG, § 221 Rn. 386.
568 *Breitkreuz/Vollmar*, Der Schweizer Treuhänder 2011, 148 (150); *von der Crone/Beeler*, ZBB 2012, 12 (18).
569 Siehe dazu u. Kap. 3.VII.
570 *von der Crone/Beeler*, ZBB 2012, 12 (18 und 19).
571 *Böhringer/Mihm/Schaffelhuber/Seiler*, RdF 2011, 48 (57); vgl. dazu auch u. Kap. 4.I.B.b.iii.
572 Ebda.

aus bankaufsichtsrechtlicher Sicht sind sie eher Eigenkapital. Diese Beurteilung führt zu der Frage, ob CoCos in der Überschuldungsbilanz als Verbindlichkeiten angesehen werden. Das ist zumindest bei gewöhnlichen Schuldverschreibungen grundsätzlich der Fall.[573] Bei diesem Verständnis könnten CoCos zu einer Überschuldung beitragen, sofern sie mit den anderen Verbindlichkeiten die Aktiva übersteigen. Sollten sie jedoch auch insolvenzrechtlich als Eigenkapital zählen, würden sie nicht in die Überschuldungsbilanz aufgenommen werden.

Einen wichtigen Hinweis zur Beantwortung der Frage liefert § 19 Abs. 2 S. 2 InsO. Demzufolge ist eine Verbindlichkeit nicht als solche zu berücksichtigen, sofern es sich um Forderungen aus Rechtshandlungen handelt, die wirtschaftlich einem Gesellschafterdarlehen entsprechen und für die gemäß § 39 Abs. 2 InsO zwischen Gläubiger und Schuldner der Nachrang im Insolvenzverfahren hinter den in § 39 Abs. 1 Nr. 1 bis 5 InsO bezeichneten Forderungen vereinbart worden ist. Die Norm ist dabei nicht nur auf Gesellschafterdarlehen selbst beschränkt, sondern kann auf alle Verbindlichkeiten angewandt werden, für die der Nachrang vereinbart wurde.[574] In der Praxis bedeutet das, dass Schuldner und Gläubiger durch Vertrag vereinbaren können, dass die Verbindlichkeit im Insolvenzfall erst bedient wird, wenn vorher alle anderen Verbindlichkeiten (inkl. solcher aus Gesellschafterdarlehen) erfüllt worden sind.[575] Die nachrangige Forderung steht damit dem Eigenkapital sehr nahe[576], denn dieses wird erst nach der Berichtigung aller Verbindlichkeiten unter die Aktionäre verteilt (§ 271 Abs. 1 AktG).

Eine Verbindlichkeit bei der Beurteilung der Überschuldung unberücksichtigt zu lassen ist allerdings nur dann gerechtfertigt, wenn sich die Nachrangabrede nicht nur auf das Insolvenzverfahren bezieht, sondern der Gläubiger auch außerhalb des Insolvenzverfahrens auf die Geltendmachung seines Anspruchs verzichtet.[577] So hat auch der BGH in einer vielbeachteten Entscheidung vom 5. März 2015 entschieden.[578] Die Erstreckung auf den Zeitraum vor Verfahrenseröffnung muss deshalb gewährleistet sein, weil die Überschuldungsbilanz vor dem Insolvenzverfahren aufgestellt wird. Folglich können auch nur solche Verbindlichkeiten unberücksichtigt bleiben, die bereits in diesem vorinsolvenzlichen Stadium nachrangig sind. In der Literatur wird insofern von einem Vertrag, die Forderung nicht geltend zu machen, gesprochen („*Pactum de non*

573 *Mock*, in: *Uhlenbruck*, § 19 Rn. 165.
574 *Mock*, in: *Uhlenbruck*, § 19 Rn. 226.
575 BGHZ 204, 231 (237); *Leithaus*, in: *Andres/Leithaus*, § 39 Rn. 9.
576 BGHZ 204, 231 (237).
577 *Mock*, in: *Uhlenbruck*, § 19 Rn. 157.
578 BGH, Urt. v. 5.3.2015 – IX ZR 133/14, BGHZ 204, 231–251.

*petendo*“).[579] Der BGH nennt die Nachrangabrede „rechtsgeschäftliches Zahlungsverbot“ mit dem Inhalt, dass eine Zahlung auf die Darlehensschuld nicht vorgenommen werden darf, so lange sie nicht aus ungebundenem Vermögen geleistet werden kann.[580] Die Vereinbarung muss schließlich für Zahlungen in der Insolvenz vorsehen, dass sie erst nach der Befriedigung der nichtnachrangigen Gläubiger erfolgen dürfen.[581] Der „Gläubiger muss aufgrund der Rangrücktrittsvereinbarung dauerhaft gehindert sein, seine Forderung geltend zu machen.“[582] Eines Forderungsverzichts bedarf es jedoch nicht.[583] Die Nachrangvereinbarung in den Bedingungen von CoCo-Bonds muss also vier Voraussetzungen erfüllen, um bei der Prüfung der Überschuldung nicht berücksichtigt werden zu müssen – es muss sich insofern um einen „qualifizierten Rangrücktritt“ handeln.[584]

Die Vereinbarung muss sich (1.) auf die Zeit vor der Eröffnung des Insolvenzverfahrens erstrecken, sie muss (2.) der Verbindlichkeit zu einer ausreichenden Rangtiefe verhelfen (gem. § 39 Abs. 2 InsO nach den Gesellschafterdarlehen, nicht jedoch notwendigerweise gleichgestellt mit den Einlagerückgewähransprüchen der Gesellschafter[585]), sie darf (3.) nicht befristet sein und muss sich (4.) auf Zinsen und eventuelle Sicherheiten erstrecken.[586] CoCo-Bonds müssen gem. Art. 52 Abs. 1 lit. m CRR die Voraussetzungen erfüllen, die das nationale Recht an eine qualifizierte Nachrangvereinbarung stellt. Andernfalls zählen sie nicht als AT1-Instrumente. Damit verweist die CRR auf die Insolvenzordnung und beantwortet für alle anerkannten AT1-Instrumente die Frage nach der Passivierung in der Überschuldungsbilanz. CoCo-Bonds müssen also, um als Instrumente des zusätzlichen Kernkapitals zu gelten, in ihren Anleihebedingungen Vorschriften enthalten, die ihnen vor und in der Insolvenz einen Rang nach den Gesellschafterdarlehen, aber vor den Residualansprüchen der Gesellschafter (vgl. § 199 InsO)[587] verleihen. Diese Regelung in den Anleihebedingungen darf nicht befristet sein und muss sich gegebenenfalls auf Sicherheiten erstrecken. Sind diese Voraussetzungen erfüllt, sind CoCos als logische Schlussfolgerung

---

579 *Mock*, in: *Uhlenbruck*, § 19 Rn. 157.
580 BGHZ 204, 231 (237).
581 Ebda.
582 Ebda.
583 BGHZ 204, 231 (238).
584 *Mock*, in: *Uhlenbruck*, § 19 Rn. 227.
585 BGHZ 204, 231 (238).
586 Ebda.; *Mock*, in: *Uhlenbruck*, § 19 Rn. 227–231.
587 *Mock*, in: *Uhlenbruck*, § 19 Rn. 229.

auch nicht als Verbindlichkeiten in die Überschuldungsbilanz gem. § 19 Abs. 1 InsO aufzunehmen. Von ihnen kann demnach keine Gefahr der Überschuldung ausgehen.[588]

Gleiches gilt für Titel, die zwar nicht als AT1-Instrumente gelten, aber die Voraussetzungen des Ergänzungskapitals erfüllen (vgl. Art. 63 lit. d CRR). Abweichend von Art. 63 lit. g CRR müssen sie dabei jedoch eine unendliche Ursprungslaufzeit haben, um in der Überschuldungsbilanz nicht als Fremdkapital zu gelten.

## 3.VI. CoCo-Bonds in der Bilanz von Versicherungsunternehmen

Nicht nur Banken finanzieren sich zu wesentlichen Teilen aus Fremdkapital. Auch die Bilanzen von Versicherungsunternehmen weisen in der Regel erhebliche Verbindlichkeiten auf. Da auch Versicherungen Bedeutung für die Realwirtschaft haben und sie ebenfalls stark vernetzt sind, um sich zu refinanzieren und jederzeit die ausreichende Zahlungsbereitschaft zu gewährleisten, unterliegen auch sie Mindestanforderungen an Eigenmitteln.

Die Vorgaben ergeben sich dabei nicht aus der CRR. Zentrales Gesetz für Versicherungen ist das VAG.[589] Es enthält in seiner aktuellen Fassung die Umsetzung der Solvency II-Richtlinie, die nach der Finanzkrise 2007/2008 ähnlich der CRD-IV und der CRR neue Mindestkapitalvorschriften vorsieht. Umgesetzt wurde die Richtlinie durch das *Gesetz zur Modernisierung der Finanzaufsicht über Versicherungen.*[590] Es hatte so weitreichende Änderungen des VAG zum Gegenstand, dass das alte VAG zum 31.12.2015 aufgehoben und durch ein neues VAG ersetzt wurde.[591]

Nach § 89 Abs. 1 S. 1 VAG müssen Versicherungsunternehmen stets über anrechnungsfähige Eigenmittel mindestens in Höhe der Solvabilitätskapitalanforderung verfügen. Zudem haben sie anrechnungsfähige Basiseigenmittel in Höhe der Mindestkapitalanforderungen vorzuhalten (§ 89 Abs. 1 S. 2 VAG). Die Eigenmittel eines Versicherungsunternehmens setzen sich dabei aus den

---

588 Siehe dazu bereits o. Kap. 1.II., S. 36.

589 Versicherungsaufsichtsgesetz vom 1. April 2015 (BGBl. I S. 434), das zuletzt durch Artikel 3 Nummer 1 des Gesetzes vom 21. Dezember 2015 (BGBl. I S. 2553) geändert worden ist.

590 Gesetz zur Modernisierung der Finanzaufsicht über Versicherungsunternehmen vom 01. April 2015, BGBl. I S. 434–570.

591 Siehe Art. 3 des o. in Fn. 590 genannten Gesetzes.

Basiseigenmitteln und den ergänzenden Eigenmitteln zusammen (§ 89 Abs. 2 VAG). Basiseigenmittel sind gem. § 89 Abs. 3 VAG der Überschuss der Vermögenswerte über die Verbindlichkeiten abzüglich der eigenen Aktien in der Solvabilitätsübersicht (Nr. 1) sowie die nachrangigen Verbindlichkeiten (Nr. 2). Ergänzende Eigenmittel dürfen nur mit vorheriger Genehmigung der Aufsichtsbehörde angesetzt werden (§ 90 Abs. 1 VAG) und bestehen aus solchen Mitteln, die nicht zu den Basiseigenmitteln zählen und zum Ausgleich von Verlusten eingefordert werden können. Sie umfassen insbesondere den Teil des nicht eingezahlten Grundkapitals, der nicht eingefordert wurde sowie Garantien und sonstige rechtsverbindliche Zahlungsverpflichtungen Dritter gegenüber dem Versicherungsunternehmen (vgl. § 89 Abs. 4 VAG). Ähnlich wie bei den Kapitalvorschriften für Banken zeigt sich auch hier ein Gefälle in der Qualität der Kapitalbestandteile von den verlustabsorbierenden Basiseigenmitteln hin zu den nur durch Einforderung verlustabsorbierenden ergänzenden Eigenmitteln. Auch innerhalb der Eigenmittelkategorien bestehen verschiedene Qualitätsklassen (siehe §§ 91–95 VAG), die sich an der Verlustabsorptionsfähigkeit der ihnen zuzuordnenden Instrumente orientieren.

CoCos-Bonds dürften bei den Eigenmittelanforderungen für Versicherungsunternehmen bereits beim qualitativ höchstwertigen Eigenmittelbestandteil – den Basiseigenmitteln – eine Rolle spielen, denn gem. § 89 Abs. 3 Nr. 2 VAG zählen auch nachrangige Verbindlichkeiten zu den Basiseigenmitteln. Sie können für die Erfüllung sowohl der Solvabilitätskapitalanforderungen (§§ 96 f. VAG) als auch für die Erfüllung der Mindestkapitalanforderungen (§ 122 VAG) genutzt werden. Das gilt jedoch nur dann uneingeschränkt, wenn sie die Voraussetzungen der Qualitätsklasse 1 erfüllen (vgl. § 94 Abs. 1 VAG und § 95 Abs. 1 VAG). Dazu müssen die nachrangigen Verbindlichkeiten gem. § 92 Abs. 1 VAG i.V.m. § 91 VAG verfügbar sein, um Verluste sowohl bei Unternehmensfortführung als auch im Fall der Liquidation vollständig aufzufangen. Für den letzteren Fall müssen sie gegenüber allen anderen Verbindlichkeiten nachrangig ausgestaltet sein. Darüber hinaus müssen sie entweder unbefristet sein oder ihre Befristung darf nicht außer Verhältnis stehen zu der durchschnittlichen Laufzeit der Versicherungsverpflichtungen des Unternehmens. Zusätzlich sollten sie von Verpflichtungen oder Anreizen zur Rückzahlung des Nominalbetrages, von obligatorischen festen Kosten sowie von Belastungen frei sein (§ 91 Abs. 4 VAG).

Die Anforderungen zeigen sich deutlich auslegungsbedürftiger, als es bei den bankaufsichtsrechtlichen Anforderungen nach der CRR der Fall ist. Aus diesem Grund bedarf die Einstufung grundsätzlich der Genehmigung durch die Aufsichtsbehörde (§ 91 Abs. 5 VAG). Das VAG lässt aber klar erkennen, dass CoCo-Bonds in ihrer Ausgestaltung als *Debt-Equity-Swap* oder auch als

*Writedown*-Bond in der Regel als qualitativ hochwertige Basiseigenmittel der Qualitätsklasse 1 anerkannt werden, womit sie zur Erfüllung sämtlicher versicherungsaufsichtsrechtlicher Kapitalanforderungen genutzt werden können. Dafür sorgt insbesondere, dass der Nominalbetrag von CoCo-Bonds in der Regel bei Ausgabe eingezahlt wird, sodass sie verfügbar sind, um nach Eintritt des *Trigger Events* sowohl bei Unternehmensfortführung als auch im Fall der Liquidation Verluste zu absorbieren. Außerdem sind CoCos in der Regel nachrangige Verbindlichkeiten und ihre Laufzeit ist entweder unbegrenzt oder zumindest verhältnismäßig lang, was bei Versicherungsunternehmen unter bestimmten Voraussetzungen ausreichend ist. Wenn sie des Weiteren keinen Anreiz zur Rückzahlung und keine obligatorischen Couponzahlungen enthalten, ist ihre Anerkennung als Basiseigenmittel der ersten Qualitätsklasse durch die Aufsichtsbehörde sehr wahrscheinlich. Dadurch wird das Konzept der „unmittelbaren Risikoabsorption" auf Versicherungen ausgeweitet.[592]

Jedoch muss die Praxis zeigen, ob CoCo-Bonds für Versicherungsunternehmen wirklich attraktiv sind. CoCo-Bonds würden für diese insbesondere dann eine nur untergeordnete Rolle in der Unternehmensfinanzierung spielen, wenn es den Versicherungen gelingt, die Anforderungen auch mit weniger risikoträchtigen – weil unkomplizierteren und in der Praxis bewährten – hybriden Finanzinstrumenten zu erfüllen, die mit geringeren Kosten verbunden sind. Zu denken ist dabei insbesondere an tief nachrangige *Perpetual Bonds*.

## 3.VII. Ein Blick in die Zukunft: CoCo-Bonds und Eigenkapitalanforderungen in der Schweiz

### A. Bedeutung des Bankensektors in der Schweiz

Die Schweiz spielt an den internationalen Finanzmärkten nicht nur gemessen an ihrer Größe eine bedeutende Rolle. Mit der *UBS* und der *Credit Suisse* kommen zwei global agierende und weitvernetzte Großbanken aus dem Land. Neben seiner Bedeutung für die internationalen Märkte hat der schweizerische Bankensektor eine besonders herausgehobene Bedeutung für die schweizerische Wirtschaft. Vor der Krise – im Jahr 2007 – erwirtschaftete dieser Wirtschaftssektor rund 12% der Wertschöpfung des Landes und 6% der Arbeitskräfte waren dort beschäftigt.[593] Die Aktiva des gesamten Bankensektors betrugen 2007 rund 4,7 Billionen CHF und damit mehr als das Neunfache des Bruttoinlandsprodukts

592 *Florstedt*, ZHR 180 (2016), 152 (154).
593 *Sethe*, ZBB 2011, 106 (107).

der Schweiz.[594] Allein auf die beiden größten Banken entfiel dabei das Fünffache des Bruttoinlandsprodukts.[595] Der Anteil am schweizerischen Kreditgeschäft und am Einlagengeschäft betrug mehr als ein Drittel.[596]

Dementsprechend waren die beiden Großbanken *UBS* und *Credit Suisse* auch stark von der Finanzmarktkrise betroffen, was unabsehbare Folgen für die Realwirtschaft der Schweiz hätte haben können. Zusammen erlitten sie zwischen 2007 und 2009 Verluste in Höhe von 59 Mrd. CHF.[597] Die Regierung sah sich deshalb veranlasst, die in Not geratene *UBS* durch kapitalgewährende Maßnahmen (einen staatlichen *Bail-out*) zu unterstützen.[598] Im Nachgang sah sich der schweizerische Gesetzgeber gezwungen, die Regulierung von systemrelevanten Finanzinstituten zu überarbeiten, damit die entsprechenden Institute zukünftig besser auf Systemkrisen vorbereitet sind und staatliche Hilfen nicht mehr im selben Ausmaß erforderlich werden.[599] Vielmehr sollte eine Sanierung aus eigenen Kräften ermöglicht werden. Im Zuge dessen hat sich die Schweiz als Vorreiter in der Nutzung und Berücksichtigung von CoCo-Bonds gezeigt.[600]

## B. Die Regulierung von Banken nach schweizerischem Recht

Der schweizerische Gesetzgeber hat sich bei der Überarbeitung des Bankaufsichtsrechts an den international verbreiteten Standards – den Basel III-Regeln – orientiert. Dementsprechend enthalten die neuen Normen insbesondere eine Verschärfung der Eigenkapitalanforderungen. Welche Risiken die Banken mit welchen Instrumenten unterlegen können und wie viel Eigenmittel sie unterlegen müssen, ergibt sich aus der *Verordnung über die Eigenmittel und Risikoverteilung für Banken und Effektenhändler* (*Eigenmittelverordnung*, ERV), für deren Erlass gem. Art. 4 Abs. 2 BankG (*Bundesgesetz über die Banken und Sparkassen, Bankengesetz*) der Bundesrat zuständig ist. Die Schweiz hat dabei die Basel III-Vorgaben nicht unverändert übernommen. Die schweizerischen Banken und insbesondere die beiden Großbanken *UBS* und *Credit Suisse* sind höheren Anforderungen unterworfen, als sie die Vorschläge des Basler Ausschusses

---

594 *Sethe,* ZBB 2011, 106 (107).

595 *von der Crone/Beeler,* ZBB 2012, 12.

596 *Sethe,* ZBB 2011, 106 (107).

597 *De Spiegeleer/Schoutens/Van Hulle,* The Handbook of Hybrid Securities, S. 104.

598 Siehe zu den Maßnahmen im Einzelnen, insbesondere zur vom Staat erworbenen Pflichtwandelanleihe in Höhe von 6 Mrd. CHF *Sethe,* ZBB 2011, 106 (111 ff.); *von der Crone/Beeler,* ZBB 2012, 12.

599 *von der Crone/Beeler,* ZBB 2012, 12 f.

600 *Bou Sleiman,* CoCo-Bonds, S. 172; *Leippold,* Der Schweizer Treuhänder 2011, 913.

vorsehen (sog. *Swiss Finish*).[601] Die Erarbeitung der höheren Standards geht auf die *Expertenkommission zur Limitierung von volkswirtschaftlichen Risiken durch Grossunternehmen* zurück, die vom schweizerischen Bundesrat im November 2009 eingesetzt wurde. Ihre Aufgabe bestand darin, die angesprochenen Risiken zu analysieren und Vorschläge zu entwerfen, wie sie minimiert werden können.[602] Die von ihr ausgearbeiteten Ansätze fasste sie in Berichten zusammen, von denen der endgültige am 30. September 2010 vorgelegt wurde.[603] Der schweizerische Gesetzgeber beschloss die vorgeschlagenen Gesetzesänderungen am 30. September 2011 mit Wirkung zum 01. März 2012.[604]

Obwohl die schweizerischen Eigenkapitalanforderungen an einigen Stellen von den Vorschlägen des Basler Ausschusses abweichen, bestehen zunächst weitreichende Gemeinsamkeiten zwischen den Vorgaben nach ERV und den Vorgaben nach der auf Basel III basierenden CRR. Auch das schweizerische Recht unterscheidet gem. Art. 18 ERV zwischen *Tier1-Capital* und *Tier2-Capital*. Das *Tier1-Capital* setzt sich aus CET1- und AT1-*Capital* zusammen.

Auch nach schweizerischem Recht können CoCos nicht als Instrumente des harten Kernkapitals genutzt werden.[605] Ausweislich Art. 27 Abs. 3 ERV können CoCo-Bonds jedoch, genau wie nach der CRR auch, als zusätzliches Kernkapital angerechnet werden. Sie müssen dazu beim Erreichen eines vertraglich definierten Auslöseereignisses, spätestens jedoch beim Unterschreiten einer harten Kernkapitalquote von 5,125% entweder in hartes Kernkapital umgewandelt oder aber herabgeschrieben werden. Bedeutende Unterschiede zu den nach der CRR als AT1-Bestandteile zulässigen CoCo-Bonds bestehen nicht. Die schweizerische Finanzmarktaufsichtsbehörde (FINMA) muss lediglich gem. Art. 27 Abs. 5 lit. a ERV das vertraglich definierte Ereignis genehmigen. Außerdem reicht es nach schweizerischem Recht nicht aus, wenn die Instrumente lediglich nachrangig sind. Instrumente des zusätzlichen Kernkapitals müssen außerdem gem. Art. 29 ERV Anleihebedingungen enthalten, nach denen sie bei drohender

601 Vgl. *Berndt/Vollmar/Becker*, Der Schweizer Treuhänder 2012, 125; *von der Crone/Beeler*, ZBB 2012, 12 (16).

602 *Bösch/Leisinger*, SZW 2012, 2 (3).

603 *Expertenkommission zur Limitierung von volkswirtschaftlichen Risiken durch Grossunternehmen*, Schlussbericht, https://www.sif.admin.ch/dam/sif/de/dokumente/Fin-Web/101004-SB-TBTF-DE-FINAL.pdf.download.pdf/101004-SB-TBTF-DE-FINAL.pdf (Stand: 20.10.2018).

604 Siehe zu den zeitlichen Abläufen ausführlich *Bösch/Leisinger*, SZW 2012, 2 (4) m.w.N.

605 Vgl. dazu Art. 21 ERV.

Insolvenz durch vollständige Abschreibung oder vollständige Umwandlung in hartes Kernkapital zur Sanierung der Bank beitragen.

Die wesentlichen Unterschiede zwischen schweizerischem Recht und deutschem bzw. EU-Recht bestehen aber nicht in den Anforderungen an CoCo-Bonds, sondern in ihrer Nutzbarkeit. Während CoCos nach dem deutschen KWG bzw. der CRD-IV nicht zur Unterlegung der Kapitalpuffer herangezogen werden können, sondern lediglich der Unterlegung der Differenz zwischen Kernkapitalquote und harter Kernkapitalquote i.S.d. Art. 92 Abs. 1 CRR dienen können, ist im schweizerischen Recht zu differenzieren.

### a. *Eigenkapitalanforderungen an Banken, die nicht systemrelevant sind*

Gem. Art. 41 ERV müssen Banken unabhängig von ihrer Größe ihre risikogewichteten Aktiva mit Eigenmitteln unterlegen, die sich aus den Mindesteigenmitteln, dem Eigenmittelpuffer, dem antizyklischen Puffer sowie den zusätzlichen Eigenmitteln zusammensetzen. Die Mindesteigenmittel müssen gem. Art. 42 Abs. 1 ERV 8% der RWAs betragen, wobei die Bank mindestens 4,5% mit CET1-*Capital* und 6% mit *Tier1-Capital* unterlegen muss. Daraus ergibt sich für die Anwendung von CoCos als AT1-Instrumente eine Differenz von 1,5% der RWAs. Die Differenz zwischen der Mindesteigenmittelquote von 8% und der Kernkapitalquote von 6% darf mit Ergänzungskapital unterlegt werden. Aber auch hier können die höherwertigen AT1-Instrumente genutzt werden. Dementsprechend sind die schweizerischen Vorgaben mit denen der CRR (vgl. Art. 92 Abs. 1 CRR) identisch.

Neben den Mindesteigenmitteln haben Banken weitere Eigenmittel vorzuhalten. Dazu gehört der Eigenmittelpuffer i.H.v. 2,5% der RWAs (Art. 43 Abs. 1 ERV), der zeitweise unterschritten werden darf, ohne dass die Bank die Eigenmittelanforderungen verletzt (Abs. 2). Er stellt somit das Äquivalent zum Kapitalerhaltungspuffer des § 10c KWG dar. Zu den weiteren Eigenmitteln gehört daneben der antizyklische Puffer, der gem. Art. 44 Abs. 1 ERV vom Bundesrat auf Antrag der Schweizerischen Nationalbank festgelegt wird und eine Höhe von maximal 2,5% der RWAs erreichen darf. Anhang 7 zur ERV sieht seit dem 30. Juni 2014 einen antizyklischen Puffer in Höhe von 2% vor. Darüber hinaus stattet Art. 45 ERV die FINMA mit dem Recht aus, nach ihrem Ermessen zusätzliche Eigenmittel zu fordern, wovon jedoch bisher kein Gebrauch gemacht wurde. Für Banken ergibt sich demnach zurzeit eine Pflicht zur Unterlegung von Risiken mit Eigenmitteln in Höhe von 12,5% der RWAs.[606] Neun Prozent

606 Stand: 10. Januar 2016.

sind mit CET1 zu unterlegen. mit CoCos kommen nicht für die Kapitalpuffer in Betracht, können aber jedenfalls für die Differenz zwischen CET1-Quote und Tier1-Quote (1,5% der RWAs) genutzt werden.

### b. *Eigenkapitalanforderungen an systemrelevante Banken*

Eine weitaus bedeutendere Rolle spielen CoCo-Bonds für systemrelevante Banken. Für sie gelten grundsätzlich die o.g. Eigenmittelanforderungen, es kommen aber weitere Voraussetzungen hinzu (vgl. Art. 124 Abs. 1 ERV).

Eine als systemrelevant eingestufte Bank hat sogenannte Basisanforderungen sowie einen Eigenmittelpuffer, eine progressive Komponente und einen antizyklischen Puffer vorzuhalten. Gemäß Art. 128 ERV betragen die Basisanforderungen 4,5% der RWAs, die ausschließlich mit CET1-*Capital* unterlegt werden können. Hinzu kommt gem. Art. 129 ERV ein Eigenmittelpuffer, der 8,5% der RWAs betragen muss. Er muss gem. Art. 129 Abs. 2 S. 1 ERV in Form von hartem Kernkapital vorgehalten werden. Gemäß Art. 129 Abs. 2 S. 2 ERV kann der Eigenmittelpuffer jedoch bis zu einer Höhe von 3% der RWAs mit CoCo-Bonds unterlegt werden. Das Gesetz spricht insofern nicht von CoCo-Bonds, sondern von *Wandlungskapital*. Die Voraussetzungen sind in den Art. 126 und 127 ERV niedergelegt. Demnach gelten solche Anleihen als Wandlungskapital, die gem. Art. 127 Abs. 1 ERV beim Eintritt eines auslösenden Ereignisses einen Beitrag zur Verlusttragung leisten, indem sie zu einem Forderungsverzicht und damit zu einer Forderungsreduktion führen oder indem sie sich in Instrumente des harten Kernkapitals der Bank umwandeln. Das Wandlungskapital muss von der FINMA genehmigt werden (Art. 11 Abs. 4 S. 2 BankG) und muss vor der Wandlung mindestens den Anforderungen an *Tier2-Capital* i.S.d. Art. 30 ERV genügen (Art. 127 Abs. 3 ERV). Wesentliche Abweichungen von den Anforderungen an CoCos nach deutschem Recht ergeben sich nicht. Der Eigenkapitalpuffer kann jedoch nur soweit bis maximal 3% der RWAs mit Wandlungskapital unterlegt werden, als die Anleihen beim Unterschreiten einer harten Kernkapitalquote von 7% der RWAs gewandelt/herabgeschrieben werden. Dieser niedrige *Trigger* mag verwundern, wenn man sich vor Augen führt, dass eine schweizerische Großbank ihre eingegangenen Risiken eigentlich mit mindestens 10% CET1-*Capital* unterlegen muss (4,5% Basisanforderung i.S.d. Art. 128 ERV + (8,5% Eigenmittelpuffer i.S.d. Art. 129 ERV abzüglich maximal 3% Wandlungskapital)). Auf den ersten Blick scheint es daher überzeugender, die Wandlung bereits beim Unterschreiten einer CET1-Quote von 10% der RWAs vornehmen zu müssen. Allerdings muss der Eigenkapitalpuffer gem. Art. 129 Abs. 3 ERV nur in der Regel dauerhaft erfüllt sein, kann bei Verlusten jedoch vorübergehend

„abgeschmolzen" werden.[607] Dementsprechend wäre es wenig überzeugend, den Eigenmittelpuffer als laufenden Puffer aufzuerlegen, allerdings sofort beim Unterschreiten die Wandlung der Wandlungskapitalkomponente anzuordnen. Damit ginge ein wirksames Mittel zur Verhaltenssteuerung des Managements bereits bei Schwierigkeiten von geringer Gefahr verloren.[608]

Die neben den Basisanforderungen und dem Eigenmittelpuffer gem. Art. 130 Abs. 1 S. 1 ERV zu haltende progressive Komponente bestimmt sich – vereinfacht – nach der Größe und Vernetzung der Bank und wird gem. Art. 131 Abs. 1 ERV jährlich von der FINMA auf der Grundlage von Art. 131 Abs. 3 ERV festgelegt. Sie ist grundsätzlich mit Wandlungskapital zu erfüllen, dessen *Trigger* spätestens beim Unterschreiten einer CET1-Quote von 5% der RWAs ausgelöst wird (Art. 130 Abs. 2 ERV). Auch eine Erfüllung mit hartem Kernkapital ist möglich (Art. 130 Abs. 3 ERV). Gemäß Art. 131 Abs. 6 ERV liegt die progressive Komponente bei mindestens 1%. Für die beiden schweizerischen Großbanken *UBS* und *Credit Suisse* soll jedoch eine Höhe von 6% maßgeblich sein.[609] Daraus ergeben sich für die beiden größten Banken des Landes Eigenkapitalanforderungen in Höhe von insgesamt 21% der RWAs (inkl. antizyklischem Kapitalpuffer), wobei 3% mit 7%-CoCos und weitere 6% mit 5%-CoCos unterlegt werden können. Die harte Kernkapitalquote muss mindestens 12% der RWAs betragen. Hinzu kommt gem. Art. 133 ERV eine *Leverage Ratio*[610], die sich aus jeweils 24% der Prozentsätze der Basisanforderung, des Eigenmittelpuffers und der progressiven Komponente zusammensetzt (Art. 134 ERV). Dementsprechend müssen die *UBS* und die *Credit Suisse* jeweils 4,56% ihrer Gesamtaktiva unabhängig von der Risikogewichtung mit Eigenmitteln unterlegen. 2,16% können mit CoCo-Bonds unterlegt werden.

Die Bedeutung, die die schweizerische Bankenaufsicht den CoCo-Bonds einräumt, ist in der Literatur vereinzelt auf Kritik gestoßen.[611] Insbesondere wurden Bedenken wegen der mangelnden Erfahrung mit dem neuen und komplexen

---

607 Vgl. zu den Kapitalpuffern i.S.d. CRR o. Kap. 3.II.C.

608 Siehe dazu auch u. Kap. 4.II.C.a., S. 203.

609 *FINMA,* Erläuterungsbericht FINMA-Rundschreiben „Eigenmittelpuffer und Kapitalplanung bei Banken", S. 8, https://www.finma.ch/de/~/media/finma/dokumente/dokumentencenter/anhoerungen/abgeschlossene-anhoerungen/24-rundschreiben-eigenmittelpuffer-und-kapitalplanung-bei-banken/eb-rs-kapitalplanung-20110131-d.pdf?la=de (Stand: 20.10.2018).

610 Vgl. zum Begriff o. Einleitung S. 24.

611 Siehe dazu insbesondere *Breitkreuz/Vollmar,* Der Schweizer Treuhänder 2011, 148 (150 f.); *Leippold,* Der Schweizer Treuhänder 2011, 913.

Instrument geäußert.[612] CoCos sind in der Schweiz auch wegen der unsicheren Marktchancen mit Vorbehalten betrachtet worden.[613] Zudem wurde vor Manipulationsgefahren durch das Management und vor der Gefahr von Abwärtsspiralen gewarnt, wenn CoCos umgewandelt werden und die offensichtlich gewordene Krise Aktionäre zu Panikverkäufen bewegt.[614]

Auf der anderen Seite bestehen gute Gründe für den schweizerischen Gesetzgeber und die schweizerische Finanzmarktaufsicht, die Unterlegung von Eigenmittelanforderungen mit CoCo-Bonds zu erlauben. Die Schweiz fordert von ihren Großbanken eine überdurchschnittlich hohe Unterlegung der Risiken bzw. der Aktiva mit Eigenmitteln. Diese Anforderungen sind für die Banken grundsätzlich mit höheren Kosten verbunden.[615] Daraus ergibt sich die Gefahr eines erheblichen Wettbewerbsnachteils zu Lasten der schweizerischen Großbanken gegenüber Banken, die nicht in der Schweiz ansässig sind. Dieser Nachteil kann durch die erweiterte Anrechenbarkeit von CoCo-Bonds ausgeglichen werden.[616]

### c. *Zukunft von CoCo-Bonds in der Schweiz*

Zukünftig wird die Bedeutung von CoCo-Bonds für schweizerische Großbanken eher zu- als abnehmen. Grund dafür ist, dass die Entwicklung der Vorschriften zur Eigenmittelunterlegung nicht abgeschlossen ist, sondern weiterhin im Fluss bleibt. So hat die FINMA am 21. Oktober 2015 in einem Faktenblatt über neue *Too-big-to-fail-Kapitalanforderungen* informiert. Die Schweiz will diese als international führende Kapitalvorschriften etablieren, nachdem andere Rechtsordnungen ihre Aufsichtsstandards den schweizerischen Vorgaben angepasst hatten.[617] Am 11. Mai 2016 verabschiedete der schweizerische Bundesrat das entsprechende Gesetz zur Umsetzung der neuen Anforderungen.[618] Dieses Gesetz

---

612 *Leippold,* Der Schweizer Treuhänder 2011, 913.

613 So insbesondere *Breitkreuz/Vollmar,* Der Schweizer Treuhänder 2011, 148 (150).

614 *Breitkreuz/Vollmar,* Der Schweizer Treuhänder 2011, 148 (150 f.).

615 Vgl. auch *von der Crone/Beeler,* ZBB 2012, 12 (18).

616 So auch *Berndt/Vollmar/Becker,* Der Schweizer Treuhänder 2012, 125 (131); *von der Crone/Beeler,* ZBB 2012, 12 (18).

617 Siehe dazu *FINMA,* Faktenblatt: Die neuen Too-big-to-fail-Kapitalanforderungen für global systemrelevante Banken in der Schweiz, https://www.finma.ch/de/~/media/finma/dokumente/dokumentencenter/myfinma/faktenblaetter/faktenblatt-to-big-to-fail-regime-verstaerkt.pdf?la=de (Stand: 20.10.2018).

618 *Bundesrat (Schweiz),* Bundesrat verabschiedet Anpassung der „Too-big-to-fail"-Bestimmungen, https://www.admin.ch/gov/de/start/dokumentation/medienmitteilungen.msg-id-61681.html (Stand: 20.10.2018).

bewirkte Änderungen der ERV, welche gem. Art. 148 bis Art. 148f ERV bis 2019 sukzessive von den Banken umzusetzen sind.

Systemrelevante Banken haben demnach 8% ihrer RWAs mit Mindesteigenmitteln zu unterlegen, von denen 3,5% mit CoCos unterlegt werden können (Art. 130 und Art. 131 lit. b ERV). Hinzu kommt ein Eigenmittelpuffer, der ausreichen muss, um mit den Mindesteigenmitteln zusammen die Gesamtanforderungen des Art. 129 ERV zu erreichen. Art. 129 ERV sieht eine Sockelanforderung i.H.v. 12,86% der RWAs vor. Diese wird ergänzt durch Zuschläge für den Marktanteil sowie für die Größe des Instituts. Die Zuschläge berechnen sich nach den Grundsätzen von Anhang 9 der ERV (Art. 129 Abs. 3 ERV). Der Eigenmittelpuffer darf bis zu 0,8% in Form von CoCos vorgehalten werden (Art. 131 lit. b ERV). Außerdem ist ein antizyklischer Puffer i.H.v. zurzeit 2% der RWAs in Form von hartem Kernkapital vorzuhalten (Art. 44 Abs. 2 ERV i.V.m. Anhang 7 Nr. 2 ERV).

Gemessen an der Gesamtverschuldung müssen die Mindesteigenmittel 3% betragen, wovon bis zu 1,5% CoCo-Bonds genutzt werden dürfen. Auch hier wird die Quote durch einen Eigenmittelpuffer ergänzt, der bis zum Erreichen der Gesamtanforderungen reichen muss und ausschließlich in Form von CET1 vorgehalten werden darf. Die Sockelanforderung der Gesamtanforderung liegt bei 4,5% der gesamten Verbindlichkeiten (Art. 129 Abs. 2 lit. a ERV). Sie wird ebenfalls um einen individuellen Zuschlag für den Marktanteil und die Größe des Instituts erweitert.

Noch höher sind die Kapitalanforderungen der ERV an Banken, die nicht nur systemrelevant sind, sondern die darüber hinaus auch international tätig sind (Art. 132 ERV). Die zusätzliche Anforderung soll die für alle systemrelevanten Banken geltende Gesamtanforderung spiegeln, also zusätzlich in gleicher Höhe vorgehalten werden (Art. 132 Abs. 2 ERV). Für diese zusätzliche verlustabsorbierende Komponente sollen jedoch vollständig Instrumente genutzt werden dürfen, „die bestimmten Mindestanforderungen an ihre *Bail-in*-Qualität genügen.“[619] Die ERV nennt diese Instrumente *Bail-in-Bonds* (Art. 132 Abs. 4 ERV) und definiert sie in Art. 126a als „Schuldinstrumente zur Verlusttragung bei Insolvenzmaßnahmen“. Sie ähneln den Ergänzungskapitalinstrumenten des Art. 63 CRR. Für international tätige systemrelevante Banken kommt es also in Betracht, die zusätzlichen Anforderungen durch die Emission von *Tier2*-CoCos zu erfüllen. Andererseits lassen sich die zusätzlichen Anforderungen ebenso gut durch einfachere Instrumente erfüllen. Insbesondere nachrangige Darlehen

619 *FINMA* (o. Fn. 617), S. 3.

können in der Praxis eine Rolle spielen (vgl. Art. 126a Abs. 2 ERV). CoCo-Bonds scheiden dennoch für die erhöhten Anforderungen in der Praxis nicht aus. Art. 132 Abs. 4 ERV privilegiert die Emission von Wandlungskapital, wenn es bei Unterschreiten einer CET1-Quote von 5,125% umgewandelt oder herabgeschrieben wird. Rechnet eine Bank CoCos auf ihre erhöhten Anforderungen an, dann werden die an sie gestellten erhöhten Anforderungen um den halben Betrag der CoCos gemindert. Im Ergebnis zählen CoCos damit gewissermaßen doppelt im Vergleich zu *Bail-in*-Bonds, die nur im *gone-concern*-Stadium verlustabsorbierend sind.

Diese Privilegierung von CoCos wird es den Banken erleichtern, den enormen Anstieg der Kapitalanforderungen zu bewerkstelligen und vor dem Hintergrund eines globalen Wettbewerbs dauerhaft zu erfüllen.

## C. Fazit

Die Schweiz sieht sich selbst als Vorreiter beim Thema Sicherheit und Widerstandsfähigkeit des Bankenmarkts. Durch die relativ hohen Anforderungen an die Eigenmittelunterlegung und die in Aussicht gestellten noch höheren Vorgaben tritt sie tatsächlich als besonders strenger Regulator auf. Um jedoch den heimischen Markt nicht durch gravierende Wettbewerbsnachteile durch das „teure" Eigenkapital zu gefährden, musste sie trotz der Unsicherheiten und der Kritik die Verwendung von CoCo-Bonds erlauben. Das trägt insbesondere dazu bei, dass die hohen Anforderungen zumutbar bleiben.[620] Der Gesetzgeber setzt dabei nicht auf eine ausufernde und detailreiche gesetzliche Ausgestaltung der Instrumente. Ihm war offensichtlich bewusst, dass CoCos in vielen Spielarten zur Verwirklichung des Zwecks – größtmögliche Widerstandsfähigkeit bei überschaubaren Kosten sowie Verlustabsorption – dienen können. Der Kreativität der Banken sind damit zunächst nur weite Grenzen gesetzt. Das letzte Wort, ob ein CoCo-Bond als Eigenmittelbestandteil anerkannt wird, hat für systemrelevante Banken gem. Art. 127 Abs. 2 ERV i.V.m. Art 11. Abs. 4 S. 2 BankG und für sonstige Institute gem. Art. 27 Abs. 5 lit. a ERV i.V.m. Art. 11 Abs. 4 S. 2 BankG die Aufsichtsbehörde FINMA. Gesetzgeber und Bankenaufsichtsbehörde treten gemeinsam als gestaltende Institution i.S.d. *neuen Institutionenökonomik* auf.[621]

Dieser Ansatz erlaubt es, die von den Banken angestrebten CoCo-Emissionen im Einzelfall auf ihre Wirkungsweise zu überprüfen. Im Ergebnis ermöglicht diese Lösung eine größere Flexibilität bei der Frage, ob CoCos als Eigenmittel

620 *von der Crone/Beeler*, ZBB 2012, 12 (18 und 19).

621 Vgl. o. Kap. 3.I.

angerechnet werden können oder nicht. Das ist insbesondere bei einem verhältnismäßig neuen Instrument nützlich, denn die FINMA kann so bei jeder Neuemission die jüngsten Erfahrungen in die Beurteilung einfließen lassen.

Der europäische Gesetzgeber ist diesem Ansatz bei der Ausarbeitung der CRR und auch der CRD-IV nicht gefolgt. Die CRR sieht keine Möglichkeit für die nationalen Aufsichtsbehörden vor, CoCos vor ihrer Emission auf ausreichende Verlusttragungsfähigkeit zu überprüfen oder sogar über die Anerkennung als Eigenmittel zu entscheiden. Auf diesem Weg hätte der Gesetzgeber jedoch die Möglichkeit gehabt, CoCos ein größeres Marktpotential zu verschaffen. Langfristig sollte daher erwogen werden, die AT1-Instrumente, die zur Unterlegung der Differenz zwischen CET1-Quote und *Tier1*-Quote genutzt werden können (vgl. Art. 92 Abs. 1 CRR), vor der Emission von den nationalen Aufsichtsbehörden untersuchen und zulassen zu lassen. Die Schweiz geht in dieser Hinsicht einen nachahmenswerten Weg. Gleiches gilt für den Kapitalpuffer für global systemrelevante Institute i.S.d. § 10f KWG. Artikel 131 Abs. 4 S. 2 CRD-IV lässt ausschließlich hartes Kernkapital für diesen Puffer zu. Eine Abweichung von diesem Grundsatz ist wünschenswert. Sie sollte den nationalen Gesetzgebern die Möglichkeit geben, auch AT1-Instrumente zur Erfüllung der Pufferanforderungen für global systemrelevante Institute zuzulassen und die Beurteilung im Einzelfall den nationalen Aufsichtsbehörden zu überantworten. Auf dieser Grundlage lassen sich auch dringend benötigte höhere Eigenkapitalanforderungen[622] rechtfertigen und durchsetzen.

---

622 Vgl. dazu u. Kap. 6.III., S. 253.

# Kapitel 4 Das *Trigger Event*

## 4.I. Bedeutung und Rechtsnatur des *Trigger Events*

### A. Bedeutung des *Trigger Events*

CoCo-Bonds sind auf Vorrat angelegte automatisierte *Debt-Equity-Swaps*. Sie zeichnen sich dadurch aus, dass die Forderung unter bestimmten Umständen automatisch gegen Anteile getauscht wird. Der Automatismus ist dadurch gekennzeichnet, dass der Umtausch ausgelöst wird, wenn ein bestimmtes, bei der Emission definiertes Ereignis eintritt – das *Trigger Event*. Es ist damit zentrales und innovatives Element der CoCo-Bonds.

Der Gestaltungsspielraum des Emittenten ist dabei sehr weit, es sind viele Formen und Ausgestaltungen des *Trigger Events* denkbar. Das betrifft einerseits das den Umtausch auslösende Ereignis selbst, also den Tatbestand. Andererseits kann auch die Rechtsfolge verschieden ausgestaltet werden. Die Architektur des *Trigger Events* hat weitreichende Folgen für die Erfolgschancen des CoCos, für die aufsichtsrechtliche Behandlung und für die steuerrechtliche Einordnung der bedingten Pflichtwandelanleihe. Es bestimmt, auf welchem Wege und unter welchen Umständen die Investoren an der wirtschaftlichen Entwicklung des Emittenten partizipieren und wie sehr der CoCo-Bond die Krisenresistenz des begebenden Unternehmens und der Finanzmärkte unterstützt. Das auslösende Ereignis bestimmt damit auch, ob der konkrete CoCo-Bond eher dem Fremdkapital oder eher dem Eigenkapital ähnelt und wirkt sich damit essentiell auf den Charakter des jeweiligen Instruments aus.

Der rechtliche Gestaltungsspielraum ist dabei so weit, dass sich eine einzige dogmatische Begründung für die Umwandlung verbietet. Jedoch weist die hier vorgeschlagene Herleitung unter Rückgriff auf § 158 Abs. 1 BGB gegenüber anderen Begründungsansätzen erhebliche Vorteile auf, die im Folgenden näher erläutert werden. Das hier entwickelte Modell kann dabei einerseits als Auslegungshilfe für bestehende CoCos sowie andererseits als Empfehlung für die Ausgestaltung zukünftiger CoCos dienen.

### B. Rechtsnatur

Gleich welche Form das in den Anleihebedingungen formulierte Auslöseereignis hat, es sollte so ausgestaltet sein, dass der *Debt-Equity-Swap* oder die Abschreibung bei *Writedown*-Bonds automatisch erfolgt und keine weiteren

Maßnahmen, wie etwa Willenserklärungen, erforderlich sind.[623] Diese Eigenschaft unterscheidet CoCo-Bonds von anderen als *Debt-Equity-Swap* ausgestalteten hybriden Finanzinstrumenten. Sie ist erforderlich, um die in der letzten Finanzmarktkrise aufgekommenen Unzulänglichkeiten herkömmlicher hybrider Instrumente zu überwinden, indem eine Verlustteilnahme sicher gewährleistet wird. Entscheidend ist dabei insbesondere, dass keine der Parteien die Umwandlung nach Eintritt des *Trigger Events* verhindern oder verzögern kann.[624] Auch der Basler Ausschuss hebt Zweifel daran hervor, ob der *Trigger*-Mechanismus funktioniert.[625] Einige Stimmen in der Literatur halten es für ausreichend, dass der Emittent der Anleihe beim Eintritt des *Trigger Events* ein ihm dann zustehendes Umwandlungsrecht ausübt.[626] Es seien „praktisch belastbare Konstruktionen entwickelt worden“[627], um die Ausübung dieses Umwandlungsrechts sicherzustellen.

Der Emittent kann jedoch ein erhebliches Interesse daran haben, die Umwandlung zu verhindern oder zumindest hinauszuzögern. Das ist insbesondere dann naheliegend, wenn hinter dem Management starke Aktionäre stehen, die wegen der zu befürchtenden Verwässerung ihrer Anteile eine Umwandlung zu verhindern versuchen und deshalb auf das Management einwirken. Ebenso kann das Management befürchten, dass durch die Umwandlung neue Großaktionäre an der Gesellschaft beteiligt werden oder die Gesellschaft übernehmen und dabei das Management austauschen. Vor diesem Hintergrund gingen wertvolle Anreizwirkungen auf das Management verloren, legte man die Umwandlung in die Hände des Vorstands. Besteht eine Hoffnung des Emittenten auf subsidiäre Haftung des Staates, so ist der Gedanke also naheliegend, dass der Emittent die Umwandlung unterlässt.

---

623 So auch *Bader,* AG 2014, 472 (480 f.); *Bösch/Leisinger,* SZW 2012, 2 (5); *Drinhausen/Keinath,* BB 2012, 395 (396); *Florstedt,* ZHR 180 (2016), 152 (172 f.); *Habersack,* AG 2015, 613 (620); *ders.*, in: MüKo-BGB, § 793 Rn. 52; *ders.*, in: MüKo-AktG, § 221 Rn. 19; *Königshausen,* WM 2013, 909 (912); *Konesny/Glaser,* in: *Boos/Fischer/Schulte-Mattler,* CRR Art. 54 Rn. 2; *Merkner/Schmidt-Bendun,* DB 2012, 98 (101); aufsichtsrechtlich wird gem. Art. 54 Abs. 5 lit. c CRR lediglich eine unverzügliche Umwandlung – spätestens innerhalb eines Monats – gefordert, vgl. dazu auch *Gleske/Ströbele,* CFL 2012, 49 (51); *Haag/Peters,* WM 2015, 2303 (2306).

624 Vgl. zum Erfordernis der Transparenz o. Kap. 1.VII.B., S. 65 ff.

625 *Basel Committee on Banking Supervision* (o. Fn. 283), S. 19 f.

626 So etwa *Möhlenkamp/Harder,* ZIP 2016, 1093.

627 *Nodoushani,* WM 2016, 589 (590).

Auch der Basler Ausschuss und der schweizerische Bundesrat haben die Gefahr erkannt, dass ein Anreiz zur Verhinderung oder Verzögerung der Umwandlung bestehen kann.[628] Nur ein Automatismus kann in dieser Hinsicht Zuverlässigkeit schaffen. Diese Zuverlässigkeit ist auch dringend erforderlich, da die Stabilität von Banken und damit der Finanzmärkte auf dem Spiel steht und unzuverlässige Stabilisierungsinstrumente in der vergangenen Krise ihr Ziel verfehlten. Zudem würden Unklarheiten über die Wandlung erhebliche Unsicherheiten an den Märkten hervorrufen.[629] Diesem Problem ließe sich auch nicht damit begegnen, beim Untätigbleiben des Emittenten auf eine Umwandlungsanordnung durch die Aufsichtsbehörde nach dem SAG zu vertrauen.[630] Die Ungewissheit über die Umwandlung und insbesondere den Umwandlungszeitpunkt ließe sich damit nicht beheben.

Dass eine Forderung auf Rückzahlung durch Bedingungseintritt erlischt, wie es bei den *Writedown*-Bonds der Fall ist, ist keine Neuheit. Auch die klassische Katastrophenanleihe ist so konstruiert. Tritt das Ereignis ein, wird die Forderung automatisch abgeschrieben. Es handelt sich um eine auflösende Bedingung i.S.d. § 158 Abs. 2 BGB.[631]

Schon die mittelalterlichen Seedarlehen waren ähnlich konstruiert.[632] Dem Eigner eines auslaufenden Schiffs wurde vor Verlassen des Hafens die gesamte Darlehens-/Sicherungssumme übergeben. Kam das Schiff wohlbehalten zurück, musste der Betrag zuzüglich Zinsen an den Geldgeber zurückgegeben werden. Versank das Schiff, ging mit ihm sprichwörtlich der Rückzahlungsanspruch des Geldgebers unter.[633] Ein automatischer Umtausch in Gesellschaftsanteile war jedoch bisher nicht bekannt. Allein rechtstechnisch stellt sich dieser Umtausch viel komplexer dar als die Abschreibung einer Forderung. Die neuen Anteile müssen unter Umständen geschaffen werden, die Interessen der Altgesellschafter müssen Berücksichtigung finden, die CoCo-Inhaber müssen ihre neuen Anteile übernehmen und dafür eine Einlage leisten. Bei genauer Betrachtung zeigt sich, dass eine vollautomatische Umwandlung rechtstechnisch nicht möglich ist (dazu sogleich). Im Mittelpunkt muss daher stehen, möglichst bedeutende Teile der Transaktion automatisch ablaufen zu lassen und die zusätzlichen

628 Vgl. o. Kap. 3.III.A.b.i., S. 125 und u. Kap. 4.I.B.b.iv.3., S. 180.
629 *Oakes/Milonakis*, IFLR 2013, 70 (72); vgl. dazu auch o. Kap. 1.VII.B.
630 *Haag/Peters* halten eine subsidiäre Umwandlungsanordnung durch die Aufsichtsbehörde allerdings für ausreichend, *Haag/Peters,* WM 2015, 2303 (2305 f.).
631 Vgl. Eilers/*Eilers*, Kap. A Rn. 80; *Täumer,* Katastrophenanleihen, S. 49.
632 *Täumer,* Katastrophenanleihen, S. 49.
633 *Zocher,* Kreditrisiko und Versicherung (I), VW 1985, 218.

erforderlichen Handlungen weitestmöglich zu standardisieren. Da im zentralen Fokus des Umtauschs das Zurverfügungstellen des Anleihebetrags als dauerhafte Einlage steht, um so die Verbindlichkeit entfallen zu lassen, muss die dogmatische Begründung auf die Automatisierung dieses Prozesses konzentriert werden.

Zwar ist der *Debt-Equity-Swap* als solcher keine Neuerung – er ist bereits kennzeichnendes Element der klassischen Wandelanleihen i.S.d. § 221 Abs. 1 S. 1 Alt. 1 AktG, darüber hinaus der umgekehrten Wandelanleihe, der Pflichtwandelanleihe sowie des *Debt-Equity-Swaps* im Rahmen eines Insolvenzplanverfahrens gemäß § 225a Abs. 2 S. 1 InsO. Doch in all diesen Fällen sind entweder Willenserklärungen der Anleiheinhaber oder des Emittenten erforderlich, um den Anleihebetrag zu Eigenkapital zu machen. Diese Willenserklärung wird bei den CoCo-Bonds durch das *Trigger Event* ersetzt. Hieraus ergibt sich eine untrennbare Wechselbeziehung der Rechtsnatur des *Trigger Events* und der rechtlichen Einordnung von CoCo-Bonds insgesamt.

### *a. Rechtsnatur der Wandelanleihe i.S.d. § 221 I AktG*

Es stellt sich bereits die Frage nach der Rechtsnatur des *Trigger Events*. Herkömmliche Wandelanleihen gewähren dem Inhaber das Recht, seine Forderung gegen Aktien umzutauschen (§ 221 Abs. 1 S. 1 Alt. 1 AktG). Es ist inzwischen allgemein anerkannt, dass es sich rechtstechnisch um eine Ersetzungsbefugnis (*facultas alternativa*) handelt.[634] Der Anleiheinhaber hat demnach nicht das Recht, die Anleihe gegen Aktien zu tauschen, sondern die Rechtsbeziehung zwischen sich und dem Emittenten umzugestalten.[635] Durch die Ausübung der Ersetzungsbefugnis erlischt das Rechtsverhältnis in Bezug auf die Anleihe und es entsteht ein Anspruch auf Gewährung der Mitgliedschaft in dem Umfang, wie er in der Bezugserklärung i.S.d. § 198 Abs. 1 S. 3 AktG spezifiziert wird. Die Mitgliedschaft entsteht dabei nicht automatisch, sondern wird durch Ausgabe der Aktien und Vertrag zwischen dem Emittenten und dem neuen Mitglied (Begebungsvertrag) begründet.[636] Der Anleihebetrag wird als Einlage umgewidmet.[637] Es handelt sich dabei um eine Bareinlage (vgl. § 194 Abs. 1 S. 2 AktG).[638]

---

634 Vgl. *Habersack*, in: MüKo-AktG, § 221, Rn. 226; *Hölters/Haberstock/Greitemann*, § 221 Rn. 10; *Hüffer/Koch*, § 221 Rn. 56; *Lehmann*, Finanzinstrumente, S. 329.

635 Siehe dazu bereits o. Kap. 1.I., S. 31.

636 Vgl. *Habersack*, in: MüKo-AktG, § 221, Rn. 227; *Hüffer/Koch*, § 199 Rn. 3.

637 *Habersack*, in: MüKo-AktG, § 221, Rn. 226; *Seiler*, in: *Spindler/Stilz*, § 221 Rn. 5.

638 *Hermanns*, in: *Henssler/Strohn*, § 221 AktG Rn. 4.

Diese Überlegungen und Ansätze helfen bei CoCo-Bonds jedoch nicht weiter. Es ist für die Umwandlung von CoCos gerade kennzeichnend, dass sie nicht von einer Willenserklärung abhängt. In der Unternehmenskrise können schon wenige Tage über die erfolgreiche vorübergehende Rekapitalisierung oder die Zahlungsunfähigkeit entscheiden. Sogar die Abwicklung kann unter großem Zeitdruck stehen, wenn Marktverwerfungen vermieden werden sollen. Die Dringlichkeit zeigt sich z.B. auch bei Abwicklungsmaßnahmen nach der SRM-VO. Dort sind teilweise sehr kurze Fristen zum Handeln vorgesehen.[639] Die Anleihebedingungen können mithin keine Befugnis zur Ersetzung enthalten, die bei Eintritt des *Trigger Events* von den CoCo-Inhabern ausgeübt werden muss.

Denkbar wäre lediglich eine Wandelanleihe mit Wandlungsrecht des Anleihegläubigers, von dem er bereits bei (originärem) Erwerb der Anleihe bedingt aufgeschoben Gebrauch macht, sodass es sich um eine Bedingung i.S.d. § 158 Abs. 1 BGB handelt. Dieser Ansatz weist jedoch konstruktive Defizite auf. Das Recht zur Umwandlung wird bei Wandelanleihen ausgeübt, indem der Gläubiger eine Bezugserklärung i.S.d. § 198 AktG i.V.m. § 192 Abs. 5 AktG abgibt. Sie fasst die Ausübung des Wandlungsrechts und die Zeichnungserklärung zusammen, sodass eine weitere Zeichnungserklärung entbehrlich wird.[640] Die Bezugserklärung muss aber gem. § 198 Abs. 1 S. 3 AktG bereits die Beteiligung nach Zahl der Aktien enthalten[641], die bei der Emission unter Umständen noch gar nicht feststeht. Selbst wenn man die Bestimmbarkeit der Beteiligung durch Auslegung[642] anhand der Anleihebedingungen genügen lässt, müsste die Bezugserklärung dem Formerfordernis des § 198 Abs. 1 S. 1 AktG (Schriftform) genügen[643], was bei komplexen Emissionen schwer zu realisieren ist. Grund

639 Zum Beispiel muss die Kommission gem. Art. 18 Abs. 7 Unterabs. 2 SRM-VO ein ihr vorgelegtes Abwicklungskonzept innerhalb von 24 Stunden billigen oder Einwände erheben.

640 *Singhof*, in: FS Hoffmann-Becking (2013), S. 1163 (1165).

641 *Fuchs*, in: MüKo-AktG, § 198 Rn. 9 i.V.m. *Schürnbrand*, in: MüKo-AktG, § 185 Rn. 17; *Hüffer/Koch*, § 198 Rn. 9.

642 Siehe dazu insbes. Reichsgericht, Urt. v. 25.9.1914 (RGZ 85, 284 (287 f.)), in dem das Gericht darauf abstellte, ob die Aussage in der Bezugserklärung *verständlich* oder *unverständlich* ist. Unter Zuhilfenahme der CoCo-Anleihebedingungen würde die Aussage in einer aufschiebend bedingten Bezugserklärung in der Regel verständlich sein und dem Erfordernis des § 198 Abs. 1 S. 3 AktG genügen. Siehe zur Möglichkeit, fehlende Angaben der Bezugserklärung durch Auslegung zu ermitteln Hölters/*Apfelbacher/Niggemann*, § 198 Rn. 10; *Rieckers*, in: *Spindler/Stilz*, § 198 Rn. 18; *Scholz*, in: MünchHdbGesR, Bd. IV, § 58 Rn. 67.

643 *Hüffer/Koch*, § 198 Rn. 8.

dafür ist insbesondere, dass das Schriftformerfordernis auch beim derivativen Erwerb der Anleihe zu beachten wäre[644] und sie daher der weitgehend freien Übertragbarkeit berauben würde. Außerdem muss sich aus der Bezugserklärung die Person des Zeichners zweifelsfrei ergeben, sodass sich der Vertragspartner eindeutig bestimmen lässt.[645] Würde die Erklärung den Zeichner nicht enthalten, wüsste die AG andernfalls nicht, an wen sie die Aktien auszugeben hätte. Bei CoCo-Bonds müsste also beim derivativen Erwerb die im Voraus abgegebene bedingte Bezugserklärung hinsichtlich desjenigen aktualisiert werden, der im Falle der Umwandlung in den Zeichnungsvertrag eintritt und einen Anspruch auf die Aktien erhält. Auch das ist bei handelbaren Wertpapieren kaum möglich und käme einem Rektapapier gleich. Dieser Ansatz stellt sich daher als impraktikabel heraus.

### *b. Rechtsnatur der Pflichtwandelanleihe und der CoCo-Bonds*

In Betracht kommt jedoch, sich bei der rechtlichen Einordnung an der Pflichtwandelanleihe zu orientieren. Eine Pflichtwandelanleihe ähnelt im Grundsatz der herkömmlichen Wandelanleihe des § 221 Abs. 1 S. 1 Alt. 1 AktG. Im Gegensatz zu dieser steht dem Inhaber allerdings keine Ersetzungsbefugnis zu, sondern zum Ende der Laufzeit muss die Anleihe in Aktien umgewandelt werden.[646] Dabei ist die Pflicht bereits in den Anleihebedingungen enthalten. Wie sich die Wandlung mit Ablauf der Laufzeit vollzieht, lässt sich rechtsdogmatisch auf zwei verschiedenen Wegen konstruieren.

#### *i. Ermächtigung der Wandlungsstelle*

Ein Großteil der Literatur nimmt an, dass der Investor bei der Übernahme der Anleihe die Wandlungsstelle (*Conversion Agent*) unwiderruflich anweist, zum Ablauf der Laufzeit der Anleihe die Bezugserklärung gem. § 198 Abs. 1 S. 1 AktG abzugeben.[647] Die Wandlungsstelle ist insbesondere bei Wandelanleihen eine dritte Partei – üblicherweise eine Bank[648] – die die Rechte der Anleiheinhaber

---

644 *Singhof,* in: FS Hoffmann-Becking (2013), S. 1163 (1170).

645 *Frey,* in: GroßKomm-AktG, § 198 Rn. 31; *Fuchs,* in: MüKo-AktG, § 198 Rn. 11; *Marsch-Barner,* in: Heidelberger Kommentar, § 198 Rn. 6; *Rieckers,* in: *Spindler/Stilz,* § 198 Rn. 19; *Veil,* in: *Schmidt/Lutter,* § 198 Rn. 7.

646 Eilers/*Müller-Eising,* Kap. D Rn. 78.

647 So insbesondere Eilers/*Müller-Eising,* Kap. D Rn. 78; *Groß,* in: *Marsch-Barner/Schäfer,* § 51 Rn. 7; *Rozijn,* ZBB 1998, 77 (82).

648 Hölters/*Apfelbacher/Niggemann,* § 198 Rn. 8.

auf den Bezug von Aktien gegenüber dem Emittenten ausübt.[649] Diese Zwischenschaltung einer dritten Partei ermöglicht es, Rechte zentral auszuüben, was insbesondere bei einer Vielzahl von Anleihegläubigern das Verfahren vereinfacht. Außerdem kann damit gewährleistet werden, dass eine bloß schuldrechtliche Verpflichtung des dem Emittenten oft unbekannten Anleihegläubigers zur Ausübung des Wandlungsrechts durchsetzbar wird.[650] Nach diesem Ansatz würden also die Anleihebedingungen einer Pflichtwandelanleihe eine Regelung enthalten, wonach der Inhaber der Anleihe durch Akzeptieren der Anleihebedingungen die Wandlungsstelle von vornherein und unwiderruflich anweist, zum Ablauf der Anleihelaufzeit die Wandlungserklärung abzugeben.

Auf den ersten Blick ließe sich dieser Ansatz auch auf CoCos übertragen.[651] Auch die Anleihebedingungen von CoCo-Bonds könnten beinhalten, dass der Investor mit Erwerb der Anleihe die Wandlungsstelle anweist, die Wandlungserklärung abzugeben, und zwar dann, wenn das *Trigger Event* eintritt. So sehen es auch die Musterbedingungen des BdB vor (§ 6 Abs. 5 der Musterbedingungen Typ B). Dennoch wird diese Sichtweise dem Wesen von CoCo-Bonds nicht vollumfänglich gerecht. CoCos sind Anleihen, die automatisch Eigenkapital zur Verfügung stellen, wenn ein auslösendes Ereignis eintritt. Ein Wandlungsrecht während der Laufzeit gibt es in der Regel nicht, denn weder der Emittent noch der Anleihegläubiger können den Zeitpunkt der Umwandlung selbst bestimmen[652] (siehe sogleich). Wollte man jedoch dem Ansatz der unbedingten Ermächtigung der Wandlungsstelle folgen, so würde die Einlageleistung doch wieder von der Betätigung eines Willens abhängig sein, nämlich von der Abgabe der Bezugserklärung i.S.d. § 198 Abs. 1 S. 1 AktG durch die Wandlungsstelle als Vertreterin für die CoCo-Inhaber. Diese Konstruktion ist also keinesfalls ideal, um den Automatismus rechtstechnisch zu erklären.

### ii. *Theorie des Vorvertrages*

Andere Teile der Literatur wollen für die Pflichtwandelanleihe annehmen, dass der Investor bei Zeichnung der Anleihe einen Vorvertrag mit dem Emittenten abschließt, der auf die spätere Zeichnung von Aktien gerichtet ist.[653] Danach

---

649 *Zahn/Lemke,* BKR 2002, 527 (533).

650 *Rozijn,* ZBB 1998, 77 (82).

651 So *Nodoushani,* ZBB 2011, 143 (147).

652 Das ist aber ein zentrales Element der (Pflicht-)Wandelanleihe, vgl. *Schlitt/Seiler/Singhof,* AG 2003, 254 (266).

653 *Friel,* Wandelanleihen mit Pflichtwandlung, S. 131; *Habersack,* in: MüKo-AktG, § 221, Rn. 52; *Schlitt/Seiler/Schlinghof,* AG 2003, 254 (267).

verpflichtet sich der Gläubiger in diesem Vorvertrag, zum Ablauf der Laufzeit von seinem Wandlungsrecht Gebrauch zu machen, sofern er das nicht während der Laufzeit schon getan hat.[654] Abgesehen von den Bedenken, denen diese Konstruktion schon hinsichtlich der Pflichtwandelanleihe ausgesetzt ist[655], ist sie in Bezug auf CoCos auch sehr gekünstelt. Es fällt schwer, sich vorzustellen, dass der CoCo-Inhaber bei Übernahme der Anleihe vom Emittenten mit diesem einen Vorvertrag schließt, mit dem er sich dazu ver*pflichtet*, bei Eintritt eines bestimmten Ereignisses sein Wandlungs*recht* auszuüben (welches er laut Anleihebedingungen häufig nicht hat) und das bei aller gebotener Eile sogar dann, wenn er vom Eintritt des *Trigger Events* gar keine Kenntnis erhält, weil er nicht Tag und Nacht die wirtschaftlichen Kennzahlen des Emittenten oder entsprechende Ad-hoc-Meldungen im Auge behält. Die Theorie vom Vorvertrag ähnelt dem Ansatz der unbedingten Ermächtigung der Wandlungsstelle. Diese Vorstellung lässt sich jedoch schwer mit der Wirklichkeit in Einklang bringen, denn tatsächlich soll es auf eine Willensbetätigung des Gläubigers nach Eintritt des *Trigger Events* gar nicht ankommen. Es besteht unter anderem die Gefahr, dass der Inhaber des Instruments die Wandlungserklärung trotz einer entsprechenden Pflicht nicht abgibt, da sich daraus wirtschaftliche Nachteile für ihn ergeben können. Während die Theorie vom Vorvertrag den Mechanismus einer Pflichtwandelanleihe zu erklären vermag, lässt sie sich nicht auf CoCos übertragen.

#### *iii. CoCos als* Put-Option

Nicht überzeugend ist auch der Ansatz, wonach der Emittent mit Emission der CoCo-Bonds eine Verkaufsoption (*Put-Option*) kauft, die es ihm ermöglicht, dem Anleihegläubiger bei Erreichen des *Trigger Events* Aktien anzudienen.[656] Ein Andienungsrecht erlaubt es dem Berechtigten (in diesem Falle dem Emittenten), beim Vorliegen bestimmter Umstände die Übertragung seiner Aktien zu festgelegten Bedingungen an den Verpflichteten (hier dem Anleihegläubiger) zu verlangen.[657] Diese Ansicht folgt damit der Idee, dass der Emittent das Wandlungsrecht ausübt. Aus wirtschaftlicher Sicht lässt sich dieser Ansatz nachvollziehen. Jedoch vermag er nicht zu erklären, wie sich der *Debt-Equity-Swap* im Einzelnen vollzieht, insbesondere kann er nicht die automatische Einlageleistung

---

654 *Friel*, Wandelanleihen mit Pflichtwandlung, S. 131; *Habersack*, in: MüKo-AktG, § 221, Rn. 52; *Schlitt/Seiler/Schlinghof*, AG 2003, 254 (267).

655 Vgl. *Bou Sleiman*, CoCo-Bonds, S. 75.

656 So jedoch *Bader*, AG 2014, 472 (481).

657 Vgl. im Allgemeinen zum Andienungsrecht *Seibt*, in: *Römermann*, § 2 Rn. 306.

durch den Anleihegläubiger begründen. Des Weiteren soll die Wandlung auch nicht vom Willen des Emittenten abhängen. Könnte dieser die Umwandlung nach Belieben unterlassen, können CoCos keine verhaltenssteuernde Wirkung auf den Emittenten bzw. dessen Management entfalten.[658]

### *iv. Das* Trigger Event *als Bedingung i.S.d. § 158 Abs. 1 BGB*

Viel näher liegt es, die Wandlung direkt in die Anleihebedingungen aufzunehmen. Sie ist dann nicht als Gestaltungsrecht des Inhabers im Sinne eines Wandlungsrechts bei Wandelanleihen zu verstehen, zu dessen Ausübung er bei Eintritt des *Trigger Events* verpflichtet wäre. Stattdessen handelt es sich um ein Gestaltungsrecht *sui generis*, von dem der Inhaber bereits bei der Emission unter einer aufschiebenden Bedingung Gebrauch macht. Nur so lässt sich nachvollziehbar begründen, dass es auf die spätere Mitwirkung des Inhabers nicht ankommt.[659] Das passt auch zur Emissionspraxis, denn das Wandlungsereignis und die daran gekoppelte Rechtsfolge sind in den Anleihebedingungen von CoCo-Bonds bereits enthalten. Man sollte daher einen CoCo-Bond mit automatischem *Debt-Equity-Swap* als das sehen, was er tatsächlich ist: eine Anleihe, die schlicht (1.) per Bedingungseintritt nicht mehr bedient werden muss, sondern als Einlage eventuell zuzüglich eines Agios gilt, und (2.) mit Bedingungseintritt den Gläubiger in eine Position versetzt, die ihm die Möglichkeit des Eintritts in die Gesellschafterstellung verschafft. Das gilt insbesondere vor dem Hintergrund, dass diejenigen CoCos die Regel sind, die überhaupt kein Wandlungsrecht des Inhabers vorsehen – weder während der Laufzeit noch zum Ende der Laufzeit.[660] So waren bereits die von der *Lloyds Banking Group plc.* begebenen ECNs nicht mit einer Wandlungsoption zugunsten der Inhaber ausgestattet:

> „*The ECNs are not convertible at the option of holders of the ECNs (the "ECN Holders") at any time.*“[661]

---

658 Siehe dazu ausführlich o. Kap. 4.I.B.

659 Darauf, dass diese Möglichkeit grundsätzlich besteht, weist auch *Habersack* hin: „*Es spricht auch nichts dagegen, dass die Anleihebedingungen vorsehen, dass die Wandlung bei Endfälligkeit oder bei Eintritt bestimmter Ereignisse unmittelbar und unabhängig von weiteren Erklärungen erfolgt, und damit die Wandlungserklärung gleichsam antizipieren.*“, *Habersack,* in: MüKo-AktG, § 221 Rn. 52.

660 Eine Ausnahme bildet der CoCo-Bond der Bank of Cyprus, welcher zusätzlich zum Ende der Laufzeit ein Wandlungsrecht des Gläubigers vorsah, vgl. *De Spiegeleer/Schoutens/Van Hulle,* The Handbook of Hybrid Securities, S. 86.

661 *Lloyds Banking Group plc.* (o. Fn. 417), S. 20.

Es handelt sich also um einen Trugschluss, wenn man davon ausgeht, dass eine *bedingte Pflichtwandelanleihe* auch immer das Element einer *Wandelanleihe* i.S.d. § 221 AktG beinhaltet. Etwas anderes gilt nur für seit der Aktienrechtsnovelle emittierte CoCos (dazu sogleich). Sie sind Wandelanleihen mit Wandlungsrecht des Emittenten. Doch auch hier wird das Umgestaltungsrecht unter einer aufschiebenden Bedingung ausgeübt.

Mit der Erkenntnis, dass es sich bei dem *Trigger Event* um eine Bedingung i.S.d. § 158 Abs. 1 BGB handelt, eröffnen sich folglich zwei dogmatische Wege, mit denen die Umwandlung nach deutschem Recht begründet werden kann. Eine Möglichkeit besteht darin, eine Schuldverschreibung i.S.d. § 793 Abs. 1 BGB anzunehmen, für die Emittent und Gläubiger bei der Emission aufschiebend bedingt vereinbart haben, dass sie nicht zurückzuzahlen ist, wenn das *Trigger Event* eintritt und der Gläubiger stattdessen Aktionär werden soll (es handelt sich dabei um das soeben dargestellte Gestaltungsrecht *sui generis*). Ergänzende aktienrechtliche Regelungen, die grundsätzlich auf die herkömmliche Wandelanleihe anzuwenden sind, könnten dann unter Umständen entsprechend anwendbar sein, sofern die Analogievoraussetzungen vorliegen.

Die zweite Möglichkeit besteht darin, in CoCo-Bonds eine Wandelanleihe mit ausschließlichem Wandlungsrecht des Emittenten zu sehen, der von seinem Wandlungsrecht bereits bei der Emission unter der aufschiebenden Bedingung Gebrauch macht, dass das *Trigger Event* eintritt. Dieser Begründungsweg ist erst seit dem 31. Dezember 2015 durch die Aktienrechtsnovelle 2016 mit dem Gesetzeswortlaut vereinbar, da seit der Gesetzesänderung auch erstmals ein Wandlungsrecht des Emittenten kodifiziert ist (dazu sogleich). Bereits vorher wurden Wandelanleihen mit Wandlungsrecht des Emittenten unter dem Stichwort *Tilgungswahlrecht des Emittenten* überwiegend für zulässig gehalten.[662] Auch der Gesetzgeber hat das erkannt und zum Gegenstand der Gesetzesbegründung der Aktienrechtsnovelle 2016 gemacht.[663] Das Wandlungsrecht des Emittenten wurde bisher über das Hilfskonstrukt einer schuldrechtlichen Wandlungspflicht des Gläubigers begründet.[664] Dass die neue Regelung rückwirkend direkt auf alte Wandelanleihen mit Tilgungswahlrecht des Emittenten oder auf alte CoCo-Bonds angewandt werden kann, lässt sich aus den Gesetzesmaterialien nicht ableiten. Dafür wurde offensichtlich auch nicht die Notwendigkeit gesehen, da

662 *Scholz*, in: MünchHdbGesR, Bd. IV, § 64 Rn. 54; *Groß*, in: *Marsch-Barner/Schäfer*, § 51 Rn. 9.

663 BT-Drucks. 18/4349, S. 27.

664 Siehe o. Kap. 4.I.B.b.ii.

für Anleihen nach altem Recht im Ergebnis dieselbe Rechtsfolge konstruiert werden konnte. Lediglich die dogmatische Begründung wich von der neuen Gesetzeslage ab. Jedoch lässt sich bei CoCo-Bonds nicht ohne Weiteres auf eine Wandlungspflicht der Gläubiger verweisen, da in diesem besonderen Fall ein Interesse daran besteht, es nicht auf eine Umwandlungspflicht der Gläubiger ankommen zu lassen.[665] Eine Wandlungspflicht kann zumindest dort nicht konstruiert werden, wo Anleihebedingungen einer ausdrücklichen Pflicht entbehren.[666] Eine solche Pflicht und die auf ihr basierende Umwandlung auf der Grundlage einer extensiven Auslegung von Anleihebedingungen zu konstruieren, führte zu erheblicher Rechtsunsicherheit, die bei der gebotenen Eile in der Krise dem sanierenden Wesen der Bonds entgegenstünde. Der dogmatische Weg über die Wandelanleihe kommt daher nur für solche CoCos in Betracht, die nach der Gesetzesänderung emittiert wurden.[667]

### *1. Rechtsnatur von vor dem 31. Dezember 2015 emittierten CoCos*

In der Literatur wird bisher angenommen, dass die „Durchführung der Umwandlung umgekehrter Wandelanleihen [...] nicht bereits dadurch gewährleistet [ist], dass die Anleihegläubiger im Rahmen der Zeichnung die Verpflichtung eingegangen sind, die Anleihe auf Verlangen der Gesellschaft umzuwandeln."[668]

---

665 Vgl. o. Kap. 4.I.B.b.ii.

666 Eine solche Pflicht ist z.B. nicht in den Bedingungen der *Barclays Bank plc.* enthalten, siehe *Barclays,* € 1,076,730,000 6.50% Fixed Rate Resetting Perpetual Subordinated Contingent Convertible Securities (Callable 2019 and Every Five Years Thereafter), Prospectus dated 17 June 2014, S. 11, wo es heißt: „*If a Capital Adequacy Trigger Event occurs* [...] *then an Automatic Conversion will occur on the Conversion Date* [...] *at which point all of the Issuer's obligations under the Securities* [...] *shall be irrevocably and automatically released in consideration of the Issuer's issuance of the Conversion Shares to the Conversion Shares Depository.*", https://www.home.barclays/content/dam/barclayspublic/docs/InvestorRelations/esma/capital-securities-documentation/tier-1-securities/contingent-tier-1/65-fixed-rate-resetting-perpetual-subordinated-contingent-convertible-securities.pdf (Stand: 22.10.2018). Ebenso ausgestaltet sind die Anleihebedingungen der *Lloyds Banking Group,* £ 1,480,784,000 7.000 per cent. Fixed Rate Reset Additional Tier 1 Perpetual Subordinated Contingent Convertible Securities Callable 2019, S. 74, http://www.lloydsbankinggroup.com/globalassets/documents/investors/2014/2014apr9_lbg_non_us_at1_listing_particulars.pdf (Stand: 22.10.2018), wonach *das Trigger Event* zur Umwidmung und damit Einlageleistung führt. Eine Erklärung der Gläubiger ist anschließend lediglich erforderlich, um die Aktien übertragen zu bekommen.

667 Vgl. u. Kap. 4.I.B.b.iv.1.

668 *Bou Sleiman*, CoCo-Bonds, S. 71; *Nodoushani*, ZBB 2011, 143 (147).

Begründet wird das damit, dass die Investoren nicht bereits mit dem Erwerb der Anleihe auf ihre Rechte aus der (Wandel-) Anleihe verzichten können.[669] Diese Sichtweise überzeugt, wenn es sich bei den in Rede stehenden Instrumenten um Pflichtwandelanleihen handelt, die zum Ende der Laufzeit in jedem Fall gewandelt werden, sodass die Gläubiger von vornherein keine Aussicht auf Rückzahlung des Nennbetrags haben. Die Investoren verzichten aber bei CoCo-Bonds gerade nicht unbedingt auf die Rechte aus ihrer Anleihe. Weder geben sie Zinsansprüche auf noch erklären sie bei der Emission, in jedem Fall auf die Rückzahlung des Nennbetrags verzichten zu wollen. Ihre Rechte werden sie nur dann nicht mehr geltend machen, wenn das *Trigger Event* eintritt.[670]

Die Abhängigkeit einer Transaktion von einer Bedingung ist dem deutschen Recht nicht fremd. Die allgemeinen Vorschriften des Zivilrechts enthalten in § 158 BGB Regelungen zu Bedingungen. Diese Vorschriften zugrunde zu legen ist zunächst schon wegen des Wortlauts naheliegend, da das BGB von *Bedingungen* spricht und CoCo-Bonds häufig als *bedingte* Pflichtwandelanleihen bezeichnet werden. Außerdem lässt sich mit den allgemeinen Grundsätzen der bei Erreichen des *Trigger Events* ablaufende Mechanismus nachvollziehbar erklären. Dabei können sowohl die Anleihebedingungen als auch die Intentionen der Parteien und die ordnungspolitische Zielsetzung von CoCos gewürdigt werden.

Nach diesem Ansatz werden CoCos zunächst als „normale" Schuldverschreibung ohne Wandlungsrecht oder -pflicht des Inhabers emittiert. Die entsprechenden Anleihebedingungen enthalten eine Regelung, wonach sich das Rechtsverhältnis zwischen Emittent und Inhaber des CoCos ändern wird, falls und wenn ein bestimmtes Ereignis eintritt. Die Änderung des Rechtsverhältnisses wird also unter einer aufschiebenden Bedingung i.S.d. § 158 Abs. 1 BGB vorgenommen. Solange die Bedingung nicht eingetreten ist, wird das Rechtsverhältnis unverändert bleiben. Der Emittent bleibt Schuldner und der Inhaber des CoCos Anleihegläubiger. Bei Bedingungseintritt geht die Änderung des Rechtsverhältnisses – wie auch bei der Wandelanleihe nach gefestigter Meinung – dahin, dass das Rechtsverhältnis Schuldner-Gläubiger nicht mehr besteht. An seine Stelle tritt ein Rechtsverhältnis, das zunächst auf Verschaffung der Mitgliedschaft gerichtet ist.[671] Die Mitgliedschaft begründet dieses neue Rechtsverhältnis jedoch noch nicht, denn dazu muss der Zeichnungsvertrag geschlossen werden, wobei es sich bei der Erklärung des Gläubigers nicht um

---

669 *Nodoushani*, ZBB 2011, 143 (147).

670 So auch *Zähres* (o. Fn. 57), S. 5.

671 Vgl. zur Wandelanleihe i.S.d. AktG *Habersack*, in: MüKo-AktG, § 221, Rn. 226.

eine Bezugserklärung i.S.d. Aktiengesetzes handelt.[672] Erst durch Ausgabe der Aktien wird der Zeichnungsvertrag erfüllt und die Aktionärsstellung begründet.[673] Eine gänzlich automatisch ablaufende Mitgliedschaftsbegründung kennt das Aktienrecht nicht. Insbesondere kommt eine aufschiebend bedingte Übernahme der Aktien nicht in Betracht.[674]

Diesem Ansatz mag man entgegenhalten, dass er rein theoretischer Natur ist und in der Praxis keine Grundlage findet. Dem ist jedoch nicht so. Zwar setzen die vom BdB empfohlenen Anleihebedingungen[675] ein solches Verständnis tatsächlich nicht voraus, denn sie folgen dem Modell der Pflichtwandelanleihe.[676] Aber bereits die Anleihebedingungen des von der *Barclays* emittierten CoCo-Bonds entsprechen genau dem hiesigen Vorschlag. Die *Barclays* hat das Erfordernis der automatischen Umwandlung erkannt und in ihren Bedingungen umgesetzt. Wie sich der hier vorgeschlagene Ansatz in diesen Anleihebedingungen niederschlägt, soll in der Zusammenfassung dieses Kapitels dargestellt werden.[677]

An dieser Stelle sei nochmals ausdrücklich darauf hingewiesen, dass die hier vorgeschlagene dogmatische Begründung der Umwandlung einerseits als Auslegungshilfe für solche CoCos dienen soll, deren Anleihebedingungen zum Umwandlungsmechanismus nicht ausdrücklich Stellung beziehen. Andererseits soll das hier vorgeschlagene Modell auch als Empfehlung dienen, wie zukünftige CoCos ausgestaltet werden sollten. Das bedeutet jedoch nicht, dass andere Modelle nicht möglich wären. Insbesondere die Musterbedingungen des BdB zeigen, dass in der Praxis auch andere Wege beschritten werden. Diese sind zwar aus ordnungspolitischer Sicht bedenklich, dogmatisch und formell aufsichtsrechtlich jedoch zurzeit nicht zu beanstanden.

*(i.) Erbringung der Einlage*

Der Eintritt des *Trigger Events* bewirkt noch nicht die Begründung der Aktionärsstellung. Er kann aber den für die Stabilitätssicherung des Emittenten entscheidenden Vorgang bewirken, den *Bail-in*. Durch Bedingungseintritt wird der Nennbetrag der Anleihe als Einlage umgewidmet, sodass der Inhaber des CoCo-Bonds den der Gesellschaft ursprünglich als Fremdkapital übergebenen Betrag

---

672 Vgl. dazu ausführlich u. Kap. 4.I.B.b.iv.1.(iii.), S. 169.

673 Siehe dazu u. Kap. 4.I.B.b.iv.1.(iii.), S. 168 ff.

674 *Reymann*, in: *Gsell/Krüger/Lorenz/Mayer* (Hrsg.), BeckOGK-BGB, § 158 Rn. 130.1.

675 Siehe o. Fn. 565.

676 § 6 Abs. 5 der Musteranleihebedingungen AT1-Instrumente Typ B, s.o Fn. 565.

677 Siehe u. Kap. 4.I.B.b.iv.4.

nun dauerhaft als Eigenmittel zur Verfügung stellt. Bei Wandelanleihen erfolgt diese Umwidmung durch die Wandlungserklärung. Bei CoCo-Bonds hingegen ist die Umwidmung aufschiebend bedingt in den Anleihebedingungen enthalten. In der Bilanz ist der Nennbetrag mit Bedingungseintritt nicht mehr als Verbindlichkeit auszuweisen. Er ist aber auch noch nicht als gezeichnetes Kapital i.S.d. § 266 Abs. 3 lit. (A) Ziff. (I.) HGB zu passivieren, da dieses an die Gesellschafterstellung geknüpft ist.[678] Stattdessen ist er als Eigenkapital zwischen dem gezeichneten Kapital und den Rücklagen auszuweisen.[679] Auch bankrechtlich ändert sich die Beurteilung des Nennbetrags. Während er vor Eintritt des *Trigger Events* bei Erfüllung der entsprechenden Voraussetzungen als AT1-*Capital* oder *Tier2-Capital* anzusehen ist[680], sollte er mit Bedingungseintritt zu CET1-*Capital* umqualifiziert werden.[681] Zwar spricht der Wortlaut des Art. 28 Abs. 1 lit. c Nr. (i) CRR i.V.m. Art. 22 der Richtlinie 86/635/EWG zunächst gegen eine entsprechende Anrechenbarkeit, da es sich demgemäß um *gezeichnetes Kapital* handeln müsste. Nichtsdestotrotz steht der Betrag – wie auch die anderen Posten des Art. 26 Abs. 1 CRR – dem Institut uneingeschränkt und unmittelbar zur sofortigen Deckung von Risiken oder Verlusten zur Verfügung (vgl. Art. 26 Abs. 1 S. 2 CRR). In der Praxis steht dabei die unmittelbare Erfüllung aller ausdrücklichen Anforderungen des Art. 28 CRR, insbesondere die Kapitalerhöhung durch Ausgabe der Aktien gem. § 200 AktG, unmittelbar bevor. Durch eine entsprechende Klarstellung im Gesetzestext ließe sich das verdeutlichen (siehe dazu sogleich). Eine Anrechnung als hartes Kernkapital ist damit gerechtfertigt, zumal der ehemalige Gläubiger mit Erwerb des CoCo-Bonds ebenjene endgültige und uneingeschränkte Zurverfügungstellung des Betrags bezweckt, wenn der *Trigger*

678 Vgl. *Reiner*, in: MüKo-HGB, § 272 Rn. 46.

679 Vgl. *Reiner*, in: MüKo-HGB, § 272 Rn. 46, der diese Herangehensweise für alle geleisteten Einlagen empfiehlt, die „dem ausdrücklichen Willen des Zeichners entsprechend auch bei endgültiger Nichtdurchführung der Kapitalerhöhung in der Gesellschaft zur Stärkung des Eigenkapitals verbleiben [sollen]."

680 Vgl. dazu o. Kap. 3.III.B.b. und Kap. 3.III.C.

681 Hierbei dürfte keine Einstufung des Betrages als kumuliertes sonstiges Ergebnis i.S.d. Art. 26 Abs. 1 lit. d CRR in Betracht kommen, da es sich hierbei in erster Linie um Neubewertungen von bestehenden Vermögenswerten handelt, vgl. *Konesny/Glaser*, in: *Boos/Fischer/Schulte-Mattler*, Art. 26 CRR Rn. 6. Auch die Qualifizierung als einbehaltener Gewinn i.S.d. Art. 26 Abs. 1 lit. c CRR scheidet aus, da gem. Art. 4 Abs. 1 Nr. 123 CRR nur die nach Zuweisung des endgültigen Ergebnisses gemäß dem geltenden Rechnungslegungsrahmen fortgeschriebenen Gewinne und Verluste zu den einbehaltenen Gewinnen zählen. Den Gewinnen soll die Einlage aber gerade nicht zugewiesen werden, sondern dem Grundkapital.

eintritt. Damit wird er durch Voreinzahlung auf die künftige Bareinlagepflicht von seiner Einlageverpflichtung frei, da es sich um einen dringenden Sanierungsfall handelt.[682] Die EBA sollte deshalb endgültig eingezahlte Einlagen, die sich aus der Umwidmung von CoCo-Bonds ergeben, für die die Aktien jedoch noch nicht ausgegeben wurden, in ihr gem. Art. 26 Abs. 3 Unterabs. 3 S. 1 CRR zu führendes Verzeichnis[683] aufnehmen, um Rechtssicherheit zu schaffen. Das gilt sogar dann, wenn der Zeichnungsvertrag noch nicht geschlossen ist (siehe dazu sogleich), da er aus tatsächlichen Gründen bereits zu diesem Zeitpunkt unausweichlich ist. Mit der Umwidmung und der entsprechenden aufsichtsrechtlichen Anerkennung als hartes Kernkapital ist der *Bail-in* abgeschlossen. Dies ist das Kernstück des *Debt-Equity-Swaps*. Die Rechtsnatur der Einlage lässt sich verschieden beurteilen.

*(ii.) Rechtsnatur der Einlage*

In Betracht kommt zunächst eine Kapitalaufbringung durch Sacheinlage. Dabei kann die Forderung aus der Anleihe auf Rückzahlung des Nennbetrags als Sacheinlage eingebracht werden. Für den *Debt-Equity-Swap* im Rahmen des § 225a Abs. 2 S. 1 InsO wird zum Beispiel angenommen, dass die Forderung als Sacheinlage eingebracht wird und dementsprechend auch die Sacheinlageanforderungen einzuhalten sind.[684] In Betracht kommt aber auch, dass die Kapitalerhöhung durch eine Bareinlage vorgenommen wird. Die gefestigte Meinung nimmt jedenfalls bei Wandelanleihen i.S.d. § 221 Abs. 1 S. 1 AktG an, dass gegen die Ausgabe der (in der Regel neuen) Aktien der auf die Anleihe eingezahlte Betrag umgewidmet wird und mit Vornahme der Wandlungserklärung als Bareinlage auf die Aktien gelten soll. Es wird insofern treffend von einer *Causaänderung kraft Gestaltungsrechts* gesprochen.[685]

Im Ergebnis sind beide Wege vertretbar. Für die Qualifikation des *Swaps* als Sacheinlage sprechen neben der Parallele zum *Debt-Equity-Swap* im Rahmen des § 225a Abs. 2 S. 1 InsO die erhöhten Anforderungen an die Werthaltigkeit der Einlage. Während sich insofern bei der Bareinlage keine Probleme ergeben, hat der Gesetzgeber bei Sacheinlagen erkannt, dass die Gefahr einer Überbewertung besteht und somit bereits bei der Erbringung der Einlage die

---

682 *Scholz,* in: MünchHdbGesR, Bd. IV, § 57 Rn. 184 m.w.N.

683 Aktuelles Verzeichnis abrufbar unter https://www.eba.europa.eu/documents/10180/2029963/Updated+CET1+list+Q4+2017.xlsx (Stand: 22.10.2018).

684 *Andres,* in: *Andres/Leithaus,* § 225a Rn. 5; *Eidenmüller,* in: MüKo-InsO, § 225a Rn. 51; *Hirte,* in: *Uhlenbruck,* § 225a Rn. 20.

685 *Habersack,* in: MüKo-AktG, § 221, Rn. 226.

Gläubiger der Gesellschaft gefährdet werden, da das ihnen haftende Nennkapital unter Umständen schon von vornherein nicht tatsächlich vollumfänglich zur Verfügung steht. Insofern muss die Sacheinlage gem. § 183 Abs. 3 S. 1 AktG durch mindestens einen Prüfer auf ihre Werthaltigkeit hin überprüft werden. Entspricht der tatsächliche Wert nicht dem Ausgabebetrag der Aktien, auf die die Sacheinlage geleistet wird, so hat der Aktionär die Differenz in bar einzuzahlen (*Differenzhaftung*).[686] Wird die Einlageleistung nun durch Hingabe eines CoCo-Bonds erbracht, so kann sich durchaus ein Problem bei der Werthaltigkeit ergeben. Der *Debt-Equity-Swap* und damit die Leistung der Einlage erfolgt dann, wenn sich der Emittent in einer wirtschaftlichen Krise befindet, er also unter Umständen Probleme hat, seine Verbindlichkeiten zu erfüllen. Das Ausfallrisiko mindert regelmäßig den Wert der Verbindlichkeit[687], denn dass die Verpflichtung erfüllt wird, ist in der Krise nicht sicher. Insofern ist es nicht unwahrscheinlich, dass der Marktwert eines CoCo-Bonds in dem Zeitpunkt, in dem das *Trigger Event* eintritt, nicht dem Nominalwert entspricht, sondern am Markt erhebliche Abschläge vorgenommen werden. Würde der CoCo-Bond bei der Sacheinlage dann zum Nominalwert veranschlagt werden, wäre er überbewertet und damit nicht in ausreichendem Maße werthaltig. Vor diesem Hintergrund wäre es konsequent, die Hingabe des CoCos als Sacheinlage einzustufen.[688]

Schlussendlich sprechen aber bessere Gründe dafür, den *Swap* als Bareinlage zu klassifizieren. Ordnungspolitischer Zweck von CoCos ist die Beteiligung der CoCo-Inhaber am Risiko, wenn der Emittent in die Krise gerät. Die Parteien haben also die Intention, dass das als Fremdkapital zur Verfügung gestellte Geld in der Krise an den Verlusten beteiligt wird. Demnach muss auch genau dieser Betrag als Einlage gewertet werden. Es darf nicht darauf ankommen, ob sich im Nachhinein die Attraktivität und damit der Preis des im Gegenzug erhaltenen Wertpapiers am Markt geändert hat oder nicht. An dieser Stelle können erneut Parallelen zur Wandelanleihe gezogen werden. Im Gegensatz zu einem *Debt-Equity-Swap* i.S.d. § 225a Abs. 2 S. 1 InsO werden bei CoCos nicht beliebige Forderungen eingebracht, deren Umfang im Voraus unklar ist und die als Einlage für Aktien dienen, die im Rahmen einer ordentlichen Kapitalerhöhung geschaffen werden. Stattdessen sind bei CoCos genau die Anleiheforderungen Gegenstand der Einlage, die schon bei Emission des CoCo-Bonds als *Bail-in*-Instrument

686 BGHZ 64, 52 (62); BGHZ 118, 83 (101).

687 So hinsichtlich der umgekehrten Wandelanleihe auch *Drygala,* WM 2011, 1637 (1642).

688 So auch *Nodoushani,* ZBB 2011, 143, 146.

geschaffen wurden. Sie werden in der Regel im Rahmen einer Kapitalerhöhung aus bedingtem Kapital i.S.d. § 192 Abs. 1 AktG eingebracht. So liegt es auch bei der herkömmlichen Wandelanleihe. Bereits bei der Emission steht fest, dass in dem Fall, dass der Gläubiger von seiner Ersetzungsbefugnis Gebrauch macht, der Nominalbetrag der Anleihe als Einlage erbracht wird. Es handelt sich um die bereits oben angesprochene Umwidmung des eingezahlten Betrags. Er gilt damit gewissermaßen rückwirkend als Voreinzahlung.[689] Ähnlich verhält es sich auch bei CoCos, nur dass die Causaänderung nicht ausschließlich kraft Gestaltungsrechts eintritt, da die Gestaltungswirkung erst mit der Bedingung wirksam wird. Es handelt sich vielmehr um eine *Causaänderung kraft Bedingungseintritts*, auf die sich die Parteien im Voraus geeinigt haben. Eine Differenzhaftung der neuen Aktionäre ist bei Unterbewertung nicht gewünscht und gefährdet im Übrigen die Anerkennung des vollen eingezahlten Betrags als Eigenkapital (vgl. Art. 54 Abs. 3 CRR).[690]

Für die Einstufung der Einlage als Bareinlage streitet auch § 194 Abs. 1 S. 2 AktG. Danach gilt der Umtausch von Schuldverschreibungen gegen Bezugsaktien nicht als Sacheinlage. Bezugsaktien sind gem. § 192 Abs. 1 AktG solche Aktien, auf deren Bezug die Gesellschaft ein Umtausch- oder Bezugsrecht (vgl. § 221 Abs. 1 S. 1 AktG) eingeräumt hat. Auch wenn CoCo-Bonds (nach altem Recht) nicht zwingend Wandelschuldverschreibungen i.S.d. § 221 AktG sind, so räumt die Gesellschaft mit ihrem unbedingten und unwiderruflichen Angebot zum Abschluss eines Zeichnungsvertrags (siehe dazu sogleich) doch eine Umtauschmöglichkeit ein, von der sie sich nicht mehr lösen kann, sodass es sich bei den auszugebenden Aktien um Bezugsaktien handelt und § 194 Abs. 1 S. 2 AktG jedenfalls entsprechend[691] angewandt werden kann. Das gilt insbesondere vor dem Hintergrund, dass in der Regel bedingtes Kapital zur Sicherstellung genutzt werden wird.[692] Demzufolge gilt auch der Umtausch[693] von CoCos nicht als Sacheinlage. Im Ergebnis handelt es sich beim durch das *Trigger Event* ausgelösten *Debt-Equity-Swap* deshalb um eine Bareinlage und nicht um eine Sacheinlage.

689 Vgl. dazu *Florstedt*, ZHR 180 (2016), 152 (156); *Nodoushani*, WM 2016, 589 (593); *Rieckers*, in: *Spindler/Stilz*, AktG, § 194 Rn. 6 f.

690 *Nodoushani*, WM 2016, 589 (596).

691 So auch *Groß*, in: *Marsch-Barner/Schäfer*, § 51 Rn. 8d; *Rieckers*, in: *Spindler/Stilz*, AktG, § 194 Rn. 5.

692 Siehe dazu ausführlich u. Kap. 5.III.

693 Vor der Aktienrechtsnovelle 2016 sah § 194 Abs. 2 S. 1 AktG lediglich vor, dass als Sacheinlage nicht die *Hingabe* von Schuldverschreibungen gegen Bezugsaktien gilt.

Etwas anderes muss nur dann gelten, wenn auch der CoCo-Bond selbst nicht gegen Barzahlung des Nennbetrags, sondern gegen eine Sacheinlage ausgegeben wurde. Insofern muss sich die Beurteilung des *Debt-Equity-Swaps* zwingend danach richten, wonach auch der CoCo-Bond selbst zu beurteilen war.[694] Beide sind in dieser Hinsicht untrennbar miteinander verbunden. In der Praxis erfährt diese Einschränkung große Relevanz, denn bereits die erste Emission von CoCo-Bonds war keine Emission gegen eine Barzahlung. Die *Lloyds Banking Group plc.* begab die neuen ECNs gegen Hingabe von alten Finanzierungsinstrumenten. Ob diese ihrerseits gegen Barzahlung ausgegeben wurden oder selbst den Sacheinlageanforderungen unterlagen, ist kaum überprüfbar. Dennoch ist der Regelfall von CoCos die Ausgabe gegen Bareinzahlung, sodass auch die Umwandlung bei Eintritt des *Trigger Events* nicht nach Sacheinlagemaßstäben zu beurteilen ist. Es handelt sich folglich um die oben beschriebene Umwidmung kraft Bedingungseintritts, sodass das Auslösen des *Trigger Events* automatisch zu einer Bareinlage in Höhe des Nennbetrags des CoCo-Bonds führt.

*(iii.) Begründung der Aktionärsstellung*

Um Aktionär zu werden, muss der Anleihegläubiger am Grundkapital beteiligt werden, indem ihm Aktien übertragen werden (§ 1 Abs. 2 AktG).

Die Übertragung von Aktien kann auf verschiedenen Wegen erfolgen. Die konkrete Form hängt insbesondere davon ab, ob bereits bestehende Aktien oder im Rahmen einer bedingten Kapitalerhöhung neu geschaffene Aktien übertragen werden. Für CoCo-Bonds bietet sich eine Ausgabe bereits bestehender Aktien nicht an, da sie nicht zur Kapitalerhöhung genutzt werden kann (§ 182 Abs. 1 S. 4 AktG). Zwar ist damit nicht generell ausgeschlossen, dass eigene Aktien des Emittenten zur Erfüllung des Mitgliedschaftsanspruchs ausgegeben werden[695], indem nachträglich der Anleihekaufpreis zum Aktienkaufpreis umgewidmet wird. Die Anleiheforderung wäre dann abzuschreiben und könnte als außerordentlicher Gewinn verbucht werden, ohne das Grundkapital zu erhöhen. Der Emittent wäre jedoch den weitreichenden Beschränkungen des § 71 AktG unterworfen. Auch eine ordentliche Kapitalerhöhung gegen Einlagen i.S.d. § 182 AktG wird nicht in Betracht kommen. Einerseits eignet sie sich nicht, um die Emission der Aktien sicherzustellen.[696] Andererseits kann selbst ein Zeichnungsvertrag dem Gläubiger keinen Anspruch auf Gewährung der Mitgliedschaft

694 OLG München AG 2013, 811 (812); *Busch*, in: *Marsch-Barner/Schäfer*, § 44 Rn. 41; *Hüffer/Koch*, § 194 Rn. 4.

695 *Habersack*, in: MüKo-AktG, § 221, Rn. 24, Rn. 213 i.V.m. Rn. 24a.

696 Siehe u. Kap. 5.III.

verschaffen, wenn die Transaktion nicht mit bedingtem Kapital abgesichert ist (vgl. dazu § 185 Abs. 1 S. 2 Nr. 4 AktG).[697] Somit werden Emittenten in der Regel auf bedingtes Kapital zurückgreifen.[698] Zur Schaffung und Übertragung der entsprechenden Aktien ist ein Zeichnungsvertrag erforderlich, der wiederum eine auf Übernahme/Übertragung von Aktien gerichtete Willenserklärung erfordert. Da die Vorschriften zur bedingten Kapitalerhöhung analog auf CoCos anwendbar sind[699], sind auch die Vorschriften über die der Zeichnungserklärung i.S.d. § 185 Abs. 1 S. 1 AktG gem. § 198 Abs. 2 S. 1 AktG nachgebildete Bezugserklärung gem. § 198 Abs. 1 S. 2 AktG entsprechend anwendbar.[700]

Dabei ließe sich erwägen, auch diese Willenserklärung bereits als Bestandteil der Anleihebedingungen anzusehen. Die Anleihebedingungen enthielten dann das unbedingte Angebot des Emittenten zum Abschluss eines Zeichnungsvertrags. Dieses Angebot i.S.d. §§ 145 ff. BGB gleicht dem Angebot auf Abschluss eines Zeichnungsvertrages bei einer Wandelanleihe oder auch bei einer Optionsanleihe.[701] Auch dort gibt die Aktiengesellschaft bei Emission der Anleihe in der Regel die unbedingte und unwiderrufliche Willenserklärung zum Abschluss eines Zeichnungsvertrags ab.[702] Der Inhaber der Anleihe muss das Angebot lediglich annehmen, um den Zeichnungsvertrag abzuschließen. Für ein unbedingtes Angebot zum Abschluss eines Zeichnungsvertrags spricht insbesondere, dass die Anleihebedingungen bei CoCo-Bonds besonders ausführlich gestaltet sind, sodass es einer späteren Erklärung der Gesellschaft nicht mehr zwingend bedarf.[703] Darin ließe sich ein unbedingter Rechtsbindungswille des Emittenten erkennen.

Im Ergebnis dürfte es sich dennoch um ein aufschiebend bedingt erklärtes Angebot handeln, welches erst mit Eintritt des *Trigger Events* wirksam wird. Bestünde bereits vor Eintritt der Bedingung ein unbedingtes Angebot zum Vertragsschluss, so könnte der Gläubiger dieses Angebot jederzeit annehmen – selbst wenn die Bedingung nicht eingetreten ist. Ein Umtauschrecht des Bondinhabers sehen die Anleihebedingungen aber in der Regel gerade nicht vor.

Problematisch ist ebenfalls eine durch Eintritt des *Trigger Events* aufschiebend bedingte Annahme. Gibt die AG das Angebot zum Abschluss eines

697 *Fuchs*, in: MüKo-AktG, § 198 Rn. 27.

698 Vgl. dazu u. Kap. 5.III.

699 Dazu ausführlich u. Kapitel 5.

700 Vgl. *Habersack*, in: MüKo-AktG, § 221, Rn. 225.

701 Vgl. dazu *Groß*, in: *Marsch-Barner/Schäfer*, § 51 Rn. 27 f.

702 Vgl. Hölters/*Apfelbacher/Niggemann*, § 198 Rn. 8.

703 So auch *Singhof*, in: FS Hoffmann-Becking (2013), S. 1163 (1174).

Zeichnungsvertrags ab – so wie es bei CoCos der Regelfall ist –, so kommt der Zeichnungsvertrag mit Zugang (§ 130 BGB) des Zeichnungsscheins in Form der Bezugserklärung bei der AG zustande.[704] Dieser müsste aber die in § 198 AktG genannten Voraussetzungen bereits bei der aufschiebend bedingt erklärten Annahme erfüllen. Er müsste also spätestens bei der Emission des Bonds die Identität des Zeichners zweifelsfrei enthalten[705], was die Handelbarkeit der ansonsten fungiblen Wertpapiere enorm beeinträchtigt.[706] Eine automatisierte Annahme bietet sich daher nicht an. Im Ergebnis wird der CoCo-Inhaber also nicht zu einem „aufschiebend bedingten Aktionär"[707], sondern er übt lediglich seine Ersetzungsbefugnis aufschiebend bedingt aus. Eine aufschiebend bedingte Aktionärsstellung wäre auch mit dem Gedanken der Rechtssicherheit schwer in Einklang zu bringen. Schließlich wüssten bei einer automatischen Kapitalerhöhung und Übertragung der neuen Aktien weder die Gesellschaft noch ihre Altaktionäre noch die Gläubiger, auf wie viele Aktionäre sich das Grundkapital verteilt.

Stattdessen wird es an dieser Stelle erforderlich, dass der ehemalige Anleihegläubiger aktiv wird und die Annahme des Zeichnungsvertrags erklärt, um dem Anspruch auf Verschaffung der Mitgliedschaft zur Wirksamkeit zu verhelfen. Insofern unterscheidet sich die Konstruktion des *Trigger Events* von der Abgabe der Wandlungserklärung bei herkömmlichen Wandelanleihen, denn diese Wandlungserklärung enthält nicht nur die Umwidmung des Anleihebetrags, sondern in der Regel zugleich die Annahme zum Abschluss des Zeichnungsvertrags.[708] Bei CoCo-Bonds fallen Wandlungserklärung als Umgestaltung des Rechtsverhältnisses und Umwidmung des Anleihebetrags sowie Zeichnungserklärung auseinander.[709] Hier verpflichtet sich der Gläubiger bei Zeichnung der Anleihe lediglich schuldrechtlich dazu, die Annahme zum Abschluss des Zeichnungsvertrags zu erklären, sobald das *Trigger Event* eingetreten ist und der Nennbetrag bereits vorab als Bareinlage umgewidmet worden ist.[710] Absichern lässt sich die Abgabe dieser Willenserklärung durch eine Ermächtigung

---

704 Vgl. *Hüffer/Koch,* § 185 Rn. 23.

705 *Schürnbrand,* in: MüKo-AktG, § 185 Rn. 16; *Servatius,* in: *Spindler/Stilz,* § 185 Rn. 25.

706 Siehe zu dieser Problematik bereits o. Kap. 4.I.B.a., S. 156.

707 Vgl. *Habersack,* in: MüKo-AktG, § 221 Rn. 28.

708 *Groß,* in: *Marsch-Barner/Schäfer,* § 51 Rn. 28.

709 So auch für die umgekehrte Wandelanleihe *Singhof,* in: FS Hoffmann-Becking (2013), S. 1163 (1172).

710 So auch *Gleske/Ströbele,* CFL 2012, 49 (54).

der zwischengeschalteten Wandlungsstelle.[711] Ist eine Wandlungsstelle nicht zwischengeschaltet oder fehlt eine Ermächtigung zur Abgabe der Willenserklärung, so ist es eine Obliegenheit des ehemaligen Gläubigers, die Annahme zu erklären.[712] Diese Erklärung liegt in seinem Interesse, denn den Anleihebetrag hat er durch Bedingungseintritt bereits als Einlage befreiend geleistet.[713] Nimmt er das Angebot zur Zeichnung nicht an, muss er seine ehemalige Forderung dennoch abschreiben. Er wird auch nicht auf eine Rückgewährung des Betrags gem. § 812 Abs. 1 S. 1 Alt. 1 BGB spekulieren können, wenn er die zur Verschaffung der Mitgliedschaft erforderliche Annahmeerklärung zum Zeichnungsvertrag nicht abgibt. Zwar handelt es sich bei seiner Einlage um eine Leistung und die AG hat durch den Wegfall ihrer Rückzahlungspflicht einen Vermögensvorteil erlangt, doch besteht für diese Leistung auch ein Rechtsgrund, nämlich das geänderte Rechtsverhältnis zwischen ehemaligem Gläubiger und der AG kraft Bedingungseintritt. Auch eine Rückgewähr wegen Nichteintritts des mit der Leistung bezweckten Erfolgs gem. § 812 Abs. 1 S. 2 Alt. 2 BGB ist ausgeschlossen. Zwar kommt es mangels Zeichnungsvertrag und anschließender Ausgabe und Begebung der Aktien nicht zum gewünschten Erfolg, nämlich zur Verschaffung der Mitgliedschaft. Diesen Erfolgseintritt hätte der ehemalige Gläubiger aber selbst verhindert, wenn er den Abschluss des Zeichnungsvertrags verweigert. Eine Rückgewähr der Einlageleistung scheitert daher an § 815 Alt. 2 BGB. Darauf muss es auch ankommen, denn für eine zuverlässige Verlustteilnahme des Betrags muss die Umwidmung als Einlage und der Wegfall der Verbindlichkeit kondiktionsfest sein, sodass der Betrag sicher zur Verfügung der Gesellschaft steht.

Nach Abschluss des Zeichnungsvertrags muss dieser von der AG grundsätzlich unverzüglich durch Ausgabe und Begebung der Aktien erfüllt werden[714], zumal der zukünftige Gesellschafter seine Einlage bereits erbracht hat und der Aktienausgabe § 199 Abs. 1 AktG nicht mehr entgegensteht. Auch wenn die Kapitalerhöhung im Regelfall der bedingten Kapitalerhöhung erst mit Ausgabe der Aktien wirksam wird (§ 200 AktG), steht der Gesellschaft die Einlage und der entsprechende Ausgabeaufschlag doch schon mit Umwidmung kraft

---

711 *Busch,* in: *Marsch-Barner/Schäfer,* § 44 Rn. 7.

712 Zur entsprechenden Verpflichtung bei der Pflichtwandelanleihe *Fuchs,* in: MüKo-AktG, § 198 Rn. 22; *Rieckers,* in: *Spindler/Stilz,* § 198 Rn. 23.

713 Zu den Voraussetzungen vgl. *Scholz,* in: MünchHdbGesR, Bd. IV, § 57 Rn. 184.

714 *Hüffer/Koch,* § 198 Rn. 15 und § 199 Rn. 2.

Bedingungseintritt endgültig zur Verfügung und ist nicht mehr von einer Willenserklärung des Gläubigers oder der Gesellschaft selbst abhängig.

*(iv.) Bedingungsfeindlichkeit der Umwidmung?*

Damit ist gezeigt, dass es dem Wesen von CoCo-Bonds durchaus entspricht, § 158 Abs. 1 BGB jedenfalls teilweise auf sie anzuwenden, nämlich auf die Umwidmung des Betrags und damit den *Bail-in*. Der Konstruktion einer Wandlungspflicht bedarf es nicht. Die Wandlung wird vielmehr mit Annahme der Anleihebedingungen freiwillig und unter einer aufschiebenden Bedingung erklärt. Man muss sich vorstellen, dass der CoCo-Investor folgende Erklärung abgibt: „Ich möchte, dass das von mir eingezahlte Geld zur Rettung verwendet wird, wenn die Bank in eine Krise gerät. Dafür werde ich mich in entsprechendem Anteil als Aktionär an der Gesellschaft beteiligen." Dieser Gedanke und die rechtstechnische Lösung entsprechen auch dem ordnungspolitischen Ziel, das den CoCo-Bonds zugrunde liegt.

Noch ungeklärt ist jedoch die Frage, ob es auch dem Wesen von § 158 Abs. 1 BGB entspricht, ihn auf CoCo-Bonds anzuwenden. Auf den ersten Blick mag man einwenden, dass die erforderlichen Erklärungen bedingungsfeindlich sind. Um dies zu prüfen, sollte man sich erneut die betroffenen Willenserklärungen vor Augen führen, denn die gesamte Transaktion erfordert mehrere Willenserklärungen. Die Willenserklärung des Emittenten, die auf den Abschluss eines Zeichnungsvertrags gerichtet ist, ist ein bedingtes Angebot und wird mit Eintritt des *Triggers* wirksam. Da es allein noch keine Rechtswirkung entfaltet, sind Gründe für eine Bedingungsfeindlichkeit nicht gegeben. Unter einer aufschiebenden Bedingung steht außerdem die Umwidmung des eingezahlten Betrags als Bareinlage – es handelt sich um eine Gestaltungserklärung. Nicht unter einer Bedingung steht die Annahme des Emittentenangebots durch den CoCo-Investor, einen Zeichnungsvertrag abzuschließen.

Im Hinblick auf die gestaltende Willenserklärung könnte man annehmen, dass sie gar nicht unter einer Bedingung abgegeben werden kann. Grundsätzlich wird angenommen, dass gestaltende Willenserklärungen, wie z.B. eine Kündigung, eine Aufrechnungserklärung oder aber eine Anfechtung bedingungsfeindlich sind. Es handelt sich dabei um eine Ausnahme vom Grundsatz, dass jegliche Willenserklärungen auch unter einer aufschiebenden oder auflösenden Bedingung abgegeben werden können.[715] Sie wird damit gerechtfertigt, dass es dem Erklärungsgegner nicht zugemutet werden kann, über die neu geschaffene

715 *Mansel*, in: *Jauernig*, § 158 Rn. 10; *Rövekamp*, in: Beck-OK BGB, § 158 Rn. 16.

Rechtslage im Unklaren gelassen zu werden.[716] So wird teilweise auch für die Wandlungserklärung bei einer Wandelanleihe argumentiert.[717] Demzufolge wäre es also unzulässig, dass der Anleihegläubiger von seiner Befugnis bedingt Gebrauch macht, den Anleihenennbetrag umzuwidmen und dabei den Emittenten unter Umständen über die Rechtslage im Unklaren lässt. Unter dieser Annahme wird auch das Erfordernis eines Vorvertrags hergeleitet: Der Anleihegläubiger würde sich demnach durch den Vorvertrag bedingt verpflichten, von seinem Umwandlungsrecht Gebrauch zu machen. Mit Bedingungseintritt würde die Pflicht zur Wandlung entstehen und der Gläubiger würde anschließend die Wandlungserklärung bedingungslos abgeben.[718] Tatsächlich ist diese gekünstelte Konstruktion aber gar nicht erforderlich.

Es ist zwar richtig, dass bei Gestaltungserklärungen eine erhöhte Gefahr besteht, dass der Erklärungsempfänger oder der Rechtsverkehr über die Rechtslage im Ungewissen gelassen werden, doch führt dies nicht dazu, dass Gestaltungserklärungen stets bedingungsfeindlich sind. Es gibt Konstellationen, in denen der Erklärungsempfänger gar nicht in eine ungewisse Lage versetzt wird, er auf seinen Schutz verzichtet oder aus sonstigen Gründen ausnahmsweise nicht schutzbedürftig ist.[719] Dann besteht kein unerträglicher Schwebezustand[720], der eine Ausnahme vom Grundsatz der Bedingungsfreundlichkeit rechtfertigt. So liegt es auch bei CoCo-Bonds. Während bei der herkömmlichen Wandelanleihe die Umwandlung und damit auch die Umwidmung des Anleihebetrages allein vom Willen des Anleihegläubigers abhängig ist, hängt die Umwandlung bei CoCo-Bonds von objektiven Kriterien ab, von deren Eintritt der Emittent in der Regel früher erfahren wird als der CoCo-Inhaber.

Häufig ist das auslösende Ereignis das Unterschreiten einer bestimmten Eigenkapitalquote. Im Wege der Auslegung ergibt sich – sofern nicht ohnehin explizit in den Anleihebedingungen geregelt, was in der Praxis regelmäßig der Fall ist –, dass damit nicht das Unterschreiten selbst gemeint sein kann. Die Umwandlung soll vielmehr durch die Feststellung des Ereignisses durch Aufstellen einer Bilanz, aus der die entsprechenden Kennzahlen ersichtlich werden

716 BGHZ 97, 264 (267); BGH NJW-RR 2004, 952 (953); *Rövekamp*, in: Beck-OK BGB, § 158 Rn. 17.

717 *Bou Sleiman*, CoCo-Bonds, S. 74; *Rövekamp*, in: Beck-OK BGB, § 158 Rn. 17.

718 So jedenfalls *Bou Sleiman*, CoCo-Bonds, S. 74.

719 RGZ 91, 309; BGHZ 97, 267; BGHZ 156, 332 f.; BGH NJW 2004, 284; *Rövekamp*, in: Beck-OK BGB, § 158 Rn. 17.

720 *Mansel*, in: *Jauernig*, § 158 Rn. 11; *Westermann*, in: MüKo-BGB, § 158 Rn. 24.

sowie die anschließende Veröffentlichung dieser Tatsache ausgelöst werden.[721] So ist es z.B. ausdrücklich in den Anleihebedingungen der *Credit Suisse* geregelt, in denen die Umwandlung an die Bekanntgabe der Unterschreitung einer bestimmten Eigenkapitalquote geknüpft ist[722]. Auch die Musterbedingungen des BdB[723] sehen in § 6 Abs. 2 lit. b Unterabs. 2 eine derartige Veröffentlichung vor:

> *„Im Falle des Eintritts eines Auslöseereignisses wird die Emittentin unverzüglich der für sie zuständigen Aufsichtsbehörde, […] den Gläubigern der Schuldverschreibung sowie jeder Börse, an der die betreffenden Schuldverschreibungen auf Veranlassung der Emittentin zu diesem Zeitpunkt notiert sind und deren Regeln eine Mitteilung an die Börse verlangen, mitteilen, dass ein Auslöseereignis eingetreten ist […].“*

Die Veröffentlichung wird vom Emittenten selbst vorgenommen, sodass er durch die Bedingung nicht in einen unerträglichen Schwebezustand versetzt wird. Darüber hinaus führt der Bedingungseintritt nur zur Wirksamkeit des Angebots zum Abschluss eines Zeichnungsvertrags und zur Umwidmung des eingezahlten Betrags sowie zur Umwandlung des Rechtsverhältnisses zwischen Investor und Emittent dergestalt, dass der Investor das Angebot zum Abschluss eines Zeichnungsvertrags annehmen kann. Aktionär wird der Anleihegläubiger mit Bedingungseintritt allein noch nicht. Auch wenn man andere Ereignisse als *Trigger Event* formuliert, wie z.B. eine Veranlassung durch die Aufsichtsbehörde, wird der Emittent vor dem Inhaber des CoCo-Bonds Kenntnis vom Bedingungseintritt erlangen. Insofern besteht kein Bedürfnis, bei CoCo-Bonds eine Ausnahme vom Grundsatz der Bedingungsfreundlichkeit zu machen. Weder der ohnehin das Angebot machende Emittent noch andere Aktionäre, die in der Regel im Voraus ein bedingtes Kapital genehmigt haben, werden allein durch die Umwidmung des Nennbetrags und die Aussicht auf neue Aktionäre benachteiligt oder im Ungewissen gelassen.

#### *(v.) Zeitpunkt der Wirksamkeit der Umwandlung*

Die Mitteilung an die Gläubiger erfolgt in der Praxis durch Veröffentlichung im elektronischen Bundesanzeiger, vgl. § 16 Abs. 1 S. 1 der Musterbedingungen. Gemäß Ziff. 5 lit. a der Bundesanzeiger-AGB[724] wird der Bundesanzeiger

---

721 So auch *Konesny/Glaser*, in: *Boos/Fischer/Schulte-Mattler*, CRR Art. 54 Rn. 17.

722 *Credit Suisse* (o. Fn. 419), S. 7.

723 *Bundesverband deutscher Banken e.V.* (BdB), Musterbedingungen Kapitalinstrumente AT1-Instrument Typ B (Bedingte Pflichtwandlung), https://bankenverband.de/media/file/AT1-TypB_Finale-Fassung_20022014.pdf (Stand: 22.10.2018).

724 *Bundesministerium der Justiz und für Verbraucherschutz* (Hrsg.), Allgemeine Geschäftsbedingungen für die entgeltliche Einreichung zur Publikation im

montags bis freitags veröffentlicht, wobei bei der Übermittlung elektronischer Datenformate eine Publikation bis spätestens am übernächsten Publikationstag garantiert wird (Ziff. 5 lit. b der Bundesanzeiger-AGB). Da es sich beim Erreichen der entscheidenden Kernkapitalquote um einen Umstand handelt, der (1.) den Rückzahlungsanspruch des CoCos betrifft und damit den Marktpreis der Anleihe beeinflusst und sich (2.) auf den Börsen-/Marktpreis der Aktien auswirken kann, handelt es sich beim Feststellen des Unterschreitens um eine Insiderinformation i.S.d. § 13 Abs. 1 S. 1 WpHG. Sowohl CoCo-Bond als auch Aktie des Emittenten sind Insiderpapiere i.S.d. § 12 WpHG i.V.m. § 2 Abs. 2b und Abs. 1 Nr. 1 bzw. Nr. 2 WpHG. Gemäß § 15 Abs. 1 S. 1 1. HS WpHG müssen die Informationen unverzüglich veröffentlicht werden. Dazu werden sie über ein elektronisch betriebenes Informationsverbreitungssystem bekannt gemacht (§ 5 S. 1 Nr. 1 WpAIV[725]) und den Medien zugeleitet (§ 3a Abs. 1 S. 1 WpAIV). Des Weiteren werden sie anschließend auf der Internetseite des Emittenten verfügbar gemacht (§ 5 S. 1 Nr. 2 WpAIV), sofern dieser eine Internetpräsenz unterhält, was regelmäßig der Fall sein wird. In der Regel wird eine Insiderinformation durch die von der *Deutschen Gesellschaft für Ad-hoc-Publizität* (DGAP) elektronisch betriebenen Informationsverbreitungssysteme bekannt gemacht. Vor der Bekanntmachung sind sie der BaFin und den Geschäftsführern der organisierten Märkte, an denen die Insiderpapiere zum Handel zugelassen sind, mitzuteilen (§ 15 Abs. 4 S. 1 WpHG). Diese Vorabmitteilung soll 30 Minuten vor der Veröffentlichung der Information erfolgen.[726] Die Veröffentlichung entsprechender Insiderinformationen wird also früher erfolgen als die Veröffentlichung im Bundesanzeiger. Daraus ergibt sich, dass beide Zeitpunkte als Bekanntgabe des Unterschreitens der entscheidenden Kapitalquote herangezogen werden können. Letztlich muss der Emittent entscheiden, an welche Veröffentlichung er das Auslöseereignis knüpfen will. Insofern sollte in die Anleihebedingungen eine ausdrückliche Klarstellung aufgenommen werden. Für die Veröffentlichung

Bundesanzeiger, https://www.bundesanzeiger.de/ebanzwww/i18n/doc//D042.pdf?document=D5&language=de (Stand: 22.10.2018).

725 Verordnung zur Konkretisierung von Anzeige-, Mitteilungs- und Veröffentlichungspflichten sowie der Pflicht zur Führung von Insiderverzeichnissen nach dem Wertpapierhandelsgesetz (Wertpapierhandelsanzeige- und Insiderverzeichnisverordnung, WpAIV) vom 13. Dezember 2004 (BGBl. I S. 3376), die zuletzt durch Artikel 11 des Gesetzes vom 20. November 2015 (BGBl. I S. 2029) geändert worden ist.

726 *BaFin*, Emittentenleitfaden 2013, S. 65, http://www.bafin.de/SharedDocs/Downloads/DE/Leitfaden/WA/dl_emittentenleitfaden_2013.pdf;jsessionid=74EA539A6645CB39D99D767B383FDA16.1_cid298?__blob=publicationFile&v=14 (Stand: 20.10.2018).

im Bundesanzeiger spricht, dass das Erreichen der entscheidenden Kapitalquote bis dahin vom gesamten Markt realisiert worden sein wird. Das Auslöseereignis kommt dann nicht mehr überraschend. Allerdings vergehen mehrere wertvolle Tage zwischen Unterschreiten der Schwelle und Auslöseereignis. In dieser Zeit kann Rechtsunsicherheit über den genauen Zeitpunkt der Wandlung herrschen. Außerdem würde der Auslösezeitpunkt in gewissem Umfang in die Hände des Bundesanzeiger-Verlags gegeben. Diesem Problem ließe sich begegnen, indem die Veröffentlichung von vornherein einen feststehenden Zeitpunkt in naher Zukunft nennt, der die Auslösung markiert. Allerdings kommt die Umwandlung unter Umständen zu spät, um eine wirkungsvolle Sanierung des Emittenten zu gewährleisten. Deshalb sollte die Veröffentlichung der entsprechenden Ad-hoc-Mitteilung als Auslöseereignis definiert werden und die Mitteilung im Bundesanzeiger lediglich deklaratorische Wirkung entfalten. Damit ist gewährleistet, dass die Umwandlung unmittelbar erfolgt und keine Unsicherheiten über den Wandlungszeitpunkt entstehen.[727]

*(vi.) Schicksal der verbrieften Anleihe*

Spätestens im Gegenzug zur Ausgabe der Aktien muss die verbriefte Anleihe an den Emittenten zurückgegeben werden. Zwar kann der Inhaber des CoCo-Bonds aus dem Papier keine Rechte mehr herleiten, da er seine Ansprüche auf Rückzahlung mit Umwidmung durch Bedingungseintritt verliert.[728] Einem gutgläubigen Erwerber gegenüber kann die AG die Einwendung gem. § 796 BGB jedoch nicht entgegenhalten.[729] Deshalb wird in der Literatur empfohlen, die Wirksamkeit der Bezugserklärung an die Vorlage der Schuldverschreibung zu knüpfen und die Ausübung des Wandlungsrechts auf dem Papier zu vermerken. In der heutigen Praxis werden jedoch in der Regel keine Papiere mehr physisch übertragen[730], sodass ein Erwerber nicht durch eine Kennzeichnung auf die bereits erfolgte Ausübung des Wandlungsrechts aufmerksam gemacht werden kann. Deshalb ist nur die sofortige Einziehung der Anleihe ein wirksames Mittel für die AG, sich gegen gutgläubigen Erwerb durch Dritte zu schützen. Um dabei trotz Einziehung die Beweisbarkeit des Bezugsrechts des Anleihegläubigers

---

727 Siehe zu dieser Problematik bereits o. Kap. 1.VII.B. sowie zur Lösung u. Kap. 4.I.B.b.iv.4., S. 183 f.

728 So ist es auch bei der klassischen Wandelanleihe, vgl. *Habersack,* in: MüKo-AktG, § 221 Rn. 228; Hölters/*Haberstock/Greitemann*, § 221 Rn. 93; *Hüffer/Koch*, § 221 Rn. 57.

729 Vgl. zur Wandelanleihe *Habersack,* in: MüKo-AktG, § 221 Rn. 228.

730 Vgl. *Lehmann,* Finanzinstrumente, S. 50.

sicherzustellen[731], sollte die depotführende Bank durch die Anleihebedingungen ermächtigt werden, die Schuldverschreibung auf „die Wandlungsstelle zur Verwahrung für Rechnung des Gläubigers und Weiterleitung an die Emittentin“[732] zu übertragen (Einziehung durch Umbuchung[733]), damit diese die Papiere gemäß einer ebenfalls durch die Bedingungen zu erteilenden Ermächtigung treuhänderisch verwahrt.

### 2. *Rechtsnatur ab dem 31. Dezember 2015 emittierter CoCos*

Die sogenannte Aktienrechtsnovelle 2016[734] brachte diverse Rechtsänderungen des AktG mit sich, die sich auch auf die Regelungen über Wandelanleihen erstrecken. So wurde § 221 Abs. 1 S. 1 AktG dergestalt geändert, dass nun auch die Wandelanleihe mit Wandlungsrecht des Emittenten normiert ist:

> *„Schuldverschreibungen, bei denen den Gläubigern oder der Gesellschaft ein Umtausch- oder Bezugsrecht auf Aktien eingeräumt wird (Wandelschuldverschreibungen), […] dürfen nur auf Grund eines Beschlusses der Hauptversammlung ausgegeben werden.“*

Korrespondierend wurde auch § 194 Abs. 1 S. 2 AktG dergestalt geändert, dass nun nicht mehr „*die Hingabe* von Schuldverschreibungen im Umtausch gegen Bezugsaktien“ nicht als Sacheinlage gilt, sondern „*der Umtausch* von Schuldverschreibungen gegen Bezugsaktien“ nicht als Sacheinlage gilt. Damit wurde klargestellt, dass auch der *Debt-Equity-Swap* aufgrund eines Umtauschrechts der Gesellschaft nicht den Sacheinlageanforderungen unterliegt.

Aus der Gesetzesänderung ergibt sich eine neu kodifizierte Möglichkeit, den automatischen *Debt-Equity-Swap* von CoCo-Bonds dogmatisch herzuleiten. Zunächst ließe sich erwägen, dass die Gesellschaft zur Ausübung ihres Wandlungsrechts verpflichtet sei, und zwar auf vertraglicher Grundlage „im Wege der ‚Selbstbindung‘“.[735] Diese Selbstbindung erscheint aber nicht sicher genug, um die Wandlung automatisch durchzuführen. Die Gründe sind dieselben wie diejenigen, aus denen die Konstruktion des Swaps als Put-Option der Emittentin abgelehnt wurde (Unsicherheit der Umwandlung, fehlende Anreizwirkung auf Management usw.).[736]

---

731 Vgl. dazu *Habersack*, in: MüKo-AktG, § 221 Rn. 228.

732 Vgl. *BdB* (o. Fn. 723), § 6 Abs. 5 der Musterbedingungen.

733 *Rau*, DStR 2014, 2201 (2206).

734 S.o. Fn. 18.

735 So wollen es *Gleske/Ströbele*, CFL 2012, 49 (54).

736 Siehe dazu im Einzelnen o. Kap. 4.I.B.b.iii. mit Verweis auf Kap. 4.I.B., dort insbes. S. 152.

Tatsächlich geht die nach neuem Recht mögliche Herleitung der Umwandlung von CoCos demnach auch nicht mit derart weitreichenden Änderungen einher. In erster Linie bezieht sie sich auf die Frage, wer welches Recht aufschiebend bedingt ausübt. Bei CoCo-Bonds nach alter Rechtslage handelte es sich noch um herkömmliche Inhaberschuldverschreibungen. Der Inhaber widmete den Nennbetrag aufschiebend bedingt um und schuf ebenfalls bedingt ein Rechtsverhältnis, das auf Verschaffung der Mitgliedschaft gerichtet war und den Rechtsgrund für die Einlageleistung noch vor Abschluss des Zeichnungsvertrags darstellte. Nach neuer Rechtslage handelt es sich bei CoCo-Bonds um Wandelanleihen i.S.d. § 221 Abs. 1 S. 1 Alt. 1 AktG.[737] CoCo-Bonds sind demnach Wandelanleihen mit einem Umtauschrecht der Gesellschaft, von dem sie bereits mit der Emission des CoCos unwiderruflich aufschiebend bedingt i.S.d. § 158 Abs. 1 BGB Gebrauch macht. Sowohl § 221 Abs. 1 Alt. 1 AktG als auch § 192 AktG ist direkt anwendbar.[738] CoCo-Bonds können dementsprechend nach neuer Rechtslage auch nicht mehr als *bedingte Pflichtwandelanleihe* bezeichnet werden, da es sich nicht um Pflichtwandelanleihen handelt. Treffender wäre der Begriff *bedingte Wandelanleihe*, obwohl auch diese Bezeichnung missverständlich wäre, da man unter diesem Begriff auch Wandelanleihen verstehen könnte, die das Wandlungsrecht erst einräumen, wenn eine Bedingung eingetreten ist. *Wandelanleihe mit bedingter Umwandlung* wäre hingegen eindeutig.

Das hat freilich nicht zur Folge, dass sich der Mechanismus wesentlich anders vollzieht als vor der Gesetzesänderung. Das betrifft insbesondere die Zeichnungserklärung des Anleihegläubigers. Sie ist Bezugserklärung i.S.d. Aktiengesetzes und muss vom zukünftigen Aktionär abgegeben werden, denn an den inhaltlichen Anforderungen an die Bezugserklärung hält § 198 Abs. 1 S. 3 AktG fest. In der Literatur wird erwogen, dass die Wandelanleihe mit Wandlungsrecht des Emittenten eine Bezugserklärung entbehrlich mache.[739] Grund ist, dass § 198 Abs. 1 S. 1 AktG beim Erfordernis der Bezugserklärung, die gleichzeitig Wandlungs- und Zeichnungserklärung ist, vom Wandlungsrecht des Anleihegläubigers ausgeht. Dass der Emittent von seinem Wandlungsrecht Gebrauch macht und dann eine Erklärung zum Bezug von Aktien abgibt, ergibt schlicht keinen Sinn. Andererseits stellt sich die Bezugserklärung – abzugeben vom zukünftigen

737 So auch *Nodoushani*, WM 2016, 589 (591 f.).

738 Anders wollen es *Meyer/Weber*, CFL 2012, 249 (259), da sie annehmen, dass auch die Gesellschaft kein Wandlungs*recht* habe, sondern beim Eintritt des *Trigger Events* eine Wandlungs*pflicht*, die von § 221 Abs. 1 S. 1 Alt. 1 AktG n.F. nicht gedeckt ist.

739 Vgl. dazu ausführlich *Singhof*, in: FS Hoffmann-Becking (2013), S. 1163 (1171 f.).

Aktionär – als „geeignete rechtliche Dokumentation für das Zustandekommen des Zeichnungsvertrages vor der Aktienausgabe"[740] dar.

Insofern sind seit dem 31.12.2015 emittierte CoCo-Bonds in dogmatischer Hinsicht Wandelanleihen mit Wandlungsrecht des Emittenten, von dem die Gesellschaft bereits bei der Emission aufschiebend bedingt Gebrauch macht. Wird die Wandlungserklärung kraft Bedingungseintritt wirksam, so ersetzt die AG damit den Rückzahlungsanspruch des Gläubigers durch einen Anspruch auf Verschaffung der Mitgliedschaft.[741] Die Einlage ist somit vorab geleistet. Das Angebot zum Abschluss eines Zeichnungsvertrags gibt die Gesellschaft ebenfalls aufschiebend bedingt bei Emission des Instruments ab. Mit Bedingungseintritt wird wie bereits bei zuvor emittierten CoCos das Angebot wirksam und das Rechtsverhältnis zwischen Gesellschaft und Gläubiger wird dergestalt umgestaltet, dass der Gläubiger sowohl die Möglichkeit als auch die schuldrechtliche Pflicht hat, das Angebot zum Abschluss eines Zeichnungsvertrages anzunehmen. Die Annahme erfolgt durch die Bezugserklärung. Auch nach neuer Rechtslage fallen dementsprechend Wandlungserklärung und Zeichnungserklärung auseinander. Die Annahme des Angebots zum Abschluss eines Zeichnungsvertrags wird auch weiterhin vom Anleihegläubiger abgegeben. Insofern kann im Übrigen auf die Ausführungen zur alten Rechtslage verwiesen werden.

Erwähnenswert bleibt lediglich, dass auch die aufschiebend bedingte Wandlungserklärung des Emittenten bedingungsfreundlich ist. Öffentliche Erklärung im Wege der Ad-hoc-Mitteilung und Bedingungseintritt fallen zusammen, sofern die Anleihebedingungen die Mitteilung als auslösendes Ereignis definieren oder sich dieser Zusammenhang durch Auslegung ergibt. Auch ein Stichtag kann nach Unterschreiten der entscheidenden Kapitalquote als auslösendes Ereignis benannt werden[742], sodass selbst bei dieser Ausgestaltung der Bedingungseintritt transparent ist. Denkbar ist auch, an einen entsprechenden zu veröffentlichenden Beschluss des Vorstands anzuknüpfen, zu dem dieser verpflichtet wird. So sieht es das schweizerische Recht vor (siehe dazu sogleich). In all diesen Fällen wird der Investor jedenfalls nicht über das Schicksal seiner Forderung im Ungewissen gelassen.

---

740 *Singhof*, in: FS Hoffmann-Becking (2013), S. 1163 (1171 f.).

741 So im Ergebnis auch, allerdings ohne Einbeziehung einer Bedingung i.S.d. § 158 Abs. 1 BGB, *Drygala*, WM 2011, 1637 (1638); *Gleske/Ströbele*, CFL 2012, 49 (54).

742 Vgl. o. Kap. 4.I.B.b.iv.1.(v.), S. 176.

### 3. *Die Umwandlung von schweizerischen CoCo-Bonds*

Die Schweiz gilt als Vorreiter bei der Ausgestaltung und Anerkennung von CoCo-Bonds.[743] Die Ausgestaltung der Rahmenbedingungen ist deutlich eleganter ausgefallen, als es dem EU- bzw. dem deutschen Gesetzgeber gelungen ist. Das betrifft auch die dogmatische Grundlage des Umwandlungsmechanismus. Der schweizerische Gesetzgeber hat die Notwendigkeit erkannt, die rechtstechnischen Abläufe, die durch das *Trigger Event* ausgelöst werden, zu normieren. Das BankG gibt daher in Art. 13 unter der Überschrift *Wandlungskapital* Auskunft darüber, was passiert, wenn das die Wandlung auslösende Ereignis eintritt. Bereits Absatz 1 der Norm spricht eindeutig davon, dass „sich die Forderungsrechte aus Pflichtwandelanleihen beim Eintritt des auslösenden Ereignisses in Aktien oder Partizipationsscheine wandeln." Von einer Umwandlung durch die Gesellschaft oder sogar die Inhaber der Instrumente ist keine Rede. Absatz 1 geht insofern von einem Automatismus aus. Verdeutlicht wird das durch Absatz 7 S. 1 der Vorschrift. Demnach erhöht sich das Aktien-/Partizipationskapital *ohne Weiteres* mit Beschluss des Verwaltungsrats. Beschluss meint dabei die Feststellung des Ereigniseintritts mit öffentlicher Urkunde (Art. 13 Abs. 5 BankG) durch den Verwaltungsrat. Die Feststellung führt gem. Art. 13 Abs. 7 S. 2 BankG auch automatisch zum Erlöschen der Forderungsrechte aus den Anleihen. Die Gesetzesmaterialien untermauern diesen Ansatz:

> *„Die Wandlung tritt […] automatisch […] ein. Der Eintritt des Auslösungsereignisses sollte eigentlich von selbst die Wandlung auslösen. Dennoch braucht es einen Feststellungsbeschluss des Verwaltungsrates, um die für den Eintrag ins Handelsregister nötige Rechtssicherheit herzustellen. Der Beschluss wirkt für die Wandlung, d.h. für das Erlöschen der Rechte aus den Anleihen und das gleichzeitige Entstehen der Aktionärsrechte, konstitutiv. Es bedarf keiner zusätzlichen Rechtsakte […]. Um etwaige Verzögerungen zu verhindern, wurde eine entsprechende Pflicht zur Feststellung eingeführt […], für deren Erfüllung die Mitglieder des Verwaltungsrats zivilrechtlich haften. Sollte der Verwaltungsrat dieser Pflicht nicht nachkommen, so wäre die Aufsichtsbehörde gezwungen, auf Grundlage des Artikel 26 BankG […] den Beschluss selbst im Wege der Zwangsmassnahme vorzunehmen, wodurch man in die Sanierungsphase eintreten würde."*[744]

Das auslösende Ereignis ist also die Feststellung des Erreichens des *Trigger Events* durch den Verwaltungsrat, ohne dass die Norm Bezug zu einem schweizerischen Äquivalent des § 158 Abs. 1 BGB nimmt. Diese Feststellung enthält gem. Art. 13 Abs. 5 S. 2 BankG auch Anzahl, Nennwert und Art der ausgegebenen

743 Vgl. dazu o. Kap. 3.VII.

744 *Bundesrat* (Schweiz) (o. Fn. 65), S. 4776 f.

Aktien sowie den neuen Stand des Aktienkapitals. Der Beschluss des Verwaltungsrats entspricht in seiner Publizitätswirkung in etwa der Veröffentlichung im deutschen elektronischen Bundesanzeiger, die die Musterbedingungen des BdB vorsehen.[745] Der Mehrwert der schweizerischen Regelung liegt nicht darin, dass der Verwaltungsrat den Ereigniseintritt festlegt, sondern dass das Gesetz überhaupt vorschreibt, wann und wie die Umwandlung stattfindet. Das deutsche Recht verzichtet auf Rechtsklarheit zugunsten erhöhter Gestaltungsfreiheit der Marktteilnehmer. Dem steht freilich nichts entgegen, solange die erforderliche Transparenz und Handhabbarkeit gewährleistet sind. Doch gerade dort kann die offene deutsche Rechtslage zu Unsicherheiten in der Rechtsgestaltung führen.

Andererseits ermöglicht die Gestaltungsfreiheit auf Einzelfragen einzugehen, die das schweizerische Recht nicht beantwortet. Im Mittelpunkt steht dabei insbesondere die Ausgabe der Aktien, zu deren genauem Mechanismus das schweizerische Recht schweigt. Auch das deutsche Recht kennt im Fall der Umwandlung von CoCos keine ausdrücklichen Vorschriften zur Aktienausgabe. Die allgemeinen Regelungen können jedoch auch auf diesen Fall angewandt werden. Im Gegensatz dazu schließen die schweizerischen Normen eine Übertragung der neuen Aktien durch Begebung aus, da allein der Verwaltungsratsbeschluss gem. Art. 13 Abs. 5 S. 2 BankG zur Übertragung der Aktien führt („*Diese* [Urkunde] *enthält Anzahl, Nennwert und Art der ausgegebenen Aktien* […].“). Wie die Aktien auf den häufig unbekannten Gläubiger übertragen werden, bleibt dabei offen und wird durch die Gestaltungspraxis oder durch Gerichte geklärt werden müssen.

### 4. *Zusammenfassung*

Nach deutschem Rechtsverständnis handelt es sich bei vor dem 31. Dezember 2015 emittierten CoCo-Bonds um Inhaberschuldverschreibungen, für die Emittent und Inhaber bei der Emission vereinbart haben, dass sie mit Eintritt einer Bedingung keine Ansprüche auf Zins- und Rückzahlung mehr gewähren. Der Gläubiger widmet mithilfe einer aufschiebend bedingten Gestaltungserklärung den Nennbetrag zu einer Einlage um, die vorab auf eine zukünftige Bareinlageverpflichtung im Angesicht einer Sanierungslage geleistet wird (*Causaänderung kraft Bedingungseintritt* statt *Causaänderung kraft Gestaltungserklärung*). Von diesem Zeitpunkt an ist das Rechtsverhältnis zwischen AG und Gläubiger darauf gerichtet, dem Gläubiger die Mitgliedschaftsstellung zu verschaffen. Dadurch wird er auch in die Lage versetzt, das bereits bei Emission von

745 Vgl. die entsprechende Klausel o. Kap. 4.I.B.b.iv.1.(iv.), S. 174.

der Gesellschaft aufschiebend bedingt erklärte Angebot zum Abschluss eines Zeichnungsvertrags annehmen zu können. Der Gläubiger nimmt – in der Regel durch die dazu ermächtigte Wandlungsstelle – das Angebot zum Abschluss eines Zeichnungsvertrags an. Da zur Erfüllung des Vertrags regelmäßig bedingtes Kapital genutzt werden wird (die entsprechenden Vorschriften sind analog anwendbar[746]), handelt es sich um eine der Bezugserklärung i.S.d. § 198 Abs. 1 S. 1 AktG ähnliche und diesen Vorschriften unterworfene Zeichnungserklärung. Der Gläubiger begründet mit Annahme des Angebots einen Anspruch auf Verschaffung der Mitgliedschaft. Er ist spätestens gegen Ausgabe der Aktien zur Aushändigung der Schuldverschreibung verpflichtet. Sie sollte jedoch bereits unmittelbar nach Bekanntgabe des Eintritts von der Wandlungsstelle treuhänderisch übernommen werden.

In Anleihebedingungen könnte die auf diesen Grundsätzen basierende automatische Umwandlung so formuliert sein, wie es in den Anleihebedingungen des von der *Barclays* am 17. Juni 2014 emittierten CoCo-Bonds erfolgt ist.[747] Dort heißt es:

> „*A 'Capital Adequacy Trigger Event' shall occur if the fully loaded CET1 Ratio […] is less than 7.00% […].*[748] *If a Capital Adequacy Trigger Event occurs […], then an Automatic Conversion will occur on the Conversion Date, […] at which point all of the Issuer's obligations under the Securities […] shall be irrevocably and automatically released […]. The Automatic Conversion shall occur without delay upon the occurrence of a Capital Adequacy Trigger Event.*[749] *[…] each holder of the Securities shall be deemed to have irrevocably directed the Issuer to issue the Conversion Shares corresponding to the conversion of its holding of Securities […]. Following an Automatic Conversion, no holder of the Securities will have any rights against us with respect to the repayment of the principal amount of the Securities or the payment of interest […].*“[750]

Dort wird ersichtlich nicht auf einen Vorvertrag oder eine Wandlungspflicht der Inhaber abgestellt. Auch ein Wandlungsrecht des Emittenten ist nicht enthalten.

---

746 Vgl. u. Kap. 5.III.

747 Vgl. dazu o. Fn. 666.

748 S. 11 der in Fn. 666 genannten Anleihebedingungen. Auf dieser Seite heißt es ferner, dass das Unterschreiten der CET1-Quote von 7% durch eine ordentliche oder außerordentliche Bilanz festgestellt wird und über die Clearing-Stellen eine Mitteilung durch den Emittenten an die Verwahrstelle und an die Inhaber der Bonds erfolgt. Nach der Systematik der Anleihebedingungen hat diese Mitteilung deklaratorische Bedeutung.

749 Ebda.

750 S. 12 der in Fn. 666 genannten Anleihebedingungen.

Stattdessen wird vorausgesetzt, dass die Inhaber der Bonds sich bereits damit einverstanden erklärt haben, dass beim Erreichen des *Triggers* eine automatische Umgestaltung stattfindet, die die Rechtsgrundlage/Einlageleistung für die Aktienausgabe (*Consideration*) darstellt.

Bei den ab dem 31. Dezember 2015 emittierten CoCos handelt es sich hingegen nach deutschem Rechtsverständnis um Wandelanleihen mit Wandlungsrecht (Tilgungswahlrecht) des Emittenten. Er übt seine Ersetzungsbefugnis bereits bei der Emission aufschiebend bedingt aus. Gleichzeitig erklärt er ein aufschiebend bedingtes Angebot zum Abschluss eines Zeichnungsvertrags. Sowohl Ersetzungsbefugnis als auch Angebot werden mit Bekanntgabe des Eintritts des *Trigger Events* wirksam. Das Rechtsverhältnis zwischen Gesellschaft und Gläubiger wird umgewandelt, sodass der Gläubiger keinen Rückzahlungsanspruch mehr hat. Stattdessen wird der Nennbetrag zur Einlage umgewidmet und der Gläubiger wird schuldrechtlich zur Annahme des Angebots zum Abschluss eines Zeichnungsvertrags durch eine Bezugserklärung verpflichtet. In der Praxis wird die Wandlungsstelle zur Abgabe der entsprechenden Bezugserklärung ermächtigt werden. Der Gläubiger hat damit einen Anspruch auf Verschaffung der Mitgliedschaft. Die Schuldverschreibungsurkunde trifft das gleiche Schicksal wie vor der Rechtsänderung.

In beiden Fällen wird das Grundkapital erst mit Ausgabe der Aktien erhöht, § 200 AktG. Um die endgültige Zurverfügungstellung des Nennbetrags im Gesetz nachzuvollziehen und damit Zweifel an der bankrechtlichen Einordnung als CET1-Capital auszuräumen, sollte der deutsche Gesetzgeber eine entsprechende Anpassung des Aktiengesetzes erwägen. Als Vorbild kann das Modell des Art. 13 Abs. 7 S. 1 Schweizer BankG dienen. Demnach könnte die Vorschrift – angelehnt an die Terminologie des neuen § 192 Abs. 3 S. 2 und S. 3 AktG – folgendermaßen geändert werden (Änderungen kursiv):

> „**§ 200 Wirksamwerden der bedingten Kapitalerhöhung:** [1] Mit der Ausgabe der Bezugsaktien ist das Grundkapital erhöht. [2] *Sofern die bedingte Kapitalerhöhung nur zu dem Zweck beschlossen wurde, der Gesellschaft einen Umtausch zu ermöglichen, zu dem sie für den Fall ihrer drohenden Zahlungsunfähigkeit oder zum Zweck der Abwendung einer Überschuldung berechtigt ist, gilt das Grundkapital mit Ausübung des Umtauschrechts oder mit Bedingungseintritt als erhöht.* [3] *Ist die Gesellschaft ein Institut im Sinne des § 1 Absatz 1b des Kreditwesengesetzes und wurde die bedingte Kapitalerhöhung zu dem Zweck beschlossen, der Gesellschaft einen Umtausch zur Erfüllung bankaufsichtsrechtlicher oder zum Zweck der Restrukturierung oder Abwicklung erlassener Anforderungen zu ermöglichen, so gilt das Grundkapital mit Ausübung des Umtauschrechts oder mit Bedingungseintritt als erhöht.* [4] *Im Falle von Satz 2 und Satz 3 entstehen mitgliedschaftliche Rechte und Pflichten erst mit Ausgabe der Aktien.*“

Diese Vorschrift sollte es auch der EBA erleichtern, das zur Verfügung gestellte Kapital mit Bekanntgabe des Eintritts des *Trigger Events* als CET1-*Capital* einzustufen und gem. Art. 26 Abs. 3 Unterabs. 3 S. 1 CRR entsprechend auszuweisen. Erfasst sind dabei auch CoCos, die im Fall der Krise ohne Eintritt des *Trigger Events* umgewandelt werden, z.B. weil die Aufsichtsbehörde eine entsprechende Umwandlung vom Emittenten verlangt („[...] mit Ausübung des Umtauschrechts [...]").

Satz 4 des Regelungsvorschlags drückt aus, dass Mitgliedschaftsrechte, insbesondere Stimmrechte und Dividendenansprüche, erst mit tatsächlicher Aktienausgabe bestehen. Andernfalls bestünden vor Ausgabe der Aktien erhebliche Unsicherheiten über die Stimmrechtsverteilung und die Vermögensrechte. Die Aktienausgabe ist damit entscheidende rechtliche Dokumentation für die Begründung der Mitgliedschaft. Bei der Erhöhung des Grundkapitals muss es sich um eine Fiktion handeln (deshalb das Wort *gilt* in S. 2 und S. 3). Andernfalls wäre dieser Vorschlag mit dem in § 1 Abs. 2 AktG manifestierten Grundsatz unvereinbar, dass das Grundkapital in Aktien zerlegt ist.

## 4.II. Mögliche Ausgestaltungen des *Trigger Events*

### A. Einführung

Das *Trigger Event* als die die Umwandlung auslösende Bedingung i.S.d. § 158 Abs. 1 BGB ist das zentrale Charakteristikum von CoCo-Bonds. Es wird in der Regel vom Emittenten vorgegeben. Seine Architektur wirkt sich vielgestaltig auf Wesen und Wirkungsweise des Instruments aus. Der Grund dafür ist, dass das *Trigger Event* selbst sehr unterschiedlich ausgestaltet sein kann. Das betrifft einerseits den Tatbestand der Bedingung und andererseits auch die Rechtsfolge des Bedingungseintritts. Das *Trigger Event* kann also ganz verschiedene Mechanismen auslösen.

Das auslösende Ereignis bestimmt neben dem Zeitpunkt auch die tatsächliche Wahrscheinlichkeit, mit der der CoCo-Bond umgewandelt wird und an den Verlusten des Emittenten teilnimmt.[751] Da CoCos der ordnungspolitischen Zielsetzung der Beteiligung der Investoren an Verlusten des Unternehmens dienen sollen, muss der Tatbestand des *Trigger Events* so formuliert sein, dass der *Bail-in* im richtigen Zeitpunkt erfolgt. Man kann dabei auf zwei verschiedene Zeitpunkte abstellen. Ziel kann es einerseits sein, die Investoren im Fall eines Insolvenzverfahrens an den Verlusten zu beteiligen. Das könnte erreicht

751 *Mackinger*, Contingent Convertible Bonds, S. 23.

werden, indem der *Trigger* durch den Eintritt der Insolvenz ausgelöst wird und die CoCo-Inhaber dadurch zu Aktionären werden (*gone-concern*-Ansatz).[752] Für einen solchen *Trigger* fehlt es jedoch an praktischer Notwendigkeit, denn CoCos sind in der Regel nachrangige Anleihen (vgl. § 39 Abs. 2 InsO) und damit im Fall der Insolvenz erst nach den Forderungen anderer Gläubiger zu erfüllen, selbst wenn das *Trigger Event* nicht erreicht wurde. Demzufolge stehen sie im Fall der Insolvenz ohnehin für Verluste ein. Im Kern geht es vielmehr darum, Gläubiger schon im Vorfeld einer Insolvenz zu beteiligen, sodass die Teilnahme die Fortführung des Geschäftsbetriebs ermöglicht und unterstützt (*going-concern*-Ansatz).[753] Die Umwandlung sollte also erfolgen, wenn das Institut noch zahlungsfähig ist, jedoch aufgrund einer Krise nicht mehr in der Lage ist, sich zu akzeptablen Konditionen mit Eigen- oder Fremdkapital zu versorgen.[754]

Dabei zeigt sich, dass es eine allen Anforderungen gerecht werdende Ausgestaltung nicht gibt. Vielmehr muss sich diese an der konkreten Zielsetzung orientieren. Im Folgenden soll eine Darstellung der verschiedenen möglichen *Trigger* erfolgen, die anschließend mit ihren jeweiligen tatsächlichen Vor- und Nachteilen gegenübergestellt werden. Eine Empfehlung zur konkreten Ausgestaltung kann dabei jedoch nicht ausgesprochen werden, weil sich diese nach der oben genannten individuellen Zielsetzungen bemisst.[755]

## B. Auslösende Ereignisse

Die Literatur hat zwei grundlegende Arten von *Trigger Events* hervorgebracht. Es handelt sich einerseits um *systemische Trigger*, welche sich am Zustand des gesamten Bank-/Finanzmarktsystems orientieren.[756] Der zweite Grundtypus sind die *bankspezifischen Trigger*, die den Zustand des CoCo-Emittenten in Bezug nehmen.[757] Da CoCos nicht auf Banken beschränkt sind, kann man auch von *institutsspezifischen Triggern* sprechen.

752 Der Zeitpunkt, in dem der Emittent nicht mehr überlebensfähig ist und dieser Zustand von der Aufsichtsbehörde festgestellt wird, wird als *Point of non-viability* (PONV) bezeichnet, vgl. *Oakes/Milonakis*, IFLR 2013, 70 (72).

753 *Rudolph*, in: *Groß/Pfingsten* (o. Fn. 50), S. 97 (102).

754 *Rudolph*, in: *Groß/Pfingsten* (o. Fn. 50), S. 97 (105); *Zähres* (o. Fn. 57), S. 5.

755 So auch *Günther*, in: *Vollmar/Becker/Hoffend* (Hrsg.), Macht des Vertrauens, S. 104 (108).

756 *Bou Sleiman*, CoCo-Bonds, S. 39; *Mackinger*, Contingent Convertible Bonds, S. 24.

757 *Bou Sleiman*, CoCo-Bonds, S. 40; *Mackinger*, Contingent Convertible Bonds, S. 24.

## *a. Systemische* Trigger

Systemische *Trigger* sind Umwandlungsereignisse, die an Entwicklungen und Kennzahlen einer ganzen Branche anknüpfen. Werden negative Entwicklungen in dieser Branche deutlich, zum Beispiel aufgrund eines *Common Shocks*[758], so wird der *Trigger* ausgelöst. Der *Trigger* kann an objektive Ereignisse geknüpft werden, wie etwa die Entwicklung eines Marktvolatilitätsindexes[759] oder an einen industrieweiten Index.[760] Auch die Bindung an die Feststellung einer Systemkrise durch eine Aufsichtsbehörde ist möglich.[761] Bisher spielen systemische *Trigger* in der Praxis eine untergeordnete Rolle, sie werden jedoch in der Literatur diskutiert.[762] Dass sie in der Praxis nicht verbreitet sind, hat verschiedene Gründe. Zwar kann es mit einem systemischen *Trigger* gelingen, in einer durch die Aufsichtsbehörde festgestellten Finanzmarktkrise alle emittierenden Institute gleichzeitig zu rekapitalisieren.[763] Allerdings ist das Risikoprofil noch komplexer und schwieriger zu beurteilen als bei bankspezifischen *Triggern*. Der Ratingprozess würde erschwert werden[764] und unter Umständen die Marktfähigkeit von CoCo-Bonds beeinträchtigen. Insbesondere allein auf den Zustand der Märkte abstellende *Trigger*, die nicht mit einer bankspezifischen Bedingung verknüpft sind, disqualifizieren sich für die Sanierung eines konkreten Instituts. Es soll gerade nicht abgewartet werden, bis sich eine systemweite Krise ergibt.[765] Als Krisenpräventionsmittel, das Ansteckungseffekte zu verhindern hilft, scheidet ein systemischer *Trigger* folglich aus.[766] Ein weiterer Nachteil zeigt sich darin, dass ein solcher *Trigger* nicht im selben Maße verhaltenssteuernd wirkt wie ein bankspezifischer *Trigger*.[767] Während Letzterer konkrete Bemühungen des Vorstands bewirken kann, eine Umwandlung zu vermeiden, da der Vorstand eines jeden Instituts direkten Einfluss auf die Auslösung des *Triggers* hat, ist dieser Einfluss bei systemischen *Triggern* nicht gegeben. Eine risikobewusste Führung der Geschäfte würde damit nicht belohnt werden.

---

758 Vgl. dazu o. Kap. 1.VII.B., S. 67.

759 *Mackinger*, Contingent Convertible Bonds, S. 24.

760 *Zähres* (o. Fn. 57), S. 7.

761 *Mackinger*, Contingent Convertible Bonds, S. 24.

762 So u.a. in *French/Baily/Campbell* u.a. (o. Fn. 263), S. 55; *Rudolph*, Kreditwesen 2010, 1152 (1154).

763 *Zähres* (o. Fn. 57), S. 7.

764 *Mackinger*, Contingent Convertible Bonds, S. 24.

765 So auch *Bou Sleiman*, CoCo-Bonds, S. 39.

766 So auch *Bou Sleiman*, CoCo-Bonds, S. 39.

767 *Bou Sleiman*, CoCo-Bonds, S. 39; *Mackinger*, Contingent Convertible Bonds, S. 24.

Zudem wirken die Argumente, die zugunsten systemischer *Trigger* angeführt werden auch für bankspezifische *Trigger*. Letztere können wegen ihrer individuellen Wandlung ebenso im Fall einer Systemkrise dafür sorgen, dass alle ohnehin von der Krise betroffenen Institute rekapitalisiert werden.[768] Ein institutsbezogener *Trigger* würde dann auch ausgelöst werden, da sich eine Systemkrise ganz konkret auf jedes einzelne Institut auswirken würde. Eines systemischen *Triggers* bedarf es damit nicht, um Systemkrisen zu begegnen.

### *b. Bankspezifische* Trigger

Auch bankspezifische *Trigger* lassen sich verschieden ausgestalten. Die Bezeichnung kann daher nur als Oberbegriff dienen. Sie können als technische und damit unwillkürliche Bedingungen oder aber auch als diskretionäre und damit willkürliche Bedingungen formuliert werden.[769]

#### *i. Regulatorische* Trigger

Denkbar ist es zunächst, die Umwandlung an eine regulatorische Bedingung zu knüpfen. Die Anleihebedingungen können zum Beispiel enthalten, dass die Umwandlung stattfindet, wenn die Aufsichtsbehörde eine entsprechende Anweisung erteilt. Es handelt sich dabei um einen diskretionären Auslöser. Zu denken ist dabei insbesondere an Bankenstresstests als Referenzereignis.[770] Sollte eine Bank den von der Aufsicht durchgeführten Stresstest nicht bestehen, so wird die Aufsicht unter Ausübung eines entsprechenden Ermessens die Umwandlung anordnen. Denkbar ist auch, dass die Aufsichtsbehörde die Umwandlung nach reinem Ermessen anordnet, um die Insolvenz des Instituts zu vermeiden.[771] Diese Vorgehensweise hat den Vorteil, dass der Bedingungseintritt extern festgestellt wird und damit auch zuverlässig kommuniziert werden kann, wohingegen die Feststellung des Bedingungseintritts durch den Emittenten selbst dazu führen kann, dass das Ereignis erst künstlich verzögert bekanntgegeben wird. Ein regulatorischer *Trigger* kann also Informationsasymmetrien vermeiden. In der Literatur wird zudem vorgebracht, dass z.B. das Unterschreiten einer Eigenkapitalgrenze bei einem Bankenstresstest ein sehr frühes Umwandlungsereignis sei, sodass das *Trigger Event* einen „ausgeprägt präventiven Charakter“[772] in

---

768 *Zähres* (o. Fn. 57), S. 7.

769 Vgl. *Frank* (o. Fn. 329), S. 3.

770 *Bou Sleiman,* CoCo-Bonds, S. 40; *Rudolph,* Kreditwesen 2010, 1152 (1154).

771 So sehen es z.B. die Anleihebedingungen des CoCos der BCGE vor, vgl. o. Kap. 2.II., S. 89.

772 *Rudolph,* Kreditwesen 2010, 1152 (1154).

sich tragen würde. Warum aber ausgerechnet ein Bankenstresstest erforderlich sein soll, um den Rekapitalisierungsbedarf früh festzustellen, wird dabei nicht aufgezeigt. Stresstests werden üblicherweise seltener durchgeführt, als die Bilanzen vom Emittenten veröffentlicht werden. Freilich kann eine Aufsichtsbehörde bei entsprechender Gefahrenlage ad-hoc einen Stresstest anordnen. Liegen jedoch entsprechende Verdachtsmomente nicht vor, so wird ein Stresstest in der Regel ausbleiben und die Notsituation nicht zu Tage fördern, womit auch das Wandlungsereignis ausbliebe. Ein „ausgeprägt präventiver Charakter" ist damit gefährdet.

Des Weiteren werden in der Literatur Zweifel an der Effizienz der Aufsichtsbehörden geäußert.[773] Das kann zum einen bedeuten, dass die Finanzmarktaufsicht schon zeitlich bei der Ermessensprüfung und -ausübung zögert, da unter Umständen viele Prüfungs- und Entscheidungsebenen mit der Sache befasst sind. Unter Umständen kommt der Behörde auch ein Beurteilungsspielraum zu, der Entscheidungen verlangsamt oder verhindert. Vorgebracht wird zum anderen, dass die Aufsichtsbehörde politischem Druck ausgesetzt sein kann und daher eine Verzögerung bewirkt oder sogar das Ermessen beeinflusst wird.[774] Dieser Einwand trifft jegliche diskretionäre *Trigger*. Geäußert wird auch, dass Aufsichtsbehörden in der Vergangenheit einem sogenannten *forbearance risk* unterlagen, womit gemeint ist, dass sie zunächst zu duldsam waren und Maßnahmen zu spät eingeleitet haben,[775] um vorher Zeit für eine andere Form der Rekapitalisierung zu gewinnen. Unter diesen Voraussetzungen handelte es sich um ein „zahnloses" Instrument. Wie gehaltvoll derartige Erwägungen sind, lässt sich nur schwer beurteilen. Es muss allerdings ausgeschlossen sein, dass die Aufsicht während einer Krise versucht, die Umwandlung der CoCos zu vermeiden, um Zeit für andere Rekapitalisierungsmaßnahmen zu gewinnen. Es spricht aber noch ein weiterer und nicht weniger überzeugender Umstand gegen die Nutzung regulatorischer *Trigger*. Das Ermessen, welches in der Regel mit behördlichen Entscheidungen verbunden ist, lässt eine zuverlässige Beurteilung der Wandlungswahrscheinlichkeit kaum zu.[776] Das wirkt sich einerseits auf die Attraktivität des Instruments für Investoren aus. Zum anderen wird die Bewertung

---

773 So vor allem *Bou Sleiman*, CoCo-Bonds, S. 40; *Mackinger*, Contingent Convertible Bonds, S. 25; *Pazarbasioglu/Zhou/Le Leslé* u.a., Contingent Capital: Economic Rationale and Design Features, S. 25, https://www.imf.org/external/pubs/ft/sdn/2011/sdn1101.pdf (Stand: 21.10.2018).

774 *Bou Sleiman*, CoCo-Bonds, S. 40; *Mackinger*, Contingent Convertible Bonds, S. 25.

775 *Frank* (o. Fn. 329), S. 4.

776 So auch *Mackinger*, Contingent Convertible Bonds, S. 25.

des entsprechenden CoCos durch Ratingagenturen enorm erschwert, mitunter sogar unmöglich gemacht. Darunter leidet die Marktfähigkeit der Anleihe, da viele institutionelle Investoren auf Ratings der Produkte angewiesen sind. Im Ergebnis überwiegen damit die Nachteile von regulatorischen *Trigger Events*, sodass sie nicht als Bedingung eingesetzt werden sollten.[777]

### *ii. Bilanzwertorientierte* Trigger

In der Praxis sehr häufig anzutreffen sind hingegen bilanzwertorientierte *Trigger*, die an die Eigenmittelausstattung des Emittenten anknüpfen und damit der Gruppe der technischen *Trigger* zuzuordnen sind.[778] Das liegt sehr nahe, weil CoCo-Bonds unter bestimmten Umständen als Eigenmittel anrechenbar sind und in der Krise – die sich häufig in einer unzureichenden Ausstattung mit Eigenmitteln niederschlägt – die Eigenkapitalbasis durch Umwandlung in Aktien stärken sollen.[779] Sie treffen damit genau das Institut, welches sich in einer Krise befindet. Wirkt sich die Krise auf das gesamte Finanzsystem aus, so werden diejenigen CoCos aller Banken gewandelt, die an einen bilanzwertorientierten *Trigger* gekoppelt sind.[780] Bei einer systemweiten Krise kann dadurch dem gesamten Sektor mehr Kapital zur Verfügung gestellt werden, sofern alle Institute bilanzwertorientierte CoCos emittiert haben.[781] Ein weiterer Vorteil besteht darin, dass das Instrument für Dritte transparenter ist als mit einem regulatorischen *Trigger*.[782] Seine Umwandlungswahrscheinlichkeit lässt sich damit leichter ermitteln und es ist einer Bewertung durch Ratingagenturen eröffnet. Das fördert die Marktfähigkeit des CoCo-Bonds. Zudem dienen bilanzwertorientierte *Trigger* einem wesentlichen ordnungspolitischen Zweck – sie können sich verhaltenssteuernd auf das Management des Emittenten auswirken.[783] Ein weiterer Vorteil bilanzwertorientierter *Trigger* sind die vielgestaltigen Möglichkeiten innerhalb dieser Gruppe, das Instrument durch die Auswahl der *Trigger*-Höhe[784] an den individuellen Bedürfnissen des Emittenten, der Inhaber des Bonds, der Altaktionäre sowie anderer Stakeholder auszurichten. Darüber hinaus ist ein bilanzwertorientierter *Trigger* nicht an eine Kursnotiz gebunden, sodass diese

777 So im Ergebnis auch *Bou Sleiman,* CoCo-Bonds, S. 41.
778 Bevorzugt insbesondere von *French/Baily/Campbell* u.a. (o. Fn. 263), S. 56.
779 Vgl. dazu auch *Bou Sleiman,* CoCo-Bonds, S. 41.
780 Vgl. *Zähres* (o. Fn. 57), S. 7.
781 *Mackinger,* Contingent Convertible Bonds, S. 24.
782 *Mackinger,* Contingent Convertible Bonds, S. 24 f.
783 *Mackinger,* Contingent Convertible Bonds, S. 24.
784 Vgl. zu diesem Gestaltungsmerkmal u. Kap. 4.II.C.

Form von CoCos auch öffentlich-rechtlichen Instituten oder Genossenschaftsbanken eröffnet ist.[785]

Trotz der offensichtlichen Vorzüge dieser *Trigger*-Art bringt sie auch gewisse Nachteile tatsächlicher Natur mit sich. Obwohl die entscheidende Kennziffer regelmäßig offengelegt wird, sind die Abstände zwischen den Veröffentlichungen unter Umständen zu groß, um die Sanierungsmaßnahme in angemessener Zeit auszulösen.[786] Aus den Anforderungen für Inlandsemittenten von Aktien ergibt sich gemäß § 37x Abs. 1 S. 1 WpHG, dass in jeder Jahreshälfte eine Zwischenmitteilung an die Öffentlichkeit auszugeben ist. Aus § 37w Abs. 1 S. 1 WpHG ergibt sich die Pflicht für Inlandsemittenten von Aktien oder Schuldtiteln zur Erstellung und Veröffentlichung eines Halbjahresfinanzberichts. Jedenfalls diese Berichtspflichten treffen alle CoCo-Emittenten. Hinzu kommen börsenrechtliche Zulassungsvorschriften. Begehrt ein Emittent die Zulassung seiner Anteile zum Handel am *regulierten Markt mit weiteren Zulassungsfolgepflichten* (*Prime Standard*), so muss er in der Regel Quartals- und Halbjahresberichte veröffentlichen (z.B. § 51 Abs. 1 i.V.m. § 49 BörsO der Frankfurter Wertpapierbörse). Einfache Zwischenmitteilungen, die keine Bilanz und keine Gewinn- und Verlustrechnung enthalten müssen[787], reichen dann nicht aus. Häufig werden demnach die für die Auslösung des *Triggers* entscheidenden Kennziffern vierteljährlich ermittelt und veröffentlicht. Bedenkt man die Brisanz und die Zeitnot während der vergangenen Krise, in der innerhalb weniger Tage über die Rettung riesiger Institute entschieden werden musste, so kann ein Rhythmus von drei Monaten zu lang sein. In der Literatur werden mitunter *Trigger* gefordert, die täglich ausgelöst werden können, um eine unverzügliche Befreiung aus der Krise zu ermöglichen.[788] Bilanzwertorientierte *Trigger* können solche Voraussetzungen nicht erfüllen.

Ein weiteres Problem dieser *Trigger*-Familie ist, dass die entsprechenden Bilanzierungsgrundsätze, auf deren Basis die wirtschaftlichen Kennziffern ermittelt werden, uneinheitlich sind. Das bezieht sich insbesondere auf die Bestimmung der Risiken, die mit Eigenkapital unterlegt werden müssen.[789] Aufgrund eigener Berechnungsmethoden können Institute also die auslösenden Kennziffern

---

785 *Rudolph,* Kreditwesen 2010, 1152 (1154). Dann können sie selbstverständlich nur als *Writedown*-Bonds emittiert werden, vgl. o. Kap. 51, S. 82.

786 *Bou Sleiman,* CoCo-Bonds, S. 42; *Leippold,* Der Schweizer Treuhänder 2011, 913.

787 *Nonnenmacher,* in: *Marsch-Barner/Schäfer,* § 57 Rn. 28.

788 So z.B. *Leippold,* Der Schweizer Treuhänder 2011, 913.

789 Siehe zu den verschiedenen Bewertungsmöglichkeiten *Fischer/Boegl,* in: *Schimansky/Bunte/Lwowski,* § 129 Rn. 20–21.

entscheidend beeinflussen.[790] Zum Beispiel kann man die RWAs entweder mit ihrem Marktwert, mit ihrem Nominalwert oder mit ihrem Buchwert veranschlagen.[791] Diese Werte werden häufig nicht übereinstimmen. Daraus ergibt sich die Gefahr der Manipulation des *Trigger Events*, sodass die entsprechenden Größen stark von der wirtschaftlichen Realität abweichen können[792] und eine notwendige Umwandlung unter Umständen viel zu lange hinausgezögert wird.

Bezeichnend war dieses Problem bereits in der vergangenen Krise. Weder *Bear Stearns,* noch *Merrill Lynch* noch die schlussendlich insolvente Bank *Lehman Brothers* unterschritten nach eigenen Angaben unmittelbar vor bzw. während der Krise die Eigenkapitalquote von 8%.[793] Es ist also durchaus möglich, dass ein bilanzwertorientierter *Trigger* erst ausgelöst wird, nachdem bereits die Insolvenz der Gesellschaft eingetreten und die Krise außer Kontrolle geraten ist. Die Insolvenz hält sich nicht an die Veröffentlichung wirtschaftlicher Kennzahlen. Dabei handelt es sich jedoch nicht um ein CoCo-immanentes Problem, auch wenn vereinzelt sogar von einem „Versagen der Wunderwaffe" und von einem „Konstruktionsfehler" gesprochen wurde.[794] CoCos orientieren sich in der Praxis am Bankrecht. Eine Überarbeitung der maßgebenden Standards wäre in diesem Bereich notwendig, wenn sich die Bewertung der Eigenkapitalquote als unrealistisch erweisen sollte. Zudem darf nicht vergessen werden, dass spätestens in der Insolvenz eine Verlusttragung durch CoCos gewährleistet ist, da es sich um nachrangige Verbindlichkeiten handelt.

In der Literatur wird an den bilanzwertorientierten *Triggern* zudem bemängelt, dass sie vorwiegend an bereits abgeschlossene Transaktionen anknüpfen, während CoCo-Bonds idealerweise präventiv wirken sollen.[795] Jedenfalls dieses Argument überzeugt jedoch nur eingeschränkt. Sicherlich sollen CoCo-Bonds präventiv wirken, um Krisen vorzubeugen. Jedoch wirken CoCos bei richtiger

790 *Bou Sleiman,* CoCo-Bonds, S. 42.

791 Vgl. *Kunz,* Die Wunderwaffe gegen Bankpleiten versagt, in: Die Welt, Online-Ausgabe vom 28.02.2016, http://www.welt.de/finanzen/boerse/article152737405/Die-Wunderwaffe-gegen-Bankpleiten-versagt.html (Stand: 20.10.2018).

792 *Leippold,* Der Schweizer Treuhänder 2011, 913; *Bou Sleiman,* CoCo-Bonds, S. 42.; *Flannery* (o. Fn. 253), S. 11 f.; *Zähres* (o. Fn. 57), S. 8.

793 *Leippold,* Der Schweizer Treuhänder 2011, 913.

794 *Kunz,* Die Wunderwaffe gegen Bankpleiten versagt, in: Die Welt, Online-Ausgabe vom 28.02.2016, http://www.welt.de/finanzen/boerse/article152737405/Die-Wunderwaffe-gegen-Bankpleiten-versagt.html (Stand: 20.10.2018).

795 *Bou Sleiman,* CoCo-Bonds, S. 43; *Flannery,* Maintaining Adequate Bank Capital, S. 19, http://papers.ssrn.com/sol3/papers.cfm?abstract_id=2258181 (Stand: 20.10.2018).

Ausgestaltung bereits durch ihre verhaltenssteuernde Funktion präventiv.[796] Eine darüber hinausgehende präventive Wirkung ist in der Regel nicht gewünscht. Stattdessen soll die Krise die Umwandlung auslösen, sodass die Investoren an bereits eingetretenen Verlusten beteiligt werden. Erfolgt der *Debt-Equity-Swap* zu einem Zeitpunkt, in dem ein Verlust nur möglich oder wahrscheinlich ist – so wie es teilweise vorgeschlagen wird[797] – und dann schlussendlich doch nicht eintritt, so hat die Umwandlung verfrüht stattgefunden. Eine solche verfrühte Umwandlung lässt sich dann mit der Idee des *Bail-in* nicht begründen und sendet unter Umständen gefährliche Signale an den Markt. Zudem setzt sie Anreize, die nun höhere Eigenkapitalquote zu nutzen, um neue risikoträchtige Geschäfte abzuschließen und den Anteil der risikogewichteten Aktiva so weit zu erhöhen, dass die Eigenkapitalquote wieder in die Nähe der Mindesteigenkapitalquote sinkt. Verwirklicht sich das in den neuen Geschäften verborgene Risiko anschließend, dann stehen keine CoCos mehr zur Verfügung, um die Eigenkapitaldecke zu stärken.[798] Zudem beeinträchtigt die Beteiligung an lediglich wahrscheinlichen Verlusten wegen der komplexeren Bewertung die Attraktivität des Instruments, was bei mangelnder Marktfähigkeit dazu führt, dass nicht einmal die Systemstabilität nach eingetretenen Verlusten wiederhergestellt werden kann. Zudem muss die Einschätzung, wann ein Verlust wahrscheinlich ist, wieder dem Emittenten oder der Aufsichtsbehörde überlassen werden. Wird sie der Aufsichtsbehörde überlassen, so gelten die bereits oben genannten Vorbehalte gegen regulatorische *Trigger*. Wird die Einschätzung hingegen dem Emittenten überlassen, so bietet ihm dieser Beurteilungsspielraum noch mehr Manipulationsmöglichkeiten, als wenn man den *Trigger* allein an wirtschaftliche Kennziffern knüpfen würde.

Zuletzt wird von Teilen der Literatur vorgebracht, dass bis einschließlich 2019 emittierte CoCos mit dem Problem konfrontiert sind, dass die Eigenkapitalbeurteilung bis zur vollständigen Umsetzung der Basel III-Vorschläge veränderlich ist.[799] Gemeint ist damit, dass bestimmte Instrumente, die vor Basel III noch als Eigenkapital anrechenbar waren, mit der vollständigen Umsetzung im Jahr 2019[800] nicht mehr als Eigenkapital gelten werden (Stichwort: *Qualität des*

796 Vgl. dazu bereits o. Kap. 1.VII.C. und Kap. 1.VIII.
797 *Bou Sleiman*, CoCo-Bonds, S. 43.
798 Vgl. zum Problem des Verbrauchens von CoCos u. Kap. 4.II.C.a., S. 203.
799 *Frank* (o. Fn. 329), S. 4.
800 *Deutsche Bundesbank* (o. Fn. 109), S. 5.

*Eigenkapitals*)[801] und allein dadurch die Eigenkapitalausstattung des Emittenten sinken wird, sofern er die alten Instrumente nicht durch neue als Eigenkapital anrechenbare Instrumente ersetzt. Unter Umständen kann die Quote unter den *Trigger* sinken und die Umwandlung auslösen. Diesem Problem lässt sich leicht vorbeugen, indem die Anleihebedingungen explizit vorsehen, nach welchem Basel III-Umsetzungsstand sich der *Trigger* bemisst.[802] Idealerweise setzt man die endgültigen Eigenkapitalanforderungen, wie sie ab 2019 verbindlich sein werden, als Referenz und legt dar, welche Quote das bereits bei Emission des CoCos bestehende Eigenkapital erfüllte, wenn die endgültigen Anforderungen bereits gelten würden.

Eine ähnliche Verschiebung von Eigenkapital und Verbindlichkeiten wäre beinahe abrupt durch eine BGH-Entscheidung im Juni 2016 ausgelöst worden[803] und konnte nur durch eine Allgemeinverfügung der BaFin[804] verhindert werden. Andernfalls wäre eine Auslösung des *Triggers* z.B. bei der *Deutschen Bank* nicht ausgeschlossen gewesen. Auch Veränderungen in den Bewertungsgrundsätzen der RWAs könnten ähnliche Wirkungen haben.[805] Derartige Situationen treten jedoch selten auf und lassen sich in der Regel durch die Aufsichtsbehörden beheben. Auch dieses Problem ist nicht CoCo-spezifisch, sondern lässt sich auf Unklarheiten bei der Anrechnung bestimmter Risiken zurückführen. Handlungsbedarf bei der Ausgestaltung von CoCo-Bonds besteht mithin nicht.

---

801 Siehe dazu *Basel Committee on Banking Supervision* (o. Fn. 102, dort überarbeitete Fassung), S. 28 f. (litt. e-g).

802 Vgl. *Frank* (o. Fn. 329), S. 4.

803 Der BGH hatte in seinem Urteil vom 9.6.2016 – IX ZR 314/14 entschieden, dass Netting-Klauseln in Derivaterahmenverträgen (Deutscher Rahmenvertrag für Finanztermingeschäfte) gegen § 104 InsO verstoßen und daher gem. § 119 InsO unwirksam sind. Als logische Folge hätten Banken nicht mehr nur den Nettorisikobetrag aus den Derivaten mit Eigenkapital unterlegen müssen, sondern das komplette Bruttorisiko, was zu einem erheblichen Abfall des Eigenkapitals im Verhältnis zu den Aktiva geführt hätte. Die BaFin erließ als Reaktion noch am selben Tag eine Allgemeinverfügung (siehe nächste Fußnote).

804 *BaFin,* Allgemeinverfügung zu Nettingvereinbarungen im Anwendungsbereich des deutschen Insolvenzrechts vom 09.06.16, Geschäftszeichen ED WA-Wp 1000-2016/0001. Die BaFin ordnete an, dass Netting-Vereinbarungen vereinbarungsgemäß abzuwickeln seien. Sie wurden dadurch weiterhin von der Aufsichtsbehörde anerkannt mit der Folge, dass weiterhin nur die Nettorisikoposition mit Eigenkapital zu unterlegen war.

805 *Oakes/Milonakis,* IFLR 2013, 70 (71).

### *iii. Marktwertorientierte* Trigger

Neben dem in der Praxis sehr häufig anzutreffenden bilanzwertorientierten *Trigger* werden – vorwiegend in der Literatur – auch sogenannte marktwertorientierte *Trigger* diskutiert. Dabei bezieht sich das auslösende Ereignis nicht auf bilanziellen Kennziffern, sondern auf solche Werte, die an einem Markt bestimmt werden. Besonders naheliegend ist der Aktienwert des Emittenten. Unterschreitet er einen bestimmten Betrag, so kann an diese Unterschreitung die Auslösung des *Triggers* gebunden werden. Denkbar ist auch, den sogenannten *Credit Default Swap Spread* als Referenzgröße zu bestimmen. *Credit Default Swaps* (CDS) sind wirtschaftlich betrachtet Kreditausfallversicherungen. Dabei erwirbt eine Partei – in der Regel eine Bank (*Partei A*) – bei einem Vertragspartner (*Partei B*) eine Absicherung gegen den Ausfall eines Schuldners der Bank (*Partei C*). Für diese Absicherung muss die Bank dem Vertragspartner eine Prämie (*Spread*) zahlen. Fällt der Schuldner der Bank aus, so steht der sichernde Vertragspartner für die ausstehenden Beträge ein.[806] Je höher das Ausfallrisiko des Schuldners ist, desto höher ist die Prämie, die *Partei B* verlangen wird. Der Preis für einen CDS reflektiert demnach das Ausfallrisiko des Schuldners. Ist der Schuldner selbst eine Bank, so spiegelt der CDS *Spread*, den der risikoübernehmende Vertragspartner von der Gläubigerbank für die Übernahme des Ausfallrisikos der Schuldnerbank verlangt, die wirtschaftliche Leistungsfähigkeit der Schuldnerbank wider. Dieser CDS *Spread* ist demnach als *Trigger Event* geeignet. Steigt der Preis, dann aus dem Grund, dass sich die wirtschaftliche Lage des Bezugsschuldners verschlechtert hat. An das Übersteigen eines bestimmten Betrags kann die Auslösung des *Triggers* geknüpft werden.

Vorteil solcher Marktwerte ist, dass sie in kurzen Abständen – bei Aktienwerten häufig mindestens tagesaktuell – festgestellt werden und nicht langwierigen und manipulierbaren Bewertungsprozessen unterliegen.[807] Stattdessen liegen ihnen Markterwartungen zugrunde, die in der Bewertung des Emittenten umfassend sind.[808] Das kann dazu beitragen, dass Risiken rechtzeitig zu einer Umwandlung führen.[809] Allerdings wird die Bewertung eines Emittenten selten isoliert vorgenommen. In der Regel wird die Lage der gesamten Branche oder sogar des gesamten Finanzsektors bei der Bewertung berücksichtigt. Das kann

806 *Benjamin,* Financial Law, S. 77.

807 *Bou Sleiman,* CoCo-Bonds, S. 44.

808 *Bou Sleiman,* CoCo-Bonds, S. 44.

809 *Flannery/Perotti,* CoCo design as a risk preventive tool, http://www.voxeu.org/article/coco-bonds-way-preventing-risk (Stand: 20.10.2018).

dazu führen, dass es zu kurzfristigen Kursverlusten kommt, die gar nicht mit der wirtschaftlichen Lage des Emittenten selbst in Verbindung stehen.[810] Zu denken ist beispielsweise an eine Branche, in der ein bedeutender Wettbewerber in negative Schlagzeilen gerät und die Kurse von Emittenten desselben Sektors dabei ebenfalls leiden. Wird bei *Volkswagen* bekannt, dass Millionen von Dieselfahrzeugen mit unzulässigen Motorsoftwares ausgestattet wurden, so geraten auch schnell die Aktien von *Daimler* unter Druck, obwohl der Emittent eventuell gar nicht selbst vom Skandal betroffen ist. Im Ergebnis kann das zu einer Umwandlung führen, obwohl der Emittent nicht in einer Krise ist.[811] Umgekehrt ist es ebenso denkbar, dass das *Trigger Event* nicht erreicht wird, obwohl sich der Emittent in der Krise befindet. Dazu kann es insbesondere kommen, wenn sich die Aktionäre aufgrund bisheriger faktischer Staatsgarantien in Sicherheit wähnen und Anteilsverkäufe trotz einer Krise nicht erwägen.[812]

Hinzu kommt, dass marktwertorientierte *Trigger* bewusst und unabhängig von wirtschaftlichen Schwierigkeiten des Emittenten von Marktteilnehmern beeinflusst werden können.[813] Je nach konkreter Ausgestaltung der Rechtsfolge des *Trigger Events* können verschiedene Marktteilnehmer ein Interesse an der Auslösung des *Triggers* haben. Durch gezielte Anteilsverkäufe oder auch Leerverkäufe lässt sich der Aktienkurs drücken und die Umwandlung herbeiführen. Unter Umständen lässt sich aus dieser erzwungenen Umwandlung ein Gewinn erzielen.[814] Noch leichter lässt sich der CDS *Spread* beeinflussen.

Denkbar ist auch, dass Altaktionäre ihre Anteile verkaufen, wenn sich der Kurs dem *Trigger Event* nähert, um der Verwässerung ihrer Anteile zu entgehen. Damit setzen sie den Kurs zusätzlich unter Druck (sog. *Death Spirals*).[815]

In der Literatur werden verschiedene Vorschläge diskutiert, wie sich kurzfristige irrationale Marktbewegungen oder Marktmanipulationen beherrschen lassen, wie also eine Auslösung des *Triggers* vermieden werden kann. Dazu gehört

810 *Zähres* (o. Fn. 57), S. 9.

811 *Bou Sleiman,* CoCo-Bonds, S. 45; *Pazarbasioglu/Zhou/Le Leslé* u.a. (o. Fn. 773), S. 24; *Zähres* (o. Fn. 57), S. 9.

812 *Flannery/Perotti* (o. Fn. 809).

813 *Bou Sleiman,* CoCo-Bonds, S. 45 f; *Frank* (o. Fn. 329), S. 4; *French/Baily/Campbell* u.a. (o. Fn. 263), S. 56; *Zähres* (o. Fn. 57), S. 8.

814 Vgl. dazu *Bou Sleiman,* CoCo-Bonds, S. 45 f; *Frank* (o. Fn. 329), S. 4; *Zähres* (o. Fn. 57), S. 8.

815 *Avdjiev/Bolton/Jiang* u.a. (o. Fn. 369), S. 45; *De Spiegeleer/Schoutens/Van Hulle,* The Handbook of Hybrid Securities, S. 109; *Mackinger,* Contingent Convertible Bonds, S. 86 f.

insbesondere der Ansatz, dass die entscheidenden Marktwerte nicht schon dann zur Umwandlung führen sollen, wenn sie kurzfristig den Schwellenwert erreichen, sondern erst, wenn ein Durchschnittswert über eine gewisse Dauer, zum Beispiel für 30, für 60 oder sogar für 90 Tage unterschritten (bei CDS *Spreads* überschritten) wird.[816] Ob den Problemen irrationaler Märkte oder Marktmanipulationen damit begegnet werden kann, ist umstritten und muss von weiteren insbesondere ökonomischen Studien beantwortet werden.[817]

Wesentliche Eigenschaft aller Korrekturen bleibt dabei jedoch, dass sie die Vorzüge marktbasierter *Trigger* jedenfalls teilweise wieder aufheben, denn eine kurzfristige Reaktion auf Krisen ist mit Manipulationsresistenz nicht zu vereinbaren. Wählt man einen langen Zeitraum für den Durchschnittswert, so nähert man sich damit dem vierteljährlich festzustellenden bilanzwertorientierten *Trigger*, was die Vorteile von marktwertorientierten *Triggern* gegenüber ihren bilanzwertorientierten Pendants zunichtemacht. Wählt man hingegen einen kurzen Zeitraum, so erhöht sich damit die Gefahr von verfrühten oder bewusst herbeigeführten Umwandlungen. Aufgrund dieses Dilemmas ist die Wahl marktwertbasierter *Trigger* nicht empfehlenswert.[818]

### *iv. Rating*-Trigger

Vereinzelt werden noch weitere Ausgestaltungen des *Trigger Events* vorgeschlagen. So wird in der Literatur unter anderem befürwortet, die Bewertung des Emittenten durch eine Ratingagentur in Bezug zu nehmen. Wird der Emittent auf eine bestimmte Stufe herabgesetzt und seine Bonität damit schlechter eingestuft, so findet die Umwandlung statt. Jedoch ist bei einem solchen *Trigger* in keiner Weise gewährleistet, dass er in einer Krisensituation rechtzeitig ausgelöst wird, da Ratingagenturen die Emittenten nicht ständig und fortwährend überwachen und Manipulationen bei der Einstufung nicht ausgeschlossen werden können. Hinzu kommt, dass sich Ratingagenturen weigern, CoCos zu raten, die umgewandelt werden, wenn der Emittent herabgestuft wird.[819] Den Ratingagenturen käme ansonsten ein Auslöseermessen zu, da die Umwandlung ausschließlich in die Hände der Agentur gegeben werden würde.[820] Die Agenturen fürchten

---

816 *Bou Sleiman,* CoCo-Bonds, S. 48; grundsätzlich zur Idee von Durchschnittswerten *Flannery* (o. Fn. 234), S. 20; *Rudolph,* in: *Groß/Pfingsten* (o. Fn. 50), S. 97 (113 f.).

817 So auch *Bou Sleiman,* CoCo-Bonds, S. 48.

818 So auch *Frank* (o. Fn. 329), S. 4.

819 *Fernández* (o. Fn. 470); *Frank* (o. Fn. 329), S. 4.

820 *v. Furstenberg,* Journal of Financial Transformation 2013, 95 (100).

vermutlich die prozyklische Verstärkerwirkung, die sich aus der Entscheidung ergeben kann[821] und damit eine objektive Einstufung erschwert.

Auch die Objektivität der Agenturen und die Konsistenz ihrer Bewertungsmethoden insbesondere im Hinblick auf CoCo-Bonds sind nicht ausreichend gewährleistet.[822] Damit kommen Rating-*Trigger* bei einem solch empfindlichen Instrument nicht in Betracht.

### v. *Dual Price* Trigger

Weit verbreitet ist auch der Vorschlag von *Dual Price Triggern*, bei denen verschiedene *Trigger*-Arten kombiniert werden. Dabei müssen mehrere Ereignisse simultan eintreten, um die Umwandlung auszulösen. Bevorzugt wird vorwiegend eine Kombination aus bankspezifischen und systemischen *Triggern.*[823] Zum Beispiel kann der Bedingungseintritt an einen Kursverlust[824] oder das Unterschreiten einer bestimmten Eigenkapitalquote und ein gleichzeitiges Ausrufen einer Krisensituation durch die Aufsichtsbehörde geknüpft sein.[825] Alternativ kann die Handlung der Aufsicht auch ersetzt werden durch das Unterschreiten eines systemweiten, bankorientierten Indexwerts.[826] Mithilfe einer solchen Konstruktion soll ein frühzeitiges Umwandeln verhindert werden, da ein hoher Fremdkapitalanteil disziplinierende Wirkung entfaltet[827] und diese Wirkung mit der Umwandlung entfällt.[828] Des Weiteren können CoCos nach der Umwandlung nicht mehr als Krisenbewältigungsinstrument zur Verfügung stehen, da sie sich nur einmalig wandeln ließen[829], wenn nicht mehrere Tranchen emittiert werden.[830] Ins Feld geführt wird zusätzlich, dass

---

821 Vgl. *Rudolph*, in: *Groß/Pfingsten* (o. Fn. 50), S. 97 (115).

822 *Nodoushani*, WM 2016, 589 (594 f.).

823 So z.B. *Bou Sleiman*, CoCo-Bonds, S. 49 f.; *Mackinger*, Contingent Convertible Bonds, S. 25; *McDonald*, Contingent Capital with a Dual Price Trigger, S. 4, https://papers.ssrn.com/sol3/papers.cfm?abstract_id=1553430 (Stand: 21.10.2018).

824 *Mackinger*, Contingent Convertible Bonds, S. 25.

825 *French/Baily/Campbell* u.a. (o. Fn. 263), S. 56.

826 So jedenfalls *Mackinger*, Contingent Convertible Bonds, S. 25; ebenfalls *McDonald* (o. Fn. 823), S. 4.

827 Siehe dazu bereits o. Kap. 1.VIII., S. 71.

828 *French/Baily/Campbell* u.a. (o. Fn. 263), S. 55.

829 *French/Baily/Campbell* u.a. (o. Fn. 263), S. 55.

830 Siehe dazu u. S. 199 und S. 203 und zur Idee eines Contingent Hybrid Bonds u. Kap. 6.I., S. 242.

ein *Dual Price Trigger* die rechtzeitige Rekapitalisierung in Krisenzeiten absichert.[831]

Bei der direkten Gegenüberstellung der Begründungen fallen Widersprüche in der Argumentation auf. Einerseits soll ein *Dual Price Trigger* vor einer verfrühten Umwandlung bewahren, andererseits soll er die rechtzeitige Rekapitalisierung gewährleisten. Die Befürworter scheinen zu übersehen, dass ein kumulativer *Dual Price Trigger* eine Verzögerung der Wandlung nach sich zieht oder die Wandlung sogar gänzlich verhindert, wenn nur ein Ereignis eintritt. Vereinzelt wird angeführt, dass ein solcher *Trigger* die Umwandlung so lange verhindert, bis sich die Krise auf den gesamten Markt auswirkt und demzufolge das betreffende Institut, sofern dessen Krise nicht auf den Markt durchschlägt, in die Insolvenz entlassen werden kann, was für kleinere Institute ohne faktische Staatsgarantie wünschenswert wäre.[832] Damit sollen CoCo-Bonds ausschließlich SIFIs zugutekommen und nur dann gewandelt werden, wenn eine Systemkrise droht, nicht jedoch bei der Krise eines einzelnen Instituts.[833] Dieser Ansatz birgt jedoch Gefahren für die Finanzmarktstabilität. Die Befürworter argumentieren, dass die Bonds so lange nicht umgewandelt werden, wie keine Systemkrise besteht und ein schwächelndes Institut nicht auf die Sanierung durch CoCos hoffen dürfe, so lange es dem Rest des Finanzmarkts gut gehe. Stattdessen solle dieses eine Institut in die Insolvenz entlassen werden.[834] Tatsächlich kann aber diese Insolvenz, die mangels Umwandlung der CoCos nicht verhindert wurde, erst zu einer Systemkrise führen, indem andere Institute angesteckt werden. Im Fall der Krise eines systemrelevanten Instituts sollte daher unter keinen Umständen abgewartet werden, bis die Krise auf den Markt durchschlägt. Die Bewältigung der Probleme wird dann schwerer fallen, je mehr Institute in eine Krise geraten. Die Befürworter erklären auch nicht, warum ein nicht systemrelevantes Institut in die Insolvenz entlassen werden soll, ohne vorher die Sanierung durch Rekapitalisierung wenigstens zu versuchen. Besser wäre es, auch kleineren Instituten die Rekapitalisierung zu ermöglichen, zumal die Notwendigkeit eines staatlichen *Bail-outs* bereits aus politischen Gründen auch bei ihnen nicht

---

831 *French/Baily/Campbell* u.a. (o. Fn. 261), S. 55; *Mackinger*, Contingent Convertible Bonds, S. 25.

832 *McDonald* (o. Fn. 823), S. 6.

833 *McDonald* (o. Fn. 823), S. 6.

834 *McDonald* (o. Fn. 823), S. 6.

ausgeschlossen ist. Demzufolge sind kumulative *Dual Price Trigger* nicht empfehlenswert.[835]

Denkbar ist stattdessen ein *Dual Price Trigger*, dessen Auslöseereignisse lediglich alternativ vorliegen müssen.[836] Dann findet eine Umwandlung bereits in dem Zeitpunkt statt, wenn eines der Ereignisse eintritt. Dem Problem des Verbrauchens der CoCos kann mit mehreren verschieden hohen *Triggern* oder mit einer variablen Umwandlung begegnet werden.[837]

In der Literatur wird für *Dual Price Trigger* eine weitere interessante Idee vorgebracht: Die Aufsichtsbehörden sollten zunächst Marktwerte überwachen, da diese ständig zur Verfügung stehen. Signalisiert die Veränderung von Marktwerten eine Krise, sollen durch die Aufsicht kurzfristig bankspezifische Kennzahlen des Emittenten angefordert werden (in Form einer außerplanmäßigen Sonderbilanz),[838] die dann zu einer Auslösung des *Triggers* führen können. Damit sollen die Vorteile von marktspezifischen *Triggern* (ständige Verfügbarkeit) mit den Vorteilen bankspezifischer *Trigger* (geringere Manipulationsgefahr) kombiniert werden.[839] Dieser Ansatz ist grundsätzlich zu begrüßen. Der Mechanismus ist jedoch kein *Dual Price Trigger*, da die Feststellung verschlechterter Marktwerte durch die Aufsichtsbehörde keine rechtliche Bedingung für die Auslösung der Umwandlung ist. Vielmehr handelt es sich um eine empfohlene Vorgehensweise der Aufsicht, die die Nachteile bankspezifischer *Trigger* kompensieren soll. Der Emittent kann eine ständige Überwachung durch den Staat nicht in die Anleihebedingungen aufnehmen. Vielmehr muss es im Interesse der Aufsichtsbehörden sein, von dieser Idee Gebrauch zu machen, wenn ein CoCo-Bond mit einem bankspezifischen *Trigger* ausgestattet ist.

### *vi. Eintritt einer Katastrophe (Versicherungen)*

Betrachtet man CoCo-Bonds nicht nur als Instrument für Banken, sondern auch für Versicherungen, so kommt in Anlehnung an klassische Cat-Bonds noch ein

835 So auch *Bou Sleiman*, CoCo-Bonds, S. 50; *Flannery* (o. Fn. 253), S. 12; *French/Baily/Campbell* u.a., Aligning Incentives at Systemically Important Financial Institutions, S. 4, http://papers.ssrn.com/sol3/papers.cfm?abstract_id=2239895 (Stand: 20.10.2015); *Rudolph*, in: *Groß/Pfingsten* (o. Fn. 50), S. 97 (115).

836 Vgl. *Bou Sleiman*, CoCo-Bonds, S. 50.

837 Siehe dazu u. Kap. 4.II.C.a., S. 203. Vgl. zur variablen Umwandlung u. Kap. 4.III.C.b.

838 *De Martino/Libertucci/Marangoni* u.a., Countercyclical contingent capital (CCC): possible use and ideal design, S. 25, http://www.bancaditalia.it/pubblicazioni/qef/2010-0071/QEF_71.pdf (Stand: 20.10.2018).

839 *De Martino/Libertucci/Marangoni* u.a. (o. Fn. 838), S. 24.

weiterer *Trigger* in Betracht. Dann kann die Umwandlung nämlich an den Eintritt einer spezifizierten Katastrophe geknüpft werden. Im Angesicht der Rechtsnatur des *Trigger Events* als Bedingung i.S.d. § 158 I BGB und der Verbindung mit einer Gestaltungserklärung wird es aber große Schwierigkeiten bereiten, einen solchen *Trigger* rechtssicher zu formulieren. Zweifel, ob die Umwandlung stattgefunden hat oder nicht, dürfen nicht verbleiben. Insofern ist von einem Katastrophenereignis als *Trigger Event* bei Versicherungs-CoCos abzuraten.

#### *vii. Schlussfolgerungen*

Schlussendlich bleiben die verschiedenen Modelle eine allen Ansprüchen genügende Lösung schuldig. Das *Trigger Event* eines CoCo-Bonds muss individuell auf die Bedürfnisse des Emittenten, der Aktionäre und der Investoren zugeschnitten sein. Eine Orientierung an der Eigenkapitalquote wird wegen Basel III für die meisten Emittenten sinnvoll sein, sodass von einer Abkehr von bilanzwertorientierten *Triggern* nicht auszugehen ist.

## C. *Threshold* des *Triggers*

Neben der Art des auslösenden Ereignisses wird der Charakter des *Trigger Events* auch von der Höhe des *Triggers* zentral bestimmt. Die Höhe spielt insbesondere bei kennzifferbezogenen *Trigger Events* (bilanzwert- oder marktwertorientierte *Trigger* oder auch Bezug zum Emittentenrating durch eine Ratingagentur) eine Rolle und bestimmt, welche Schwellen (*Threshold,* engl. für ‚Schwelle' oder ‚Grenzwert') die Bezugsgröße über- oder unterschreiten muss, damit die Bedingung eintritt.

### *a. Hohe und niedrige* Trigger

Der *Threshold* lässt sich nach Auslöseschwelle in hohe *Trigger* und niedrige *Trigger* einordnen. Von einem hohen *Trigger* wird in der Literatur gesprochen, wenn der CoCo zu einem möglichst frühen Zeitpunkt gewandelt wird, also bereits eine geringe Abweichung von den gewöhnlichen Kennziffern ausreicht, um die Bedingung eintreten zu lassen.[840] Diese *Trigger*-Art wird – in Anlehnung an die in der Praxis am häufigsten vorkommenden bilanzwertorientierten *Trigger* – als hoch bezeichnet, weil eine noch hohe Eigenkapitalquote ausreicht, um die Wandlung auszulösen.[841] Von einem hohen *Trigger* wird üblicherweise

840 *Frank* (o. Fn. 329), S. 4.
841 Vgl. *Frank* (o. Fn. 329), S. 4.

gesprochen, wenn die Wandlung durch das Unterschreiten einer Eigenkapitalquote von 7% oder mehr ausgelöst wird.[842] Marktwertorientierte *Trigger* sind hohe *Trigger*, wenn die Wandlung bei einem (noch) verhältnismäßig hohen Aktienwert oder einem (noch) geringen CDS *Spread* ausgelöst wird. Für Einstufungen durch Ratingagenturen bedeutet ein hoher *Trigger* eine gute bis mittlere Einschätzung der Kreditwürdigkeit des Emittenten. Umgekehrt ist ein niedriger *Trigger* an eine geringe Eigenkapitalquote, einen hohen Aktienkursverlust oder einen hohen CDS *Spread* gebunden.

Neben dem auslösenden Ereignis selbst kommt dem *Threshold* eine zentrale charakterprägende Bedeutung zu, mit der der Zweck des jeweiligen CoCo-Bonds beeinflusst werden kann.[843] Wählt der Emittent einen hohen Auslöser, so dient der CoCo als „‚laufender' Puffer in schlechten Zeiten"[844], der auch dann gewandelt werden kann, wenn die emittierende Gesellschaft nicht von einer existenziellen Krise bedroht ist. Ein hoher *Trigger* führt zu einer frühen Rekapitalisierung und einer zeitigen Verbreiterung der Aktionärsbasis. Das bedeutet auf der anderen Seite, dass Investoren beizeiten in die Aktionärsstellung eintreten, die sie nach dem ursprünglichen Gedanken von CoCo-Bonds nur in einer Krise einnehmen wollen. Ein hoher *Threshold* geht also für Investoren mit einem hohen Wandlungsrisiko einher, was in der Regel zu einem höheren Zinsverlangen führen wird.[845] Resultat dessen ist, dass der CoCo-Bond für den Emittenten verhältnismäßig teuer wird.[846]

Wählt das begebende Institut hingegen einen niedrigen *Trigger*, dann dient der CoCo-Bond eher als „Katastrophenversicherung".[847] Das Wandlungsrisiko ist aus Investorensicht deutlich geringer als bei einem hohen *Threshold*, was sich in der Regel in einem niedrigeren Zins widerspiegelt. Damit ist der CoCo für den Emittenten deutlich günstiger als ein CoCo mit hohem *Trigger*

Beide Arten können auf ihre eigene Weise dazu beitragen, das ordnungspolitische Ziel der Beteiligung von Investoren am Unternehmensrisiko zu erreichen. Während hohe *Trigger* unter Umständen bereits im Vorfeld eine gefährliche Krise vermeiden können, helfen niedrige *Trigger* bei der Bekämpfung der eingetretenen Krise und nehmen die Investoren in die Pflicht, um einen staatlichen *Bail-out* zu vermeiden. Hohe *Thresholds* entfalten zudem besondere

842 *v. Furstenberg*, Journal of Financial Transformation 2013, 95; *Zähres* (o. Fn. 57), S. 6.
843 *Zähres* (o. Fn. 57), S. 7.
844 *Zähres* (o. Fn. 57), S. 7.
845 Vgl. *Zähres* (o. Fn. 57), S. 7.
846 Ebda.
847 Ebda.

Anreizwirkungen für das Management des Emittenten und stärken damit die Marktdisziplin.[848] Die Auslösung eines *Triggers* sendet an den Markt das Signal aus, dass der Emittent in einer Krise ist, da CoCo-Bonds als Kriseninstrument entwickelt wurden und sich das in ihnen verkörperte Risiko mit der Umwandlung realisiert. Es handelt sich damit um eine Art Alarmsignal. Für Krisen wird in der Regel das Management des Emittenten verantwortlich gemacht, sodass dem Vorstand daran gelegen sein wird, den *Threshold* nicht zu erreichen. Ist dieser hoch angesetzt, dann ist die Unternehmensleitung bereits im alltäglichen Geschäftsverkehr daran gehalten, „nachhaltige Ziele unter Berücksichtigung eines adäquaten Risikomanagements zu verfolgen".[849]

Auf der anderen Seite lässt sich nicht ausschließen, dass sich daraus die Gefahr einer *self-fulfilling prophecy* ergibt: Wird ein CoCo wegen Erreichens des hohen *Thresholds* gewandelt, könnten Investoren daraus auf eine Krise des Emittenten schließen, obwohl diese Art von CoCos Krisen gerade vermeiden soll. Damit steigen unter Umständen die Finanzierungskosten des Emittenten, sodass sich tatsächlich Finanzierungsprobleme ergeben.[850] Dieses zusätzliche Risiko wird vom Basler Ausschuss als *Event Risk* bezeichnet.[851] Die Gefahr eines solchen Signals sollte bei der Ausgestaltung berücksichtigt werden. Der *Trigger* darf nicht übermäßig hoch angesetzt werden – CoCos sollten nicht als laufender Verlustpuffer dienen. Ausreichende Eigenkapitalpuffer, die abgeschmolzen sein müssen, bevor die ersten CoCos gewandelt werden, senken das Risiko. Werden beim Abschmelzen solcher Puffer bereits Sanierungsmaßnahmen ergriffen, bedarf es der Umwandlung der hohen CoCo-Bonds nicht. Dazu kann auch das Aussetzen von Coupons auf CoCos gehören (vgl. Art. 52 Abs. 1 lit. l CRR[852]). Derartige Maßnahmen können ihrerseits auch Signalwirkungen entfalten, werden in ihrer Brisanz jedoch in der Regel hinter dem Signal der Umwandlung zurückbleiben. Nichtsdestotrotz haben Befürchtungen, die *Deutsche Bank* könne Coupons auf CoCos nicht zahlen, im Frühjahr 2016 für Unruhen an den Märkten geführt.[853] Je höher die angefallenen Verluste sind, umso stärker werden also die folgenden Maßnahmen sein und mit ihnen die Signale an die Märkte. Kommt es zur

---

848 Vgl. dazu *Bou Sleiman,* CoCo-Bonds, S. 52.

849 *Bou Sleiman,* CoCo-Bonds, S. 52.

850 Ähnlich auch *Flannery/Perotti* (o. Fn. 809); so auch *Mackinger*, Contingent Convertible Bonds, S. 87.

851 *Basel Committee on Banking Supervision* (o. Fn. 283), S. 19 f. (Ziff. 86 lit. e); vgl. dazu bereits o. Kap. 3.III.A.b.ii., S. 126.

852 Vgl. dazu auch o. Kap. 1.VII.B.

853 Siehe bereits o. Kap. 1.VII.B.

Umwandlung von CoCos, so sind entweder vorausgehende Maßnahmen erfolglos geblieben oder die Krise hat sich kurzfristig ergeben, sodass andere Sanierungsmaßnahmen nicht mehr rechtzeitig ergriffen werden konnten. Spitzt sich die wirtschaftliche Lage des Emittenten derart zu, dann müssen CoCos kurzfristig zu einer Sanierung beitragen können. Auf mögliche negative Signalwirkungen darf dann nicht mehr geachtet werden, da sich die Umwandlung unter Umständen als *ultima ratio* darstellt. Das *Event Risk* ist im Ergebnis der Grund, warum der Großteil der Puffer nach Basel III nicht in Form von CoCos vorgehalten werden können soll.[854] Andernfalls könnte sich dieses Risiko bereits in einem frühen Stadium einer leichten Krise realisieren und erst zu einer schweren Krise beitragen.

Vereinzelte Stimmen in der Literatur sprechen sich dennoch explizit ausschließlich für hohe und gegen niedrige *Trigger* aus, sodass eine möglichst frühe Rekapitalisierung erfolgen kann.[855] Besonders sinnvoll wäre es jedoch, sowohl CoCos mit höherem als auch CoCos mit niedrigem *Threshold* zu emittieren. Es würden gewissermaßen CoCos verschiedener Tranchen emittiert werden.[856] Greift man als Emittent ausschließlich auf CoCos mit hoher Auslöseschwelle zurück, so ist denkbar, dass die Bonds in schlechten, aber überstehbaren Zeiten gewandelt werden und dann nicht mehr zur Verfügung stehen, wenn sich später eine existenzielle Krise ergibt. Zwar wird teilweise befürwortet, dass die verbrauchten Instrumente durch neue CoCos aufgefüllt werden müssen.[857] Eine bloße Verpflichtung führt aber nicht zur Erfüllung der Pflicht und die Emission neuer CoCos kann in einer Krise unerschwinglich[858] oder zumindest so langwierig sein, dass die neuen Instrumente zu spät kommen. Werden hingegen CoCos mit verschiedenen *Triggern* emittiert, kommt es nicht sofort zum Verbrauchen aller CoCos.[859]

Des Weiteren kann diese Konstellation die Kosten für CoCos mit niedrigem *Trigger* signifikant senken, da die CoCos mit hohem *Trigger* die Wahrscheinlichkeit einer existenziellen Krise verringern. Die CoCos mit niedrigem *Threshold* würden als zweites Auffangnetz dienen, dessen Wandlungswahrscheinlichkeit

---

854 Vgl. o. Kap. 3.III.A.b.ii.

855 So insbesondere *Frank* (o. Fn. 329), S. 4.

856 Vgl. zu den unterschiedlichen Möglichkeiten, die Reihenfolge und den Umfang der Umwandlung zu bestimmen, wenn beide Schwellen zeitnah erreicht werden *Konesny/Glaser*, in: *Boos/Fischer/Schulte-Mattler*, CRR Art. 52 Rn. 47.

857 *Flannery* (o. Fn. 253), S. 10.

858 *Heldt*, Bedingtes Kapital und Anreizwirkungen bei Banken, S. 23.

859 So auch *Günther*, in: *Vollmar/Becker/Hoffend* (Hrsg.), Macht des Vertrauens, S. 114.

aber geringer ist, als würde man auf zusätzliche CoCos mit hohem *Trigger* verzichten. Diese Konstellation kann sich freilich nur dann auf den Preis der CoCos mit niedrigem *Threshold* auswirken, wenn zuerst die *High-Trigger* CoCos emittiert werden.[860] Emittenten können dadurch eine außergewöhnliche Krisenresistenz demonstrieren. So schwer die Vorteile hoher *Thresholds* auch wiegen mögen, so wichtig sind zusätzliche niedrige *Thresholds* für die Marktakzeptanz von CoCos. CoCo-Bonds können nur dann wirksame Sanierungsmittel sein, wenn sie vom Markt angenommen werden. Ein hoher *Trigger* mit einem hohen Risiko lockt zwar renditesuchende Anleger an, birgt aber im Gegenzug auch hohe Risiken. Im Gegensatz dazu sind CoCos mit niedrigen *Triggern* wirtschaftlich gesehen Versicherungen für existenzielle Krisen und damit für Investoren leichter einschätzbar.[861] Sie sind damit insbesondere für die kapitalstarken institutionellen Anleger bedeutsam[862] und dementsprechend für den Erfolg von CoCos unverzichtbar.

### *b.* Going-concern *und* gone-concern

Verschiedene CoCos sowohl mit hohen als auch mit niedrigen *Triggern* in der Kapitalstruktur eines Emittenten dienen auch der Verwirklichung des *going-concern*-Ansatzes. Einerseits können die hohen *Trigger* während einer Krise im noch laufenden Geschäftsbetrieb als frühe Korrekturmaßnahmen ausgelöst werden. Die niedrigen *Trigger* können so angesetzt sein, dass sie im Idealfalle erst vor dem drohenden Insolvenzeintritt ausgelöst werden. Sind sie an eine bestimmte Eigenkapitalquote gebunden, so gibt es zwar keinen Wert, ab dem das Institut insolvenzgefährdet ist, da die Insolvenz nicht beim Unterschreiten eines bestimmten Werts zwingend eintritt. Dennoch ist eine Orientierung an den aufsichtsrechtlich geforderten Eigenkapitalquoten sinnvoll. Dann können sowohl die CoCos mit hohem *Trigger* als auch die CoCos mit niedrigem *Trigger* durch Umwandlung zur Fortführung des Unternehmens beitragen. Tritt die Insolvenz des Emittenten unerwartet und vor der Umwandlung der Bonds ein, so kann ihre unbedingte Haftungsansage dazu beitragen, einen staatlichen *Bail-out* dennoch zu vermeiden, da der Rangrücktritt der Bonds den übrigen Gläubigern zugutekommt und staatliches Einschreiten entbehrlich oder zumindest in geringerem Ausmaß erforderlich macht. Während in der letzten Krise selbst

860 *v. Furstenberg* (o. Fn. 274), S. 75.
861 So auch *Zähres* (o. Fn. 57), S. 7.
862 Ebda.

nachrangige von SIFIs begebene Anleihen vom Staat gerettet wurden,[863] ist eine solche Rettung bei der unbedingten Haftungsansage von CoCos nicht mehr gerechtfertigt. Insofern dienen CoCos also – selbst wenn die *Trigger* als *going-concern-Trigger* und nicht als *gone-concern-Trigger* ausgestaltet sind – auch im Abwicklungsfall dem zentralen ordnungspolitischen Ziel, den Steuerzahler nicht in die Pflicht zu nehmen. Demnach wird den CoCo-Inhabern auch daran gelegen sein, vor der Insolvenz in die Aktionärsstellung einzutreten. Als Gesellschafter erhalten sie in Form der Aktien besser handelbare Instrumente, als sie sonst mit nachrangigen Schuldverschreibungen hätten,[864] deren Ausfall aufgrund des Rangrücktritts wahrscheinlich ist.

## D. Ergebnis

Schlussendlich muss sowohl die Art als auch die Höhe des *Triggers* an den individuellen Bedürfnissen des Emittenten und der Marktteilnehmer ausgerichtet sein. Von besonderer Bedeutung ist dabei die Beurteilung von CoCos durch Aufsichts- und Steuerbehörden.[865] Emittenten wird kaum geholfen sein, wenn sie CoCos emittieren, die weder als Eigenkapitalbestandteil angerechnet noch in irgendeiner Weise steuerlich vorteilhaft angesetzt werden können. Unter welchen Voraussetzungen und inwiefern eine aufsichtsrechtliche oder steuerrechtliche Berücksichtigung möglich ist, entscheiden in erster Linie die Gesetzgeber und die zuständigen Behörden. Insofern ist der Gestaltungsspielraum in der Rechtspraxis durch die Vorgaben der Gesetzgeber und der Behörden eingeschränkt. Das führt dazu, dass die ordnungspolitischen Ziele von CoCos durch staatliche Institutionen forciert werden und somit Eingang in die Gestaltungspraxis finden. Wann der richtige Zeitpunkt für die Wandlung ist, entscheidet damit der Staat.

Wie CoCos konkret ausgestaltet sein müssen, um die entsprechenden Eigenschaften aufzuweisen, wurde in Kapitel 3.III. erläutert. Alle nicht in diesen Bereich fallenden Ausgestaltungsvarianten sind zwar theoretisch möglich, jedoch für die Rechtspraxis kaum von Bedeutung. Die darüber hinausgehenden Überlegungen spielen allein für den Gesetzgeber eine Rolle. Bei möglichen zukünftigen Überarbeitungen des institutionell vorgegebenen Rahmens können die angestellten Erwägungen Berücksichtigung finden und den rechtlichen Rahmen damit modifizieren.

863 *v. Furstenberg*, Journal of Financial Transformation 2013, 95 (96).

864 *v. Furstenberg* (o. Fn. 54), S. 65.

865 Siehe zur Neuen Institutionenökonomik o. Kap. 3.I.

# 4.III. Rechtsfolgen und tatsächliche Folgen der Auslösung des *Trigger Events*

## A. Einführung

Charakterbildend für den Auslösemechanismus ist nicht allein das *Trigger Event*. Wesentliches Designelement ist auch die Rechtsfolge, die eintritt, wenn der *Trigger* ausgelöst wurde. Grundsätzlich lässt sich zwischen zwei verschiedenen CoCo-Arten unterscheiden. Auf der einen Seite stehen diejenigen CoCos, die bei Erreichen des *Triggers* in Eigenkapital umgewandelt werden und damit *Debt-Equity-Swaps* sind. Auf der anderen Seite stehen solche CoCos, die vom Inhaber bei Erreichen des *Triggers* ganz oder teilweise abgeschrieben werden müssen und damit als *Writedown*-Bonds bezeichnet werden.

Beide Grundarten werden in der Literatur diskutiert und finden sich ebenfalls in der Emissionspraxis wieder. Obwohl anfänglich nur solche Instrumente als CoCo-Bonds bezeichnet wurden, die in Eigenkapital gewandelt werden, fasst man inzwischen beide Formen unter dem Begriff CoCo-Bond zusammen. Die vermehrte Wahrnehmung von *Writedown*-Bonds in der Literatur resultiert daraus, dass diese Form von CoCos die Emissionspraxis in der jüngeren Vergangenheit erheblich veränderte. Während die ersten begebenen CoCos als *Debt-Equity-Swap* ausgestaltet waren, übersteigt der Anteil der *Writedown*-Bonds jene inzwischen.[866] Bedeutende Emittenten sind *Barclays, Rabobank* oder auch die *Zürcher Kantonalbank*.[867] Daraus sollte jedoch nicht der Schluss gezogen werden, dass die Ausgestaltung als *Writedown*-Bond ausschließlich Vorteile mit sich bringt.

## B. *Writedown*-Bonds

### a. *Einfache* Writedown-*Bonds*

*Writedown*-Bonds sind Inhaberschuldverschreibungen, auf die während der Laufzeit Zinsen gezahlt werden und deren Nominalwert nach Ende der Laufzeit vom Emittenten zurückzuzahlen ist. Tritt jedoch während der Laufzeit das *Trigger Event* ein, verfallen die Ansprüche der Inhaber sowohl auf Zinszahlung als auch auf Rückzahlung des Nominalbetrags. Andere Bezeichnungen sind *Wipeout*-Bonds, *Sudden-Death*-Bonds oder auch Bonds mit *Knockout-Konstruktion außerhalb der Insolvenz*.[868] Vor Eintritt des *Triggers* enthalten sie, wie

866 Vgl. dazu o. Kap. 2.II., S. 90.

867 *De Spiegeleer/Schoutens/Van Hulle,* The Handbook of Hybrid Securities, S. 82.

868 *Rudolph,* in: *Groß/Pfingsten* (o. Fn. 50), S. 97 (102).

in der Regel auch CoCos mit Umwandlungsmechanismus, keine Wandlungsoption auf Aktien. Während für einen durch Eintritt des *Triggers* ausgelösten *Debt-Equity-Swap* Aktien an die ehemaligen Anleihegläubiger ausgegeben werden müssen und auf dieser Grundlage eine Kapitalerhöhung stattfindet, erfolgt eine Erhöhung des Grundkapitals bei *Writedown*-Bonds nicht.[869] Die Sanierung soll allein dadurch gelingen, dass die Verbindlichkeiten aus der Anleihe (Nominalbetrag und Zinsen) entfallen. Aktien werden nicht ausgegeben. Stattdessen wird die ehemalige Verbindlichkeit auf der Passivseite nunmehr der Gewinnrücklage zugeordnet, sodass sich das Eigenkapital dadurch erhöht (vgl. § 265 Abs. 3 HGB).[870]

Zwar sind *Writedown*-Bonds einem größeren Investorenpublikum zugänglich, da insbesondere die für die Marktfähigkeit wichtigen institutionellen Investoren aufgrund vertraglicher Restriktionen häufig nicht in Instrumente investieren dürfen, die im Fall einer Krise in Grundkapital gewandelt werden.[871] Allerdings tragen sie für die Investoren ein noch höheres Risiko in sich als solche CoCos, die in Grundkapital umgewandelt werden. Während beim Eintritt des *Triggers* die Inhaber klassischer CoCos immerhin in die Aktionärsstellung eintreten und mit den Aktien ein handelbares Wertpapier erhalten[872], verlieren die Inhaber von *Writedown*-Bonds ihre Anleihe und erhalten im Gegenzug nichts. Sie tragen damit die angefallenen Verluste vollständig und werden nicht an eventuellen zukünftigen Gewinnen beteiligt. In der Literatur werden *Writedown*-Bonds vereinzelt als Instrumente bezeichnet, die „perverse Anreizwirkungen" setzen.[873] Sie hinterließen mit den möglichen Verlusten ohne Gewinnmöglichkeit eine so breite Kluft zwischen den Vertragsparteien, dass das gesamte Finanzsystem weiter destabilisiert wird, sofern eine Krise erst einmal eingetreten ist.[874] In der Praxis zeigt sich, dass das erhöhte Risiko nicht zu höheren Couponzahlungen im Vergleich zu Inhabern klassischer CoCos führt.[875]

Die schlechtere Stellung gegenüber den Aktionären, die aufgrund ihrer mitgliedschaftlichen Position Einfluss auf das Unternehmen ausüben können, birgt

869 Vgl. *Zähres* (o. Fn. 57), S. 4.
870 *Mielk/Kalkbrenner*, in: Zukunftsperspektiven, S. 959 (966); *Zähres* (o. Fn. 57), S. 4.
871 Vgl. o. Kap. 2.IV., S. 110.
872 *v. Furstenberg* (o. Fn. 54), S. 65.
873 *v. Furstenberg*(o. Fn. 274), S. 251.
874 *v. Furstenberg* (o. Fn. 274), S. 251.
875 Vgl. dazu die Tabelle „Das CoCo-Universum in Europa" in *Institutional Money*, CoCo bello oder CoCo loco?, http://www.institutional-money.com/magazin/produkte-strategien/artikel/coco-bello-oder-coco-loco-44963/ (Stand: 20.10.2018).

die Gefahr der Manipulation. Aktionäre können unter Umständen, je nach Ausgestaltung des *Triggers*, einen *Writedown* herbeiführen und damit angefallene Verluste den CoCo-Investoren zuweisen, bevor das Grundkapital der Gesellschaft durch die Verluste angegriffen wird und damit die Aktionäre die Verluste tragen müssen. Dadurch können Aktionäre von der Auslösung des *Triggers* profitieren[876] und Risiken auf die CoCo-Gläubiger abwälzen. Die Aktionäre haben dabei keine Verwässerung ihrer Anteile zu befürchten. Eine der bedeutendsten verhaltenssteuernden Anreizwirkungen von CoCo-Bonds kann daher mit *Writedown*-Bonds nicht erzielt werden.[877] Es ergibt sich eine *moral hazard*-Gefahr, da Aktionäre hohe Risiken eingehen können, ohne als erste die Konsequenzen dafür tragen zu müssen.[878] Ein weiterer Vorteil für die Aktionäre ist, dass ihr Stimmrechtsanteil beim Eintritt des *Trigger Events* nicht verwässert wird.[879] Das *moral hazard*-Problem wird noch deutlicher, wenn man einen Emittenten in Form eines öffentlich-rechtlichen Instituts vor Augen hat. Der Träger kann die Risiken auf die Anleihegläubiger abwälzen und hat für anfallende Verluste erst einzustehen, wenn sie nicht in voller Höhe von den CoCo-Gläubigern getragen werden können.

Im Ergebnis haben *Writedown*-Bonds überwiegend eine Berechtigung für öffentlich-rechtliche Institute und Genossenschaftsbanken, die keine Aktien/Anteile ausgeben können sowie für Emittenten, die vordergründig institutionelle Anleger erreichen wollen. Allerdings sollten die institutionellen Anleger und ihre Geldgeber eine Überarbeitung der vertraglichen Restriktionen erwägen. Das sich aus *Writedown*-Bonds ergebende Risiko ist immens und vermag die Vorteile durch eine bessere Einschätzbarkeit des Schicksals der Forderung nach Eintritt des *Triggers* nicht auszugleichen.

### *b.* Temporary Writedown-*Bonds*

Um trotz der erheblichen Nachteile dennoch Investoren für den Kauf von *Writedown*-Bonds gewinnen zu können, haben einige Banken sogenannte *Temporary Writedown*-Bonds bzw. *Step-up/Step-down*-Bonds emittiert (so z.B. *Crédit Agricole, Société Générale* oder auch *Unicredit*[880]). Dabei wird der Bond mit Eintritt

876 *v. Furstenberg* (o. Fn. 54), S. 65.

877 So auch *Florstedt,* ZHR 180 (2016), 152 (163 f.); *ders.*, in: Kölner Kommentar, § 221 Rn. 409.

878 *v. Furstenberg,* Journal of Financial Transformation 2013, 95 (104).

879 *De Spiegeleer/Schoutens/Van Hulle,* The Handbook of Hybrid Securities, S. 81 f.

880 Vgl. dazu die Tabelle „Das CoCo-Universum in Europa“ in *Institutional Money* (o. Fn. 875).

des *Triggers* vollständig oder teilweise abgeschrieben, kann aber bei positiver Entwicklung (zum Beispiel angezeigt durch eine Art Aufwärts-*Trigger*) wieder zugeschrieben werden, sodass die Forderung der Gläubiger wiederauflebt und die CoCo-Inhaber dementsprechend auch am Erfolg des Unternehmens beteiligt werden.[881]

Diese Form der *Writedown*-Bonds verkörpert zumindest theoretisch die Möglichkeit, an den zukünftigen Gewinnen teilzuhaben und auf Dauer keinen Totalverlust zu erleiden. Zur Wahrscheinlichkeit einer Wiederzuschreibung liegen weder Untersuchungen vor noch besteht Praxiserfahrung. Das Problem der Schlechterstellung gegenüber den Aktionären besteht jedoch auch bei den *Temporary Writedown*-Bonds. Die angefallenen Verluste werden in jedem Falle zunächst von den Anleihegläubigern getragen, sodass diese Gruppe die Aktionäre absichert. Verschlechtert sich die Situation des Emittenten und fallen so hohe Verluste an, dass auch die Aktionäre dafür einstehen müssen, ist damit schon rein praktisch eine Verbesserung der Situation des Emittenten mit anschließender Wiederzuschreibung des Anleihebetrags ausgeschlossen. Verbessert sich die Situation hingegen, wird das Polster zugunsten der Aktionäre wieder aufgefüllt und sie werden auch in zukünftigen Krisen durch die Bondinhaber abgesichert, die weiterhin das Risiko der erneuten Herabschreibung tragen. Zudem entscheiden die Aktionäre in der Hauptversammlung (bei öffentlich-rechtlichen Instituten entscheidet der Träger) über die Verwendung der Gewinne. Sollten in der Zukunft Gewinne anfallen, die in die Gewinnrücklage eingestellt werden können und damit die Aussicht der Bondgläubiger auf eine Wiederzuschreibung verbessern, liegt es in der Hand der Hauptversammlung, die Bildung/Erhöhung einer Gewinnrücklage zu beschließen oder aber eine Ausschüttung des Gewinns in Form der Dividende zu bestimmen (§ 174 Abs. 1 S. 1 HGB i.V.m. § 174 Abs. 2 Nrn. 2 und 3 HGB) und damit die Bondgläubiger ihrer Wiederzuschreibungsaussicht zu berauben.

In der Literatur wird zudem bemängelt, dass *Temporary Writedown*-Bonds keine permanente, partielle Übernahme von Verlusten vorsehen, obwohl die Basel III-Vorgaben genau dies forderten.[882] Jene Kritik erweist sich jedoch bei genauer Betrachtung als ungerechtfertigt. *Temporary Writedown*-Bonds übernehmen so lange Verluste, wie Verluste auch bestehen. Werden die Verluste zukünftig z.B. durch Erhöhung der Gewinnrücklage durch erzielte Gewinne ausgeglichen, besteht auch kein Bedarf mehr, die Bondinhaber für die ehemals

881 *Zähres* (o. Fn. 57), S. 4.
882 *Zähres* (o. Fn. 57), S. 4.

angefallenen und inzwischen wieder ausgeglichenen Verluste voll haften zu lassen. Weder die Aktionäre noch die Inhaber klassischer CoCos, die in der Krise auch zu Aktionären werden, bleiben bei positiver Entwicklung des Unternehmens auf den angefallenen Verlusten sitzen. Insofern ist es auch ungerechtfertigt, die Inhaber von *Temporary Writedown*-Bonds dauerhaft für längst ausgeglichene Verluste einstehen zu lassen. Mit dem Charakter eines eigenkapitalähnlichen Instruments hätte das nichts zu tun, da Eigenkapital auch ein Aufwärtspotential in sich trägt. Erweisen sich die Verluste jedoch als endgültig, weil sie nicht mehr mit zukünftigen Gewinnen ausgeglichen werden können, dann kann auch keine Wiederzuschreibung erfolgen und die Inhaber von *Temporary Writedown*-Bonds stehen permanent für die angefallenen Verluste ein.

Insofern erlauben *Temporary Writedown*-Bonds tatsächlich eine Abmilderung der Nachteile klassischer *Writedown*-Bonds. Sie repräsentieren daher eine echte Alternative zu herkömmlichen *Writedown*-Bonds, die trotz ihrer erheblichen Gefahren für den Erfolg des CoCo-Markts und damit für die Stabilität des Bankensektors jedenfalls gegenwärtig unentbehrlich sind. Investoren dürfen jedoch das Risiko nicht aus den Augen verlieren. Sinnvoll erscheint daher in der Praxis, dass vorwiegend verhandlungsstarke Akteure in *Temporary Writedown*-Bonds investieren, die sich einen gewissen Einfluss auf den Emittenten sichern können und auf Entscheidungen einwirken, die Folgen auf die Wiederzuschreibung haben könnten. Die Verhandlungsstärke könnte zur Aufnahme von *Covenants*[883] in die Anleihebedingungen genutzt werden, die die Rahmenbedingungen und das Verfahren der Wiederzuschreibung oder die Verwendung eventuell erzielter Gewinne genau regeln.

Unter gewöhnlichen Umständen (d.h. wenn der Emittent aufgrund seiner Rechtsform nicht auf *Writedown*-Instrumente angewiesen ist oder Investoren nur in solche Instrumente investieren dürfen) bleiben klassische CoCo-Bonds mit Umwandlungsmechanismus vorzugswürdig.

## C. „Klassische" CoCo-Bonds (mit Umwandlungsmechanismus)

### *a. Überblick*

Klassische CoCos bieten ein breites Spektrum an möglichen Rechtsfolgen, die an die Auslösung des *Triggers* geknüpft werden können. Wird die Bedingung zur

883 *Covenants* sind „Klauseln in Kreditverträgen, die den Schuldner zur Einhaltung gewisser Verhaltensregeln […] verpflichten." *Lehmann,* in: *Langenbucher/Bliesener/Spindler* (Hrsg.), Bankrechts-Kommentar, Kap. 24, Rn. 12.

Umwandlung erfüllt, stellt sich die Frage, wie viele Aktien der neue Aktionär im Gegenzug für seine alte Anleihe bekommen soll. Diese Fragestellung wird unter dem Begriff des *Umwandlungsverhältnisses* diskutiert. Verschiedene Ausgestaltungen sind denkbar. So kann an die Auslösung des *Triggers* eine Umwandlung in einen fixen Marktwert geknüpft sein (*fixed dollar conversion*). Der ehemalige Bondinhaber und neue Aktionär erhält dann die Anzahl an Aktien, die zur Erreichung des Gesamtmarktwerts erforderlich ist. Das Produkt aus Aktienanzahl und Marktwert einer Aktie ergibt dann den wirtschaftlichen Gesamtwert, der dem Gläubiger gemäß den Anleihebedingungen zusteht.

Denkbar ist auch, nicht in einen festen Marktwert umzuwandeln, sondern in eine feststehende Anzahl von Aktien (*fixed share conversion*). Der Wert, den der CoCo-Inhaber im Zuge der Umwandlung erhält, setzt sich ebenfalls aus der Anzahl der Aktien und dem Marktwert jeder einzelnen Aktie zusammen. Während bei der Umwandlung in einen fixen Marktwert bereits bei der Emission feststeht, in welchem Verhältnis die Gegenleistung im Rahmen des *Debt-Equity-Swaps* zum Nennwert des CoCos steht und der Investor daher bereits im Voraus weiß, ob er durch die Wandlung einen wirtschaftlichen Verlust erleidet, wird bei letztgenannter Variante nur die Anzahl der auszugebenden Aktien festgelegt – der Gegenwert ist hingegen bis zur Umwandlung offen und unterliegt bis dahin Schwankungen.

Neben diesen beiden Möglichkeiten, bei denen zumindest ein Wert festgelegt ist, können die Anleihebedingungen auch eine Umwandlung in eine variable Anzahl Aktien und eine variable Menge Grundkapital vorsehen. Dabei wird im Zeitpunkt der Umwandlung festgelegt, wie hoch die Kapitalerhöhung ausfallen muss, um z.B. eine bestimmte Eigenkapitalquote zu erreichen. Es wird dann so viel vom Anleihenennbetrag umgewandelt, dass durch die Umwandlung die anvisierte Quote erreicht wird. Die Anzahl der dafür erforderlichen Aktien wird an den neuen Aktionär ausgegeben. Der Rest des CoCos bleibt als CoCo-Bond mit verringertem Gesamtnennwert bestehen (*Partial Swap*).

Jeder Grundtypus weist seine eigenen spezifischen Vor- und Nachteile auf. Deshalb kann auch hier keine Musterlösung vorgeschlagen werden, die Vorteile gegenüber den anderen Umwandlungsarten mit sich bringt und dabei nicht gleichzeitig von Nachteilen gekennzeichnet ist.

### b. *Variable Umwandlung* (Partial Swap)

Die Umwandlung in eine variable Menge Grundkapital bei einer variablen Aktienanzahl trägt dem am häufigsten genutzten Krisenindikator – der Eigenkapitalquote – Rechnung. Wird eine bestimmte Quote unterschritten, dann werden die CoCo-Bonds anteilig so umgewandelt, bis eine bestimmte Eigenkapitalquote wieder erreicht ist.[884] Denkbar ist auch eine entsprechende *Writedown*-Konstellation, bei der *Writedown*-Bonds so weit abgeschrieben werden, bis die anvisierte Eigenkapitalquote erreicht ist. Der abgeschriebene Betrag eines *Writedown*-Bonds wird zu Eigenkapital, ohne dabei das Grundkapital zu erhöhen. Eine anteilige Umwandlung in Aktien erhöht hingegen das Grundkapital. Die Anleihebedingungen müssen vorsehen, wie viele Aktien auf einen bestimmten erhöhten Grundkapitalanteil ausgegeben werden sollen. Das geschieht in der Regel, indem der Nennwert der neuen Aktien in den Bedingungen festgelegt wird.[885]

Obwohl in der Emissionspraxis bisher ohne Belang, ist ein solcher Ansatz auf den ersten Blick sehr nützlich. Der Emittent wird mindestens in dem Maße mit Eigenkapital versorgt, wie er zur Abwendung bzw. Bewältigung der Krise benötigt. Entgegen einer in der Literatur verbreiteten Darstellung[886] ergibt sich die Anzahl der auszugebenden Aktien dabei nicht aus dem Aktienkurs während der Umwandlung. Das Grundkapital wird in Höhe eines Nennbetrages erhöht. Da das Grundkapital in Aktien zerlegt ist (§ 1 Abs. 2 AktG), müssen so viele Aktien emittiert werden, dass das Produkt aus Aktienanzahl und Nennwert jeder Aktie den Betrag der Kapitalerhöhung ergibt. In der Regel wird der Marktwert der ausgegebenen Aktien nicht dem Nennwert entsprechen. Insofern ergibt sich die Anzahl der auszugebenden Aktien also nicht, indem man die Kapitalerhöhung durch den Aktienkurs dividiert[887], sondern indem man die Kapitalerhöhung durch den Nennwert dividiert.

In der Literatur wird auch vorgeschlagen, dass nicht – wie hier zugrunde gelegt – die Bonds teilweise umgewandelt werden und teilweise bestehen bleiben, sondern dass die Bonds in jedem Fall komplett umgewandelt werden.[888] Allerdings wird bei einer vollständigen Umwandlung der gesamte Nennwert des Bonds zwingend zu Eigenkapital umgebildet, sodass nicht von einer Umwandlung in eine variable Eigenkapitalmenge gesprochen werden kann. Selbst wenn der Bond nicht vollständig in Grundkapital umgewidmet wird, so wird doch

---

884 *Bou Sleiman,* CoCo-Bonds, S. 58.

885 Vgl. das Beispiel des von der *Lloyds Banking Group* emittierten CoCos in Kap. 4. III.C.d.

886 *Bou Sleiman,* CoCo-Bonds, S. 58; *Frank* (o. Fn. 329), S. 6; *Mackinger,* Contingent Convertible Bonds, S. 48.

887 Ebda.

888 So u.a. *Bou Sleiman,* CoCo-Bonds, S. 58; *Frank* (o. Fn. 329), S. 6; *Mackinger,* Contingent Convertible Bonds, S. 48.

der das frische Grundkapital übersteigende Betrag als Ausgabeaufschlag einen Gewinn darstellen und damit auch zu Eigenkapital werden. Dieser Ansatz weist darüber hinaus schwerwiegende praktische und juristische Mängel auf. In praktischer Hinsicht handelt es sich insbesondere für die Inhaber des Bonds um ein hochriskantes Instrument, bei dem im Zeitpunkt der Emission und während der Laufzeit erhebliche Unsicherheiten bestehen. Zwar sollen auch die Investoren die Verluste des Emittenten tragen. Allerdings kann ein CoCo mit variabler Kapitalerhöhung und variabler Aktienanzahl eine ähnliche Wirkung wie ein *Writedown*-Bond haben, ohne dass dies vorher klar erkennbar ist. Man stelle sich vor, eine Gesellschaft begibt einen Bond, der bei Unterschreiten einer Eigenkapitalquote von 7% gewandelt wird und zu einer Kapitalerhöhung führt, die die Erhöhung der Eigenkapitalquote auf 7,5% bewirken soll. Wird nun die Bilanz aufgestellt und eine Eigenkapitalquote von 6,9% erreicht, werden die CoCos gewandelt und im Gegenzug so viele Aktien ausgegeben, wie für eine Kapitalerhöhung erforderlich sind, um die Quote von 7,5% zu erreichen. Einerseits hängt die erforderliche Kapitalmenge stark von den risikogewichteten Aktiva und damit von einer variablen Größe ab, sodass sie sich im Voraus schwer abschätzen lässt. Andererseits wäre der Bond für die CoCo-Inhaber verloren und sie wären im Gegensatz nur mit einem sehr geringen Anteil am Grundkapital beteiligt. Der Rest stellte das Agio dar. Dadurch erlitten sie wirtschaftlich nahezu einen Totalverlust. Insofern würde es sich empfehlen, einen großen *Spread* zwischen *Trigger*-Höhe und anvisierter Erhöhung der Eigenkapitalquote vorzusehen (z.B. Umwandlung bei 7% Eigenkapitalquote mit dem Ziel, 12% Eigenkapitalquote zu erreichen). Der *Spread* darf dabei jedoch nicht so groß sein, dass die Einlage aus den CoCos nicht ausreicht, um die notwendige Kapitalerhöhung abzudecken. Dies verstieße gegen das Verbot der unter-pari-Emission, § 9 Abs. 1 AktG. Eine Zuzahlung nach § 199 Abs. 2 S. 1 Alt. 2 AktG, die erst nach Eintritt des *Trigger Events* vereinbart wird, passt nicht zum Automatismus. Allem voran kann nicht abgesichert werden, dass die zukünftigen Aktionäre eine solche Zuzahlung tatsächlich leisten. Auch die Deckung aus einer Gewinnrücklage i.S.d. § 199 Abs. 2 S. 1 Alt. 1 AktG wird sich in der Krise mangels verbliebener Gewinne nicht bewerkstelligen lassen. Diese Umwandlungsart ist also von erheblichen Unsicherheiten gekennzeichnet und erschwert die Bewertung des Instruments. CoCo-Inhaber würden für die kaum kalkulierbaren Risiken Risikoaufschläge verlangen, sodass die Emission für die begebende Gesellschaft sehr teuer ausfallen könnte.[889]

889 So auch *Bou Sleiman*, CoCo-Bonds, S. 58; *Frank* (o. Fn. 329), S. 6; *Mackinger*, Contingent Convertible Bonds, S. 48.

Die ins Feld geführten Argumente treffen auf eine anteilige Umwandlung jedoch nicht zu. Wie hoch das Risiko der Bondgläubiger ist, ergibt sich aus dem Umwandlungsverhältnis von CoCo-Anteil und auszugebenden Aktien. Es kann eher zugunsten der Bondgläubiger oder eher zugunsten der Altaktionäre ausgestaltet werden, denn der umzuwandelnde Anteil der Anleihe kann entweder nach dem Modell der *fixed dollar conversion* oder nach dem Modell der *fixed share conversion* berechnet werden. Es treffen insofern die für diese Umwandlungsarten spezifischen Eigenschaften zu.

Für die variable Umwandlung charakteristisch bleibt lediglich, dass sie an der Eigenkapitalquote ansetzt und den Bond nicht vollständig umwandelt. Für Investoren bedeutet das, dass sie ein geringeres Risiko tragen, ihre Anleiheforderungen komplett zu verlieren. Damit stehen die Bonds auch in zukünftigen Krisen noch teilweise zur Verfügung.

### c. Fixed dollar conversion

Dem variablen Umtauschverhältnis stehen diejenigen CoCos gegenüber, bei denen jedenfalls eine Referenzgröße schon während der Emission festgelegt wird. Dazu zählt zum einen die sogenannte *fixed share conversion*, bei der die Anzahl der auszugebenden Aktien feststeht.[890] Zum anderen gehört die sogenannte *fixed dollar conversion* zu den Umwandlungsarten, bei denen eine Referenzgröße feststeht.

Bei Letzterer sollen die CoCos in so viele Aktien umgewandelt werden, dass der CoCo-Investor Aktien mit einem festgelegten Gesamtmarktwert (*fixed dollar*) erhält.[891] Je niedriger der Wert einer einzelnen Aktie ist, umso mehr Aktien müssen an den Investor begeben werden. In der Literatur wird mitunter hervorgehoben, dass bei einer *fixed dollar conversion* in eine fixe Menge Eigenkapital gewandelt wird.[892] Das ist zwar der Fall, jedoch handelt es sich dabei nicht um ein Alleinstellungskriterium dieser Wandlungsquote. Auch bei anderen Bezugsquoten – selbst bei *Writedown*-Bonds – wird in eine fixe Menge Eigenkapital gewandelt, nämlich in die Menge, die den auf den Bond eingezahlten Betrag (meist den Nennwert) repräsentiert. CoCos wandeln also immer in eine fixe Menge Eigenkapital, sofern es sich nicht um einen *Partial Swap* handelt. Gewandelt werden kann dabei (1.) komplett zu Grundkapital, (2.) teilweise zu Grundkapital und teilweise zu anderem Eigenkapital oder (3.) komplett zu Eigenkapital, das nicht

---

890 *Bou Sleiman,* CoCo-Bonds, S. 56.

891 *McDonald* (o. Fn. 823), S. 5.

892 *Bou Sleiman,* CoCo-Bonds, S. 56; *Frank* (o. Fn. 327), S. 6.

Grundkapital ist (so bei den *Writedown*-Bonds). Insofern wird bei vollständiger Umwandlung in jedem Fall der gesamte eingezahlte Betrag zu Eigenkapital, da keine Mittel während der Wandlung von Fremd- zu Eigenkapital verlorengehen.

Die *fixed dollar conversion* bietet den Vorteil, dass der Verlust des Bondgläubigers für diesen von vornherein einschätzbar ist, was sich in einem niedrigeren Coupon und damit niedrigen Finanzierungskosten des Emittenten niederschlägt.[893] Sollte ein Marktwertverlust der Aktien eintreten, wird das dadurch kompensiert, dass dem neuen Aktionär mehr Anteile ausgegeben werden müssen.[894] Die Umwandlungsquote muss dabei nicht zwingend so ausgestaltet sein, dass der Eintritt des *Trigger Events* mit keinerlei Verlusten für den Gläubiger einhergeht. Denkbar ist demnach nicht nur die für den Gläubiger vorteilhafte Umwandlung des Nennwerts 1:1 in Marktwert der Aktien, sondern auch Abschläge sind denkbar. So kann z.B. ein CoCo mit Nennwert in Höhe von 100.000 € in Aktien mit dem Marktwert in Höhe von 50.000 € umgewandelt werden.

Auch diese Umwandlungsquote weist aber erhebliche Nachteile und Schwierigkeiten auf. Einerseits kann die Bestimmung des Marktwerts Probleme bereiten. Zwischen der Umwidmung des Anleihebetrags zu Eigenkapital und der Ausgabe neuer Aktien wird Zeit vergehen, in der der Aktienkurs – soweit es sich überhaupt um börsengehandelte Anteile handelt – krisenbedingt sinken kann. Die Anleihebedingungen müssen also genaue Regelungen enthalten, welcher Marktwert zu welchem Zeitpunkt ausschlaggebend sein soll.[895] Darüber hinaus bietet die *fixed dollar conversion* Anreize zur Beeinflussung des Kurses durch die Bondinhaber. Sollten sie nicht nur Gläubiger sein, sondern neben den CoCos auch noch Aktien des Emittenten in großem Umfang halten, hätten sie unter Umständen die Möglichkeit, durch umfangreiche Verkaufstransaktionen oder Leerverkäufe den Aktienwert zu drücken. Wird bei einem künstlich niedrig gehaltenen Wert zusätzlich der *Trigger* erreicht, würden sie besonders viele Aktien erhalten, deren Marktwert unter Umständen anschließend wieder steigt.[896] Hinzu kommen schwerwiegende rechtliche Probleme, denn dieser Umwandlungsquote haftet die Gefahr der Emission der neuen Aktien unter pari an. Die Grenze zur unter-pari-Emission wird bei der *fixed dollar conversion* bereits dann übertreten, wenn der Aktienkurs unter dem Nennwert der Aktie

893 *Frank* (o. Fn. 327), S. 6.

894 *Bou Sleiman*, CoCo-Bonds, S. 57; *Frank* (o. Fn. 327), S. 6.

895 Siehe dazu eingehend *Heldt*, Bedingtes Kapital und Anreizwirkungen bei Banken, S. 22.

896 *McDonald* (o. Fn. 823), S. 5; *Nodoushani*, ZBB 2011, 143 (150).

liegt und der CoCo-Investor Aktien im Wert erhalten soll, der dem Nennwert seiner Anleihe entspricht. Besitzt der Gläubiger einen Bond im Nennwert von 100.000 € und soll Aktien mit einem Marktwert von ebenfalls 100.000 € erhalten, verstieße eine solche Emission gegen § 9 Abs. 1 AktG, wenn die benötigte Aktienanzahl einen Nennwert von 100.000 € repräsentieren würde. Diesem Problem könnte man entgegenwirken, indem man eine Höchstzahl der auszugebenden Aktien mit entsprechendem Höchstgesamtnennwert festlegt. Auch in der Praxis sind solche Gestaltungen vertreten.[897]

Zudem ist eine *fixed dollar conversion* auch in ordnungspolitischer Hinsicht fragwürdig. Es soll bei CoCos freilich nicht darum gehen, die angefallenen Verluste ausschließlich auf die Gläubiger zu verteilen und damit die Aktionäre freizustellen. Auch die Aktionäre sollen Verluste tragen, sodass eine ausgewogene Lastenverteilung zwischen Anteilseignern und Gläubigern erreicht wird. In der Folge sollen die Gläubiger so an Gewinnen und Verlusten beteiligt werden, wie auch die Aktionäre beteiligt werden. Das umfasst unbegrenzte Renditemöglichkeiten, aber eben auch das Risiko des Totalverlusts der Investition. Insofern sollten CoCos nicht so ausgestaltet werden, dass sie dem Investor in der Krise einen bestimmten Marktwert garantieren. Auch Aktionäre erhalten keine neuen Aktien, wenn der Marktwert ihrer Anteile sinkt, damit sie in der Summe denselben wirtschaftlichen Wert behalten. Insofern sendet eine Garantie auf einen bestimmten Marktwert zugunsten der CoCo-Gläubiger unnötig falsche Signale und setzt falsche Anreize. Von einer reinen *fixed dollar conversion* sollte daher abgesehen werden.

### *d.* Fixed share conversion

Bei der *fixed share conversion* wird bei Emission des Bonds genau festgelegt, wie viele Aktien mit welchem Nennwert für einen bestimmten CoCo-Nennbetrag ausgegeben werden. Feststehend ist somit, mit welchem Nennbetrag sich jeder einzelne Bondinhaber durch Umwidmung seiner Anleiheleistung am zu erhöhenden Grundkapital beteiligt. Im Gegensatz zur *fixed dollar conversion* steht damit also nicht nur die Anzahl der auszugebenden Aktien fest, sondern auch der Betrag, um den das Grundkapital der Gesellschaft bei Eintritt des *Trigger Events* erhöht wird. Dieses Umwandlungsverhältnis ist in der Praxis weit verbreitet.

---

897 Vgl. die von der *Credit Suisse* 2012 emittierten *Buffer Capital Notes* in Kap. 4.III.C.d., S. 219 f.

Beispielhaft sei der Mechanismus anhand einer Tranche des CoCo-Bonds der *Lloyds Banking Group plc.* von 2014[898] verdeutlicht. Der Nominalbetrag der Tranche betrug 1.480.784.000,00 £. Mit Eintritt des *Trigger Events* sollte der Bond so umgewandelt werden, dass der Nennbetrag der Anleihe, dividiert durch 0,643 £ die Anzahl der Aktien ergibt (2.302.930.016 Aktien).[899] Damit wird durch die Umwandlung auf jede neue Stammaktie eine Einlage zuzüglich Aufschlag in Höhe von insgesamt 0,643 £ geleistet. Im Ergebnis wird das Eigenkapital durch Ausgabe von 2,3 Mrd. Aktien zu jeweils 0,643 £, also um den Gesamtnennwert der Anleihe erhöht. Die Umwandlung des Anleihenennbetrags erfolgt 1:1 in Eigenkapital. Ist ein Investor Inhaber eines CoCo-Bonds im Nennwert von 200.000 £, so wird er im Zuge der Umwandlung 311.042 Aktien der *Lloyds Banking Group plc.* erhalten. Die Stammaktien der Bank haben einen Nennwert von 0,10 £[900]. Das Eigenkapital der Bank betrug Ende 2014 43,335 Mrd. £[901], sodass auf jede der rd. 71,4 Mrd. Stammaktien ein Eigenkapitalanteil von rd. 0,61 £ entfiel.

Wäre der Bond zum Ende des Jahres 2014 umgewandelt worden, hätte der Investor 311.042 Aktien im Nennwert von insgesamt 31.104,20 £ erhalten. Dieser Betrag wäre dem Grundkapital zugeflossen. Das Eigenkapital der *Lloyds Banking Group plc.* wäre durch alle umgewandelten Bonds auf rund 44,816 Mrd. £ gestiegen und die Anzahl der Aktien hätte sich auf rund 73,7 Mrd. erhöht. Damit wäre auf die neuen Aktien des ehemaligen CoCo-Inhabers ein anteiliges Eigenkapital in Höhe von rd. 189.734 £ entfallen (der Eigenkapitalanteil von 0,61 £ pro Aktie wäre nahezu unverändert geblieben). Seine Aktien hätten am 31.12.2014

---

898 £ 1,480,784,000 7.000 per cent Fixed Rate Reset Additional Tier 1 Perpetual Subordinated Contingent Convertible Securities Callable 2019 (the "Sterling PNC5 Additional Tier 1 Securities"), ISIN: XS1043550307.

899 *Lloyds Banking Group plc.*, Prospectus on £ 1,480,784,000 7.000 per cent Fixed Rate Reset Additional Tier 1 Perpetual Subordinated Contingent Convertible Securities Callable 2019 (the "Sterling PNC5 Additional Tier 1 Securities"), S. 55, http://www.lloydsbankinggroup.com/globalassets/documents/investors/2014/2014apr9_lbg_non_us_at1_listing_particulars.pdf (Stand: 22.10.2018).

900 Siehe *Lloyds Banking Group plc.*, 2014 Annual Report on Form 20-F, S. 3, http://www.lloydsbankinggroup.com/globalassets/documents/investors/2014/2014_lbg_form_20f.pdf (Stand: 21.10.2018).

901 Siehe *Lloyds Banking Group plc.*, 2014 Annual Report and Accounts, S. 43, http://www.lloydsbankinggroup.com/globalassets/documents/investors/2014/2014_lbg_annual_report.pdf (Stand: 21.10.2018).

einen Börsenwert von rund 235.770 £ gehabt.[902] Da jede seiner Aktien nur einen Nennwert von 0,10 £ gehabt hätte, wären auch nur 0,10 £ pro Aktie als Grundkapital zu verbuchen gewesen. Die restlichen 0,543 £, die der Investor als Einlage auf jede Aktie geleistet hätte, wären nach deutschem Recht als Ausgabeaufschlag (Agio – § 9 Abs. 2 AktG) in die Kapitalrücklage einzustellen (§ 272 Abs. 2 Nr. 1 HGB) und hätten auf diesem Wege das Eigenkapital, nicht jedoch das Grundkapital erhöht.

Eine Krise zeichnet sich indes häufig dadurch aus, dass das Eigenkapital durch Verluste reduziert ist. Insofern ist es wahrscheinlich, dass das auf jede Aktie entfallende Eigenkapital im Zeitpunkt des Bedingungseintritts niedriger ist. In der Regel fällt während einer Krise auch der Aktienkurs, sodass der oben genannte Beispielinvestor seine neu erhaltenen Aktien wohl nur mit signifikanten Abschlägen am Markt veräußern könnte. Dasselbe Schicksal erleiden die Altaktionäre. Sie müssen hinnehmen, dass das auf ihre Aktien entfallende Eigenkapital sinkt und sich zudem der Marktwert verringert. Insofern haftet der ehemalige Bondinvestor tatsächlich so wie die Altaktionäre. Bei der Konstruktion, wie sie von der *Lloyds Banking Group plc.* genutzt wird, handelt es sich jedoch – obwohl die Anleihe 1:1 in Eigenkapital umgewandelt wird – nicht um eine Umwandlung 1:1 in Grundkapital. Stattdessen wird in Grundkapital gewandelt, das deutlich unter dem Nennwert der Anleihe liegt. Der pro Aktie gezahlte Ausgabeaufschlag von 0,543 £ füllt das Eigenkapital auf, ohne dass der neue Aktionär dadurch am Grundkapital beteiligt wird. Seine Beteiligung am Grundkapital bleibt bei 0,10 £ pro Aktie. Wirtschaftlich ist diese Konstruktion daher vergleichbar mit einer Umwandlung, die nur teilweise in Aktien erfolgt, wobei der darüber hinausgehende Betrag vom Investor abgeschrieben wird. Es hätte für den Investor dieselbe Bedeutung, wenn 15,5% seines CoCo-Bonds 1:1 in Grundkapital umgewandelt würden (das entspricht 0,10 £ von 0,643 £) und der Rest mit der Folge abzuschreiben sei, dass dieser Betrag wie auch bei *Write-down*-Bonds als Gewinnrücklage das Eigenkapital erhöht.

Vorteil einer Umwandlung unter dem Nennwert des Bonds ist, dass sie den Bondinhabern keinen Anreiz bietet, auf eine Wandlung hinzuwirken[903], denn die Wandlung würde sich mit hoher Wahrscheinlichkeit zu Ungunsten der CoCo-Gläubiger auswirken. Darin liegt aber zugleich die Gefahr des CoCos: Bei

---

902 Der Schlusskurs lag am 31.12.2014 bei 0,758 £, siehe http://www.hl.co.uk/shares/shares-search-results/l/lloyds-banking-group-plc-ordinary-10p/share-charts (Stand: 21.10.2018).

903 *Frank* (o. Fn. 329), S. 6.

entsprechend ungünstigem Umwandlungsverhältnis könnte die Umwandlung unverhältnismäßig stark zu Lasten der Gläubiger gehen.[904] Je ungünstiger das Verhältnis von Nennwert des Bonds und ausgegebener Aktienanzahl ist, desto mehr ähnelt der Bond einem *Writedown*-Bond und desto mehr stellen die Gläubiger die Aktionäre von Verlusten frei. Es kommt zu einer Vermögensverschiebung zugunsten der Altaktionäre.[905] Eine ausgewogene Verlustverteilung kann erreicht werden, indem der Bond nicht 1:1 in Grundkapital gewandelt wird, aber eben auch nicht den *Writedown*-Bonds zu nahe kommt. In der Literatur wird vorgeschlagen, den CoCo-Nennwert mit einem Faktor von rund 0,8 in Grundkapital zu wandeln.[906]

Für die Aktionäre bietet die *fixed share conversion* den Vorteil, dass der Verwässerungseffekt durch die Emission neuer Anteile begrenzt ist.[907] Insofern stellt die *fixed share conversion* einen einfach zu handhabenden Umwandlungsmechanismus dar, mit dem eine gerechte Lastenverteilung erreicht werden kann. Eine „möglichst einfache, transparente und nachvollziehbare"[908] Ausgestaltung ist wichtig, um Vertrauen zu generieren und CoCo-Bonds zum Erfolg zu verhelfen.

Interessant ist der CoCo-Bond der *Credit Suisse*, der von dieser als *Buffer Capital Note* (BCN) im Jahr 2012 emittiert wurde. Er vereint die *fixed dollar conversion* mit einer *fixed share conversion*. Nach den Anleihebedingungen[909] löst das *Trigger Event* eine *fixed dollar conversion* aus, solange der Marktwert einer Aktie den Nennwert (0,10 CHF) übersteigt. Der Nennbetrag des Bonds wird dazu durch den Marktwert der Aktie dividiert.[910] Je größer der Divisor ist, umso kleiner ist der Quotient und damit die Anzahl der Aktien. Der neue Aktionär bekommt so viele Aktien, dass deren Gesamtmarktwert den Nennwert seines CoCos erreicht. Ist hingegen der Nennwert höher als der Marktwert, dann soll in eine feste Anzahl Aktien gewandelt werden.[911] Dazu ist der Quotient aus

904 So auch *Bou Sleiman*, CoCo-Bonds, S. 56; *Nodoushani*, ZBB 2011, 143 (149).

905 *Bou Sleiman*, CoCo-Bonds, S. 57.

906 *v. Furstenberg*, Contingent Convertibles [CoCos], A Potent Instrument for Financial Reform, S. 130.

907 *Frank* (o. Fn. 329), S. 6.

908 *Zähres* (o. Fn. 57), S. 4.

909 *Credit Suisse*, Prospectus CHF 750,000,000 7.125 per cent. Tier 2 Buffer Capital Notes due 2022 (ISIN: CH0181115681), https://www.credit-suisse.com/media/assets/corporate/docs/about-us/investor-relations/information-for-debt-investors/20032012-bcn-information-memorandum.pdf (Stand: 22.10.2018).

910 *Credit Suisse* (o. Fn. 909), S. 9.

911 *Credit Suisse* (o. Fn. 909), S. 9.

Nennwert des Bonds und Nennwert der Aktien zu bilden. Es werden also Aktien im Gesamtnennwert des CoCos ausgegeben, sodass der gesamte Anleihenennbetrag zu Grundkapital wird. Mit diesem doppelten Mechanismus kann man die Gefahr der unter-pari-Emission beseitigen. So lange der Marktwert der Aktien den Nennwert übersteigt, bekommt der Gläubiger so viele Aktien, dass seine Investition keine Verluste erleidet. Sobald jedoch der Aktienwert den Nennwert unterschreitet, muss der Gläubiger im Fall der Umwandlung Verluste hinnehmen. Sein Risiko verringert sich damit signifikant. Besser wäre es jedoch bereits aus ordnungspolitischer Sicht, den Investor beim Eintritt des *Trigger Events* immer in gewissem Maße an bereits angefallenen Verlusten teilhaben zu lassen. Das könnte erreicht werden, indem der Nennwert des Bonds, multipliziert mit einem Faktor < 1, durch die oben genannten Werte dividiert wird.[912] Dadurch wird eine Verlustteilnahme in jedem Fall gewährleistet.

Ein Beispiel zur Illustration: Ein Investor hält 20 der oben genannten *Buffer Capital Notes 2012* der *Credit Suisse*. Der Nennwert eines Bonds beträgt ausweislich der Anleihebedingungen 5.000 CHF. Der Gläubiger investiert also in der Summe 100.000 CHF.[913] Der Nennwert der Aktie des Emittenten beträgt 0,04 CHF.[914] In Szenario (A) soll die Umwandlung zu einem Marktwert der Aktie von 14,93 CHF erfolgen[915], in Szenario (B) soll der Marktwert nach einem massiven Kurssturz bei nur 0,02 CHF, also unter dem Nennwert liegen. Für die Illustration wird zusätzlich angenommen, dass sich laut Anleihebedingungen die Anzahl der auszugebenden Aktien aus dem 0,8fachen des BCN-Nennwertes, dividiert durch den Umtauschpreis, ergibt. Tatsächlich ist ein solcher Faktor nicht in den Bedingungen enthalten, hier soll allerdings die Verlustteilnahme durch Einbeziehung eines Faktors < 1 demonstriert werden. Der Umtauschpreis ist entweder der Marktwert der Aktie oder der Nennwert der Aktie – je nachdem, welcher Wert größer ist. In Szenario (A) erhält der Investor, der 100.000 CHF investiert hat, beim Eintritt des *Trigger Events* 5.358 Aktien mit einem Gesamtnennwert von 214,32 CHF und einem Marktwert von 79.994,94 CHF.

912 Vgl. dazu bereits o. Kap. 1.VII.C.

913 Dass die BCNs zu 101% des Nennwertes emittiert wurden, soll hier vernachlässigt werden.

914 *Credit Suisse,* Annual Report 2015, S. 134, https://www.credit-suisse.com/media/assets/corporate/docs/about-us/investor-relations/financial-disclosures/financial-reports/csgag-csag-ar-2015-en.pdf (Stand: 22.10.2018); der gleiche Nennwert geht aus den Anleihebedingungen hervor, siehe *Credit Suisse* (o. Fn. 909), S. 9.

915 Am 28.04.2016 wurde die Aktie der *Credit Suisse* zu einem Wert von 13,60 € gehandelt, was an jenem Tag tatsächlich 14,93 CHF entsprach.

Im unwahrscheinlichen Szenario (B), indem der Aktienkurs unter den niedrigen Nennwert fällt, erhält derselbe Investor 2.000.000 Aktien mit einem Nennwert von 80.000 CHF und einem Marktwert von 40.000 CHF. In beiden Konstellationen erleidet er gegenüber seiner ursprünglichen Investition Verluste. Damit kann der *moral hazard*-Problematik wirksam begegnet werden, da den Investor im Falle der Umwandlung immer Verluste treffen und keine Werthaltigkeitsgarantie besteht. Eine Emission unter pari ist ausgeschlossen.

Im Ergebnis sollte der Bond demnach – um eine unter-pari-Emission zu vermeiden – jedenfalls eine *fixed share conversion* enthalten. Diese kann gegebenenfalls nach dem Vorbild der *Credit Suisse* um eine *fixed dollar conversion* ergänzt werden. Die Kombination kann den Vorteil haben, dass für den Investor zumindest eine Aussicht auf eine *fixed dollar conversion* besteht und damit das Risiko etwas geringer ist als bei einer unbedingten *fixed share conversion*. Diese Aussicht kann die Renditeerwartungen des Investors und damit die Kosten des Bonds für den Emittenten senken.

## 4.IV. Prämissen für die Ausgestaltung

Bei den vielen verschiedenen Ausgestaltungsmöglichkeiten des *Trigger Events* selbst sowie der dadurch ausgelösten Rechtsfolge müssen Regulatoren und Emittenten das ordnungspolitische Ziel sowie die Interessen der verschiedenen Marktteilnehmer im Auge behalten. Entscheidend ist, dass das Instrument eine Verlusttragung der Gläubiger gewährleistet und diese nicht durch staatliche Eingriffe freigestellt werden. Um die Steuerzahler zu entlasten, müssen CoCos von Emittenten und von Investoren akzeptiert werden. Es muss deshalb gelingen, eine ausgewogene Verteilung der Risiken zwischen den Altaktionären und den Anleihegläubigern zu erreichen.

CoCo-Bonds sollten dabei keine übermäßigen Risikoanreize zugunsten einer der Parteien begründen. Außerdem sollten sie möglichst einfach, transparent und nachvollziehbar sein, um eine ausreichende Marktakzeptanz zu gewährleisten.[916]

Es ist unter anderem Aufgabe der Gesetzgeber und Aufsichtsbehörden, die möglichst optimale Ausgestaltung vorzuschlagen und die Emittenten durch geeignete Anreize zur Emission entsprechender CoCos zu bewegen.[917]

916 *Zähres* (o. Fn. 57), S. 4.

917 Vgl. zur Neuen Institutionenökonomik o. Kap. 3.I.

# Kapitel 5 Anforderungen an die Emission von CoCo-Bonds

## 5.I. Umwandlung als Kapitalerhöhung

CoCo-Bonds führen im Falle des *Trigger*-Eintritts zu einer Kapitalerhöhung, wenn sie als klassische CoCos und nicht als *Writedown*-Bonds ausgestaltet sind. Bei einer Kapitalerhöhung handelt es sich um eine Kapitalmaßnahme, bei der das Grundkapital der Gesellschaft erhöht wird.[918] Bei der Umwandlung von CoCos erfolgt die Kapitalerhöhung durch Leistung von Einlagen. Da das Grundkapital in Aktien zerlegt ist, müssen im Gegenzug auf das neue Grundkapital auch neue Aktien ausgegeben werden. Der Anteil der alten Aktionäre am Grundkapital wird dadurch, sofern sie sich nicht an der Kapitalerhöhung durch neue Einlagen beteiligen, verwässert. Ihr prozentualer Anteil an den Vermögens- und Verwaltungsrechten nimmt ab. Da es sich bei einer solchen Maßnahme um einen bedeutenden Eingriff in die Rechte der Altaktionäre handelt, kann der Vorstand die Kapitalerhöhung nicht ohne Erlaubnis der Hauptversammlung durchführen, § 182 Abs. 1 S. 1 AktG bzw. § 202 Abs. 1 AktG).

Bei CoCo-Bonds erfolgt die Kapitalerhöhung mit Ausgabe der Aktien (§ 200 AktG), sie wird aber schon mit der Auslösung des *Trigger Events* unumgänglich. Tritt das definierte Ereignis jedoch nicht ein, wird das Kapital auch nicht erhöht. Die Ausgabe der Anleihe allein stellt also noch keine Kapitalerhöhung dar. Allerdings sollte die mit Eintritt des *Trigger Events* ausgelöste Erhöhung des Grundkapitals zum Zeitpunkt der Erhöhung auch nicht mehr vom Willen der Altaktionäre abhängig gemacht werden, denn die Wandlung muss unbedingt und unverzüglich erfolgen. Für einen Hauptversammlungsbeschluss ist es dann insbesondere in einer Krisensituation zu spät. Da demzufolge bereits mit der Ausgabe der CoCo-Bonds eine konkrete Möglichkeit geschaffen wird, zu einem späteren Zeitpunkt das Grundkapital zu erhöhen, wird bereits mit der Anleiheemission in die Interessen der Altaktionäre eingegriffen.[919] Daher stellt sich die Frage, wie die Rechte und Interessen der Altaktionäre angemessen geschützt werden können.

Das Phänomen von zeitlichem Auseinanderfallen von Eingriff in die Aktionärsrechte und tatsächlicher Kapitalerhöhung ist dem Aktienrecht grundsätzlich

---

918 Sechster Teil, zweiter Abschnitt, erster Unterabschnitt des AktG.

919 Vgl. dazu *Hüffer/Koch*, § 221 Rn. 1.

nicht fremd. Es gibt verschiedene Kapitalmaßnahmen, durch die Fremdkapital eingenommen wird, die aber auf der anderen Seite konkrete Rechte des Gläubigers auf eine Beteiligung am Grundkapital beinhalten.[920] Sie verkörpern damit potentielle Änderungen in der Aktionärsstruktur.[921] Besonders bedeutsam ist dabei die Wandelanleihe i.S.d. § 221 Abs. 1 S. 1 Alt. 1 AktG. Wegen der schwerwiegenden Eingriffe in die Interessen der Altaktionäre muss hier bereits die Emission der Anleihe von der Hauptversammlung nach § 221 Abs. 1 S. 1 AktG abgesegnet werden, obwohl die Aufnahme von Fremdkapital grundsätzlich in die Kompetenz des Vorstands fällt.[922] Durch die Wandlung haben die Anleihegläubiger einen Anspruch auf Ausgabe neuer Aktien.[923] Dieser Anspruch muss durch die Gesellschaft erfüllt werden. Allein durch den Beschluss über die Ausgabe der Wandelschuldverschreibungen ist die möglicherweise erforderliche Ausgabe der neuen Aktien jedoch noch nicht abgesichert.[924] Gelingt die Erfüllung des Anspruchs nicht – etwa weil die Aktionäre der Ausgabe neuer Aktien im Wege der ordentlichen Kapitalerhöhung durch Einlagen nicht zustimmen, wozu sie auch nicht gezwungen werden können[925] –, so haftet die AG den Gläubigern gegenüber auf Schadensersatz wegen Nichterfüllung.[926] Das kann bei einem krisengeplagten Emittenten gefährliche Entwicklungen nach sich ziehen.

Zur Erfüllung des Anspruchs ist also eine Kapitalerhöhung erforderlich, die ihrerseits eines selbstständigen Beschlusses der Hauptversammlung bedarf.[927] Um nicht dem Risiko ausgesetzt zu sein, im Wandlungsfall keine Ermächtigung der Hauptversammlung zur Kapitalerhöhung bewirken zu können oder dazu schlicht keine Zeit zu haben, ist ein Gleichlauf von Beschluss zur Ausgabe der Wandelanleihe und Beschluss zur Kapitalerhöhung sinnvoll.[928] Aus diesem

---

920 Auch die Umwandlung durch die Gesellschaft ist gem. § 221 Abs. 1 S. 1 Alt. 1 AktG seit der Aktienrechtsnovelle 2016 möglich, vgl. Aktiengesetz vom 6. September 1965 (BGBl. I S. 1089), das zuletzt durch Artikel 1 des Gesetzes vom 22. Dezember 2015 (BGBl. I S. 2565) geändert worden ist.

921 Vgl. *Hüffer/Koch*, § 221 Rn. 1; *von der Crone/Beeler*, ZBB 2012, 12 (16).

922 *Spindler*, in: MüKo-AktG, § 76 Rn. 16.

923 *Habersack*, in: MüKo-AktG, § 221 Rn. 213; Hölters/*Haberstock/Greitemann*, § 221 Rn. 66; *Hüffer/Koch*, § 221 Rn. 56.

924 *Habersack*, in: MüKo-AktG, § 221 Rn. 138.

925 *Habersack*, in: MüKo-AktG, § 221 Rn. 214.

926 *Habersack*, in: MüKo-AktG, § 221 Rn. 214.

927 Hölters/*Haberstock/Greitemann*, § 221 Rn. 66.

928 *Habersack*, in: MüKo-AktG, § 221 Rn. 129; gleichwohl ist der Vorstand nicht verpflichtet, einen entsprechenden Beschluss zu erwirken, vgl. *Seiler*, in: *Spindler/Stilz*, § 221 Rn. 84.

Grund hat der Gesetzgeber eine besondere Form der Kapitalerhöhung geschaffen, auf die dann zurückgegriffen werden kann, wenn Fremdkapitalinstrumente zum Bezug bzw. zur Ausgabe von Eigenkapitalinstrumenten berechtigen. Durch eine *bedingte Kapitalerhöhung* i.S.d. § 192 Abs. 1 AktG kann die Hauptversammlung eine Erhöhung des Grundkapitals beschließen, die dann durchgeführt wird, wenn vom Wandlungsrecht aus einer Wandelanleihe Gebrauch gemacht wird. Dieser Beschluss kann auch schon zum Zeitpunkt der Ermächtigung zur Ausgabe der entsprechenden Anleihe gefasst werden. Man kann insofern von einer *antizipierten Ermächtigung zur Kapitalerhöhung durch den Vorstand* sprechen.

In Anbetracht dieser Konstellation stellt sich die Frage, ob (1.) CoCo-Bonds auch nach den Regeln des § 221 AktG emittiert werden dürfen bzw. ob sie nach deutschem Aktienrecht überhaupt ausgegeben werden können und (2.) ob der *Debt-Equity-Swap* bereits bei der Emission der CoCo-Bonds durch eine bedingte Kapitalerhöhung abgesichert werden kann.

## 5.II. Aktienrechtliche Zulässigkeit von CoCo-Bonds nach § 221 AktG

Das Aktienrecht enthält keine Beschränkungen der Gesellschaft hinsichtlich der Aufnahme von Fremdkapital.[929] Die Zulässigkeit von Fremdkapitalinstrumenten mit bestimmten eigenkapitalähnlichen Eigenschaften (sogenannte *equity linked notes*[930]) ist jedoch wegen ihrer Auswirkungen auf die Aktionärsstruktur teilweise durch den Gesetzgeber geregelt worden. Ihre Zulässigkeit ist ohne gesetzliche Regelung keineswegs offensichtlich. Das gilt jedenfalls bei Wandelanleihen. Wegen ihrer Ähnlichkeit zu herkömmlichen Wandelschuldverschreibungen gilt bei CoCo-Bonds jedoch nichts anderes. Daher stellt sich bereits die Frage, ob CoCo-Bonds, deren Zulässigkeit sich nicht explizit aus dem Aktiengesetz ergibt, überhaupt ausgegeben werden dürfen.

Eine verbreitete Ansicht in der Literatur vertritt den Standpunkt, dass CoCo-Bonds nach den Regeln des § 221 Abs. 1 S. 1 Alt. 1 AktG zu begeben wären und sich ihre Zulässigkeit daher auch unmittelbar aus dieser Norm ergäbe.[931] Das überzeugt für die durch die Aktienrechtsnovelle 2016 geschaffene Rechtslage, die nach dem neugefassten § 221 Abs. 1 S. 1 Alt. 1 AktG auch ein Wandlungsrecht

---

929 *Groß*, in: *Marsch-Barner/Schäfer*, § 51 Rn. 1.

930 *Groß*, in: *Marsch-Barner/Schäfer*, § 51 Rn. 1; *Hüffer/Koch*, § 221 Rn. 1.

931 So insbesondere *Böhringer/Mihm/Schaffelhuber/Seiler*, RdF 2011, 48 (50); *Groß*, in: *Marsch-Barner/Schäfer*, § 51 Rn. 1; *Nodoushani*, Börsen-Zeitung v. 21.11.2015, S. 9; so wollte es auch der Gesetzgeber regeln, siehe BR-Drucks. 852/11, S. 19.

des Emittenten vorsieht. Bei CoCo-Bonds macht die Gesellschaft aufschiebend bedingt von diesem Wandlungsrecht Gebrauch.[932]

Vor der Aktienrechtsnovelle 2016 normierte § 221 Abs. 1 S. 1 Alt. 1 AktG jedoch lediglich ein Umtauschrecht des Gläubigers. Es ist richtig, dass das Umtauschrecht der Gesellschaft auch vor der Gesetzesänderung in der Literatur anerkannt war.[933] Auf dieser Grundlage argumentieren einige Autoren, dass CoCo-Bonds eine besondere Ausgestaltungsform der schon vor der Gesetzesänderung zulässigen Anleihe mit Umtauschrecht der Gesellschaft seien.[934] Das überzeugt jedoch nicht vollständig.[935]

Nach der in dieser Arbeit vorgeschlagenen und mit dem alten Gesetzeswortlaut vereinbaren rechtsdogmatischen Lösung hängt die Umwandlung weder von einer auslösenden Willensbetätigung der Gesellschaft noch der Gläubiger ab. Insofern kann für CoCo-Bonds, die vor der Gesetzesänderung emittiert wurden, von einem Wandlungsrecht oder einer Pflicht, von einem Wandlungsrecht Gebrauch zu machen, keine Rede sein. Diese alten CoCo-Bonds enthalten weder ein Wandlungsrecht noch eine Wandlungspflicht.[936] Stattdessen enthalten sie in den Anleihebedingungen eine aufschiebend bedingte Umwandlung i.S.d. § 158 Abs. 1 BGB. Eine direkte Anwendung des § 221 Abs. 1 S. 1 Alt. 1 AktG a.F. scheidet daher auch nach den Auslegungsgrundsätzen wegen seines klaren Wortlauts aus. Daraus könnte sich ergeben, dass die Emission von CoCo-Bonds nach deutschem Recht vor der Gesetzesänderung generell unzulässig war.

In Betracht kommt jedoch eine analoge Anwendung des § 221 Abs. 1 S. 1 Alt. 1 AktG a.F.[937] Die entsprechende Anwendbarkeit einer Norm bedarf einer planwidrigen Regelungslücke sowie einer vergleichbaren Interessenlage mit der

---

932 Vgl. o. Kap. 4.I.B.b.iv.2.

933 *Groß*, in: *Marsch-Barner/Schäfer*, § 51 Rn. 7; *Habersack*, in: MüKo-AktG, § 221 Rn. 52; Hölters/*Haberstock/Greitemann*, § 221 Rn. 7.

934 So insbesondere *Böhringer/Mihm/Schaffelhuber/Seiler*, RdF 2011, 48 (50); *Nodoushani*, Börsen-Zeitung v. 21.11.2015, S. 9; *Scholz*, in: MünchHdbGesR, Bd. IV, § 64 Rn. 54 f.

935 Siehe dazu o. Kap. 4.I.B.b.

936 So auch *Bou Sleiman*, CoCo-Bonds, S. 137.

937 *Bou Sleiman*, CoCo-Bonds, S. 140; *Habersack*, in: MüKo-AktG, § 221 Rn. 52; so im Ergebnis auch *Hüffer/Koch*, AktG, 11. Aufl. (2014), § 221 Rn. 5b (der zur alten Rechtslage darauf hinweist, dass CoCo-Bonds nicht eindeutig vom alten § 221 AktG erfasst sind und in § 192 Rn. 9 (ebenfalls 11. Aufl. (2014)) CoCo-Bonds richtigerweise nicht als Sonderform von Pflichtwandelanleihen klassifiziert, sondern als *aliud* zu dieser Anleiheform ansieht).

kodifizierten Regelung.[938] Für eine analoge Anwendbarkeit und dementsprechend die Zulässigkeit von CoCo-Bonds sprechen gewichtige Gründe.

Die Emission von CoCo-Bonds ist nicht vom alten § 221 Abs. 1 S. 1 Alt. 1 AktG erfasst. Das Unionsrecht enthält zwar Regelungen zur aufsichtsrechtlichen Anerkennung der Instrumente, normiert allerdings nicht die gesellschaftsrechtlichen Grundlagen der Begebung.[939] Demzufolge bestand eine Regelungslücke. Allein aus der Modifikation der Vorschrift dergestalt, dass nunmehr umgekehrte Wandelanleihen kodifiziert sind und damit gleichzeitig eine gesetzliche Grundlage für CoCos geschaffen wurde, lässt sich ableiten, dass diese Regelungslücke planwidrig war – deshalb wurde sie gerade mit der Aktienrechtsnovelle 2016 geschlossen. Auch die Ausgestaltung des neuen § 192 Abs. 3 S. 3 und S. 4 AktG i.V.m. § 192 Abs. 2 Nr. 1 AktG zeigt, dass der Gesetzgeber nicht nur Anleihen von der neuen Regelung erfasst gesehen hat, die während der Laufzeit ein Wandlungsrecht des Emittenten vorsehen. Gerade die besondere Form als CoCo-Bond, bei der der Emittent von seinem neu kodifizierten Recht aufschiebend bedingt Gebrauch macht, soll dem Regime des neuen § 221 AktG unterworfen sein.[940] Dem Gesetzgeber war eine Regelungslücke also bekannt und sie sollte geschlossen werden.

Die Interessenlage gleicht der Situation bei Wandelanleihen, denn das Aktiengesetz normiert in § 221 AktG Voraussetzungen für die Emission von Instrumenten, die potentiell in die Position der Altaktionäre eingreifen.[941] Auch CoCo-Bonds schaffen bereits bei der Emission einen Zustand, der sich durch die mögliche spätere Wandlung und damit die Verwässerung alter Anteile potentiell auf die Position der bisherigen Aktionäre auswirkt. Somit besteht eine vergleichbare Interessenlage zu den bereits vom alten § 221 Abs. 1 S. 1 Alt. 1 AktG erfassten Instrumenten.[942] Im Ergebnis war die Emission von CoCo-Bonds demzufolge schon vor der Aktienrechtsnovelle 2016 zulässig und ist es insbesondere seit der Rechtsänderung.[943] Es wäre allerdings aus Gründen der Rechtssicherheit

---

938 Zu den Analogievoraussetzungen im Einzelnen *Bou Sleiman,* CoCo-Bonds, S. 138 f.

939 *Bou Sleiman,* CoCo-Bonds, S. 138.

940 Entwurf eines Gesetzes zur Änderung des Aktiengesetzes (Aktienrechtsnovelle 2012), BR-Drucks. 852/11, S. 18 f.

941 *Groß,* in: *Marsch-Barner/Schäfer,* § 51 Rn. 7; *Habersack,* in: MüKo-AktG, § 221 Rn. 3; *Hüffer/Koch,* § 221 Rn. 1.

942 So auch *Bou Sleiman,* CoCo-Bonds, S. 140.

943 *Bader,* AG 2014, 472 (482); ebenso *Götze/Nartowska,* NZG 2015, 298 (304); so auch *Habersack,* in: MüKo-AktG, § 221 Rn. 52 mit dem Hinweis, dass die Aktienrechtsnovelle klarstellen wird, dass mit Umtauschrecht der Gesellschaft ausgestattete Wandelschuldverschreibungen gleichfalls (ausdrücklich) von § 221 erfasst werden, ohne dabei

wünschenswert gewesen, nicht nur Anleihen mit Umtauschrecht des Emittenten der Neuregelung zu unterwerfen, sondern generell wandelbare Instrumente in die neuen §§ 192 und 221 AktG aufzunehmen.[944]

Die Voraussetzungen der Begebung richten sich für alte CoCo-Bonds analog nach § 221 Abs. 1 S. 1 Alt. 1 AktG,[945] sodass auch die Ausgabe von CoCo-Bonds der Ermächtigung durch die Hauptversammlung der AG bedurfte.[946] Für zukünftige CoCos gelten diese Vorschrift und dieses Erfordernis direkt.

Nicht immer sieht der entsprechende Hauptversammlungsbeschluss zur Ausgabe auch eine Pflicht des Vorstands zur Emission des entsprechenden Instruments vor. Sollte es sich nicht um eine Verpflichtung sondern lediglich um eine Ermächtigung des Vorstands zur Ausgabe handeln (siehe § 221 Abs. 2 S. 1 AktG), dann erfordert die anschließende Entscheidung zur Ausübung der Ermächtigung keinen neuen Hauptversammlungsbeschluss, sondern ist bloße Geschäftsführungsmaßnahme.[947] Die Ermächtigung durch den Hauptversammlungsbeschluss kann dabei gem. § 221 Abs. 2 S. 1 AktG höchstens für fünf Jahre erteilt werden.

## 5.III. Absicherung der Wandlungsrechte mit bedingtem Kapital

Gelingt es dem Vorstand einer AG, einen Beschluss der Hauptversammlung zur Ausgabe von CoCo-Bonds gem. § 221 Abs. 1 S. 1 Alt. 1 AktG (analog) bzw. eine Ermächtigung zur Ausgabe eines solchen Instruments gem. § 221 Abs. 2 S. 1 AktG zu erwirken, so ist damit noch nicht die Ermächtigung zur Ausgabe neuer Aktien beim Eintritt des Umwandlungsereignisses abgesichert. Der Beschluss nach § 221 AktG erlaubt lediglich die Ausgabe der Anleihen. Zur Kapitalerhöhung durch Ausgabe neuer Aktien muss die Hauptversammlung in einem gesonderten Beschluss zustimmen.

Welche Art der Kapitalerhöhung *geeignet* ist, richtet sich nach dem Wesen und den Umständen der Aktienemission. Welche Art der Kapitalerhöhung

---

Anleihen, bei denen die Wandlung unabhängig von weiteren Erklärungen eintritt, untersagen zu wollen.

944 *Götze/Nartowska*, NZG 2015, 298 (304).

945 Zu den entsprechenden Voraussetzungen an den Inhalt des Hauptversammlungsbeschlusses siehe ausführlich *Bou Sleiman*, CoCo-Bonds, S. 141–157; so auch *Bou Sleiman*, CoCo-Bonds, S. 140; *Rieckers*, in: *Spindler/Stilz*, § 192 Rn. 29c.

946 *Bou Sleiman*, CoCo-Bonds, S. 141; *Scholz*, in: MünchHdbGesR, Bd. IV, § 64 Rn. 55.

947 *Schröer*, in: Handbuch der AG-Finanzierung, S. 551 Rn. 174.

*zulässig* ist, richtet sich nach den Vorgaben des AktG. Eine ordentliche Kapitalerhöhung kommt jedenfalls aus tatsächlichen Gründen nicht in Betracht, um die Rechte der neuen Aktionäre aus dem Zeichnungsvertrag zu erfüllen. Dass es dem Vorstand gelingt, eine entsprechende Bewilligung der Hauptversammlung zu erwirken, ist nicht hinreichend abgesichert. Emittiert eine Bank den CoCo-Bond, steht auch Art. 54 Abs. 6 S. 1 CRR einer ordentlichen Kapitalerhöhung nach Eintritt des *Trigger Events* entgegen, denn nach dieser Vorschrift muss die Emittentin jederzeit die Umwandlung durch „genehmigtes Stammkapital“[948] gewährleisten können. Insofern erweist sich diese Kapitalmaßnahme als untauglich für die Absicherung von CoCo-Bonds.

Ausgeschlossen ist außerdem die Absicherung der Umwandlung mit genehmigtem Kapital i.S.d. § 202 AktG, denn diese Möglichkeit kann lediglich für einen Zeitraum von fünf Jahren nach Beschlussfassung (§ 202 Abs. 2 S. 1 AktG) gewährt werden und steht damit im Widerspruch zur unbegrenzten Laufzeit von AT1-CoCos gem. Art. 52 Abs. 1 lit. g CRR.

In Betracht kommt vielmehr die bedingte Kapitalerhöhung. Sie erfordert gem. § 192 Abs. 1 AktG ebenfalls einen Hauptversammlungsbeschluss. Das gilt wegen der Ähnlichkeit der Transaktionsstruktur zur Wandelanleihe und den identischen Interessenlagen ebenso für die alten CoCo-Bonds. Die bedingte Kapitalerhöhung ist gem. § 192 Abs. 2 Nr. 1 AktG i.V.m. § 221 Abs. 1 S. 1 Alt. 1 AktG jedenfalls für seit dem 31. Dezember 2015 emittierte CoCos zulässig. Sowohl § 192 Abs. 3 S. 3 AktG als auch § 192 Abs. 3 S. 4 AktG gehen davon aus, dass CoCo-Bonds Wandelschuldverschreibungen sind, die Umtauschrechte gewähren und für deren Gewährung i.V.m. § 192 Abs. 2 Nr. 1 AktG eine bedingte Kapitalerhöhung zulässig ist.[949] Die Gesetzesmaterialien zeichnen das gleiche Bild.[950] Demzufolge besteht kein Zweifel daran, dass eine bedingte Kapitalerhöhung zur Absicherung der Umwandlung bei CoCo-Bonds zulässig ist und sich nach den Vorgaben des § 192 AktG richtet.[951]

---

948 Zur Begriffswahl und der Zulässigkeit von bedingtem Kapital entgegen dem Wortlaut der CRR *Bou Sleiman,* CoCo-Bonds, S. 158.

949 So auch sehr deutlich *Meyer/Weber,* CFL 2012, 249 (258 f.).

950 Vgl. Begründung zum RegE Aktienrechtsnovelle 2014, S. 30, http://www.bmjv.de/SharedDocs/Gesetzgebungsverfahren/Dokumente/GE_Aktienrechtsnovelle%202014.pdf?__blob=publicationFile&v=5 (Stand: 25.01.2016).

951 So im Ergebnis auch *Böhringer/Mihm/Schaffelhuber/Seiler,* RdF 2011, 48 (50); *Bou Sleiman,* CoCo-Bonds, S. 159 ff.; *Busch,* in: *Marsch-Barner/Schäfer,* § 44 Rn. 7; *Fuchs,* in: MüKo-AktG, § 192 Rn. 10a und 10b; Hölters/*Apfelbacher/Niggemann,* § 192 Rn. 25a und 25b; *Hüffer/Koch,* § 192 Rn. 9a; *Meyer/Weber,* CFL 2012, 249 (258 f.); *Nodoushani,* ZBB 2011, 143 (145 f.); *ders.,* Börsen-Zeitung v. 21.11.2015, S. 9; *Rieckers,*

Vieles spricht dafür, dass auch für die Absicherung der Wandlung alter CoCo-Bonds die Nutzung von bedingtem Kapital bereits zulässig war. Für die Zulässigkeit streitet zunächst, dass die Regelungen des § 221 Abs. 1 S. 1 Alt. 1 AktG über Wandelanleihen analog auf die alten CoCo-Bonds anzuwenden sind. Demzufolge wäre es konsequent, auch die Vorschriften über die Absicherung der Aktienausgabe mithilfe von bedingtem Kapital analog anzuwenden. Laut § 192 Abs. 2 Nr. 1 AktG ist eine bedingte Kapitalerhöhung u.a. zulässig, um die Gewährung von Umtauschrechten aus Wandelschuldverschreibungen abzusichern. Dem ließe sich jedoch entgegenhalten, dass § 192 AktG, der die Voraussetzungen für die Erhöhung des Grundkapitals mit bedingtem Kapital normiert, diejenigen Fälle in Absatz 2 abschließend aufzählt, für die bedingtes Kapital in Betracht kommt.[952] Auf die alten CoCo-Bonds fand zwar § 221 AktG entsprechende Anwendung, das macht sie jedoch weder i.S.d. § 221 AktG a.F. noch i.S.d. § 192 AktG a.F. zu Wandelschuldverschreibungen. Allerdings ist eine analoge Anwendung des § 192 AktG dennoch gerechtfertigt, wenn die Analogievoraussetzungen erfüllt sind, insbesondere wenn der Zweck der konkreten bedingten Kapitalerhöhung einem der in § 192 Abs. 2 AktG ausdrücklich geregelten Zwecke ähnlich ist.[953]

Die Ähnlichkeit besteht hier zur klassischen Wandelanleihe mit ausschließlichem Wandlungsrecht des Inhabers, bei der – wie auch bereits bei alten CoCo-Bonds – eine Umwandlung von Fremd- in Eigenkapital stattfindet. Weder für die Gesellschaft noch für ihre Aktionäre ergibt sich aus der automatischen Wandlung beim Eintritt eines vorher definierten Ereignisses ein sachlicher Unterschied zur Ausübung eines mit einer Wandelanleihe verbundenen Wandlungsrechts.[954] Demzufolge liegt eine den Wandelanleihen i.S.d. § 221 Abs. 1 S. 1 Alt. 1 AktG vergleichbare Interessenlage vor.[955]

§ 192 Abs. 3 S. 1 AktG beschränkt das Volumen einer bedingten Kapitalerhöhung zur Absicherung von Rechten aus Wandelanleihen auf 50% des zur Zeit der Beschlussfassung vorhandenen Grundkapitals. Diese Beschränkung galt jedenfalls für vor der Aktienrechtsnovelle begebene CoCos. Der neue § 192 Abs. 3 S. 4

---

in: *Spindler/Stilz*, § 192 Rn. 29c; *Scholz*, in: MünchHdbGesR, Bd. IV, § 64 Rn. 55; *Singhof*, FS Hoffmann-Becking (2013), S. 1163.

952 So grundsätzlich die ganz herrschende Meinung, vgl. *Fuchs*, in: MüKo-AktG, § 192 Rn. 36; *Hüffer/Koch*, § 192 Rn. 8; *Rieckers*, in: *Spindler/Stilz*, § 192 Rn. 25.

953 *Fuchs*, in: MüKo-AktG, § 192 Rn. 37; *Hüffer/Koch*, § 192 Rn. 8; *Rieckers*, in: *Spindler/Stilz*, § 192 Rn. 25.

954 *Bou Sleiman*, CoCo-Bonds, S. 159.

955 So auch *Bou Sleiman*, CoCo-Bonds, S. 159; *Rieckers*, in: *Spindler/Stilz*, § 192 Rn. 29c.

AktG sieht von dieser Beschränkung eine Ausnahme vor, sofern die Gesellschaft ein Institut i.S.d. § 1 Abs. 1b KWG ist und ihr ein Umtausch zur Erfüllung bankaufsichtsrechtlicher oder zum Zweck der Restrukturierung oder Abwicklung erlassener Anforderungen ermöglicht werden soll. Dabei handelt es sich um CoCo-Bonds, die den Anforderungen des Art. 52 CRR oder des SAG genügen.[956] Damit ist die Absicherung von CoCo-Bonds neueren Datums mit bedingtem Kapital für Banken nicht mehr im Umfang beschränkt. CoCos werden für Banken damit noch attraktiver.[957] § 192 Abs. 3 S. 3 AktG sieht eine weitere Ausnahme vor, sofern der Gesellschaft ein Umtausch ermöglicht werden soll, zu dem sie für den Fall ihrer drohenden Zahlungsunfähigkeit oder zum Zweck der Abwendung einer Überschuldung berechtigt ist.[958] Diese Norm ermöglicht es insbesondere Aktiengesellschaften außerhalb des Finanzsektors, CoCos in größerem Umfang zu begeben.[959]

## 5.IV. Ausschluss des Bezugsrechts der Aktionäre

### A. Interesse am Bezugsrechtsausschluss

Die Emission von CoCo-Bonds verschafft den Gläubigern eine Position, die die Aussicht auf eine Mitgliedschaft verkörpert. Die Neubegründung von Mitgliedschaftsrechten durch eine Kapitalerhöhung verwässert zwar bei Ausgabe zum aktuellen Wert nicht den Wert der alten Aktien, geht jedoch mit einer Verwässerung des Einflusses einher.[960] Um den Aktionären ein wirksames Mittel gegen die Einflussverwässerung zu bieten, normiert § 186 Abs. 1 S. 1 AktG ein Bezugsrecht der Altaktionäre. Bei einer Kapitalerhöhung bekommen sie somit die Möglichkeit, einen Anteil der neu emittierten Aktien zu erwerben, sodass ihr erhöhter Aktienbesitz den schon vor der Kapitalerhöhung gehaltenen Anteil am Grundkapital repräsentiert.[961] Durch Zukauf neuer Aktien wird die Verwässerung ausgeglichen. Dieses Bezugsrecht bietet sich bei einer Kapitalerhöhung aufgrund

956 Vgl. Begründung zum RegE Aktienrechtsnovelle 2014 (o. Fn. 950), S. 30.

957 *Nodoushani,* WM 2016, 589 (593).

958 Vgl. Begründung zum RegE Aktienrechtsnovelle 2014 (o. Fn. 950), S. 30. CoCo-Bonds, die den Anforderungen an AT1-Instrumente entsprechen, sind davon nicht erfasst, da sie durch ihre Umwandlung eine drohende Zahlungsunfähigkeit oder eine Überschuldung nicht abwenden können, vgl. Kap. 1.II., S. 36.

959 *Florstedt,* ZHR 180 (2016), 152 (157).

960 Siehe zum Unterschied zwischen Wert- und Einflussverwässerung *Bader,* AG 2014, 472 (485).

961 *Habersack,* in: MüKo-AktG, § 221 Rn. 162.

von Wandlungsrechten nicht an, da nach dem Idealbild der Wandelanleihe die Gläubiger ihre Anleihe in Aktien wandeln. Es entstehen bei der Umwandlung gar keine überschüssigen Aktien, die die Altaktionäre beziehen könnten. Dementsprechend erklärt § 221 Abs. 4 AktG, dass den Altaktionären ein dem Bezugsrecht auf neue Aktien i.S.d. § 186 AktG entsprechendes Recht zum Bezug von Wandelanleihen zusteht. Es handelt sich gewissermaßen um eine Vorverlagerung des Bezugsrechts.[962]

Aufgrund der (entsprechenden) Anwendbarkeit des § 221 AktG auf die Emission von CoCo-Bonds ist auch in diesem Falle den Altaktionären anteilig ein Bezugsrecht auf die CoCos zu gewähren. Es richtet sich entsprechend nach den Vorgaben des § 186 AktG.[963]

In der Rechtspraxis ist es aber häufig aus verschiedenen Gründen erwünscht, das Recht der Altaktionäre auf Bezug der neu emittierten Instrumente auszuschließen. Es geht dabei nicht um den Ausschluss des Rechts auf Bezug von Aktien, sondern bereits im Vorfeld um den Ausschluss des Rechts auf Bezug der Anleihe, die später zu einem Aktienbezug führen kann. § 221 Abs. 4 AktG i.V.m. § 186 Abs. 4 AktG bietet die Möglichkeit, das Recht der Aktionäre auf den Bezug der Anleihe auszuschließen. Interessant kann ein solcher Ausschluss für den Emittenten sein, um die Komplexität und damit die Kosten einer Bezugsrechtstransaktion zu vermeiden.[964] Steht den Aktionären ein Recht zum Bezug der CoCos zu, so muss ihnen gem. § 186 Abs. 1 S. 2 AktG eine mindestens zweiwöchige Frist zur Ausübung dieses Rechts eingeräumt werden. Wie viele Aktionäre von ihrem Recht Gebrauch machen und wie viele Bonds im Anschluss noch zur Ausgabe über die Kapitalmärkte zur Verfügung stehen, lässt sich im Voraus schwer einschätzen und birgt Unsicherheiten in sich.[965] Insbesondere bei einer Platzierung an institutionelle Investoren ist der Ausschluss des Bezugsrechts der Aktionäre attraktiv.[966] Bei einer solchen Transaktion (Privatplatzierung) werden im Vorfeld die Spezifikationen der Emission inklusive der Ausgabemenge der Bonds vereinbart. Würden Altaktionäre in dieser Konstellation ein Bezugsrecht geltend machen, könnte die AG nicht alle Instrumente an den institutionellen Investor ausgeben und dementsprechend die Vereinbarungen aus der Transaktion nicht erfüllen. Des Weiteren ermöglicht eine Privatplatzierung den Verzicht

---

962 *Wiedemann*, in: Großkomm-AktG, § 186 Rn. 157.

963 So im Ganzen auch *Bou Sleiman*, CoCo-Bonds, S. 144.

964 So *Bader*, AG 2014, 472 (485).

965 Vgl. *Bader*, AG 2014, 472 (484).

966 *Seiler*, in: *Spindler/Stilz*, § 221 Rn. 85.

auf einen Prospekt bei der Emission, was ohne Bezugsrechtsausschluss nicht möglich wäre.[967] Dementsprechend ist schon bei herkömmlichen Wandelanleihen der Ausschluss des Bezugsrechts eher die Regel als die Ausnahme.[968] Da bereits CoCos privatplatziert wurden[969], ist ein gleichlaufendes Interesse offensichtlich.

## B. Voraussetzungen eines Bezugsrechtsausschlusses

Der Ausschluss des Bezugsrechts muss den Anforderungen des § 186 Abs. 4 AktG genügen. Das gilt insbesondere für die formellen Voraussetzungen. Hinzu kommt nach allgemeiner Meinung die Notwendigkeit einer sachlichen Rechtfertigung,[970] obwohl sich eine solche Pflicht nicht explizit aus dem Gesetzeswortlaut ergibt. Das Aktiengesetz sieht in § 186 Abs. 4 S. 2 diesbezüglich lediglich eine Begründungspflicht vor. Die sachliche Rechtfertigung ist nach allgemeiner Ansicht auch für den Ausschluss des Bezugsrechts auf Wandelanleihen anwendbar.[971]

Dieser sachlichen Rechtfertigung bedarf es gem. § 186 Abs. 3 S. 4 AktG nur dann nicht[972], wenn es sich (1.) um eine Barkapitalerhöhung handelt, (2.) die Erhöhung 10% des Grundkapitals nicht übersteigt und (3.) der Ausgabebetrag den Börsenpreis nicht wesentlich unterschreitet, da in diesem Fall die Altaktionäre über den Kapitalmarkt zu gleichen wirtschaftlichen Konditionen ihre Beteiligungsquote erhalten könnten.[973]

Ob der Ausgabebetrag den Börsenwert nicht wesentlich unterschreitet, hängt von den konkreten Ausgestaltungen des jeweiligen CoCo-Bonds ab. Es

---

967 *Seiler,* in: *Spindler/Stilz,* § 221 Rn. 50; *Singhof,* FS Hoffmann-Becking (2013), S. 1163 (1170 f.).

968 So auch *Bader,* AG 2014, 472 (484); *Seiler,* in: *Spindler/Stilz,* § 221 Rn. 50.

969 Vgl. dazu o. Kap. 2.IV., S. 111.

970 BGHZ 71, 40 (43 ff.); OLG München AG 1991, 210 (211); OLG München ZIP 2009, 718 (720 f.); *Bader,* AG 2014, 472 (485); Hölters/*Apfelbacher/Niggemann,* § 186 Rn. 59 f.; *Hüffer/Koch,* § 186 Rn. 25; *Meyer/Weber,* CFL 2012, 249 (250); *Schürnbrand,* in: MüKo-AktG, § 186 Rn. 88; *Servatius,* in: *Spindler/Stilz,* § 186 Rn. 40.

971 *Habersack,* in: MüKo-AktG, § 221 Rn. 185; Hölters/*Haberstock/Greitemann,* § 221 Rn. 106; *Hüffer/Koch,* § 221 Rn. 42.

972 Vgl. zum „erleichterten" Bezugsrechtsausschluss *Bader,* AG 2014, 472 (485); Hölters/*Apfelbacher/Niggemann,* § 186 Rn. 75; *Hüffer/Koch,* § 186 Rn. 39a-g; *Meyer/Weber,* CFL 2012, 249 (250); *Schürnbrand,* in: MüKo-AktG, § 186 Rn. 88 und 127 ff.; *Servatius,* in: *Spindler/Stilz,* § 186 Rn. 61.

973 *Bader,* AG 2014, 472 (486).

sind jedenfalls Konstellationen denkbar, in denen die sogenannte Wertgleichheit nicht vorgesehen ist. Auch eine Beschränkung auf 10% des Grundkapitals kommt nicht bei jeder CoCo-Emission in Betracht. Daraus kann sich das Bedürfnis ergeben, die Bezugsrechte auszuschließen, obwohl ein erleichterter Ausschluss nicht in Betracht kommt. Demzufolge kann eine sachliche Rechtfertigung erforderlich werden.

Sachlich gerechtfertigt ist ein Bezugsrechtsausschluss, wenn er im Interesse der Gesellschaft liegt,[974] wenn er geeignet und erforderlich ist, um das angestrebte Ziel zu erreichen und wenn die Vorteile für die AG in einem angemessenen Verhältnis zu den Nachteilen der Aktionäre stehen.[975]

*Bou Sleiman* nimmt an, dass der Ausschluss von Bezugsrechten bei der Emission von CoCo-Bonds *immer* gerechtfertigt sei.[976] Gerade aus der Gefahr der Verwässerung ergebe sich aus CoCo-Bonds eine „Anreizsetzung zur Verbesserung der Marktdisziplin […].“[977] Die Altaktionäre sollten also das Management aus Angst vor einer Verwässerung ihrer Anteile zu erhöhter Marktdisziplin anhalten. Außerdem werde der Vorstand dazu angehalten, ein effektives Risikomanagementsystem zu schaffen und nachhaltig zu wirtschaften. Dadurch werde die Existenzfähigkeit der Gesellschaft gesichert.[978] Diese Anreizwirkung entfalle jedoch, wenn das Bezugsrecht nicht ausgeschlossen werde, da die Verwässerung dann nicht mehr gewiss sei. Allein daraus ergebe sich die sachliche Rechtfertigung für den Ausschluss.

Im Einzelnen wird folgendermaßen argumentiert: Nach dem Shareholder-Value-Ansatz sei davon auszugehen, dass die Verwässerungsgefahr den Vorstand zur Implementierung von Risikominderungssystemen veranlasse, sodass der Ausschluss des Bezugsrechts jedenfalls geeignet sei.[979] *Bou Sleiman* zieht die Erforderlichkeit des Bezugsrechtsausschlusses zur Erhaltung der Existenzfähigkeit der Gesellschaft zunächst in Zweifel, da es grundsätzlich unerheblich sei, durch wen das neue Kapital eingebracht wird.[980] Schlussendlich bejaht er

974 Hölters/*Apfelbacher/Niggemann*, § 186 Rn. 62; *Hüffer/Koch*, § 186 Rn. 26; *Schürnbrand*, in: MüKo-AktG, § 186 Rn. 97 ff.; *Servatius*, in: *Spindler/Stilz*, § 186 Rn. 43.

975 Hölters/*Apfelbacher/Niggemann*, § 186 Rn. 64; *Hüffer/Koch*, § 186 Rn. 28; *Schürnbrand*, in: MüKo-AktG, § 186 Rn. 103; *Servatius*, in: *Spindler/Stilz*, § 186 Rn. 49.

976 *Bou Sleiman*, CoCo-Bonds, S. 144 ff., der sogar fordert, dass das Bezugsrecht bei jeder Emission ausgeschlossen werden solle.

977 *Bou Sleiman*, CoCo-Bonds, S. 144.

978 *Bou Sleiman*, CoCo-Bonds, S. 146.

979 *Bou Sleiman*, CoCo-Bonds, S. 147.

980 *Bou Sleiman*, CoCo-Bonds, S. 148.

die Erforderlichkeit jedoch.[981] Als Begründung führt er an, dass Aktionäre eine Wandlung von CoCo-Bonds nicht fürchten würden, wenn sie selbst Gläubiger der Anleihe wären und eine Verwässerung ihres Stimmrechtsanteils bei Auslösen des *Trigger Events* nicht zu befürchten hätten.[982] Diese Ansicht überzeugt jedoch aus mehreren Gründen nicht.

Zunächst werden keine Anhaltspunkte dafür genannt, warum ausgerechnet die Emission von CoCos mit Ausschluss des Bezugsrechts das einzige Mittel sei, um die Existenz der AG abzusichern. Der Vorstand ist schon allein ohne besondere Anreize dem Unternehmensinteresse verpflichtet, §§ 76 Abs. 1, 91 Abs. 2 und 93 AktG. Des Weiteren existieren verschiedene nichtgesetzliche Anreizmodelle für den Vorstand, um das Unternehmensinteresse zu wahren. Besonders praxisrelevant sind dabei variable Vergütungen (Bonussysteme). Insbesondere ist es darüber hinaus nicht überzeugend, dass Altaktionäre, wenn sie zugleich CoCo-Inhaber sind, die Umwandlung nicht fürchten würden. Durch die Umwandlung wird die Haftungsbasis der AG verbreitert und die ehemaligen Gläubiger werden zu Gesellschaftern. Handelt es sich bei den Gläubigern bereits um Gesellschafter, so wandelt sich ihre Forderung, hinsichtlich derer sie grundsätzlich auf Rückzahlung gehofft hatten. Die Umwandlung wirkt dann wie eine klassische Kapitalerhöhung durch Altaktionäre. Wirtschaftlich lässt sich das mit einer bedingten und begrenzten *Nachschusspflicht* der Altaktionäre vergleichen. Auch damit kann ein Anreiz des Managements gesetzt werden, die Umwandlung zu verhindern, denn eine Nachschussverpflichtung ist in der Regel, auch wenn sie begrenzt ist, unerwünscht. Das gilt insbesondere dann, wenn die Kapitalerhöhung nicht erfolgt, um neue Geschäftschancen zu nutzen, sondern um angefallene Verluste auszugleichen. Sie unterscheidet sich somit im Anreiz kaum von der Angst vor Verwässerung. Bei entsprechender Ausgestaltung wird den Altaktionären sogar die Möglichkeit genommen, Verluste auf Dritte abzuwälzen. Demzufolge ist der Bezugsrechtsausschluss bei CoCo-Bonds nicht *per se* gerechtfertigt.

Stattdessen bedarf der Ausschluss weiterhin einer Einzelfallprüfung und -rechtfertigung. Sie wird jedoch in der Regel jedenfalls bei Privatplatzierungen gelingen, denn andernfalls wäre das Finanzierungsziel konkret gefährdet.[983] In

---

981 *Bou Sleiman,* CoCo-Bonds, S. 149.

982 Ebda.

983 Vgl. zur Zulässigkeit des Bezugsrechtsausschlusses wegen Erleichterung der Fremdkapitalaufnahme durch Wandelanleihen *Seiler,* in: *Spindler/Stilz,* § 221 Rn. 88.

Betracht kann auch kommen, dass der mögliche Sanierungszweck den Bezugsrechtsausschluss rechtfertigt.[984]

## 5.V. Die Emission von CoCo-Bonds nach schweizerischem Recht

Hinsichtlich der Emission von CoCo-Bonds lohnt sich erneut ein Blick in die Schweiz. Dem dortigen Gesetzgeber ist eine bemerkenswert klar und deutlich geregelte gesellschaftsrechtliche Grundlage für die Emission von CoCo-Bonds gelungen, die ohne Analogiebildungen auskommt. Das ist der Rechtssicherheit zuträglich.

Wesentliche Teile des schweizerischen Gesellschaftsrechts finden sich im fünften Teil des *Bundesgesetzes betreffend die Ergänzung des Schweizerischen Zivilgesetzbuches* (*Obligationenrecht,* OR). In den Art. 620–763 OR ist das Recht der Aktiengesellschaft normiert. Art. 653 OR sieht die Möglichkeit der Generalversammlung (entspricht der Hauptversammlung nach deutschem Recht) vor, eine *bedingte Kapitalerhöhung* zu beschließen, die zur Erfüllung von Ansprüchen aus Wandelrechten dient. Im schweizerischen Recht sind die Vorschriften über das bedingte Kapital nicht direkt auf CoCo-Bonds anwendbar, Art. 13 Abs. 8 BankG. Jedoch wäre auch hier eine analoge Anwendung denkbar.[985] Der Gesetzgeber hat jedoch einen anderen Weg gewählt und gem. Art. 11 Abs. 1 lit. b BankG explizit für CoCo-Bonds eine neue Form von Kapital geschaffen, das neben die herkömmlichen Kapitalbeschaffungsmaßnahmen tritt und die Bezeichnung *Wandlungskapital* trägt. Zentraler Grund dafür ist, dass sich bedingtes Kapital i.S.d. Art. 653 OR für die Absicherung von CoCos als ungeeignet erweist, da es wie im deutschen Recht maximal zu 50% des vorhandenen Grundkapitals genehmigt werden kann.[986] Weil es sich aus schweizerischer Sicht bei CoCo-Bonds insbesondere um Instrumente zur Bankenfinanzierung handelt, finden sich die gesellschaftsrechtlichen Grundlagen des neuen Kapitals im BankG. In Art. 13 Abs. 1 S. 1 BankG heißt es:

> *„Die Generalversammlung kann eine bedingte Erhöhung des Aktien- oder des Partizipationskapitals beschliessen, indem sie in den Statuten festlegt, dass sich die Forderungsrechte aus Pflichtwandelanleihen beim Eintritt des auslösenden Ereignisses in Aktien oder Partizipationsscheine wandeln."*

---

984 Vgl. dazu *Hüffer/Koch,* § 186 Rn. 31.

985 Siehe dazu ausführlich *Bösch/Leisinger,* SZW 2012, 2 (7–14).

986 Vgl. *Bösch/Leisinger,* SZW 2012, 2 (6).

Gemäß Art. 13 Abs. 8 BankG kommen die Vorschriften des Obligationenrechts explizit nicht zur Anwendung (mit Ausnahme dreier anwendbarer Vorschriften, vgl. Art. 13 Abs. 8 litt. a-c BankG). Der Beschluss zur Einführung von Wandlungskapital bedarf – im Gegensatz zur Einführung von bedingtem Kapital – lediglich einer einfachen Mehrheit in der Generalversammlung, Art. 13 Abs. 1 BankG i.V.m. Art. 653 Abs. 1 OR. Als Begründung verweist der schweizerische Bundesrat darauf, dass CoCo-Bonds Bestandteil des schweizerischen Aufsichtskonzepts sind und daher der Stabilisierung des Finanzsystems dienen.[987] Im Übrigen folgen die Vorgaben zum Wandlungskapital weitgehend den Grundsätzen zum bedingten Kapital.[988]

Dem schweizerischen Gesetzgeber ist also nicht nur die aufsichtsrechtliche Anerkennung gelungen, sondern auch die gesellschaftsrechtlichen Grundlagen wurden in weiten Teilen klar und deutlich formuliert.

---

987 *Bundesrat* (Schweiz) (o. Fn. 65), S. 4774 f.

988 Siehe zum Ganzen *Bösch/Leisinger*, SZW 2012, 2 (14–21).

# Kapitel 6 Die Zukunft von CoCo-Bonds

## 6.I. CoCo-Bonds als Grundlage neuer Finanzierungsinstrumente

Die Aktienrechtsnovelle 2016 hat für die Emissionspraxis von CoCo-Bonds bedeutende Rechtssicherheit geschaffen. Gleiches gilt für die Stellungnahme des BMF. Während die bisherigen Emissionen von CoCo-Bonds deutscher Emittenten auf *Writedown*-Bonds beschränkt blieben, werden sich die jüngeren Entwicklungen auf zukünftige deutsche CoCo-Bonds auswirken. Entsprechende Anleihen mit Umwandlungsmechanismus sind zu erwarten.

Zumindest im Bankensektor ist mit darüber hinausgehenden Abwandlungen jedoch kaum zu rechnen. Grund dafür sind die geringen Gestaltungsspielräume, die den Banken durch die CRR belassen werden. Die ausdifferenzierten Regelungen lassen in Grundsätzen nur wenige Modifikationen zu. Diskutiert werden z. B. sogenannte *Call Option Enhanced Reverse Convertibles* (COERCs).[989] Es handelt sich dabei um CoCo-Bonds, die (1.) einen marktwertorientierten *Trigger* besitzen, die (2.) zu Lasten der Altaktionäre gewandelt werden (*fixed share conversion*, bei der der Gesamtnennwert der auszugebenden Aktien dem Nennwert der CoCo-Bonds zumindest nahe kommt, sodass die Altaktionäre eine starke Verwässerung trifft) und die (3.) den Altaktionären ein Bezugsrecht auf die neuen Aktien einräumen, um die Verwässerung zu vermeiden. Hintergrund dieser Ausgestaltungsform ist es, das Verwässerungsproblem der Altaktionäre abzuschwächen.[990] Da sie jedoch ausschließlich an einen marktwertbasierten *Trigger* anknüpfen, sind sie wegen Art. 54 Abs. 1 lit. a CRR nicht als AT1-Instrumente nutzbar. Allerdings könnten COERCs auch mit einem bilanzwertorientierten *Trigger* ausgestattet werden. Ein COERC mit einem Nennwert i.H.v. 100.000 € könnte bei Unterschreiten einer CET1-Quote von 5,125% in 100.000 Aktien im Nennwert von jeweils einem Euro umgewandelt werden. Stünde bei der Umwandlung der Aktienkurs bei einem Euro pro Aktie, dann könnten sich die Altaktionäre ohne wirtschaftliche Nachteile am Markt mit Aktien eindecken, um ihren Anteil anzugleichen. Bei einem Aktienkurs von zwei Euro wäre das jedoch nicht möglich. Sie hätten dann ein Interesse daran, zu den Konditionen ihren Anteil aufzustocken, zu denen auch die Bondgläubiger neue Anteile

989 Vgl. *Pennacchi/Vermaelen/Wolff* (o. Fn. 248), S. 3 f.

990 *Rudolph*, in: *Groß/Pfingsten* (o. Fn. 50), S. 97 (116).

beziehen. COERCs würden den Altaktionären diese Möglichkeit einräumen. Sie müssten dazu in den Anleihebedingungen eine sogenannte *Buy-back Option* zugunsten der Altaktionäre enthalten.[991] Es handelt sich dabei um ein Recht auf Bezug der COERCs zum Nominalwert.[992] Die Altaktionäre würden die COERCs in einem ersten Zwischenschritt übernehmen und in einem zweiten Schritt die anschließend im Umtausch gegen die COERCs ausgegebenen Aktien erhalten.[993] Mit einer sofortigen Umwidmung des Nennbetrags in Eigenkapital wäre diese Konstruktion nicht vereinbar. Nichtsdestotrotz kann sie mit den Vorgaben der CRR kompatibel sein. Die Anleihebedingungen müssten enthalten, dass der Nennbetrag in einem festgesetzten Zeitraum nach Bekanntgabe des Bedingungseintritts umgewidmet wird. Der Zeitraum, innerhalb dessen eine Umwandlung zwingend erfolgen muss, beträgt gem. Art. 54 Abs. 5 lit. c CRR einen Monat. Ein längeres Aufschieben der Umwandlung disqualifiziert das Instrument als AT1-*Capital*. Auch die EBA diskutiert eine solche Gestaltung unter der Bezeichnung *Pre-emption right for shareholders*.[994] Nach anfänglichen Vorbehalten hält sie derartige Vertragsbestimmungen nunmehr für zulässig.[995] Wirtschaftlich ähnelt die Konstruktion dem Recht der Altaktionäre auf Bezug der Anleihe gem. § 221 Abs. 4 S. 1 AktG bei Emission des Instruments.

Denkbar sind auch *Convertible Contingent Convertible Bonds* (CoCoCos).[996] Dabei handelt es sich um CoCos, die auch den Investoren ein Wandlungsrecht geben. Sie können damit von einem Aufwärtspotential profitieren[997], was den CoCo-Bonds zu zusätzlicher Marktakzeptanz verhelfen kann. Der Preis für dieses zusätzliche Wandlungsrecht der Gläubiger ist jedoch, dass die entsprechenden Instrumente nicht mehr als AT1-Instrumente anerkannt werden können, da die Wandlungsoption der Gläubiger mit Art. 52 Abs. 1 lit. h CRR unvereinbar ist. Gleiches gilt für die Anerkennung als Ergänzungskapital (Art. 63 lit. i CRR). Zumindest ein CoCoCo-Bond wurde in der Vergangenheit bereits begeben. Es

---

991 *Rudolph*, in: *Groß/Pfingsten* (o. Fn. 50), S. 97 (116).

992 Ebda.

993 Ebda.

994 *EBA*, Report on the monitoring of Additional Tier 1 (AT1) instruments of EU institutions, Second update (11.07.2016), S. 9 f., https://www.eba.europa.eu/documents/10180/1360107/EBA+draft+report+on+AT1+templates+-+June+2016.pdf (Stand: 22.10.2018).

995 *EBA*, a.a.O., S. 10.

996 Vgl. *Berndt/Vollmar/Becker*, Der Schweizer Treuhänder 2012, 125 (130).

997 *Berndt/Vollmar/Becker*, Der Schweizer Treuhänder 2012, 125 (130); *Dügi/Good*, Schweizer Personalvorsorge 7/2011, 60 f.

handelte sich um die CECS der *Bank of Cyprus*, die im Mai 2011 emittiert wurden.[998] Diese Anleihe sah nicht nur eine Wandlung bei Erreichen des *Trigger Events* vor, sondern ebenfalls eine Wandlung auf Wunsch der Gläubiger.[999] Dass die Anleihe ein solches Wandlungsrecht der Bondinhaber vorsah, mag verwundern. Laut Art. 52 Abs. 1 lit. i CRR kann eine Bank ein solches Wandlungsrecht nicht einräumen, sofern das Instrument als AT1-Bestandteil gelten soll. Die CECS wurden jedoch bereits vor Veröffentlichung und vor Inkrafttreten der CRR begeben. Die Geschichte der *Bank of Cyprus* hat anschließend auch gezeigt, dass CoCos nicht mit einem Wandlungsrecht der Inhaber ausgestattet sein sollten, da sonst das Zustimmungserfordernis der Aufsichtsbehörde (Art. 77 lit. b CRR) umgangen werden kann. Insofern dürften CoCoCos zukünftig lediglich für Emittenten in Betracht kommen, die nicht in den Anwendungsbereich der CRR fallen.

Ebenfalls überlegenswert ist die Einführung von Anleihen, die als bedingte CoCos fungieren. In der Literatur wird vereinzelt das Problem gesehen, dass CoCo-Bonds mit einem Umwandlungsmechanismus nur ein einziges Mal umgewandelt werden können und anschließend zwar als CET1-*Capital* zur Verfügung stehen, aber als Rekapitalisierungsinstrument verbraucht sind.[1000] Kommt es vor der Emission neuer CoCos zu einer erneuten Krise oder verstärkt sich die Krise, die schon zur Wandlung der alten CoCos geführt hat, stehen keine hybriden Instrumente mehr zur Verfügung, die bei Fortführung des Geschäftsbetriebs noch Verluste auffangen könnten. Allein *gone-concern*-Instrumente können den Staat unter diesen Umständen noch vor dem *Bail-out* bewahren, sofern diese in ausreichendem Maße zur Verfügung stehen. Eine Lösung könnten hier Bonds sein, die mit einer gleichsam doppelten Bedingung ausgestattet sind. Zu denken ist an Anleihen, die zunächst keine Wandlung bei Erreichen des *Triggers* vorsehen, sondern stattdessen als normale Schuldverschreibung oder als Wandelanleihe mit Wandlungsrecht des Gläubigers begeben werden. Im Gegensatz zur Lösung mit CoCos mehrerer Tranchen[1001] enthalten sie damit zunächst kein unmittelbares Wandlungsrisiko des Inhabers und könnten damit am Markt auf entsprechend größere Akzeptanz stoßen. Das im Vergleich zu CoCos geringere Risiko würde den Emittenten finanziell weniger belasten. Gleichzeitig müssen vom Emittenten klassische CoCos mit Umwandlungsmechanismus oder aber

998 Siehe dazu ausführlich o. Kap. 2.II., S. 95 f.

999 *Bank of Cyprus* (o. Fn. 404), S. 21.

1000 Vgl. *Zähres* (o. Fn. 57), S. 17 (Infokästchen links vom Haupttext).

1001 Vgl. dazu o. Kap. 4.II.C.a., S. 203.

*Writedown*-Bonds begeben worden sein. Wird der *Trigger* dieser ersten CoCo-Tranche erreicht, so würden die bedingten CoCo-Bonds aufgrund einer in den Anleihebedingungen enthaltenen aufschiebenden Bedingung zu CoCo-Bonds umfunktioniert, die bei Unterschreiten einer festgesetzten Eigenkapitalquote als CoCo-Bonds fungieren.

Man könnte die hier vorgeschlagenen Instrumente als *Contingent Hybrid Bonds* (CoHy-Bonds) oder auch als *Contingent Convertible Bonds zweiter Ordnung* bezeichnen, die beim Verbrauchen von CoCo-Bonds als solche nachrücken. Es handelt sich der Sache nach im Ernstfall um einen *Debt-Equity-Swap*, dem ein *Debt-Mezzanine-Swap*[1002] vorausgegangen sein würde. Freilich könnten diese CoHy-Bonds zunächst nicht zur Erfüllung aufsichtsrechtlicher Eigenkapitalanforderungen dienen, sie würden aber bei Umwandlung zu CoCo-Bonds als AT1-Instrumente gelten und damit (1.) nicht als Verbindlichkeit zum Überschuldungsstatus beitragen und (2.) womöglich die Refinanzierungskosten des Emittenten senken, da im Fall der Umwandlung von klassischem Fremdkapital zu Hybridkapital die potentielle Haftungsbasis verbreitert würde. Ein solches Instrument verdient weitere Aufmerksamkeit und könnte unter Umständen zur Stabilisierung der Finanzmärkte beitragen, da sich Emittenten von CoCos und von auf diese erste CoCo-Tranche bezugnehmenden CoHy-Bonds als besonders abgesicherte Marktakteure mit gleichsam doppeltem Auffangnetz präsentieren könnten. Sollte der Kapitalpuffer für global systemrelevante Institute i.S.d. § 10f KWG doch noch in Form von AT1-Instrumenten vorgehalten werden dürfen, dann könnten diese CoHy-Bonds auch dazu beitragen, dass der Puffer nach Eintritt eines Umwandlungsereignisses wieder aufgefüllt wird.[1003] Damit kann eine mehrfache wirtschaftliche Entlastung erreicht werden. Zusätzlicher Vorteil dieser CoHy-Bonds wäre, dass sie, während sie noch nicht als AT1-Instrumente zur Verfügung stehen, auch die Geschäftschancen und damit die übermäßige Kreditvergabe des Emittenten nicht unterstützen würden. Unter diesen Voraussetzungen müssen freilich andere Anreize für Aktiengesellschaften geschaffen werden, um CoHy-Bonds zu emittieren.

Abgesehen von diesen Denkmodellen sind kaum weitere Ausgestaltungsformen von CoCo-Bonds zu erwarten. Die Modifikationen werden sich auf die genaue Ausgestaltung des *Triggers* und die Umwandlungsquote beschränken. Abseits dieser Modifikationsmöglichkeiten belässt die CRR den

---

1002 Vgl. dazu *Oelke/Wöhlert/Degen*, BB 2010, 299 (301).

1003 Vgl. zur „Puffer vom Puffer"-Problematik *Zähres* (o. Fn. 57), S. 17 (Infokästchen links vom Haupttext).

Marktteilnehmern nur wenig Spielraum für Veränderungen. Nichtsdestotrotz werden auch die Eigenmittelanforderungen weiterhin Entwicklungen unterworfen bleiben. Zukünftige Erfahrungen könnten ein Regelwerk Basel IV erforderlich machen, vor dessen Hintergrund die Chancen von CoCo-Bonds und möglichen Abwandlungen unter Umständen neu zu bewerten wären. Insofern sollte man die schweizerischen Anforderungen im Auge behalten, denn sie könnten als Referenz dienen. Höhere Anforderungen mit einem verstärkten Fokus auf CoCo-Bonds sind in der Schweiz bereits absehbar und können daher auch außerhalb des Landes nicht ausgeschlossen werden.

Erste Bestrebungen der Gesetzgeber in diese Richtung zeichnen sich bereits ab. Die G20-Staaten haben dem *Financial Stability Board* bei ihrem Gipfel in St. Petersburg im Jahr 2013 den Auftrag erteilt, Vorschläge zur Angemessenheit von verlustabsorbierendem Kapital global systemrelevanter Finanzinstitute zu entwerfen.[1004] Im Kern geht es um zusätzliche Kapitalanforderungen an G-SIBs, die unter dem Begriff *Total Loss-Absorbing Capacity* (TLAC) zusammengefasst werden. Sie sollen der effektiven Abwicklung dienen, wenn die *Bail-in*-Instrumente des SAG zur Abwendung staatlicher Unterstützungsmaßnahmen nicht ausreichen.[1005] Das zusätzliche Kapital steht damit als Mittel zur Verfügung, das Gegenstand eines hoheitlich angeordneten *Bail-ins* werden kann. Es handelt sich damit um *gone-concern*-Kapital.[1006] Dazu ist eine zusätzliche Unterlegung der RWAs mit 16% TLAC-Kapital ab 1. Januar 2019 und mit 18% TLAC-Kapital ab 1. Januar 2022 vorgesehen.[1007] Die Kapitalpuffer nach Basel III sollen zusätzlich vorzuhalten sein.[1008] Bezogen auf die Gesamtaktiva soll die TLAC-Quote bei 6% (1. Januar 2019) bzw. 6,75% (1. Januar 2022) liegen.[1009] Aus dem Abschlussvorschlag des FSB ist bereits erkennbar, dass nicht nur hartes Kernkapital zur Erfüllung der zusätzlichen Anforderungen genutzt werden darf, sondern wohl auch Instrumente, deren Voraussetzungen von CoCo-Bonds erfüllt werden.[1010]

1004 *Financial Stability Board*, Principles on Loss-absorbing and Recapitalisation Capacity of G-SIBs in Resolution, Total Loss-absorbing Capacity (TLAC) Term Sheet, 9. November 2015, S. 3, http://www.fsb.org/wp-content/uploads/TLAC-Principles-and-Term-Sheet-for-publication-final.pdf (Stand: 20.10.2018).

1005 *Bauer/Werner*, WM 2015, 1135.

1006 Vgl. u. Kap. 6.II., S. 247.

1007 *Financial Stability Board* (o. Fn. 1004), S. 10.

1008 Ebda.

1009 Ebda.

1010 *Financial Stability Board* (o. Fn. 1004), S. 11.

Das TLAC-Konzept folgt dem oben erwähnten „*Emittiere in der Zeit, so hast du in der Not!*"-Grundsatz, indem TLAC jederzeit ausreichend vorhanden sein muss[1011]:

> „*The [TLAC-] term sheet […] defines a requirement for instruments and liabilities that should be readily available for bail-in within resolution of G-SIBs […].*"[1012]

Noch ungeklärt ist, in welcher Gestalt die zusätzlichen Anforderungen Eingang in die Gesetzeslandschaft finden sollen. Geplant ist eine Ergänzung der BRRD[1013] mit der Folge, dass das SAG entsprechend anzupassen sein wird.[1014] Entsprechende Aktualisierungen in der CRR oder in der CRD-IV und damit im KWG müssten folgen. Eine ähnliche Kapitalanforderung ist in Art. 45 BRRD bereits enthalten. Sie beschränkt sich jedoch nicht auf *G-SIBs*, sondern ist auf alle der BRRD unterworfenen Institute anzuwenden.[1015] Es handelt sich um das *Minimum Requirement for Eligible Liabilities* (MREL). Die Umsetzung erfolgte in § 49 SAG. MREL ist im Gegensatz zu TLAC nicht von den risikogewichteten Aktiva abhängig. Die Eigenmittel und die *Bail-in*-fähigen Verbindlichkeiten müssen stattdessen einen bestimmten Anteil der gesamten Eigenmittel und Gesamtverbindlichkeiten ausmachen, Art. 45 Abs. 1 S. 2 BRRD. Verbindlichkeiten gelten nur dann als berücksichtigungsfähig i.S.d. Vorschrift, wenn sie die sich aus Art. 45 Abs. 4 BRRD ergebenden materiellen Voraussetzungen erfüllen. Die Höhe des MREL wird in Deutschland von der BaFin festgelegt.[1016] Die Kriterien, nach denen die MREL-Höhe bestimmt wird, ergeben sich aus Art. 45 Abs. 6 BRRD sowie gem. Art. 45 Abs. 2 BRRD aus von der EBA erarbeiteten und von der Kommission erlassenen RTS. Über die genaue Ausgestaltung der Mindestanforderungen herrschte zwischen der EBA und der Europäischen Kommission zu Beginn kein Konsens[1017], inzwischen wurden die RTS jedoch

1011 So auch *Bauer/Werner*, WM 2015, 1135.

1012 *Financial Stability Board* (o. Fn. 1004), S. 3.

1013 *European Commission*, EU Banking Reform: Strong banks to support growth and restore confidence – Press release from 23 November 2016, http://europa.eu/rapid/press-release_IP-16-3731_en.htm?locale=en (Stand: 20.10.2018).

1014 *Bauer/Werner*, WM 2015, 1135 (1138).

1015 Vgl. Art. 45 Abs. 7 BRRD.

1016 Art. 45 Abs. 6 BRRD i.V.m. Art. 2 Abs. 1 Nr. 18 und Nr. 21 BRRD i.V.m. Art. 3 Abs. 1 BRRD und § 3 Abs. 1 SAG sowie Art. 4 Abs. 1 Nr. 40 CRR.

1017 Vgl. *European Banking Authority* (EBA), Press Release: EBA expresses dissent over EU Commission proposed amendments to the MREL technical standards,

in einer delegierten Verordnung[1018] festgelegt. Eine Entsprechung ist auch in der SRM-VO enthalten, Art. 12 SRM-VO.

## 6.II. CoCo-Bonds als Wunderanleihe? – Koexistenz von CoCos, SAG und SRM-VO

Wie zukunftsträchtig CoCo-Bonds sind, hängt auch und vor allem davon ab, ob sie den an sie gestellten Erwartungen gerecht werden können. Dazu müssen sie Verluste eines Instituts auffangen können, um die Stabilität der Finanzmärkte abzusichern und dabei staatliche Unterstützungsmaßnahmen entbehrlich zu machen. All diese Erwartungen können sie nach bisherigem Kenntnisstand bei entsprechend wohlüberlegter Ausgestaltung erfüllen. Insbesondere können sie einen Beitrag zur Rekapitalisierung eines Instituts leisten. Handelt es sich dabei um ein SIFI, so wird die Stabilisierung des Emittenten auch positive Auswirkungen auf die Märkte haben. Die Entbehrlichkeit staatlicher *Bail-outs* scheint ebenfalls zumindest möglich. Das Prädikat *Wunderanleihe* verdienen sie jedoch nicht. Das liegt weniger an den Bonds selbst, sondern an den aufsichtsrechtlichen Rahmenbedingungen im örtlichen Anwendungsbereich der CRR. Während in der Schweiz bereits zurzeit und insbesondere in der Zukunft große Teile der Passivseite eines systemrelevanten Instituts aus CoCo-Bonds bestehen dürfen, ist der sachliche Anwendungsbereich von CoCo-Bonds als zusätzliches Kernkapital sehr schmal. Er beträgt gem. Art. 92 Abs. 1 lit. b CRR lediglich 1,5% der risikogewichteten Aktiva. Im Verhältnis zu den Gesamtaktiva ist der Anteil nochmals geringer. Dieser Zustand ist kritikwürdig.[1019] Der geringe Anteil an RWAs, der zurzeit für Banken sinnvoll mit CoCos unterlegt werden kann, kann kaum zur Stabilisierung in einer bedrohlichen Krise ausreichen.[1020] Kommt es

---

9. Feb. 2016, https://www.eba.europa.eu/regulation-and-policy/recovery-and-resolution/regulatory-technical-standards-on-minimum-requirement-for-own-funds-and-eligible-liabilities-mrel- (Stand: 20.10.2018).

1018 Delegierte Verordnung (EU) 2016/1450 der Kommission vom 23. Mai 2016 zur Ergänzung der Richtlinie 2014/59/EU des Europäischen Parlaments und des Rates durch technische Regulierungsstandards zur Präzisierung der Kriterien im Zusammenhang mit der Methode zur Festlegung der Mindestanforderung an Eigenmittel und berücksichtigungsfähige Verbindlichkeiten, ABl. v. 3.9.2016 Nr. L 237/1.

1019 So auch *Florstedt,* ZHR 180 (2016), 152 (163). Vgl. dazu auch *Independent Commission on Banking* (o. Fn. 352), S. 110 ff.

1020 *Florstedt,* in: Kölner Kommentar, § 221 Rn. 409; so auch ausführlich *Wissenschaftlicher Beirat beim Bundesministerium der Finanzen,* Stellungnahme zur aktuellen

zu einem Verlust, der den *Trigger* auslöst, so wird die Erhöhung des Eigenkapitals regelmäßig nur 1,5% der risikogewichteten Aktiva betragen. Setzt man diesen Anteil ins Verhältnis zu den Gesamtaktiva, ergibt sich eine noch deutlich ungünstigere Quote.

Als Beispiel kann die Bilanz der *Deutschen Bank* herangezogen werden. Im Zwischenbericht für das dritte Quartal 2015 wies die Bank risikogewichtete Aktiva im Wert von ca. 407,6 Mrd. € aus.[1021] Die Gesamtaktiva beliefen sich auf 1,7194 Billionen €.[1022] Gesamtvermögen und RWAs standen also in einem Verhältnis von ungefähr 4:1. Überträgt man die von der CRR unterstützte AT1-Quote von 1,5% der RWAs auf die Gesamtaktiva, so ergibt sich eine Unterlegung der Aktiva mit CoCo-Bonds in Höhe von ungefähr 0,36% oder knapp 6,2 Mrd. €. Per 30.09.2015 betrug die AT1-Quote nach Abzügen i.S.d. CRR tatsächlich nur 4,55 Mrd. €.[1023] Das harte Kernkapital der Bank hat gerade ausgereicht, um Verluste aus Investitionen und aus Rechtsstreitigkeiten auszugleichen. Das AT1-Kapital hätte hingegen nicht ausgereicht, um die Verluste allein aus dem Jahr 2015 in Höhe von ca. 6,8 Mrd. €[1024] aufzufangen. Insofern wird man kaum von einer Wunderanleihe sprechen können, wenn sie nicht einmal geeignet ist, die Überlebensfähigkeit in Krisen nichtexistenzieller Art zu sicherzustellen. Insbesondere die weitreichenden Verwerfungen der letzten Finanzmarktkrise hätten auch CoCos nicht kompensieren können. Insofern sollte die bereits in Kapitel 3.VII. dargestellte Anpassung an die Vorgaben der Schweiz erwogen werden. Höhere Eigenkapitalanforderungen unter Zuhilfenahme von CoCo-Bonds können so einen echten Beitrag zur Stabilisierung leisten. In Bezug auf global systemrelevante Institute zeichnet sich dank des TLAC-Konzepts eine Anpassung ab. Eine Ausweitung auf große Banken, die nicht zu den G-SIBs zählen, sollte in Betracht gezogen werden.

Erweitert man den Fokus auf alle aufsichtsrechtlichen Bestrebungen, die auf die letzte Finanzkrise folgten, so stellt sich die Frage nach der Zukunft von

---

Entwicklung der Europäischen Bankenunion – Plädoyer für ein glaubwürdiges Bail-in, S. 17, http://www.bundesfinanzministerium.de/Content/DE/Downloads/Broschueren_Bestellservice/2014-04-10-stellungnahme-europaeische-bankenunion-anlage.pdf?__blob=publicationFile&v=7 (Stand: 21.10.2018).

1021 *Deutsche Bank,* Zwischenbericht zum 30. September 2015, S. 74, https://geschaeftsbericht.deutsche-bank.de/2015/q3/serviceseiten/downloads/files/db3q2015_gesamt.pdf (Stand: 20.10.2018).

1022 *Deutsche Bank,* a.a.O., S. 70.

1023 *Deutsche Bank,* a.a.O., S. 72 f.

1024 *Deutsche Bank,* Presse-Information vom 28. Januar 2016, https://www.db.com/ir/de/download/Presse_Information_4Q2015.pdf (Stand: 20.10.2018).

CoCo-Bonds noch vor einem anderen Hintergrund. Dann keimen nämlich nicht nur Zweifel daran auf, dass CoCos zur Stabilisierung beitragen können, sondern auch daran, dass sie zur Stabilisierung überhaupt erforderlich sind. Neben den höheren Eigenkapitalanforderungen, die die Institute sicherer machen sollen, haben die Gesetzgeber umfassende Regelwerke erarbeitet, die der Frage nachgehen, wie in einer Institutskrise zu verfahren sein wird. In Anbetracht des neuen Sanierungs- und Abwicklungskonzepts nach BRRD, SAG und SRM-VO könnte die Emission von CoCos obsolet werden, da ihr Platz unter Umständen von der Möglichkeit eines hoheitlich angeordneten *Bail-ins* eingenommen wird. Das gilt insbesondere im Hinblick auf die Bestrebungen der Gesetzgeber, die bereits bestehenden Möglichkeiten zu staatlichen Interventionen im Rahmen des TLAC-Konzepts auszubauen. Diese zusätzlichen Kapitalanforderungen an G-SIBs sollen der effektiven Abwicklung dienen, wenn die *Bail-in*-Instrumente des SAG zur Abwendung staatlicher Unterstützungsmaßnahmen nicht ausreichen.[1025] Das zusätzliche Kapital wird also als Mittel zur Verfügung stehen, um Gegenstand eines hoheitlich angeordneten *Bail-ins* werden zu können. Auch wenn die Anordnung eines TLAC-*Bail-ins* nicht formell an die Voraussetzung der Abwicklung gebunden sein soll[1026], wird eine Einbeziehung der Gläubiger jedoch vor einer Abwicklungssituation kaum erwünscht sein. Das entspräche auch nicht dem Sinn und Zweck zusätzlichen Kapitals im Rahmen des TLAC-Konzepts, denn außerhalb einer Abwicklungssituation werden öffentliche Mittel noch nicht gefährdet sein. Eine Heranziehung von TLAC-Gläubigern ist damit nicht gerechtfertigt.

Darin liegt ein erstes wichtiges Argument für die Unterstützung von CoCo-Bonds. Ihr Anwendungsbereich ist schlicht ein anderer, als der der öffentlich-rechtlichen Maßnahmen, sodass sie nicht mit den Anordnungen des SAG konkurrieren. Während für Abwicklungsmaßnahmen (oder gem. § 7 Abs. 2 KredReorgG i.V.m. § 77 SAG auch für einen *Debt-Equity-Swap* nach § 9 Abs. 1 S. 1 KredReorgG) eine Bestandsgefährdung des Instituts bestehen muss (*Point of non-viability,* PONV[1027]), können CoCos auch vor einer Bestandsgefährdung zur Rekapitalisierung beitragen. Sie vermeiden damit, dass Abwicklungsmaßnahmen überhaupt erst erforderlich werden. Der *Bail-in* anderer Inhaber relevanter Kapitalinstrumente und der Gläubiger berücksichtigungsfähiger Verbindlichkeiten ist damit jedenfalls zunächst entbehrlich. Im Gegensatz zu

1025 *Bauer/Werner,* WM 2015, 1135.
1026 *Bauer/Werner,* WM 2015, 1135 (1136).
1027 Vgl. o. Fn. 752.

den SAG-Maßnahmen können CoCos als *going-concern*-Instrument ausgestaltet werden. Sie setzen damit bereits Anreize, ohne dass das Institut in seinem Bestand gefährdet wird. Mit hoheitlich angeordneten Rekapitalisierungsmaßnahmen gelingt das nicht:

> *„The fundamental flaw in this view of market discipline is that the issuing institution must fail in order to impose losses on uninsured claimants and to transfer ownership of the bank's assets to former debt holders.*"[1028]

CoCos können bereits in einer Situation hilfreich sein, in der zwar die Voraussetzungen der Abwicklung noch nicht erfüllt, Sanierungsmaßnahmen nach dem SAG aber bereits gerechtfertigt sind. Dann können CoCos z.B. zum Bestandteil eines Sanierungsplans gemacht werden, dessen Maßnahmen zur Sanierung umzusetzen sind (§ 36 Abs. 1 S. 3 Nr. 1 lit. b SAG). Dazu müsste entweder zusätzlich zur Umwandlung beim Eintritt des *Trigger Events* eine Umwandlung nach Ermessen des Emittenten möglich sein oder aber der Eintritt einer Situation nach § 36 Abs. 1 S. 1 SAG selbst als *Trigger Event* formuliert werden.

Für die Unterstützung von CoCos spricht zudem, dass sie eine Rekapitalisierung ohne Zeitverzug gewährleisten können. Das ist bei aufsichtsrechtlich angeordneten Maßnahmen nicht der Fall. Der Anordnung von Abwicklungsinstrumenten muss zunächst die Überprüfung der Abwicklungsbedingungen vorausgehen. Die Kollision von Verfahrenskomplexität und dem Bedürfnis nach einer kurzen Verfahrensdauer wirkt sich ohnehin schon stark zu Lasten der Banken, ihrer Aktionäre und der Gläubiger aus.[1029] Dass Eingriffe in deren Rechte nicht gänzlich unverhältnismäßig ausfallen, muss durch eine zügige aber gründliche Prüfung sichergestellt werden. Deshalb sieht das SAG in § 69 Abs. 1 Nr. 1 die „angemessene und vorsichtige Bewertung der Vermögenswerte und Verbindlichkeiten des Instituts" durch einen unabhängigen und sachverständigen Prüfer vor, bevor eine Abwicklungsanordnung erlassen werden darf. Sollten die die Krise begründenden Umstände kurzfristig eintreten oder sich kurzfristig verschärfen, so wird eine vorsichtige und angemessene Prüfung in der gebotenen Zeit häufig kaum möglich sein.[1030] Zwar kann die Abwicklungsbehörde gem. § 74 Abs. 1 SAG ausnahmsweise die Bewertung vorläufig selbst vornehmen, allerdings gelten auch für sie die Anforderungen an die Überprüfung, soweit sie auf Grund der Dringlichkeit im Einzelfall angemessen sind und überhaupt eingehalten werden können (§ 74 Abs. 2 SAG). Jedenfalls eine willkürliche Anordnung

1028 *Flannery* (o. Fn. 234), S. 1 f.

1029 *Pflock*, Europäische Bankenregulierung und das „Too big to fail-Dilemma", S. 323.

1030 So auch *Hübner/Leunert*, ZIP 2015, 2259 (2262).

und Auswahl von Abwicklungsmaßnahmen wird vor diesem Hintergrund nicht möglich sein. CoCo-Bonds können hier einen wertvollen Zeitvorteil gewähren, da sie das einzige *Bail-in*-Instrument sind, das ohne Überprüfung und Verzug zur Rekapitalisierung beiträgt und damit zeitliche Freiräume schafft, um eine wohlüberlegte Abwicklung mit möglichst verhältnismäßigen Eingriffen in die Rechte der verschiedenen Interessengruppen zu gewährleisten.

Hinzu kommt das Problem der *regulatory forbearance.*[1031] Zwar lässt sich mangels Praxiserfahrung nicht gänzlich ausschließen, dass auch CoCos ihr Ziel nicht erreichen, etwa wenn der *Trigger*-Mechanismus aus nicht absehbaren Gründen nicht funktioniert. Diese Gefahr besteht insbesondere dann, wenn man den Umwandlungsmechanismus wie die überwiegende Ansicht und im Gegensatz zur hier vertretenen Lösung als lediglich schuldrechtliche Verpflichtung des Emittenten zur Abgabe der Wandlungserklärung ansieht. Dann könnte sich die Gesellschaft weigern, ihre Wandlungspflicht zu erfüllen. Dann fehlte es schlicht an der Vollstreckbarkeit einer Wandlungspflicht. Auch in der letzten Krise haben hybride Instrumente in ihrer verlusttragenden Eigenschaft versagt:

> *„other debt-like forms of bank capital such as 'subordinated debt and hybrid capital largely failed in its original objective of bearing losses'"*[1032]

Allerdings trifft dieser Einwand die Anordnung des *Bail-ins* durch die Abwicklungsbehörde in gleichem Maße, denn auch hinsichtlich der SAG-Maßnahmen lässt sich nicht ausschließen, dass die zuständige Behörde übermäßig nachsichtig agiert, indem sie entweder zu spät oder gar nicht von ihren Rechten Gebrauch macht.[1033] Das kann einerseits darin begründet sein, dass die Abwicklungsbehörde auf eine Besserung der Lage hofft, um nicht einschreiten zu müssen und sich gegebenenfalls im Anschluss Vorwürfen wegen zu hartem oder zu lockerem Eingreifen ausgesetzt zu sehen.[1034] Auch die Unsicherheit bezüglich der Reaktionen von Marktteilnehmern, Marktinfrastruktur und Marktpreisen und damit im Ergebnis vom gesamten Finanzsystem auf Abwicklungsmaßnahmen könnte Anreize schaffen, die neuen Instrumente zur Abwicklung nicht einzusetzen.[1035] Denkbar ist auch, dass politische Entscheidungsträger auf Veranlassung von Banken auf die Abwicklungsbehörde einwirken und somit ein Tätigwerden verhindern.[1036]

---

1031 Siehe dazu bereits o. Kap. 4.II.B.b.i.

1032 *HM Treasury (UK)* (o. Fn. 248), S. 25; *Pennacchi/Vermaelen/Wolff* (o. Fn. 248), S. 1.

1033 So auch *v. Furstenberg* (o. Fn. 274), S. 72.

1034 *Pflock,* Europäische Bankenregulierung und das „Too big to fail-Dilemma", S. 152.

1035 *Binder,* ZHR 179 (2015), 83 (130).

1036 *Pflock,* Europäische Bankenregulierung und das „Too big to fail-Dilemma", S. 153.

Diese Möglichkeit findet sogar eine rechtliche Grundlage in der SRM-VO. Nach Art. 18 Abs. 7 SRM-VO kann sowohl die Kommission als auch der Rat Einwände gegen vom *Single Resolution Board* (SRB)[1037] vorgesehene Abwicklungsmaßnahmen erheben. In diesem Fall kann das Abwicklungskonzept gem. Art. 18 Abs. 7 Unterabs. 5 SRM-VO nicht in Kraft treten. Darüber hinaus kann nicht ausgeschlossen werden, dass eine Abwicklungsbehörde schon wegen des Informationsnachteils gegenüber der Bank auf die Angaben des Instituts angewiesen ist und durch dieses zur Zurückhaltung bei der Anordnung von Maßnahmen veranlasst wird.[1038] Auch die enorme Komplexität, die die Abwicklungsmaßnahmen und die ihnen zugrunde liegenden Sachverhalte aufweisen, kann zu „logistischen" Umsetzungsproblemen führen.[1039] Nicht ausgeschlossen bleibt dabei, dass Rechtsschutzprobleme eine zügige und wirkungsvolle Abwicklung verhindern.[1040]

Sollte die Möglichkeit staatlicher Rettungsmaßnahmen infolgedessen nicht den gewünschten Effekt zeitigen, so wäre wenigstens durch die CoCo-Bonds eine Rekapitalisierung wahrscheinlich. Dass sowohl privatrechtlicher *Bail-in* als auch hoheitlich angeordneter *Bail-in* fehlschlagen, kann zwar ebenfalls nicht gänzlich ausgeschlossen werden. Jedoch ist die Wahrscheinlichkeit des Scheiterns geringer, als würde man sich auf eine der Maßnahmen verlassen. Darum muss es im Bankrecht auch gehen, wenn die Ziele *Stärkung der Finanzmarktstabilität durch Vermeidung von Ansteckungseffekten* und *Schutz öffentlicher Mittel* erreicht werden sollen. Darüber hinaus wird ein Versagen hybrider Instrumente bei der Verlustteilnahme in zukünftigen Krisen allgemein und insbesondere von den Ratingagenturen für unwahrscheinlich gehalten.[1041]

Dabei kann im Idealfall das Abwicklungsrecht als *totes Recht* angesehen werden, dessen weitreichende Eingriffe als *ultima ratio*[1042] bereits durch die Anordnung angemessener Sanierungsmaßnahmen der Aufsichtsbehörde vermieden werden können.[1043] Zur Vermeidung können auch CoCos beitragen. Ob die Inhaber von CoCo-Bonds durch den Eintritt des *Trigger Events* oder aber durch eine Anordnung der Abwicklungsbehörde beteiligt werden, kann für sie letztlich dahinstehen. Für sie kann die Beteiligung durch Bedingungseintritt sogar von

1037 Vgl. Art. 1 Unterabs. 2 SRM-VO.
1038 *Pflock*, Europäische Bankenregulierung und das „Too big to fail-Dilemma", S. 153.
1039 *Binder*, ZHR 179 (2015), 83 (130).
1040 Ebda.
1041 *Osman/Maisch*, Risiko bei Hybridanleihen wächst, *Handelsblatt* v. 20.11.2009, S. 38.
1042 *Pflock*, Europäische Bankenregulierung und das „Too big to fail-Dilemma", S. 330.
1043 *Bauer/Hildner*, DZWIR 2015, 251 (263).

Vorteil sein, wenn die in den Anleihebedingungen vereinbarte Umwandlungsquote günstiger ist, als der durch die Abwicklungsbehörde festgelegte Umwandlungssatz gem. § 98 Abs. 1 SAG. Die Emission von CoCos ermöglicht damit unter Umständen eine Rekapitalisierung und Sanierung eines Instituts, die ohne rechtfertigungsbedürftige weitreichende Eingriffe in grundrechtlich geschützte Güter auskommt.[1044] Dabei kann ein glaubhaftes Abwicklungsregime die Banken gerade dazu veranlassen, CoCos zu emittieren, da große Teile der Passivseite bei einer zu befürchtenden Abwicklung nicht mehr durch eine implizite Staatsgarantie gesichert sind. Banken werden daran interessiert sein, die gefährdeten Passivbestandteile anderweitig abzusichern, um weiterhin kreditwürdig zu bleiben.

CoCo-Bonds können noch vor einem anderen Hintergrund eine Zukunft haben. Die Abwicklungsmaßnahmen des SAG sollen den Behörden zur Anwendung auf Banken vorbehalten bleiben, die von einer gewissen Bedeutung sind.[1045] Kleinere Institute hingegen werden nach klassischem, wenn auch für Banken modifiziertem Insolvenzrecht behandelt.[1046] Jüngstes Beispiel ist die Insolvenz der *Maple Bank*, für die die zuständige Behörde keine Sanierungs- oder Abwicklungsmaßnahmen angeordnet hat. Es wurde lediglich das Moratorium nach § 46 Abs. 1 S. 1 KWG angeordnet[1047] und die Eröffnung des Insolvenzverfahrens beantragt.[1048] Eine Rekapitalisierung erfolgte nicht. In einem solchen Fall wäre die Nutzung von CoCo-Bonds zumindest denkbar, auch wenn sich im besonderen Falle der *Maple Bank* CoCos aus gesellschaftsrechtlichen Gründen nicht anboten – die Bank wurde von einer GmbH betrieben. Bei als Aktiengesellschaft ausgestalteten kleineren Banken können CoCos trotz der Insolvenz wenigstens zur Entlastung der Einlagensicherungssysteme beitragen. Die Inhaber der Bonds würden das zur Erfüllung der Ansprüche der Einleger erforderliche Kapital zumindest teilweise zur Verfügung stellen. Das gilt selbstverständlich für alle Verbindlichkeiten, für die im Fall der Insolvenz der Nachrang vereinbart wurde.

---

1044 So auch *Pflock*, Europäische Bankenregulierung und das „Too big to fail-Dilemma", S. 350.

1045 *Bauer/Hildner*, DZWIR 2015, 251 (256); *Binder*, ZHR 179 (2015), 83 (89).

1046 *Bauer/Hildner*, DZWIR 2015, 251 (260).

1047 *BaFin*, BaFin ordnet Moratorium über die Maple Bank GmbH an, http://www.bafin.de/SharedDocs/Veroeffentlichungen/DE/Pressemitteilung/2016/pm_160207_maple.html (Stand: 20.10.2018).

1048 *BaFin*, BaFin stellt Entschädigungsfall für Maple Bank GmbH fest, http://www.bafin.de/SharedDocs/Veroeffentlichungen/DE/Meldung/2016/meldung_160212_maple_entsch%C3%A4digung.html?nn=2819248 (Stand: 20.10.2018).

## 6.III. CoCo-Bonds als Baustein auf dem Weg zu einer sichereren Finanzmarktlandschaft

Nach Betrachtung aller Eventualitäten lässt sich festhalten, dass CoCo-Bonds ein vielversprechendes Instrument sind, um zur Sanierung in Krisenfällen insbesondere von systemrelevanten Finanzinstituten beizutragen. Sie können dabei, je nach konkreter Form der Institutskrise und je nach konkreter Ausgestaltung des Bonds, als frühe Korrekturmaßnahmen dienen. Auf diese Weise machen sie hoheitlich angeordnete Abwicklungsmaßnahmen mit all ihren Unwägbarkeiten unter Umständen entbehrlich.[1049] Eine bestandserhaltende Restrukturierung wird damit ermöglicht. Es reicht jedoch bei der Komplexität der Finanzmärkte sowie der Größe und Vernetzung einiger Institute nicht aus, sich allein auf CoCos zu verlassen. Ihr Mechanismus und ihre Wirksamkeit sind ungetestet und ihr Umfang bei größeren Krisen zurzeit zu gering, um eine Abwicklung ausweichlich zu machen. Eine Vergrößerung des Umfangs von AT1-*Capital*, der insbesondere stärker an der *Leverage Ratio* orientiert sein sollte, könnte zusätzliches verlustabsorbierendes Kapital zur Verfügung stellen. Zwar weist auch die Bezugnahme von RWAs entscheidende Vorteile auf. Insbesondere ermöglicht sie, Anreize zu einem vorsichtigen Risikomanagement zu setzen.[1050] Dennoch sollte die *Leverage Ratio* neben den RWAs eine zusätzliche absichernde Rolle spielen.[1051] Sowohl die Bestrebungen des schweizerischen Gesetzgebers zu noch höheren Eigenkapitalanforderungen von Großbanken als auch das TLAC-Konzept weisen in die richtige Richtung, wobei zusätzlich eine Ausweitung der *going-concern*-Komponenten erwogen werden sollte, um den Bestand eines Insituts zu ermöglichen.

Um die beiden Kernelemente des modernen Bankrechts – Sicherung der Systemstabilität und Schutz öffentlicher Mittel – wirkungsvoll umzusetzen, bedarf es neben den CoCo-Bonds zusätzlicher wirkungsvoller Abwicklungsinstrumente, zu denen auch der hoheitlich angeordnete *Bail-in* gehört. Beide Instrumente ergänzen einander sowohl in zeitlicher Hinsicht als auch in ihrem Umfang. Während die Beteiligung von CoCo-Inhabern auf diese Gläubiger beschränkt bleibt, eröffnet sich der Abwicklungsbehörde der Rückgriff auf große Teile der Passivseite der Gesellschaft. Die Behörde ist lediglich durch § 91 Abs. 2 SAG beschränkt. Diese hoheitlichen Maßnahmen werden jedoch erst Anwendung

1049 So auch *Bou Sleiman,* CoCo-Bonds, S. 111 f.

1050 Vgl. *Independent Commission on Banking* (o. Fn. 352), S. 98.

1051 So im Ergebnis auch *Bou Sleiman,* CoCo-Bonds, S. 134. Ebenso *Independent Commission on Banking* (o. Fn. 352), S. 99.

finden, wenn es nicht mehr um die Bestandserhaltung des Instituts geht. Eine Abwicklungsbehörde wird Gläubiger nur zur Verhinderung einer Systemkrise und zum Schutz staatlicher Mittel belangen. Um den Bestand der Bank kann es dann nicht mehr gehen. Schwer vorstellbar wäre ein Fall, in dem die Behörde Einlagen über der Deckungsgrenze der Einlagensicherung herabschriebe, um den Bestand einer Bank zu sichern. Im Ergebnis würde der Bestandserhaltung des Instituts der Vorrang gegenüber dem Schutz der Einleger eingeräumt werden. Das kann mit einer hoheitlichen Maßnahme nicht bezweckt sein. Will ein Institut seinen Bestand absichern, sollte es CoCos in ausreichendem Umfang als *Self-Insurance* begeben.[1052]

Alle Sanierungs- und Abwicklungsmaßnahmen kommen erst zum Tragen, wenn ein Institut in einer schwierigen Finanzierungslage ist. In einem modernen Bankrechtssystem muss es aber bereits Ziel sein, einer solchen schwierigen Finanzierungslage vorzubeugen. Das gilt umso mehr nach einer so weitreichenden Krise wie der letzten Finanzmarktkrise. Erforderlich und auch geeignet sind dabei Maßnahmen, die Vertrauen im Markt herstellen. Besonders bedeutsam ist das vor dem Hintergrund, dass die letzte Krise in erster Linie eine Vertrauenskrise war.[1053] Unausweichlich sind ausreichende Kapitalreserven der Banken, um Vertrauen in die Eigenschaft herzustellen, dass eine Bank Verluste aus eigenen Mitteln ausgleichen kann. Basel III und seine Umsetzungen sind ein wertvoller Ansatz, jedoch sind die Grundlagen ausbaufähig. Noch höhere Kapitalanforderungen verbessern die Krisenresistenz und erhöhen das Vertrauen ineinander. Die *Leverage Ratio* sollte eine größere Rolle spielen.[1054] Bedenkt man, dass beispielsweise griechischen Staatsanleihen bisher gem. Art. 114 Abs. 4 CRR ein Risikogewicht von 0% zugewiesen wird, so wird die Bedeutung von Eigenkapitalquoten ersichtlich, die nicht an die risikogewichteten Aktiva gebunden sind. Höhere Eigenkapitalanforderungen stellen schwerwiegendere Einschnitte in die Rechte und Ertragsmöglichkeiten von Banken dar. Bereits der Kostenfaktor kann erheblich sein. Aufseher sollten davor jedoch nicht zurückschrecken. Das Modell der Schweiz zeigt, dass die Eingriffe sich leichter rechtfertigen lassen, wenn CoCos zur Erfüllung zusätzlicher Anforderungen genutzt werden dürfen. Statt von strengeren Vorgaben abzusehen, die die Sicherheit der Institute

---

1052 *v. Furstenberg*, Mega-Banks' Self-Insurance with CoCos: A Work in Progress, S. 1, http://papers.ssrn.com/sol3/papers.cfm?abstract_id=2025801 (Stand: 20.10.2018).

1053 Vgl. o. Kap. 1.III.

1054 So im Ergebnis auch *Bou Sleiman*, CoCo-Bonds, S. 134. Ebenso *Independent Commission on Banking* (o. Fn. 352), S. 99.

und der Märkte verstärken, sollte die Zulässigkeit von CoCos in größerem Maß unterstützt werden. Damit wird die nahezu gleiche Sicherheit zu geringeren Kosten erreicht.[1055] Bei entsprechender Ausgestaltung können sie sogar stärkere positive Anreize setzen, als durch höhere harte Kernkapitalquoten gesetzt werden könnten.

Dementsprechend können CoCo-Bonds als wertvoller Baustein in einer sich permanent ändernden Bankenlandschaft gesehen werden, die sich ständig neuen Herausforderungen ausgesetzt sieht. Ob sie ihre Stabilisierungswirkung tatsächlich entfalten, wird sich erst in einem Krisenfall zeigen.[1056]

## 6.IV. Zusammenfassung

CoCo-Bonds als bedingte Pflichtwandelanleihen sind nicht auf den Bankensektor begrenzt. Langfristig bleibt aber zu erwarten, dass Banken aufgrund der besonderen bankrechtlichen Eigenkapitalvorschriften die wichtigsten Emittenten von CoCos bleiben. Besonderes Merkmal der Bonds bleibt es dabei, dass sie zunächst Fremdkapitalinstrumente darstellen und nicht erst dann in Eigenkapital umgewandelt werden, wenn die Emittentin gescheitert ist, sondern bereits im *going-concern*-Stadium eine Umwandlung stattfindet. CoCos fungieren damit als privatrechtliches Pendant zum hoheitlich angeordneten *Bail-in* nach SAG und SRM-VO, der jedoch erst im Abwicklungsstadium in Betracht kommt.

Um langfristig eine privatrechtliche Absicherung für den Sanierungsfall und damit außerhalb der Abwicklung zu gewährleisten, müssten CoCos in erheblich größerem Umfang begeben werden, als es zurzeit durch das institutionelle Gefüge der CRR unterstützt wird. Da Banken den Anreizen des Aufsichtsrecht folgen, werden sie nur dann CoCos in größerem Umfang begeben, wenn sich hiermit auch Vorteile für die Banken verbinden. Der aktuelle Rahmen ist zur wirksamen Sanierung zu klein. Eine Orientierung am Vorbild der Schweiz ist sinnvoll und sollte die Gesetzgeber dazu bewegen, größere Mengen an *going-concern*-Kapital zu unterstützen.

Dabei muss der Fokus auf die Unterstützung von CoCos mit Umwandlungsmechanismus gerichtet sein. *Writedown*-Bonds hingegen sollten nicht unterstützt werden, da sie gefährliche Anreize zu *moral hazard* setzen und wertvolle Anreizwirkungen von Fremdkapital für das Management der Emittentin und insbesondere für die Altaktionäre verlorengehen. Bei der Ausgestaltung von

---

1055 So letztendlich auch *v. Furstenberg* (o. Fn. 274), S. 78.
1056 *Nodoushani,* WM 2016, 589 (598).

CoCos mit Umwanldungsmechanismus ist auf ein Umwandlungsverhältnis zu achten, welches positive Anreizwirkungen für die beteiligten Stakeholder setzt (d.h. sowohl teilweise Verwässerung der Altaktionärsanteile als auch teilweise Verlust für CoCo-Inhaber).

Um im Falle des Erreichens des *Trigger Events* eine möglichst unverzögerte Sanierung zu gewährleisten und um Marktverwerfungen durch Unsicherheiten während einer Schwebezeit zu vermeiden, sollten zukünftige CoCo-Bonds in den Anleihebedingungen das *Trigger Event* als Bedingung i.S.d. § 158 Abs. 1 BGB definieren, bei deren Eintritt der Anleihebetrag zur Einlage umgewidmet wird.

# Literaturverzeichnis


*Acharya, Viral A./Philippon, Thomas/Richardson, Matthew/Roubini, Nouriel*, A Bird's-Eye View – The Financial Crisis of 2007–2009: Causes and Remedies, in: *Acharya, Viral A./Richardson, Matthew* (Hrsg.), Restoring Financial Stability: How to Repair a Failed System, Hoboken 2009, S. 1–56.

*Acharya, Viral A./Schnabl, Philipp*, How Banks Played the Leverage Game, in: *Acharya, Viral A./Richardson, Matthew* (Hrsg.), Restoring Financial Stability: How to Repair a Failed System, Hoboken 2009, S. 83–100–.

*Achleitner, Ann-Kristin*, Handbuch Investment Banking, 3. Aufl., Wiesbaden 2002.

*Admati, Anat/Hellwig, Martin*, The Bankers' New Clothes – What's Wrong with Banking and What to Do about It, Princeton 2013.

*Altman, Edwar I./Philippon, Thomas*, Where Should the Bailout Stop?, in: *Acharya, Viral A./Richardson, Matthew* (Hrsg.), Restoring Financial Stability: How to Repair a Failed System, Hoboken 2009, S. 353–62–.

*Andres, Dirk/Leithaus, Rolf/Dahl, Michael*, Insolvenzordnung, Kommentar, 3. Aufl., München 2014 (zitiert: *Bearbeiter*, in: Andres/Leithaus).

*Avdjiev, Stefan/Kartasheva, Anastasia/Bogdanova, Bilyana*, CoCos: a primer, BIS Quarterly Review, September 2013, S. 43–56–.

*Bader, Hermann Georg*, Contingent Convertible, Wandelanleihe und Pflichtwandelanleihe im Aktienrecht, AG 2014, 472–488.

*Bauer, Denise A./Hildner, Alicia*, Die Sanierung, Abwicklung und Insolvenz von Banken – Ein vollendeter Dreiklang? DZWIR 2015, 251–263.

*Bauer, Denise A./Werner, Kai*, TLAC – Neue Herausforderungen für die Kapitalstruktur? WM 2015, 1135–1142.

*Baumbach/Hopt*, Handelsgesetzbuch, Kommentar, begr. v. *Baumbach, Adolf*, hrsg. v. *Hopt, Klaus J./Kumpan, Christoph/Merkt, Hanno/Roth, Markus*, 38. Aufl., München 2018 (zitiert: *Bearbeiter*, in: Baumbach/Hopt).

*Baums, Theodor*, Eigenkapital: Begriff, Aufgaben, Sicherung, ZHR 175 (2011), 160–209.

*Beck'scher Onlinekommentar BGB*, hrsg. v. *Bamberger, Heinz Georg/Roth, Herbert/Hau, Wolfgang/Poseck, Roman*, 46. Aufl., München 2018 (zitiert: *Bearbeiter*, in: Beck-OK BGB).

*Beck'scher Online-Großkommentar BGB*, hsrg. v. *Gsell, Beate/Krüger, Wolfgang/Lorenz, Stephan/Meyer, Jörg*, Stand: 13.01.2016 (zitiert: *Bearbeiter*, in: Gsell/Krüger/Lorenz/Mayer (Hrsg.), BeckOGK-BGB).

*Benjamin, Joanna*, Financial Law, Oxford 2007.

*Benzler, Marc*, „Bail-in“ – ein neuer Lösungsansatz zur Bankenrettung, Börsen-Zeitung v. 17.11.2010, S. 2.

*Berndt, Thomas/Vollmar, Jens/Becker, Roman*, Anforderungen an die Ausgestaltung von CoCo-Bonds: Die bedingte Pflichtwandelanleihe vor dem Hintergrund des „Swiss Finish“, Der Schweizer Treuhänder 2012, 125–131.

*Binder, Jens-Hinrich*, Bankeninsolvenzen im Spannungsfeld zwischen Bankaufsichts- und Insolvenzrecht – Regelungsziele, Anwendungsprobleme und Reformansätze, dargestellt am Beispiel des deutschen und des englischen Rechts, Berlin 2015 (zugl. Diss. Freiburg i. Br. 2003).

*Binder, Jens-Hinrich*, Komplexitätsbewältigung durch Verwaltungsverfahren? Krisenbewältigung und Krisenprävention nach der EU-Bankensanierungs- und -abwicklungsrichtlinie, ZHR 179 (2015), 83–133.

*Blümich, Walter*, Einkommensteuergesetz, Körperschaftsteuergesetz, Gewerbesteuergesetz: EStG, KStG, GewStG; Kommentar, hrsg. v. *Heuermann, Bernd/ Brandis, Peter*, 142. Lieferung, München 2018 (zitiert: *Bearbeiter*, in: *Blümich*).

*Böhringer, Martin/Mihm, Asmus/Schaffelhuber, Kai A./Seiler, Oliver, Contingent* Convertible Bonds als regulatorisches Kernkapital, RdF 2011, 48–58.

*Boos, Karl-Heinz/Fischer, Reinfried/Schulte-Mattler, Hermann* (Hrsg.), KWG, CRR-VO – Kreditwesengesetz, VO (EU) Nr. 575/2013, Kommentar, 5. Aufl., München 2016 (zitiert: *Bearbeiter*, in: *Boos/Fischer/Schulte-Mattler*).

*Bösch, René/Leisinger, Benjamin*, Contingent Convertible Bonds – CoCos, Umsetzung in der Schweiz, SZW 2012, 2–21.

*Bou Sleiman, Mohamed*, Contingent Convertible Bonds, Zweck, Ausgestaltung und rechtliche Rahmenbedingungen, Frankfurt 2015 (zugl. Diss. Göttingen 2015).

*Bourgon, Gabriele*, Die Woche im Bilanzrecht und Betriebswirtschaft, BB 2011, 233–234.

*Bracht, Hannes*, Schadensersatzansprüche von Genussrechtsinhabern wegen der Beteiligung an Verlusten der emittierenden Bank, WM 2012, 585–591.

*Breitkreuz, Robert/Vollmar, Jens*, Contingent Convertible Bonds zur Krisenprävention, Eigenmittelvorschriften des E-BankG zur Begrenzung der Too-Big-to-Fail-Problematik in der Schweiz, Der Schweizer Treuhänder 2011, 148–152.

*Breuninger, Gottfried E./Prinz, Ulrich*, Ausgewählte Bilanz- und Steuerrechtsfragen von Mezzaninefinanzierungen, DStR 2006, 1345–1349.

*Bucher, Monika*, An Inquiry into Regulatory Margin Calls for Financial Institutions, Halle (Saale) 2014 (zugl. Diss. Halle 2014).

*Cahn, Andreas/Hutter, Stephan/Kaulamo, Katja/Meyer, Andreas/Weiß, Daniel*, Regelungsvorschläge zu ausgewählten Rechtsfragen bei Debt-to-Equity Swaps von Anleihen, WM 2014, 1309–1316.

*Coffee, John C.*, Systemic Risk after Dodd-Frank: Contingent Capital and the Need for Regulatory Strategies Beyond Oversight, Columbia Law Review Vol. 111 (2011), 795–847.

*Cooley, Thomas F./Philippon, Thomas*, The Bailout, in: *Acharya, Viral A./Richardson, Matthew* (Hrsg.), Restoring Financial Stability: How to Repair a Failed System, Hoboken 2009, S. 323–326.

*Crone, Hans Caspar von der/Beeler, Lukas*, Die Regulierung von systemrelevanten Finanzinstituten nach schweizerischem Recht, ZBB 2012, 12–20.

*Der Spiegel*, Lücke im System, Ausgabe 48/1995, S. 100–101.

*De Spiegeleer, Jan/Schoutens, Wim/Van Hulle, Cynthia*, The Handbook of Hybrid Securities, Convertible Bonds, CoCo Bonds, and Bail-in, Chichester 2014.

*Dietrich, David*, Entwicklung und rechtliche Behandlung moderner Vertragstypen im Zivilrecht, Jura 2011, 803–810.

*Drinhausen, Florian/Keinath, Astrid*, Regierungsentwurf zur Aktienrechtsnovelle 2012, BB 2012, 395–401.

*Drygala, Tim*, Wandelanleihen mit Wandlungsrecht des Anleiheschuldners nach dem Entwurf für eine Aktienrechtsnovelle 2011, WM 2011, 1637–1645.

*Ebenroth/Boujong/Joost/Strohn*, Handelsgesetzbuch, Kommentar, begr. v. *Boujong, Karlheinz/Ebenroth, Carsten Thomas/Joost, Detlev*, hrsg. v. *Joost, Detlev/Strohn, Lutz*, 3. Aufl., Bd. I, §§ 1–342e, München 2014 (zitiert: *Bearbeiter*, in: EBJS).

*Eilers, Stephan*, Der Debt Equity Swap – Eine Sanierungsmaßnahme für unternehmerische Krisensituationen, GWR 2009, 3–5.

*Eilers, Stephan/Rödding, Adalbert/Schmalenbach, Dirk* (Hrsg.), Unternehmensfinanzierung, Gesellschaftsrecht, Steuerrecht, Rechnungslegung, München 2008 (zitiert: Eilers/*Bearbeiter*).

*Ekkenga, Jens*, Sachkapitalerhöhung gegen Schuldbefreiung, ZGR 2009, 581–622.

*Ekkenga, Jens/Schröer, Henning* (Hrsg.), Handbuch der AG-Finanzierung, Köln 2014 (zitiert: *Bearbeiter*, in: Handbuch der AG-Finanzierung).

*Fehling, Michael*, Das europäische Beihilfenrecht in der Wirtschaftskrise, EuR 2010, 598–617.

*Ferran, Eilís*, New Regulation of Remuneration in the Financial Sector in the EU, ECFR 2012, 1–34.

*Florstedt, Tim*, Die umgekehrte Wandelschuldverschreibung – Eine Kapitalklasse im Spannungsfeld zwischen europäischem Bankrecht und deutschem Aktienrecht, ZHR 180 (2016), 152–196.

*Frank, Ralf*, Contingent Convertible Bonds (CoCos), DVFA Kompendium 2014, Vol. I, Nr. 1.

*Franz, Alexander*, Internationales Gesellschaftsrecht und deutsche Kapitalgesellschaften im In- bzw. Ausland, BB 2009, 1250–1259.

*Friedl, Markus J.*, Der Tausch von Anleihen in Aktien, BB 2012, 1102–1108.

*Friel, Arne*, Wandelanleihen mit Pflichtwandlung – Im deutschen und US-amerikanischen Recht, Frankfurt am Main 2000 (zugl. Diss. Bonn 2000).

*Furstenberg,George M. von*, Bank Heal Thyself: Benefits of Adding CoCos to the Balance Sheet, CESifo Forum: a quarterly journal on European economic issues; a joint initiative of Ludwig-Maximilians-Universität and the Ifo Institute, 3/2014 (September), 65–71.

*Furstenberg, George M. von*, Contingent Convertibles [CoCos], A Potent Instrument for Financial Reform, Singapur 2015.

*Furstenberg, George M. von*, Mega-Banks' Self-Insurance with Cocos: A Work in Progress, Global Credit Review Bd. 2.2012, 53–77.

*Furstenberg, George M. von*, Who or What has been Hobbling CoCos: Three Essentials for Making CoCos a Success, The Capco Institute Journal of Financial Transformation Bd. 36.2013 (Feb.), S. 95–103.

*Gehrmann, Philipp/Lammers, Lutz*, Kommunale Zinsswapgeschäfte und strafrechtliches Risiko, KommJur 2011, 41–48.

*Gleske, Christoph L./Ströbele, Christian*, Bedingte Pflichtwandelanleihen – aktuelle bankaufsichtsrechtliche Anforderungen und Aktienrechtsnovelle 2012, Corporate Finance Law (CFL) 2012, 49–56.

*Goodhart, Charles*, Liquidity risk management, Financial Stability Review (*Banque de France*) 2008 – Special Issue No. 11, 39–44.

*Gosch, Dietmar* (Hrsg.), Körperschaftsteuergesetz, Kommentar, 3. Aufl., München 2015 (zitiert: *Bearbeiter*, in: *Gosch*).

*Götze, Cornelius/Nartowska, Urszula*, Der Regierungsentwurf der Aktienrechtsnovelle 2014 – Anmerkungen aus der Praxis, NZG 2015, 298–306.

*Großkommentar zum Aktiengesetz*, hrsg. v. *Hopt, Klaus J./Wiedemann, Herbert*, 4. Aufl., Bd. VI – §§ 150–220, Berlin 2006, Bd. VII/I – §§ 221–240, Berlin 2012 (zitiert: *Bearbeiter*, in: Großkomm-AktG).

*Gügi, Patrick/Good, Philipp*, Ein neues Finanzmarktinstrument spaltet die Anleger, CoCo, CoCoCo § Co., Schweizer Personalvorsorge 7/2011, 60–61.

*Günther, Robert*, Are Contingent Convertible Bonds a Valid Instrument for the European Banking Sector to Win Back Trust in the Current Market Environment?, in: *Vollmar, Jens/Becker, Roman/Hoffend, Isabella* (Hrsg.), Macht des Vertrauens, Perspektiven und aktuelle Herausforderungen im unternehmerischen Kontext, Wiesbaden 2013, S. 104–131.

*Haag, Hendrik/Peters, Jan*, Aktienrechtsnovelle 2011–2015 – Ermöglichen die Neuregelungen zur „umgekehrten Wandelanleihe" auch die Ausgabe von Pflichtwandelanleihen des bankaufsichtsrechtlichen zusätzlichen Kernkapitals? –, WM 2015, 2303–2308.

*Habersack, Mathias*, Die Finanzierung der AG – gestern und heute, AG 2015, 613–621.

*Handelsblatt*, Moody's erwartet Welle von CoCo-Anleihen, 15.4.2014, S. 30.

*Hartmann-Wendels, Thomas*, Basel III – Auswirkungen auf Banken und Finanzsystem, in: *Groß, Thomas/Pfingsten, Andreas* (Hrsg.), Finanzkrisen: Ursachen, Lösungen und Verhinderungsmöglichkeiten, erschienen in der Reihe: Schmalenbachs Zeitschrift für betriebswirtschaftliche Forschung/Sonderheft 67/13, Düsseldorf 2013, S. 72–96.

*Heidelberger Kommentar zum Aktiengesetz*, hrsg. v. *Bürgers, Tobias/Körber, Torsten*, 4. Aufl., München 2017 (zitiert: *Bearbeiter*, in: Heidelberger Kommentar).

*Heldt, Klaus*, Bedingtes Kapital und Anreizwirkungen bei Banken, Eine theoretische Analyse, Wiesbaden 2014 (zugl. Diss. Hohenheim 2013).

*Henssler, Martin/Strohn, Lutz* (Hrsg.), Gesellschaftsrecht, 3. Aufl., München 2016 (zitiert: *Bearbeiter*, in: Henssler/Strohn).

*Heun, Werner*, Der Staat und die Finanzkrise, JZ 2010, 53–62.

*Höllerich, Johannes*, Sanierung und Abwicklung von Banken unter dem Aspekt der Systemrelevanz, Norderstedt 2013.

*Hölters, Wolfgang* (Hrsg.), Aktiengesetz, Kommentar, 3. Aufl., München 2017 (zitiert: Hölters/*Bearbeiter*).

*Hopt, Klaus J./Wohlmannstetter, Gottfried* (Hrsg.), Handbuch Corporate Governance von Banken, München 2011 (zitiert: *Bearbeiter*, in: *Hopt/Wohlmannstetter*).

*Hübner, Leonhard/Leunert, Steven*, Sanierung und Abwicklung von Banken nach SAG und SRM-VO, ZIP 2015, 2259–2265.

*Hüffer, Uwe*, Aktiengesetz, Kommentar, bearb. v. *Koch, Jens*, 13. Aufl., München 2018 (zitiert: *Hüffer/Koch*).

*Hüffer, Uwe*, Aktiengesetz, Kommentar, bearb. v. *Koch, Jens*, 11. Aufl., München 2014 (zitiert: *Hüffer/Koch*, AktG, 11. Aufl. (2014)).

*Hull, John C.*, Risikomanagement: Banken, Versicherungen und andere Finanzinstitutionen, 2. Aufl., München 2011.

*Jaletzke, Matthias/Verannemann, Peter* (Hrsg.), Finanzmarktstabilisierungsgesetz, Kommentar, München 2009 (zitiert: *Bearbeiter*, in: *Jaletzke/Verannemann*).

*Jauernig*, Bürgerliches Gesetzbuch, mit Rom-I-, Rom-II-VO, EuUnthVO/HUntProt und EuErbVO, Kommentar, hrsg. v. *Stürner, Rolf*, 17. Aufl., München 2018 (zitiert: *Bearbeiter*, in: *Jauernig*).

*Kaal, Wulf A.*, Contingent Capital in Executive Compensation, 69 Washington & Lee Law Review (2012), 1821–1889.

*Kaal, Wulf A./Henkel, Christoph*, Contingent Capital with Sequential Triggers, San Diego Law Review 2012 (Vol. 49), 221–278.

*Kershaw, David*, Company Law in Context, Text and Materials, Oxford 2009.

*Kessler, Wolfgang/Kröner, Michael/Köhler, Stefan* (Hrsg.), Konzernsteuerrecht, 3. Aufl., München 2018 (zitiert: *Bearbeiter*, in: Kessler/Kröner/Köhler).

*Kofner, Stefan*, Fannie Mae und Freddie Mac, WuM 2008, 203–206.

*Kölner Kommentar zum Aktiengesetz*, hrsg. v. *Zöllner, Wolfgang/Noack, Ulrich*, 3. Aufl., Bd. IV.II – § 221 AktG, Köln 2017 (zitiert: *Bearbeiter*, in: Kölner Kommentar).

*Königshausen, Andreas M.*, Die Aktienrechtsnovelle 2013 – Endlich vollendet?, WM 2013, 909–915.

*Krahnen, Jan Pieter*, Bail-in-Anleihen: ein effektives Instrument zur Wiederherstellung der privaten Haftung im Bankenmarkt, BB Die erste Seite 2013, Nr. 42.

*Kümpel, Siegfried/Wittig, Arne* (Hrsg.), Bank- und Kapitalmarktrecht, 4. Aufl., Köln 2011 (zitiert: *Bearbeiter*, in: Kümpel/Wittig).

*Langenbucher, Katja/Bliesener, Dirk H./Spindler, Gerald* (Hrsg.), Bankrechts-Kommentar, 2. Aufl., München 2016 (zitiert: *Bearbeiter*, in: Langenbucher/Bliesener/Spindler (Hrsg.), Bankrechts-Kommentar).

*Lehmann, Matthias*, Finanzinstrumente, Vom Wertpapier- und Sachenrecht zum Recht der unkörperlichen Vermögensgegenstände, Tübingen 2009.

*Lehmann, Matthias*, Kommunale Swap-Verträge: Wirksamkeit und Beratungspflichten nach neuer BGH-Rechtsprechung, zugl. Besprechung von BGH, Urt. v. 28.4.2015 –XI ZR 378/13, ZBB 2015, 282–294.

*Lehmann, Matthias*, Zinsswaps der öffentlichen Hand: Vertragswirksamkeit und Beratungspflichten, BKR 2008, 488–497.

*Leiding, Jan*, Hybridkapital als Finanzierungsinstrument für Versicherungsunternehmen, VW 2004, 1633–1635.

*Leippold, Markus*, CoCo-Bonds als regulatorisches Eigenkapital, Der Schweizer Treuhänder 2011, 913–914.

*Lessenich, Philipp*, Basel III – Die neuen Eigenkapital- und Liquiditätsregeln für Banken, Hamburg 2013.

*Lutter, Marcus/Hommelhoff, Peter/Timm, Wolfram*, Finanzierungsmaßnahmen zur Krisenabwehr in der Aktiengesellschaft, BB 1980, 737–750.

*Mackinger, Christian*, Contingent Convertible Bonds, Eine theoretische Analyse, Saarbrücken 2012.

*Maisch, Michael*, Lloyds schließt Kapitalerhöhung ab, Handelsblatt vom 14.12.2009, S. 42.

*Manns, Thorsten/Schulte-Mattler, Hermann*, Aufsichtsfeuerwerk Basel III und CRD IV, WM 2010, 1577–1584.

*Marquard, Carol A./Wiedman,Christine I.*, Economic consequences of financial reporting changes: diluted EPS and contingent convertible securities, Review of Accounting Studies 2007, 487–523.

*Marsch-Barner, Reinhard/Schäfer, Frank A.* (Hrsg.), Handbuch börsennotierte AG, Aktien- und Kapitalmarktrecht, 3. Aufl., Köln 2014 (zitiert: *Bearbeiter*, in: *Marsch-Barner/Schäfer*).

*Merkner, Andreas/Schmidt-Bendun, Rüdiger*, Die Aktienrechtsnovelle 2012 – Überblick über den Regierungsentwurf, DB 2012, 98–106.

*Meyer, Andreas/Weber, Thomas*, Kurzfristige Eigenkapitalaufnahme de lege ferenda – Denkanstöße zur Deregulierung der rechtlichen Anforderungen an Eigenkapitalmaßnahmen börsennotierter Gesellschaften im Lichte der Finanzkrise, CFL 2012, 249–260.

*Mielk, Holger/Kalkbrenner, Arndt*, Emission von umgekehrten Wandelschuldverschreibungen (Contingent Convertible Bonds) durch Kreditgenossenschaften? – Eine Betrachtung aus der Sicht des deutschen Gesellschafts- und des deutschen und internationalen Bankenaufsichtsrechts, in: *Brazda, Johann* (Hrsg.), Genossenschaften im Fokus einer neuen Wirtschaftspolitik: Bericht der XVII. Internationalen Genossenschaftswissenschaftlichen Tagung (IGT) 2012 in Wien; im Auftrag der Arbeitsgemeinschaft Genossenschaftswissenschaftlicher Institute (AGI), Teilbd. 3: Zukunftsperspektiven, Wien u.a. 2013, S. 959–971 (zitiert: *Mielk/Kalkbrenner*, in: Zukunftsperspektiven).

*Möhlenkamp, Andreas/Harder, Phillip-Boie*, Die umgekehrte Wandelschuldverschreibung (CoCo-Bonds) – ein neues Sanierungsinstrument?, ZIP 2016, 1093–1100.

*Morlin, János C.*, Die Befugnis kommunaler Unternehmen in Privatrechtsform zu Spekulationsgeschäften am Beispiel von Zinsswaps, NVwZ 2007, 1159–1162.

*Münchener Handbuch des Gesellschaftsrechts*, hrsg. v. Hoffmann-Becking, Michael, 4. Aufl., Bd. IV – Aktiengesetz, München 2015 (zitiert: *Bearbeiter*, in: MünchHdbGesR Bd. IV).

*Münchener Kommentar zum Aktiengesetz*, hrsg. v. *Goette*, *Wulf/Habersack*, *Mathias*, 4. Aufl., Bd. I – §§ 1–75, München 2016, Bd. IV – §§ 179–277, München 2016 (zitiert: *Bearbeiter*, in: MüKo-AktG).

*Münchener Kommentar zum Bürgerlichen Gesetzbuch*, hrsg. v. *Säcker*, *Franz Jürgen/Rixecker*, *Roland*, 6. Aufl., Bd. I – Allgemeiner Teil, §§ 1–240, ProstG, AGG, München 2012, Bd. V – Schuldrecht, Besonderer Teil III. §§ 705–853, Partnerschaftsgesellschaftsgesetz, Produkthaftungsgesetz, München 2013 (zitiert: *Bearbeiter*, in: MüKo-BGB).

*Münchener Kommentar zur Insolvenzordnung*, hrsg. v. *Kirchhof*, *Hans-Peter/Eidenmüller*, *Horst/Stürner*, *Rolf*, 3. Aufl., Bd. III – §§ 217–359 InsO, Art. 103a-110 EGInsO, Konzerninsolvenzrecht, Insolvenzsteuerrecht, München 2014 (zitiert: *Bearbeiter*, in: MüKo-InsO).

*Münchener Kommentar zum Handelsgesetzbuch*, hrsg. v. *Schmidt*, *Karsten/Ebke*, *Werner F.*, 3. Aufl., Bd. IV – §§ 238–342e HGB, München 2013 (zitiert: *Bearbeiter*, in: MüKo-HGB).

*Nodoushani*, *Manuel*, CoCo-Bonds in Deutschland – Die neue Wandelschuldverschreibung, ZBB 2011, 143–150.

*Nodoushani*, *Manuel*, Contingent Convertible Bonds – Eine Bestandsaufnahme –, WM 2016, 589–598.

*Nodoushani*, *Manuel*, Gesetzgeber schafft Rechtssicherheit für CoCo-Bonds, Börsen-Zeitung v. 21.11.2015, S. 9.

*Oakes*, *Jeffrey/Milonakis*, *Connie*, The rise of the CoCo, IFLR 2013, 70–72.

*Oelke*, *Herbert/Wöhlert*, *Helge-Torsten/Degen*, *Stephan*, Debt Mezzanine Swap – Königsweg für die Restrukturierungsfinanzierung? BB 2010, 299–303.

*Ohler*, *Christoph*, Bankensanierung als staatliche Aufgabe, WuV 2010, 47–60.

*Osman*, *Yasmin/Maisch*, *Michael*, Risiko bei Hybridanleihen wächst. Moody's vergibt schlechtere Noten – Banken suchen nach neuen Formen eigenkapitalähnlicher Bonds, Handelsblatt vom 20.11.2009, S. 38.

*Pfingsten*, *Andreas*, Stichwort: Rating, BKR 2001, 139–143.

*Pflock*, *Thomas Martin*, Europäische Bankenregulierung und das „Too big to fail-Dilemma", Berlin 2014 (zugl. Diss. Tübingen 2014).

*Philipp*, *Wolfgang*, Systemänderung: Amputiertes Aktienrecht für Banken, AG 2015, 77–82.

*Rau, Stephan*, Wandelanleihen auf Aktien im Wirkungskreis von Bulle und Bär – Die Ausübung des Wandlungsrechts als Tausch i.S. von § 6 Abs. 1 S. 1 EStG, DStR 2014, 2201–2208.

*Redeker, Rouven*, Kontrollerwerb an Krisengesellschaften: Chancen und Risiken des *Debt-Equity-Swap*, BB 2007, 673–680.

*Richter, Rudolf/Furubotn, Eirik G.*, Neue Institutionenökonomik: eine Einführung und kritische Würdigung, 4. Aufl., Tübingen 2010.

*Römermann, Volker* (Hrsg.), Münchner Anwaltshandbuch GmbH-Recht, 4. Aufl., München 2018 (zitiert: *Bearbeiter*, in: *Römermann*).

*Rozijn, Michael*, „Wandelanleihe mit Wandlungspflicht" – eine deutsche equity note?, ZBB 1998, 74–100.

*Rudolph, Bernd*, Contingent Convertibles (CoCo-Bonds) als Bail-in-Instrumente für Banken, in: *Groß, Thomas/Pfingsten, Andreas* (Hrsg.), Finanzkrisen: Ursachen, Lösungen und Verhinderungsmöglichkeiten, erschienen in der Reihe: Schmalenbachs Zeitschrift für betriebswirtschaftliche Forschung/ Sonderheft 67/13, Düsseldorf 2013, S. 97–122.

*Rudolph, Bernd*, Die Einführung regulatorischen Krisenkapitals in Form von Contingent Convertible Bonds (CoCos), Kreditwesen 2010, 1152–1155.

*Rudolph, Bernd*, Eigenkapitalanforderungen in der Bankregulierung, ZHR 175 (2011), 284–318.

*Rudolph, Bernd*, Experte bricht Lanze für CoCo-Bonds, in: Börsen-Zeitung, 25.9.2010, S. 4.

*Rudolph, Bernd*, Unternehmensfinanzierung und Kapitalmarkt, Tübingen 2006.

*Ruzik, Andy*, Bankenkrisen und -insolvenzen – Ein besonderes Phänomen, BKR 2009, 133–141.

*Säcker, Franz Jürgen*, Gesellschaftsrechtliche Grenzen spekulativer Finanztermingeschäfte – Überlegungen aus Anlass der Garantieerklärung der Bundesregierung für die Hypo Real Estate-Group, NJW 2008, 3313–3317.

*Schäfer, Dorothea*, CoCo-Bonds: Nicht nur für Privatanleger, sondern auch für Banken zu gefährlich, DIW Wochenbericht Nr. 11/2016, S. 240.

*Schäfer, Frank A.*, Eigenkapital im Bankaufsichtsrecht und Basel III, ZHR 175 (2011), 319–337.

*Schimansky, Herbert/Bunte, Hermann-Josef/Lwowski, Hans-Jürgen* (Hrsg.), Bankrechts-Handbuch, 5. Aufl., München 2017 (zitiert: *Bearbeiter*, in: Schimansky/Bunte/Lwowski).

*Schleusener, Ann-Kathrin*, Der *Debt-Equity-Swap*, Frankfurt a.M. 2012 (zugl. Diss. Hamburg 2011).

*Schlitt, Michael/Seiler, Oliver/Singhof, Bernd*, Aktuelle Rechtsfragen und Gestaltungsmöglichkeiten im Zusammenhang mit Wandelschuldverschreibungen, AG 2003, 254–268.

*Schmidt, Karsten*, Die sanierende Kapitalerhöhung im Recht der Aktiengesellschaft, GmbH und Personengesellschaft, ZGR 1982, 519–538.

*Schmidt, Karsten/Lutter, Marcus* (Hrsg.), Aktiengesetz, Kommentar, 3. Aufl., Bd. II – §§ 150–410, SpruchG, Köln 2015 (zitiert: *Bearbeiter*, in: *Schmidt/Lutter*).

*Schmidt, Karsten/Uhlenbruck, Wilhelm* (Hrsg.), Die GmbH in Krise, Sanierung und Insolvenz: Gesellschaftsrecht, Insolvenzrecht, Steuerrecht, Arbeitsrecht, Bankrecht und Organisation bei Krisenvermeidung, Krisenbewältigung und Abwicklung, 4. Aufl., Köln 2009 (zitiert: *Bearbeiter*, in: *Schmidt/Uhlenbruck*).

*Schmitt, Christian/Geier, Bernd*, Neues altes Instrument für vertragsreuige juristische Personen des öffentlichen Rechts? Eine Untersuchung der Anwendbarkeit der Ultra-Vires-Lehre im Licht der jüngsten Swap-Geschäfte, WM 2014, 1902–1907.

*Schmitt, Thomas/Cünnen, Andrea*, Die Allianz verstärkt ihr Eigenkapital auf neuen Wegen, Handelsblatt vom 06.07.2011, S. 32.

*Schuster, Thomas*, Eigenkapitalrichtlinie und Eigenkapitalverordnung der EU – Überblick und kritische Würdigung, Kreditwesen 2013, 683–686.

*Seiler, Moritz/Fischer, Damian*, 'Bonus Bonds' for Bankers: A New Type of Debt-Based Remuneration in the Financial Industry, ECFR 2015, 425–461.

*Sethe, Rolf*, Ein Indianer kennt keinen Schmerz – Reaktionen der Schweiz auf Finanzmarktkrise und Steuerstreit, ZBB 2011, 106–129.

*Singhof, Bernd*, Ausgabe von Aktien aus bedingtem Kapital, in: Festschrift für Michael Hoffmann-Becking zum 70. Geburtstag, München 2013, S. 1163–1183.

*Sinn, Hans-Werner*, Kasino-Kapitalismus, 2. Aufl., Berlin 2009.

*Spindler, Gerald*, Finanzkrise und Gesetzgeber – Das Finanzmarktstabilisierungsgesetz, DStR 2008, 2268–2276.

*Spindler, Gerald/Stilz, Eberhard*, Kommentar zum Aktiengesetz, 3. Aufl., Bd. II – §§ 150–410, IntGesR, SpruchG, SE-VO, München 2015 (zitiert: *Bearbeiter*, in: *Spindler/Stilz*).

*Steevens, Carsten*, Lloyds erfreut Investoren mit Nachlass für neue Aktien, Börsenzeitung vom 25.11.2009, S. 5.

*Steevens, Carsten*, Lloyds schließt Kapitalerhöhung ab, Börsenzeitung vom 15.12.2009, S. 5.

*Steevens, Carsten*, Lloyds taugt nicht als Wegbereiter für CoCo-Bonds, Börsenzeitung vom 02.12.2009, S. 8.

*Täumer, Alexander*, Katastrophenanleihen, Grundlagen und Fragen des Aufsichtsrechts, Berlin 2011 (zugl. Diss. Freiburg i. Br. 2010).

*Toth-Feher, Gezah M./Schick, Olaf*, Distressed Opportunities – Rechtliche Probleme beim Erwerb notleidender Forderungen von Banken, ZIP 2004, 491–497.

*Uhlenbruck, Wilhelm/Hirte, Heribert/Vallender, Heinz* (Hrsg.), Insolvenzordnung, Kommentar, 14. Aufl., München 2015 (zitiert: *Bearbeiter*, in: *Uhlenbruck*).

*Wiedemann, Herbert*, Debt Equity Swap – Gedanken zur Umwandlung von Schulden in Eigenkapital, in: Festschrift für Michael Hoffmann-Becking zum 70. Geburtstag, München 2013, S. 1387–1396.

*Wittig, Arne*, Übernahme der Gesellschafterstellung an Krisenunternehmen als Sanierungsbeitrag der finanzierenden Kreditinstitute, in: Insolvenzrecht in Wissenschaft und Praxis: Festschrift für Wilhelm Uhlenbruck zum 70. Geburtstag, Köln 2000, S. 685–724.

*Zahn, Andreas/Lemke, Rudolph*, Anleihen als Instrument der Finanzierung und Risikosteuerung, BKR 2002, 527–535.

*Zerey, Jean-Claude* (Hrsg.), Rechtshandbuch Finanzderivate, 4. Aufl., Baden-Baden 2016 (zitiert: *Bearbeiter*, in: *Zerey*, Finanzderivate).

*Zimmer, Daniel/Fuchs, Florian*, Die Bank in Krise und Insolvenz, ZGR 2010, 597–661.

*Zirkler, Bernd/Hofmann, Jonathan/Schmolz, Sandra*, Basel III in der Unternehmenspraxis, Wiesbaden 2015.

*Zocher, Herbert*, Kreditrisiko und Versicherung (I), VW 1985, 218.

## Onlinequellen

*Admati, Anat/Hellwig, Martin*, The Parade of the Bankers' New Clothes Continues: 31 Flawed Claims Debunked, https://www.gsb.stanford.edu/gsb-cmis/gsb-cmis-download-auth/345331 (Stand: 22.10.2018).

*Alloway, Tracy*, Contingent capital comes to pass, with a little help from the EC, Financial Times Alphaville, 03.11.2009, http://ftalphaville.ft.com/2009/11/03/81061/contingent-capital-comes-to-pass-with-a-little-help-from-the-ec/? (Stand: 20.10.2018).

*Almazan, Andres/Suarez, Javier/Titman, Sheridan*, Capital Structure and Transparency, ftp://ftp.cemfi.es/pdf/papers/js/AJS107.pdf (Stand: 20.10.2018).

*Anastasiades, Angelos*, Little hope for bondholders, in: Cyprus Mail, 01.02.2015, http://cyprus-mail.com/2015/02/01/little-hope-for-bondholders/ (Stand: 20.10.2018).

*Avdjiev, Stefan/Bolton, Patrick/Jiang, Wei/Kartasheva, Anastasia/Bogdanova, Bilyana*, CoCo Bonds Issuance and Bank Funding Costs: An Empirical Analysis, https://papers.ssrn.com/sol3/papers.cfm?abstract_id=3076413&download=yes (Stand: 20.10.2018).

*BaFin*, BaFin legt erstmals antizyklischen Kapitalpuffer für Deutschland fest, https://www.bafin.de/SharedDocs/Veroeffentlichungen/DE/Meldung/2015/meldung_151215_antizyklischer_kapitalpuffer.html (Stand: 20.10.2018).

*BaFin*, BaFin ordnet Moratorium über die Maple Bank GmbH an, http://www.bafin.de/SharedDocs/Veroeffentlichungen/DE/Pressemitteilung/2016/pm_160207_maple.html (Stand: 20.10.2018).

*BaFin*, BaFin stellt Entschädigungsfall für Maple Bank GmbH fest, https://www.bafin.de/SharedDocs/Veroeffentlichungen/DE/Pressemitteilung/2016/pm_160212_maple_entschaedigungsfall.html (Stand: 20.10.2018).

*BaFin*, Emittentenleitfaden 2013, http://www.bafin.de/SharedDocs/Downloads/DE/Leitfaden/WA/dl_emittentenleitfaden_2013.pdf;jsessionid=74EA539A6645CB39D99D767B383FDA16.1_cid298?__blob=publicationFile&v=14 (Stand: 20.10.2018).

*Banque Cantonale de Genève*, CHF110 million subordinated perpetual bonds, Pricing Terms and Conditions, https://www.bcge.ch/pdf/Final-terms-as-of-18-June-2014-BCGE-AT1.pdf (Stand: 20.10.2018).

*Basel Committee on Banking Supervision (BCBS)*, Basel III: A global regulatory framework for more resilient banks and banking systems, ursprüngliche Fassung: http://www.bis.org/publ/bcbs189_dec2010.pdf, überarbeitete Fassung: http://www.bis.org/publ/bcbs189.pdf (Stand: 20.10.2018).

*Basel Committee on Banking Supervision (BCBS)*, Basel III: Ein globaler Regulierungsrahmen für widerstandsfähigere Banken und Bankensysteme, http://www.bis.org/publ/bcbs189_de.pdf (Stand: 20.10.2018).

*Basel Committee on Banking Supervision (BCBS)*, International Convergence of Capital Measurement and Capital Standards – A Revised Framework, 2004, http://www.bis.org/publ/bcbs107.pdf (Stand: 20.10.2018).

*Basel Committee on Banking Supervision (BCBS)*, International Convergence of Capital Measurement and Capital Standards, 1988, http://www.bis.org/publ/bcbs04a.pdf (Stand: 20.10.2018).

*Basel Committee on Banking Supervision (BCBS)*, Global systemically important banks: assessment methodology and the additional loss absorbency requirement, Rules Text, http://www.bis.org/publ/bcbs207.pdf (20.10.2018).

*Basel Committee on Banking Supervision (BCBS)*, Global systemically important banks: updated assessment methodology and the higher loss absorbency requirement, Rules Text, http://www.bis.org/publ/bcbs255.pdf (Stand: 20.10.2018).

*Basel Committee on Banking Supervision (BCBS)*, Instruments eligible for inclusion in Tier 1 capital (sog. Sydney-Presseerklärung vom 27.10.1998), http://www.bis.org/press/p981027.htm (Stand: 22.10.2018).

*BBC News*, European banks fail to sell Coco bonds, 21.02.2016, http://www.bbc.com/news/business-35625733 (Stand: 20.10.2018).

*Berg, Tobias/Kaserer, Christoph*, Does contingent capital induce excessive risk-taking and prevent an efficient recapitalization of banks?, https://papers.ssrn.com/sol3/papers.cfm?abstract_id=1709341 (Stand: 20.10.2018).

*Bernanke, Ben S.*, Financial Regulation and Supervision After the Crisis: The Role of the Federal Reserve, Rede während der Federal Reserve Bank of Boston 54th Economic Conference (Chatham, Mass.) am 23. Oktober 2009, http://www.federalreserve.gov/newsevents/speech/bernanke20091023a.htm (Stand: 20.10.2018).

*Bundesministerium der Justiz*, Effektive Krisenintervention bei in Schieflage geratenen Kreditinstituten, Stellungnahme vom 26.08.2009, https://www.rws-verlag.de/aktuell/newsticker-gerichte/bmj-effektive-krisenintervention-bei-in-schieflage-geratenen-kreditinstituten-25171/ (Stand: 20.10.2018).

*Bundesrat (Schweiz)*, Bundesrat verabschiedet Anpassung der „Too-big-to-fail"-Bestimmungen, https://www.admin.ch/gov/de/start/dokumentation/medienmitteilungen.msg-id-61681.html (Stand: 20.10.2018).

*Bundesverband deutsche Banken e.V. (BdB)*, Musterbedingungen Kapitalinstrumente AT1-Instrument Typ B (Bedingte Pflichtwandlung), https://bankenverband.de/media/file/AT1-TypB_Finale-Fassung_20022014.pdf (Stand: 20.10.2018).

*Coffee, John. C.*, Bail-ins versus Bail-outs: Using Contingent Capital to Mitigate Systemic Risk, https://papers.ssrn.com/sol3/papers.cfm?abstract_id=1675015 (22.10.2018).

*De Martino, Giuseppe/Libertucci, Massimo/Marangoni, Mario/Quagliariello, Mario*, Countercyclical contingent capital (CCC): possible use and ideal design, http://www.bancaditalia.it/pubblicazioni/qef/2010-0071/QEF_71.pdf (Stand: 20.10.2018).

*Deutsche Bank*, Deutsche Bank veröffentlicht aktualisierte Information zur AT1 Zahlungskapazität, Ad-hoc-Meldung vom 08.02.2016, https://www.db.com/newsroom_news/2016/ir/ad-hoc-deutsche-bank-veroeffentlicht-aktualisierte-information-zur-at1-zinszahlungskapazitaet-de-11391.htm (Stand: 20.10.2018).

*Deutsche Bank*, Presse-Information vom 28. Januar 2016, https://www.db.com/ir/de/download/Presse_Information_4Q2015.pdf (Stand: 20.10.2018).

*Deutsche Bank*, Zwischenbericht zum 30. September 2015, https://geschaeftsbericht.deutsche-bank.de/2015/q3/serviceseiten/downloads/files/db3q2015_gesamt.pdf (Stand: 20.10.2018).

*Deutsche Bundesbank*, Glossareintrag zu Restrukturierungsfonds, https://www.bundesbank.de/Redaktion/DE/Glossareintraege/R/restrukturierungsfonds.html (Stand: 11.03.2016).

*Deutsche Bundesbank*, Basel III – Leitfaden zu den neuen Eigenkapital- und Liquiditätsregeln für Banken, 2011, https://www.bundesbank.de/de/publikationen/bundesbank/basel-iii---leitfaden-zu-den-neuen-eigenkapital--und-liquiditaetsregeln-fuer-banken-651902 (Stand: 20.10.2018).

*Deutsche Bundesbank*, Monatsbericht März 2013, Bankinterne Methoden zur Ermittlung und Sicherstellung der Risikotragfähigkeit und ihre bankaufsichtliche Bedeutung, https://www.bundesbank.de/resource/blob/693210/f77c7186a286da694fde715bce5aebe0/mL/2013-03-risiktragfaehigkeit-data.pdf (Stand: 21.10.2018).

*Die Welt Online*, Deutsche Bank betont ihre Zahlungsfähigkeit, 10.02.2016, http://www.welt.de/wirtschaft/article152021502/Deutsche-Bank-betont-ihre-Zahlungsfaehigkeit.html (Stand: 20.10.2018).

*Dohms, Heinz-Roger*, Die Wunderanleihe der Deutschen Bank, in: Tagesschau Online, 05.05.2014, https://www.tagesschau.de/wirtschaft/deutsche-bank142.html (Stand: 20.10.2018).

*European Banking Authority (EBA)*, Press Release: EBA expresses dissent over EU Commission proposed amendments to the MREL technical standards, 9. Feb. 2016, https://www.eba.europa.eu/regulation-and-policy/recovery-and-resolution/regulatory-technical-standards-on-minimum-requirement-for-own-funds-and-eligible-liabilities-mrel- (Stand: 20.10.2018).

*European Commission*, EU Banking Reform: Strong banks to support growth and restore confidence – Press release from 23 November 2016, http://europa.eu/rapid/press-release_IP-16-3731_en.htm?locale=en (Stand: 20.10.2018).

*Expertenkommission zur Limitierung von volkswirtschaftlichen Risiken durch Grossunternehmen*, Schlussbericht vom 30.9.2010, https://www.sif.admin.ch/dam/sif/de/dokumente/FinWeb/101004-SB-TBTF-DE-FINAL.pdf.download.pdf/101004-SB-TBTF-DE-FINAL.pdf (Stand: 20.10.2018).

*Fama, Eugene*, Interview auf F.A.Z.-Online am 17.10.2013, http://www.faz.net/aktuell/wirtschaft/wirtschaftspolitik/nobel-gedenkpreistraeger-fama-es-gibt-keine-blasen-an-den-maerkten-12620969.html (Stand: 20.10.2018).

*Fernández, Orlando*, Contingent convertible instruments and the brave new world of regulatory capital. Web-Practical Law (ThomsonReuters), https://uk.practicallaw.thomsonreuters.com/7-501-5719?transitionType=Default&contextData=(sc.Default) (Stand: 20.10.2018).

*Financial Stability Board*, Principles on Loss-absorbing and Recapitalisation Capacity of G-SIBs in Resolution, Total Loss-absorbing Capacity (TLAC) Term Sheet, 9. November 2015, http://www.fsb.org/wp-content/uploads/TLAC-Principles-and-Term-Sheet-for-publication-final.pdf (Stand: 20.10.2018).

*Financial Stability Oversight Council*, Report to Congress on Study of a Contingent Capital Requirement for certain Nonbank Financial Companies and Bank Holding Companies, https://www.treasury.gov/initiatives/fsoc/studies-reports/Documents/Co%20co%20study%5B2%5D.pdf (Stand: 20.10.2018).

*FINMA*, Erläuterungsbericht FINMA-Rundschreiben „Eigenmittelpuffer und Kapitalplanung bei Banken", https://www.finma.ch/de/~/media/finma/dokumente/dokumentencenter/anhoerungen/abgeschlossene-anhoerungen/24-rundschreiben-eigenmittelpuffer-und-kapitalplanung-bei-banken/eb-rs-kapitalplanung-20110131-d.pdf?la=de (Stand: 20.10.2018).

*FINMA*, Faktenblatt: Die neuen Too-big-to-fail-Kapitalanforderungen für global systemrelevante Banken in der Schweiz, https://www.finma.ch/de/~/media/finma/dokumente/dokumentencenter/myfinma/faktenblaetter/faktenblatt-to-big-to-fail-regime-verstaerkt.pdf?la=de (Stand: 20.10.2018).

*Flannery, Mark J.*, Maintaining Adequate Bank Capital, http://papers.ssrn.com/sol3/papers.cfm?abstract_id=2258181 (Stand: 20.10.2018).

*Flannery, Mark J.*, No Pain, No Gain? Effecting Market Discipline via "Reverse Convertible Debentures", http://bear.warrington.ufl.edu/flannery/No%20Pain,%20No%20Gain.pdf (Stand: 20.10.2018).

*Flannery, Mark J./Perotti, Enrico*, CoCo design as a risk preventive tool, http://www.voxeu.org/article/coco-bonds-way-preventing-risk (Stand: 20.10.2018).

*French, Kenneth R./Baily, Martin N./Campbell, John Y.* u.a., The Squam Lake Report, Fixing the Financial System, http://www.stat.unc.edu/faculty/cji/890-11/SquamLake.pdf, (Stand: 20.10.2018).

*French, Kenneth R./Baily, Martin N./Campbell, John Y.* u.a., Aligning Incentives at Systemically Important Financial Institutions, http://papers.ssrn.com/sol3/papers.cfm?abstract_id=2239895 (Stand: 20.10.2018).

*Frühauf, Markus*, Anleihegläubiger der Deutschen Bank werden nervös, in: FAZ Online, 30.01.2016, http://www.faz.net/aktuell/finanzen/anleihen-zinsen/coco-bonds-der-deutschen-bank-unter-druck-14041630.html (Stand: 20.10.2018).

*FSB*, Key Attributes of Effective Resolution Regimes for Financial Institutions (2011), http://www.fsb.org/wp-content/uploads/r_111104cc.pdf (Stand: 20.10.2018).

*FSB*, Key Attributes of Effective Resolution Regimes for Financial Institutions (2014), http://www.fsb.org/wp-content/uploads/r_141015.pdf (Stand: 20.10.2018).

*FSB*, Principles on Loss-absorbing and Recapitalisation Capacity of G-SIBs in Resolution, Total Loss-absorbing Capacity (TLAC) Term Sheet, http://www.fsb.org/wp-content/uploads/TLAC-Principles-and-Term-Sheet-for-publication-final.pdf (Stand: 20.10.2018).

*Furstenberg, George M. von*, Concocting Marketable Cocos, http://papers.ssrn.com/sol3/Delivery.cfm/SSRN_ID1895984_code849351.pdf?abstractid=1895984&mirid=3 (Stand: 20.10.2018).

*Gesamtverband der Deutschen Versicherungswirtschaft e.V.*, Statistisches Taschenbuch der Versicherungswirtschaft 2013, http://www.gdv.de/wp-content/uploads/2016/01/GDV-Statistisches-Taschenbuch-2013.pdf (Stand: 26.09.2016).

*Glover, John*, Contingent Convertibles, High-Yield Hand Grenades, http://www.bloombergview.com/quicktake/contingent-convertible-bonds (Stand: 20.10.2018).

*High-level Expert Group on reforming the structure of the EU banking sector*, Final Report (*"Liikanen-Report"*), 02. Oktober 2012, https://ec.europa.eu/info/system/files/liikanen-report-02102012_en.pdf (Stand: 20.10.2018).

*Hilscher, Jens/Raviv, Alon*, Bank stability and market discipline: The effect of contingent capital on risk taking and default probability, http://papers.ssrn.com/sol3/papers.cfm?abstract_id=575862 (Stand: 20.10.2018).

*HM Treasury (UK)*, Risk, reward and responsibility: the financial sector and society, http://webarchive.nationalarchives.gov.uk/20130129110402/http://www.hm-treasury.gov.uk/d/fin_finsectorandsociety.pdf (Stand: 20.10.2018).

*Independent Commission on Banking*, Final Report (*"Vickers Report"*), Recommendations, September 2011, http://webarchive.nationalarchives.gov.uk/20131003105424/https:/hmt-sanctions.s3.amazonaws.com/ICB%20final%20report/ICB%2520Final%2520Report[1].pdf (Stand: 20.10.2018).

*Institutional Money*, CoCo bello oder CoCo loco?, http://www.institutional-money.com/magazin/produkte-strategien/artikel/coco-bello-oder-coco-loco-44963/ (Stand: 20.10.2018).

*Institutional Money*, CoCo-Bonds: SSM-Chefin Daniele Nouy fordert klaren Rechtsrahmen, http://www.institutional-money.com/news/regulierung/

headline/coco-bonds-ssm-chefin-daniele-nouy-fordert-klaren-rechtsrahmen-50687/ (Stand: 20.10.2018).

*Internal Revenue Service*, Revenue Ruling 2002–31, http://www.unclefed.com/Tax-Bulls/2002/rr02-31.pdf (Stand: 20.10.2018).

*Issing-Commission*, Criteria for a workable approach towards bank levies and bank restructuring – Memo for the June 2010 meeting of the G20 in Toronto, http://publikationen.ub.uni-frankfurt.de/opus4/frontdoor/index/index/docId/7911 (Stand: 20.10.2018).

*Kern, Steffen (Deutsche Bank Research)*, US-Finanzmarktreform, Die Ökonomie des Dodd-Frank Acts, https://www.dbresearch.de/PROD/DBR_INTERNET_DE-PROD/PROD0000000000266959.PDF (Stand: 12.01.2016).

*Kunz, Anne*, Die Wunderwaffe gegen Bankpleiten versagt, in: Die Welt, Online-Ausgabe vom 28.02.2016, http://www.welt.de/finanzen/boerse/article152737405/Die-Wunderwaffe-gegen-Bankpleiten-versagt.html (Stand: 20.10.2018).

*Markoulakos Law Firm*, Case of the Holders of Convertible Enhanced Capital Securities (CECS or CoCoCos) of the Bank of Cyprus, http://www.markoulakoslaw.gr/en/case/ypothesi-katoxwn-maek-ekdoseos-tis-trapezas-kiproy (Stand: 21.10.2018).

*Marks, Julian/Brown, David*, The Rise of Contingent Convertible Bonds, https://www.ceremade.dauphine.fr/~brugiere/files/Master%20280/2_Culture%20Financiere/Cocos/COCO.pdf (Stand: 21.10.2018).

*McDonald, Robert L.*, Contingent Capital with a Dual Price Trigger, https://papers.ssrn.com/sol3/papers.cfm?abstract_id=1553430 (Stand: 21.10.2018).

*Moshinsky, Ben*, Barclays Pays Top Staff 7% Interest on Deferred Cash Bonuses, http://www.bloomberg.com/news/articles/2011-05-17/barclays-pays-top-investment-bankers-7-interest-on-deferred-cash-bonuses (Stand: 21.10.2018).

*Nordal, Kjell Bjørn/Stefano, Nicolas*, Contingent Convertibles (Cocos) Issued by European Banks, Norges Bank Staff Memo Nr. 19/2014, http://static.norges-bank.no/pages/102086/Staff_Memo_19_2014.pdf?v=12/12/2014102045AM (Stand: 21.10.2018).

*OECD*, The Financial Crisis: Reform and Exit Strategies, 2009, www.oecd.org/dataoecd/55/47/43091457.pdf (Stand: 21.10.2018).

*Pazarbasioglu, Ceyla/Zhou, Jianping/Le Leslé, Vanessa/Moore, Michael*, Contingent Capital: Economic Rationale and Design Features, https://www.imf.org/external/pubs/ft/sdn/2011/sdn1101.pdf (Stand: 21.10.2018).

*Pennacchi, George/Vermaelen, Theo/Wolff, Christian C.P.*, Contingent Capital: The Case of COERCs, http://www.ieseg.fr/wp-content/uploads/CoercRev31Mar2013.pdf (Stand: 21.10.2018).

*Reuters*, REG – Allied Irish Banks – AIB – Listing of Contingent Capital Notes, http://www.reuters.com/article/2011/10/27/idUS243442+27-Oct-2011+RNS20111027 (Stand: 10.08.2015).

*Schmid, Michael*, Investing in Contingent Convertibles, August 2014, https://www.ceremade.dauphine.fr/~brugiere/files/Master%20280/2_Culture%20Financiere/Cocos/CS%20on%20Cocos.pdf (Stand: 21.10.2018).

*Schmidt, Carolin E./Azarmi, Ted*, The global impact of CoCo bonds on bank value and default risk: insights and evidence from their pioneering use in Europe, http://papers.ssrn.com/sol3/papers.cfm?abstract_id=2524019 (Stand: 21.10.2018).

*Schreiber, Meike*, Von der Wunderwaffe zum Brandbeschleuniger der Finanzmärkte, in: Süddeutsche Zeitung Online, 11.02.2016, http://www.sueddeutsche.de/wirtschaft/coco-bonds-zweifel-an-der-wunderwaffe-1.2857407 (Stand: 21.10.2018).

*Single Resolution Board*, Decision of the Single Resolution Board in its executive session of 7 June 2017 concerning the adoption of a resolution scheme in respect of Banco Popular Español, S.A., (the "Institution") with a Legal Entity Identifier: 80H66LPTVDLM0P28XF25, Addressed to FROB (SRB/EES/2017/08) S. 20, https://srb.europa.eu/sites/srbsite/files/resolution_decision.pdf (Stand: 21.10.2018).

*Steinbrück, Peer*, Interview mit *Der Spiegel* vom 24.10.2011, http://www.spiegel.de/spiegel/print/d-81136819.html (Stand: 21.10.2018).

*Teneberg, Henrik*, Pricing Contingent Convertibles using an Equity Derivatives Jump Diffusion Approach, http://www.math.kth.se/matstat/seminarier/reports/M-exjobb12/120125.pdf (Stand: 21.10.2018).

*Thompson, Christopher*, Chinese Banks issue most coco bonds, http://www.ft.com/intl/cms/s/0/5a99b804-b135-11e4-9331-00144feab7de.html#axzz3cqV0kjF0 (Stand: 21.10.2018).

*Wabl, Matthias*, Credit Suisse agrees to sell $ 6.2 Billion of CoCos, http://www.bloomberg.com/news/articles/2011-02-14/credit-suisse-places-sf6-billion-in-tier-1-buffer-capital-notes (Stand: 21.10.2018).

*Walter, Herbert*, http://www.zitate.de/autor/Walter%2C+Herbert (Stand: 21.10.2018).

*Wilson, Harry*, Bank CoCo bond market could be worth £590bn, http://www.telegraph.co.uk/finance/newsbysector/banksandfinance/8309391/Bank-CoCo-bond-market-could-be-worth-590bn.html (Stand: 21.10.2018).

*Wissenschaftlicher Beirat beim Bundesministerium der Finanzen*, Stellungnahme zur aktuellen Entwicklung der Europäischen Bankenunion – Plädoyer für ein glaubwürdiges Bail-in, http://www.bundesfinanzministerium.de/Content/DE/Downloads/Broschueren_Bestellservice/2014-04-10-stellungnahme-europaeische-bankenunion-anlage.pdf?__blob=publicationFile&v=7 (Stand: 21.10.2018).

*Zähres, Meta* (Deutsche Bank Research), Contingent Convertibles: Bankanleihen im Wandel, https://www.dbresearch.de/PROD/DBR_INTERNET_DE-PROD/PROD0000000000272297/Contingent+Convertibles%3A+Bankanleihen+im+Wandel.pdf (Stand: 11.06.2015).

www.ingramcontent.com/pod-product-compliance
Ingram Content Group UK Ltd.
Pitfield, Milton Keynes, MK11 3LW, UK
UKHW021931290926
8980IPUK00016B/1572

9 783631 779972